역사학자들이 본

역사 속 행정 이야기

역사학자들이 본

역사 속 행정 이야기

한국행정연구원 편저

혜안

책장을 넘기며

지난 반세기동안 동방의 이름 모를 작은 국가였던 우리나라는 세계가 주목하는 유례없는 발전을 이룩하였습니다. 가장 빈곤했던 국가가 세계적인 경제대국으로 성장하였고, 한류는 세계 문화의 흐름 속에 당당히 한자리를 차지하였습니다. 또한 제3세계 국가 중에 민주주의 정치체제를 성공적으로 안착시킨 대표적인 국가가 되었습니다. 이러한 우리나라의 성공에는 한국인들의 높은 교육열을 비롯하여 여러 가지 요인을 들 수 있지만, 또한 우리가 발전시킨 우수한 국가 정책결정 및 행정 체계가 뒷받침되었기에 가능한 것이었습니다.

우리나라 유일의 행정분야 국책연구기관인 한국행정연구원은 경쟁력 있는 행정체계를 구축하도록 지원함으로써 우리나라 발전에 기여하고 있습니다. 이에 1991년 설립 이래 행정 · 정책연구 분야에서 우수한 연구 성과를 지속적으로 창출하여 국가의 행정발전을 선도하고 있습니다.

하지만 행정을 올바르게 이해하기 위해서는 인간에 대한 이해가 선행되어야 합니다. 행정은 사람이 만들고 사람이 주체가 되어 시행하는 것이고, 사람을 위해 봉사하는 제도와 체계이기 때문입니다. 하지만 주로 행정학 연구자들이 중심이 되어 연구를 진행하다 보니 행정의 중심이 되어야 할 인간에 대한 성찰이 부족한 측면이 있습니다. 또한 서구에서 받아들인 서구식 행정체계를 뛰어넘어 이제는 우리만의 특색과 장점을 갖춘 정책결정 및 행정체계를 만들어 나가야 하는 과제가 있습니다. 이를 위해 인문과학인 역사학의 관점에서 우리 역사 속 행정의 참모습을 이해할 필요가 있습니다. 우리 선조들이 세운 고려나 조선이 다른 나라와 달리 500여 년 동안 유지될 수 있었던 이유는 국가의 행정체계가 동시대 다른 어떤 나라보다도 우수했기 때문입니다. 또한 현재 우리나라가 당면한 여러 문제들의 원인도 역사의 발전과정에서 나왔을 가능성이 크므로, 그 진단을 위해 우리 역사에 대한 정확한 이해가 선행되어야 합니다.

이에 한국행정연구원에서는 인간에 대한 이해를 바탕으로 하는 행정 연구를 위하여, 그리고 한국사의 흐름 속에서 한국 행정의 기원과 발전 과정을 되짚어 보고 우리 조상들이 구축한 국정운영 체계 및 행정제도의 장점들을 현대 한국 행정에 어떻게 접목시킬 수 있을까 하는 문제의식 속에서, 지난 1년 동안 한국사 전공자 분들을 모시고 한국 역사 속의 행정에 관해 이야기를 듣는 자리를 가졌습니다. 이를 통하여 우리 역사 속 다양한 행정의 모습과 장점을 확인하고 배울 수 있었고, 역사학과 행정학, 인문학과 사회학이 소통하는 학제 간 소통 및 교류의 모범을 제시할 수 있었습니다. 그리고 이 소중한 이야기들을 보다 많은 사람들에게 알렸으면 좋겠다는 취지에서 이 책의 발간을 기획하게 되었습니다.

이 책은 10명의 한국사 전공자들이 참여하여 10개의 개별 주제를 다루었습니다. 우리 조상들이 구축하려 했던 이상적인 행정운영체계를 다룬 1부, 중앙행정과 관련된 모습들을 다룬 2부, 지방행정과 관련된 행정 이야기를 다룬 3부 등 총 3부로 이루어져 있습니다. 각각의 주제들이 행정학 연구자뿐 아니라 실제 행정을 담당하고 있는 관료나 공무원들에게 많은 시사점을 주고 있습니다. 뿐만 아니라 역사에 관심이 있는 사람이라면 누구나 흥미를 갖고 읽을 수 있는 내용으로, 이 글을 통하여 한국사에 대한 교양의 수준을 보다 폭넓게 할 수 있을 것으로 생각됩니다. 물론 전문가들이 쓴 글이다 보니 다소 어려운 내용이 있을 수도 있으며, 10개의 주제만을 다루다 보니 한국 행정의 역사에 대해 또 다른 목마름을 느낄 수도 있습니다. 하지만 첫 술에 배부를 수는 없다고 생각되며, 이 책을 통하여 한국 행정의 역사에 보다 많은 사람들이 관심과 애정을 갖게 된다면 바랄 것이 없다고 생각됩니다.

마지막으로 본서의 발간과정에서 노고를 아끼지 않으신 도서출판 혜안의 관계자분들과, 열과 성을 다하여 강연하시고 집필에 참여해 주신 한국사 전공자 분들께 진심으로 감사드립니다.

2017년 3월

한국행정연구원 원장 정윤수

글 싣는 차례

2부 중앙행정과 관련된 여러 모습들

【1부】

이상적인 국정운영과 행정운영의 모습들

1장

경복궁에 표현된 조선 초기의 국정운영체계

박진훈
명지대학교 인문대학 사학과 교수

| 들어가는 말 |

서울은 대한민국의 수도로서 정치, 경제, 문화의 중심이다. 행정부의 수반인 대통령의 집무실과 국회가 있는, 우리나라 국정운영과 행정의 가장 중요한 현장이기도 하다. 서울이 우리나라 국정운영의 중심지가 된 것은, 조선왕조가 한양漢陽 곧 지금의 서울을 수도로 정하였고, 대한민국이 이를 계승하여 서울을 계속해서 수도로 정하였기 때문이다.

조선朝鮮은 왕조국가이므로, 조선왕조에서 정책을 결정하고 국정을 운영하는 최고 존재는 국왕이다. 국왕은 궁궐에 거처하며 주요 정책을 결정하고 국정國政을 운영하였다. 현재 서울에는 조선왕조의 법궁法宮인 경복궁景福宮을 비롯하여 여러 궁궐들이 남아 있어, 조선시대의 문화적 우수성과 더불어 왕조국가의 발자취를 느끼게 해준다.

경복궁으로 역사 여행을 하는 대부분의 사람들은 경복궁의 정문인 광화문光化門으로부터 들어간다. 궁궐을 거슬러 들어가며 궁궐의 정취를 느끼고 역사를 배운다. 하지만 그러면서 궁궐의 주인이 국왕이며,

경복궁 전경

국왕을 중심으로 궁궐을 이해해야 한다는 점을 망각한다. 궁궐이 조선왕조 국정운영의 가장 중요한 현장이었다는 점을 떠올리지 못한다. 즉 경복궁을 제대로 이해하기 위해서는 경복궁을 만든 사람들, 경복궁의 주인인 국왕의 입장에서 경복궁을 이해해야 하는데, 손님의 입장에서만 바라보고 있는 것이다. 경복궁을 올바르게 이해하기 위해서는 궁궐의 주인인 국왕의 관점에서 그리고 국정운영이라는 관점에서 보아야 한다.

조선의 건국 주역들은 새 국가의 수도로 한양漢陽을 낙점한 뒤, 태조 3년(1394)에 신도궁궐조성도감新都宮闕造成都監을 설치하고 궁궐 건축에 착수하여 1년 만에 완성하였다. 새 궁궐은 합리적이고 효율적인 공간 구성, 새로운 왕조의 위엄을 나타내기 위한 웅장함과 문화역량을 다한 예술성을 고려하여 지어졌다. 하지만 궁궐 건축은 단순히 이에 그치는 것이 아니었다. 새 궁궐은 조선의 건국 주역들이 지닌 정치 이념에 따라 계획된 것이었다. 궁궐의 전각 배치 및 명칭은 아무렇게나 지어진 것이 아니라 조선 건국 주체 세력들의 국왕 정치 및 국정운영체계에 대한 이상향과 이념이 담겨 있는 것이었다.

특히 새로운 궁궐 건축에서 주도적인 역할을 한 사람이 정도전鄭道傳이었고, 새 궁궐이 완성된 다음 태조 이성계李成桂의 명령에 따라 궁궐의 명칭을 지은 사람도 정도전이었다. 그런데 정도전에 의하면 명칭은 단지 이름만으로 존재하는 것이 아니었다. 정도전은 명칭에 대하여 다음과 같이 말하였다.

> 명칭이 있는 곳에는 실질이 반드시 따라야 하는 것입니다. 그러므로 지금 사람들은 자字를 가리켜 덕德을 표현하는 것[表德]이라고 하는데, 덕德이 그 실질입니다.[1]

정도전 초상(정부 표준영정)

명칭은 단순히 이름만으로 존재하는 것이 아니며, 명칭에는 그 명칭에 담긴 뜻이 구현되어야 하는 것이라고 정도전은 말하고 있다. 즉 명칭에는 그 이름에 담긴 뜻이 실질적인 것으로 구현되어야 하는 것이다. 정도전만이 아니라 성리학적 가치를 실현하기 위하여 노력하였던 고려 말 조선 초의 많은 신진사대부들이 이름을 통해 이상理想을 설정하고 이를 실현하기 위하여 노력하였다. 예를 들어 정도전의 친구이자 라이벌이었던 정몽주鄭夢周의 이름 몽주夢周는, 왕도정치가 시행되어 태평성대를 이루었던 주周나라의 이상적 정치세계를 꿈꾼다는 의미로써, 실제 정몽주는 그러한 세상을 만들기 위하여 노력하였다.

따라서 통치의 중심이 되는 경복궁의 궁궐 이름과 경복궁 내의 각 전각에 정도전이 붙인 명칭은 단순히 이름만으로 존재하는 것이 아니었다. 그 명칭에는 국정운영을 통하여 실현되어야 하는 일정한 목표, 일정한 목적이 담겨 있는 것이었다. 그렇다면 경복궁의 전각 배치와 명칭에 담긴 정치 이념, 행정 체계는 정도전을 비롯한 신흥사대부들의 사상이 녹아들어간 것이라고 할 수 있을 것이다. 즉 전각의 배치와 그 명칭은 정도전을 비롯하여 조선 건국 주도세력들의 국정운영체계와 추구하는 정치이념에 따라 이루어졌던 것이다. 또한 경복궁의 주요 전각들이 세종대까지는 거의 완성되므로, 경복궁의 명칭에 투영된 정치 이념과 국정운영체계도 조선 건국부터 세종대까지의 정치 이념이 반영된 것이라고 할 수 있다.

앞에서도 언급한 것처럼 경복궁의 주인이자 왕조정치의 중심은 국왕이다. 따라서 이 글에서는 국왕의 개인적인 거처이자 공적公的 공간이 시작되는 강녕전康寧殿부터 차례대로 경복궁의 전각들이 배치된 순서에 따라 국정운영체계와 정치 이념이 어떻게 구현되어 있는지를 살펴보도록 하겠다. 단 경복궁의 모든 전각을 다룰 수는 없으므로, 국정운영과 관련된 주요한 전각만을 대상으로 하여 살펴보도록 하겠다.

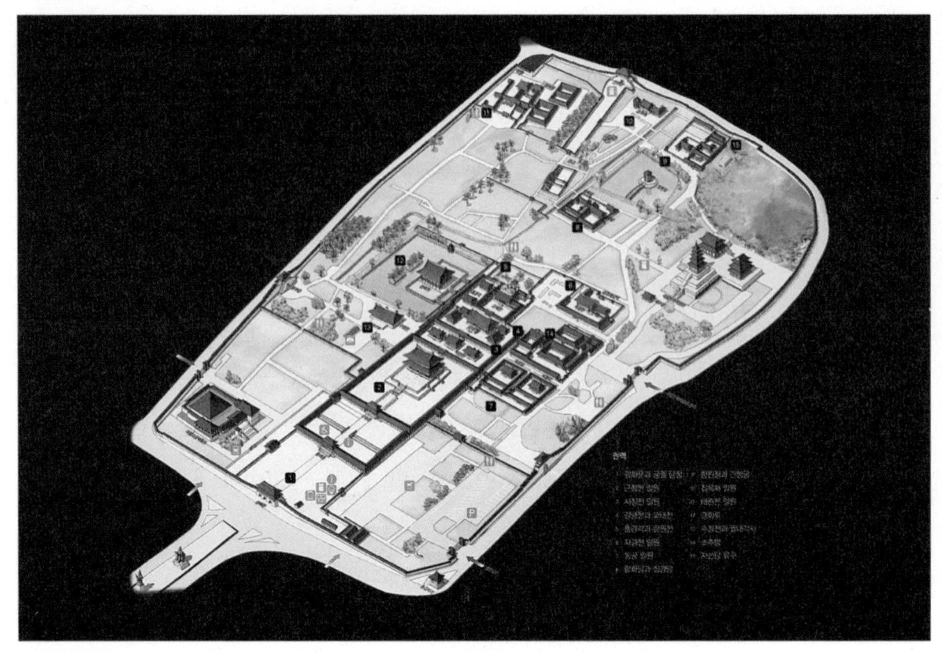

경복궁 배치도

| **강녕전**康寧殿 | 건강한 신체와 올바른 마음, 통치의 시작

궁궐은 국왕과 신하들이 국가의 중요 정책을 결정하고 민생이나 국방 또는 행정과 관련된 중요한 현안들을 처리하는 곳이다. 즉 국가 운영과 관련된 공적인 장소이다. 한편 궁궐에는 국왕을 비롯하여 국왕의 가족인 어머니나 왕비, 왕자와 공주 등이 거주하며, 국왕 및 국왕 가족들의 삶을 보좌하는 사람들이 거주하였다. 즉 국왕 및 그의 가족의 입장에서는 사적인 공간이기도 하다. 따라서 궁궐은 크게 보아 국왕과 신하들이 국가 업무를 처리하는 공적인 영역과 국왕 및 그의 가족들의 개인적 삶이 이루어지는 사적인 영역으로 나누어진다고 할 수 있다.

경복궁에는 여러 중요한 전각들이 있는데, 그 중 첫 번째 건물이 교태전交泰殿이다. 교태전은 왕비의 침전이다. 따라서 특별한 경우가 아

경복궁 교태전

니면 국정과 관련된 공적인 영역으로 보기는 힘들다.

교태전의 바로 앞에 위치한 전각이 강녕전康寧殿이다. 평소 국왕이 휴식을 취하며 몸과 마음을 가다듬는 곳이 강녕전이다. 사적으로는 개인으로서의 국왕이 거처하는 곳이지만 동시에 국가를 통치하고 행정조직을 이끄는 국왕의 공적인 생활이 시작되는 곳이 강녕전이다. 따라서 강녕전은 궁궐에서 공적인 영역과 사적인 영역이 교차되는 지역이라고 할 수 있다.

정도전은 국왕의 공적 활동이 시작되는 첫 건물의 명칭을 왜 강녕전이라고 했을까? 강녕康寧이란 중국 하夏나라의 전설적인 임금인 우禹가 남긴 이상적 정치이념인 홍범구주洪範九疇의 오복五福 중 하나이다. 그 뜻은 몸이 건강하고 마음이 편안하다는 것이다. 공적인 국정 업무를 시작하려면, 가장 먼저 해야 될 일이 몸을 건강하게 만들고 마음을 편안하게 만들어야 한다는 것이다. 만약 몸과 마음이 편안하고 건강

경복궁 강녕전

하지 않게 된다면, 국가의 중대사를 결정할 때 올바른 판단을 하지 못하게 되며 일을 제대로 수행할 수 없다. 강녕전의 이름을 지으면서 정도전은 위衛나라 무공武公이 스스로를 경계한 시詩인, "네가 군자와 벗하는 것을 보니 너의 얼굴을 상냥하고 부드럽게 하고, 잘못이 있을까 삼가는구나."[2]라는 구절을 인용하였다. 몸이 건강하지 못하고 피곤하며 여러 가지 근심 걱정으로 마음이 심란하다면 다른 사람을 대하는 데에도 편안하게 대하지 못할 것이다. 본인의 짜증스러움이 묻어날 수밖에 없게 될 것이다. 가장 높은 지위에 있고 가장 커다란 권력을 가진 국왕이 국정을 함께 처리하는 신하들에 대해 신경질적으로 대한다면, 임금과 신하의 관계에 금을 낼 수도 있다. 또한 국왕이 국정운영 과정에서 신경질적이 된다면 신하들은 국왕의 눈치만 살피고 직언直言이나 올바른 정책을 제대로 제시할 수 없게 될 것이다. 이는 올바른 국정운영을 하는 데 있어서 큰 지장을 초래할 수밖에 없다. 따라서 정도전은 국가운영의 첫 걸음은 국왕이 몸과 마음을 건강하고 편하게 하는 것이라고 생각한 것이다. 그리하여 국왕의 사적 공간이자 공적 활동이 시작되는 첫 건물의 명칭을 강녕전이라고 지었다고 생각한다.

물론 단순하게 쉬기만 하란 뜻으로 강녕전이란 명칭을 붙인 것은 아니었다. 정도전이 인용한 위나라 무공의 시는 앞의 구절에 이어 "네가 집에 있을 때에 오히려 귀신[屋漏]에게도 부끄러움이 없게 해야 한다."[3]로 되어 있다. 정도전은 이러한 무공의 시를 본받아 안일함을 경계하라고 하였다. 즉 국왕은 평소에 몸을 건강하게 하고 마음을 편하게 하되, 여기에서 그치는 것이 아니라 마음을 바르게 하고 덕德을 닦아 황극皇極을 세워야 한다고 하였다.[4]

다른 사람을 다스리는 자의 요건으로 마음을 바르게 하고 덕을 닦는 것, 즉 도덕성과 능력은 중요한 요소였다. 정도전은 정몽주에게 보낸 편지에서 "반드시 학술學術이 바르게 닦이고 덕德과 지위[位]가 뛰어나서 사람들이 믿고 복종할 만한 연후에야 가히 (세상을) 바로잡을 수 있습니다."[5]라고 하였다.

이처럼 정도전은 세상을 바로잡기 위한 요건으로 학술이라는 능력, 학술을 통해 형성되는 도덕성, 그리고 지위라는 세 가지 요소를 들고 있다. 그런데 임금의 경우 지위는 임금의 자리에 오르는 순간부터 주어진 것이었다. 그 지위는 한 국가를 통치하는 최고의 지위였다. 현명하고 능력이 있는 사람들이 자신의 지혜를 바치고, 호걸豪傑들이 자신의 힘을 바치며, 민서民庶들이 분주하게 각기 자신의 역役에 복무하되 오직 임금[人君]의 명령에만 복종하는 것은 임금이라는 지위를 가졌기 때문이었다고 정도전은 말하고 있다.[6] 그런데 이와 같은 지위를 가진 임금이 도덕적이지 못하거나 능력이 부족할 경우 국정운영에 지장을 초래한다. 그리고 그 피해는 고스란히 민에게로 미친다. 정도전을 비롯한 조선 건국의 주도세력들은 고려 말 무능력하거나 도덕성이 부족한 임금이 어떠한 폐해를 끼치는지를 여실히 경험한 바 있었다.

따라서 정도전은 절대자의 지위를 가지고 태어난 임금은 반드시 세상을 바로잡을 수 있는 능력과 도덕성을 갖추어야 한다고 생각하였다. 그래야만 신하들이 믿고 복종하게 되는 것이다. 능력과 도덕성을 갖추기 위해서 국왕이 되어야 할 자는 다른 누구보다 열심히 공부를 하여야만 하였다. 이러한 생각은 고려 말 조선 초의 사대부들 사이에서 일반적인 생각이었던 것으로 보인다. 태종 때 양녕대군讓寧大君의 세자빈객世子賓客으로 양녕대군에게 학문을 가르쳤던 권근權近은 양녕대군에게 "윗자리(임금의 자리)에 있으면서 배운 것이 아니면 다스릴[政] 수 없고, 다스릴 수 없으면 나라가 망하는 것은 바로 금방입니다."[7]라고 충고하였다. 권근의 말도 국왕이 학문을 하여 능력과 도덕성을 갖추어야만 하며, 그래야만 제대로 된 정치를 할 수 있다는 표현이다. 정도전의 생각과 일치하는 것이다. 만약 최고의 지위에 있고 국정의 중대사를 결정하는 국왕이 학문을 하지 않아 올바른 도덕성과 능력을 갖추지 않는다면 사람들이 믿고 복종하지 않게 되고, 그렇다면 나라가 망하는 것도 금방이라고까지 권근은 말하고 있다.

국왕이 충실하게 학업을 해야 한다는 생각은 실제 조선 초기의 왕위계승에도 적용되었다. 잘 알려져 있다시피 태종은 양녕대군을 폐위시키고 효령과 충녕 중에서 충녕을 세자로 선택하였다. 그런데 태종이 효령을 제치고 충녕을 선택한 이유 중 하나가 충녕은 학문을 좋아하여 밤이 새도록 책을 읽었으며, 심지어 그러다가 병이 날까 주변 사람들조차 염려하였다는 점이다. 국왕의 능력과 도덕성은 국가의 존망에 직접적으로 영향을 미치는 것이었고, 따라서 국왕은 국가를 통치할만한 도덕성과 능력을 학문을 통해 연마해야만 하는 것이었다. 그리고 그러한 학문의 연마는 국왕이 평소 휴식을 취하는 개인적인 공간에서부터 시작되는 것이었다. 이에 국왕의 평소 거처하는 개인적인 공간이자 공적인 영역의 첫 단계의 명칭을 강녕전이라고 이름 붙인 것이다.

| 사정전思政殿 | 신중하고 올바른 정책의 구상

임금을 달리 이르는 말로 남면南面이란 말이 있다. 임금은 항상 남쪽을 바라보며 앉고, 거둥도 남쪽 방향으로 하기 때문에 임금을 남면이라고 한 것이다. 따라서 경복궁을 설계할 때 북쪽에 앉은 임금이 남쪽으로 바라보는 것과 같이 궁궐의 중요 전각도 북쪽에서 남쪽으로 차례대로 배치하였으며, 남쪽에 있는 오문午門을 경복궁의 정문으로 하였다. 그리고 정도전은 그가 이상적이라고 생각한 국정운영의 순서에 따라 차례대로 전각의 명칭을 부여하였다.

강녕전을 나와 남쪽에 있는 첫 전각의 이름은 사정전思政殿이다. 따라서 임금의 공적인 활동의 두 번째 단계는 사정전에서 이루어지는 것이다.

사정思政이란 문자 그대로 정책을 생각한다는 뜻이다. 즉 국정운영에서의 두 번째 단계는 정책을 생각하는 것이 된다. 몸과 마음을 충분히 수양하여 편안하게 하고, 도덕적 자질과 능력을 갖춘 상태에서 국가 정책을 생각하여야만 올바른 정책 구상이 가능하다. 따라서 강녕전 다음에 사정전을 둔 것이다.

사정전이란 명칭을 지은 정도전은 사정전을 이렇게 설명하였다.

경복궁 사정전

> 수많은 일 중에는 옳은 것과 그른 것, 이익이 됨과 해가 됨이 뒤섞여 있으니, 임금이 된 자가 진실로 깊게 생각하고 세심하게 살피지 않는다면 어떻게 일의 마땅함과 마땅하지 않음을 구별하여 이를 처리하겠습니까.[8]

국가의 정책을 결정하는 것은 나라의 운명을 좌우하는 매우 중차대한 행위이다. 따라서 정책을 결정하여 일을 시행하기 전에 먼저 올바르게 계획을 세워야 한다. 그리고 올바른 계획을 세우기 위해서는 먼저 어떠한 정책이 옳고 그른지를 따져야만 한다. 이것이 국정운영에서 사정思政이 두 번째인 이유이다.

즉, 일을 실행하기 이전에 생각하는 것이 먼저여야 한다는 점을 강조한 것이다. 국가의 지도자인 국왕이 생각 없이 먼저 움직여 잘못된 일을 수행한다면 국가 정책은 잘못된 길을 가게 될 것이다. 그 피해는 고스란히 국민이 떠안게 된다. 더불어 시행하여야 할 정책들을 결정하더라도 정책의 중요도나 예산 및 인력 배정 등을 고려하여 어떠한 정책을 먼저 시행할지 그 우선순위를 올바르게 판별하여야만 한다. 이에 정책을 시행하기 전에 정책에 대한 생각이 먼저 필요하다.

두 번째로, 어떠한 정책이 올바른 정책인지 그리고 우선적으로 시행해야 될 정책이 무엇인지를 결정하는 것과 함께 생각해야 할 점은 그 정책 시행을 담당할 적임자로 누가 적합한가 하는 점이다. 즉 국가 정책을 시행하기 전에 그 일을 맡아 책임질 적임자를 먼저 생각하여야만 그 정책을 올바르게 실행할 수 있다. 능력과 도덕성을 갖춘 인재를 적재적소에 올바르게 배치하여야만 훌륭한 성과를 창출할 수 있으며, 따라서 정책을 실행하기 전에 이 점에 대해 생각하는 것도 중요하였다. 그러므로 정도전은 사정전의 명칭을 지으면서 다음과 같이 서술하였다.

> 진실로 깊이 생각하고 세밀하게 살피지 않는다면 어떻게……사람이 어진지 아닌지를 구별하여 쓰거나 쓰지 않겠습니까? 예로부터 인군人君은 누구나 존영尊榮하고자 하고 위태롭게 됨을 싫어하지 않았겠습니까? 그런데 악인惡人[匪人]을 가까이하고 계획한 바가 좋지 않아 화를 입어 패망함에 이르게 되는 것은 진실로 생각하지 않았기 때문입니다.[9]

위 글에서 정도전은 임금이 패망하는 이유는 생각하지 않고 잘못된 계획을 세우는 것, 그리고 생각하지 않고 사람을 등용하여 악인을 기용하는 것이라고 지적하고 있다. 정도전의 이러한 생각은 그가 직접 경험했던 고려 후기의 역사적 상황에서 나왔다. 한 예로, 고려 말에 공민왕은 뛰어난 자질을 가진 영민한 군주로 평가받았다. 하지만 공민왕은 간신인 조일신趙日新과 김용金鏞 같은 사람들을 총애하였다. 결국 김용의 농간에 의해 홍건적의 토벌에 커다란 공로를 세웠던 안우安祐 등의 장수들이 죽임을 당하였으며, 공민왕 또한 시해당할 뻔하였다. 이 외에도 잘못된 인사 때문에 국정운영에 지장을 초래하거나 중요한 정책이 실패로 돌아가서 나라에 커다란 피해를 가져오는 예는 부지기수였다. 고려 후기의 학자 이곡李穀은 "나라는 백성을 근본으로 삼고, 백성은 관리를 하늘로 삼는다."[10]고 하였다. 따라서 능력이 없고 도덕성이 없는 자를 관리로 임명한다면 이는 백성들에게 직접적으로 해를 끼치게 되고 결국 나라를 잘못되게 하는 것이었다. 따라서 국왕이 사정思政 즉 국가 정책을 생각하는데 있어 반드시 합당한 능력과 도덕성을 가진 적임자가 누구인지를 먼저 생각해야만 하는 것이 우선적인 것이었다.

정책을 최종적으로 결정하는 것은 국왕이었다. 따라서 국왕은 올바른 식견을 가지는 것과 그러한 식견을 바탕으로 올바르게 사정思政할 수 있는 능력을 가지는 것이 무엇보다 중요하였다. 이에 국왕은 경연經筵을 실시하는 등 끊임없이 공부하고 원로대신들의 자문을 들었다. 또한 올바르고 능력이 있는 적임자를 알아보고 선택할 수 있는 안목을 길러야만 하였다. 이를 위해 임금은 나무가 아니라 숲을 보는 능력, 지극히 깊고 원대한 생각을 가지도록 노력하여야 하였다. 조선시대의 대표적인 명군明君으로는 누구나 세종대왕을 꼽는다. 이 세종에 대해서는 "임금(세종)은 육적六籍을 깊게 검토하고 서사書史를 넓게 읽어 생각이 지극히 깊고 원대하였다."[11]라고 하였다. 세종이 명군이 된 것은 우연이 아니었다. 세종은 온갖 경서經書와 역사歷史 등에 대해 폭넓게 공부하여 깊고 원대한 생각을 가졌으며, 이것이 세종이 명군이 되게 한 바탕이었다. 즉 임금은 평소 열심히 공부하여 나무가 아닌 숲을 보는 능력, 문제의 겉이 아니라 본질을 이해할 줄 아는 능력을 함양하여야만 하였다.

이처럼 국왕은 끊임없이 올바른 능력을 갖추려고 노력하여야만 하였다. 하지만 국왕이 모든 일에 능통할 수는 없는 일이었다. 임금이라고 하더라도 오류가 없는 존재는 아니었다. 임금도 실수를 할 수 있었다. 이에 대해 정도전은 다음과 같이 말하고 있다.

> 한 사람의 몸으로 넓은 천하에 임하여 만약 구구하게 스스로 도맡아 하려고 한다면 어찌 온갖 일에 두루 미칠 수 있겠는가? 그러므로 자신의 지혜대로만 하려고 하면 지혜롭지 못하게 된다.[12]

당연한 말이지만, 임금이 아무리 최고 권력자라고 하더라도 자신의 지혜만을 믿고 독단적으로 판단해서는 안 된다. 그러므로 정도전은 위의 글처럼 국왕이 자신의 지혜대로만 하면 오히려 지혜롭지 못하게 된다고 말하고 있다.

세종대왕 동상

국왕이 나라의 모든 일을 알 수도 없을 뿐만 아니라 국왕 혼자서 모든 일을 할 수는 없다. 더군다나 모든 일을 잘 할 수는 없다. 따라서 국가 중요 정책의 결정과 구상, 어떠한 일에 대한 적임자의 인선에는 여러 사람들의 자문이 필수적이었다. 특히 오랜 관료 생활을 통하여 풍부한 경험과 학식을 쌓았으며, 오랫동안 국정에 참여한 경험이 있으며, 관료 생활 중 능력과 도덕성을 입증 받아 승진

을 거듭하여 대신의 자리에 오른 고위관료들의 의견은 반드시 필요한 것이었다. 재상의 자리에 오른 인물들의 국정에 대한 자문은 무엇보다 중요하였고 절대적으로 필요하였다. 고위관료들의 풍부한 경험과 학식은 정책 구상에 주요한 역할을 할 수 있는 것이었고, 국왕은 고위관료들의 국정에 대한 자문을 반드시 청취하여야만 국정 운영을 올바르게 실행할 수 있는 것이었다.

하지만 고위관료들은 진취적인 생각, 창의적인 생각이 부족한 경우가 많았다. 오랜 경험을 가진 이들은 보수적인 경우가 많았다. 세종대에 명재상으로 이름을 드높인 황희黃喜의 예를 들어보자. 그가 사망하자 《조선왕조실록》에는 그에 대해 "대체大體를 보존하는데 힘썼으며 번거롭게 변경하는 것을 좋아하지 않았다."고 하고, 세종이 중년 이후 새로운 제도를 많이 수립하였는데 황희가 조종祖宗의 옛 제도를 가볍게 변경할 수 없다고 하며 홀로 반박하는 의견을 내어 비록 전부는 아니지만 중지시켜 막은 바가 많았다고 쓰고 있다. 그러면서 사관史官은 황희에 대해 옛 대신의 기풍이 있다고 평가하였다.[13] 황희가 대체를 보존하는 데 힘썼다는 것, 옛 제도를 지키려고 노력하였다는 점은 기존의 체제와 질서를 유지하려고 한 그의 보수적인 면모를 보여준다. 또한 이러한 황희에 대해 옛 대신의 기풍이 있다고 한 사관의 평가는, 왕을 보좌하되 옛 제도와 가치를 보존하는 것 즉 보수保守가 대신의 일반적인 모습이었음을 보여준다.

황희 초상

하지만 인간과 사회는 변화한다. 또한 국가와 사회가 보다 발전하기 위해서는 새로

운 생각과 새로운 정책의 시행이 반드시 필요하다. 따라서 세종은 여러 가지 새로운 정책들을 시행하고 새로운 제도를 수립하려고 노력하였다. 세종이 새로운 정책을 시행함에 있어 황희와 같은 대신들의 풍부한 경험과 능력도 크게 도움이 되었을 것이다. 하지만 황희의 경우처럼 이들은 기본적으로 보수적이었고, 변화를 선호하지 않는 경우가 많았다. 또한 특정 현안에 직면해서는 그 현안을 해결하기 위한 전문적 지식을 갖춘 사람이 요구되기도 하였다. 이에 세종은 세종 2년 궁궐 안 사정전의 서쪽 편에 집현전集賢殿을 만들고 문신文臣들 중에서 재주와 능력이 있으며 나이가 어린 사람들을 결집시켰다.[14] 집현전에 모인 학사들에게는 역사를 비롯한 학문과 옛 제도, 정치 현안에 대한 과제들을 연구하게 하고, 수시로 당면하는 정치·제도적인 문제의 해결에 참고할 수 있도록 하였다.[15] 그리고 이들의 전문적인 지식과 창의성을 정책에 반영하도록 하였다. 이 과정에서 집현전 학사들의 연구는 세종이 보수적인 대신들의 의견을 물리치고 새로운 정책을 추진하는데 중요한 역할을 하였다.[16]

집현전의 설치를 통하여 세종은 원로들의 경험과 신진들의 창의성, 보수적인 대신들의 생각과 진보적인 신진들의 생각을 모두 국정에 반영할 수 있었다. 이를 통하여 다른 어떤 왕보다 명군으로 자리 잡을 수 있게 되었다. 이 점이 경복궁에 반영된 이상적인 국정운영체계에서 사정思政이 두 번째인 이유였다.

| 근정전勤政殿 | 최선을 다한 정책의 실현과 행정의 집행

사정전의 다음에 배치된 전각이 근정전이다. 근정勤政은 문자 그대로

경복궁 근정전

정책을 실현하는 데 있어 또는 행정을 집행하는 데 있어 이를 부지런하게 하라는 뜻이다. 즉 사정전에서 정책이 결정되면, 다음 단계는 최선을 다해 이를 실행하여야 한다는 것이다. 정도전은 국왕이 솔선수범하여 정치를 부지런히 하여야 한다고 생각하였다. 이에 정도전은 태조 이성계에게 매일 아침 일찍 정전正殿에 앉아 장상將相들과 국가의 일을 의논하라고 상언하였으며, 태조는 이 건의를 즐거워하며 받아들였다.

그러면 정치를 왜 부지런히 하여야 하는가? 또 정치를 부지런하게 한다면 어떠한 면에서 부지런하게 해야 하는가? 정도전은 근정전의 명칭을 지으면서 부지런함에 대해 다음과 같이 지적하였다.

> 세상의 일은 부지런히 하면 다스려지고 부지런하게 하지 않으면 망가지는 것이 필연의 이치입니다. 작은 일도 오히려 그러하거늘 하물며 정치라고 하는 큰 것은 말할 필요가 있겠습니까? ……그런즉 임금이 하루라

도 부지런하지 않을 수 있겠습니까? 그러나 임금이 단지 부지런한 것만 을 알고 부지런해야 하는 이유를 알지 못하면, 그 부지런함이 어지럽고 좀스러우며 가혹하게 살피는 데로 흘러 볼 만한 것이 못 될 것입니다.[17]

정도전은 작은 일이라고 하더라도 일을 하는데 열심히 부지런하게 해야만 그 일이 이루어진다고 하였다. 국가를 다스리는 일처럼 커다란 것은 말할 필요가 없다. 따라서 국가를 다스리는 일에 최선을 다해 열심히 하여야 한다고 하였다. 국가의 정책을 실행하고 행정을 집행하는 데 부지런함이 가장 기본적인 조건이 된다고 정도전은 생각하였다.

하지만 정도전은 정치를 부지런하게 하면서도 반드시 주의하여야 할 일이 있다고 생각하였다. 우선 왜 부지런해야 하는지 그 이유를 먼저 알아야 한다고 하였다.

여기에는 두 가지 뜻이 있다고 생각된다. 첫 번째로, 먼저 생각한 후 부지런해야 한다는 것이다. 생각이 없이 또는 잘못 생각해서 엉뚱하고 잘못된 일에 부지런하면 그 피해는 고스란히 국민이 받게 된다. 따라서 사정思政이 먼저이고 근정勤政이 그 다음인 것이다.

두 번째로, 임금이 해야 할 일과 신하들이 할 일을 구분하여 임금은 임금이 해야 할 일에 부지런해야 한다는 것이다. 임금이 모든 일을 할 수는 없다.

임금은 천공天工을 대신하여 하늘이 내려준 백성(天民)을 다스리니, 혼자의 힘으로는 할 수 없는 일입니다. 이에 관官을 설치하고 직職을 나누어서 서울과 지방에 펼쳐 놓고, 널리 어질고 능력 있는 선비를 구하여 이를 함께 하게 하는 것입니다. 관제를 만든 이유가 여기에 있습니다.[18]

근정전 앞 품계석

방대한 국정을 임금 혼자서 하는 것은 불가능하다. 이것이 관청을 설치하고 직책을 나눈 이유이다. 직무에 따라 올바르고 능력 있는 신하들을 선택하고 그들에게 일을 맡겨야만 하며, 임금은 그들과 함께 근정勤政해야 한다. 따라서 근정전 앞에 문반과 무반의 품계석을 설치하였다. 문반과 무반의 직책에 따라, 그리고 정1품부터 종9품까지의 관원들이 직위에 따라 근정전 앞에 도열하였다. 즉 정부를 구성한 것으로, 국왕 아래에 모든 관료들을 직책과 직무에 따라 나누어 배치한 것이다. 그리고 그러한 관료체계 안에서 모든 관료들이 임금과 함께 자신에게 부여된 직책과 직위에 따라 최선을 다하여 정책을 실현하고 행정을 집행하는 것, 근정勤政하는 체계를 이상적인 정부의 모습으로 정도전은 생각하였다.

그런데 정도전은 임금이 단지 부지런해서만은 안 된다고 생각하였다. 임금은 자신이 맡은 바에 부지런해야 하지, 그렇지 않은 일까지 부지런해서는 안 된다고 생각하였다. 위의 글에서 임금이 부지런한 것만을 알고 부지런해야 하는 이유를 알지 못하면, 그 부지런함이 어지럽고 좀스러우며 가혹하게 살피는 데로만 흐른다고 염려를 하였다.

왜 그럴까? 임금이 9품의 미관말직이 해야 할 일을 부지런하게 하면 기껏 관청을 설치하고 직책을 나누어 적임자를 임명한 의미가 없게 된다. 나아가 지휘체계를 무너뜨리고, 담당자가 해야 할 일을 빼앗게 된다. 이는 윗사람이 직책을 맡은 밑의 사람을 신뢰하지 못하는 것으로 여겨질 수 있으며, 관료체계를 무너뜨릴 수 있는 것이다. 이러한 현상이 심해지면 국정운영체계 자체를 무너뜨릴 수 있다.

따라서 임금은 일을 믿고 맡길 어진 사람을 구하는 데 부지런해야 한다. 더불어 담당할 적임자를 구하였으면, 그 사람을 신뢰하고 그 사람으로 하여금 자신이 맡은 바 일에 최선을 다하여 노력하도록 만들어야 한다.

> 아랫사람들이 이미 같은 덕德으로 순응하여 따르면, 마땅히 정성을 다하여 위임하여 모든 사람들이 자신의 재간을 다하여 천하의 뜻이 통하도록 하여야 할 것이다. 그리고 다시 자신의 명석함을 믿어 그들의 잘하고 못하고를 생각하지 말아야 할 것이니, 이렇게 하여 가면 길하여 이롭지 않음이 없는 것이다.[19]

임금은 지도자이다. 따라서 자신이 가진 능력과 올바른 정책 판단을 통하여 신하들의 존경과 신뢰를 얻어야 한다. 하지만 종종 지도자들이 가지는 치명적인 약점, 특히 가장 큰 권력을 가지고 있으며 더불어 명석함까지 갖추고 있는 지도자들이 가지는 치명적인 약점은 자신보다 낮은 지위에 있는 신하들을 믿지 못한다는 것이다.

정도전은 아랫사람들, 즉 신하들이 같은 덕德으로 순응한다면 그들에게 정성을 다하여 일을 위임하라고 하였다. 같은 덕으로 순응한다는 것은, 사정思政을 통하여 국정운영 방안이 결정되고 이를 통하여 최선의 방안을 구현한다는 데 신하들이 의견을 같이한다는 것으로 해석할 수 있다. 그리고 신하들이 국정운영 방안에 대해 이해를 하고 동의를 하였다면 그들을 최대한 믿고 그들이 가진 능력과 재간을 발휘하도록 하는 것이 가장 좋은 방안이라고 하였다. 국왕이 자신의 명석함을 믿고 신하들이 일하는 도중에 이것저것 참견한다면, 신하들은 자신의 능력을 제대로 발휘하지 못하게 될 것이다. 최선의 방책을 찾아내지도 못할 것이다. 자신들이 한 일이 임금에 의해 중간에 수정되는 일이 반복된다면, 어차피 수정될 사안에 대해 최선을 다해 일하지 않을 것은 뻔한 일이다.

또한 임금의 일에 대한 간섭은 임금 한 사람만의 생각에 신하들을 얽맴으로써, 신하들이 창의성을 발휘하지 못하도록 할 것이다. 태종이 충녕의 장점을 평가하면서 "의견을 올린 것이 사리에 합당하고 또한 예상한 것 밖에서 나왔다."[20]고 하였다. 이처럼 윗사람에게 의견을 제시하는 경우 그 의견은 이치와 상황에 맞는 합리적인 것이면서도 또한 예상한 것 밖에서 나오는 창의적인 것이어야만 하였다. 하지만 신하들 각각의 일에 임금이 개입한다면 신하들이 그러한 창의성을 발휘할 여지를 제한하게 될 것이다.

따라서 정도전은 윗사람은 자신의 명석함을 믿어 그들의 잘하고 못하고를 생각하지 말라고 하였다. 이렇게 해야만 일이 잘되고 이룹게 된다고 하였다. 그러므로 태조가 즉위한 다음에 사헌부에서

> 믿음이란 것은 임금의 커다란 보배이니, 나라는 백성에 의해 보전되고 백성은 믿음에 의해 보전되는 것입니다.[21]

라고 올린 글처럼, 임금의 가장 큰 보배는 선택하여 일을 맡긴 신하들에 대한 '믿음[信]'이 되는 것이었으며, 국가는 백성에 의해 보존되지만 동시에 백성은 믿음에 의해서 보존되는 것이었다.

임금은 직책을 맡긴 신하들을 신뢰하고, 그들이 자신들의 직무에 최선을 다하도록 하여야만 하였다. 신하들은 자신을 믿고 일을 맡긴 국왕을 위해서도 부지런히 최선을 다하여 직무를 수행해야 하였다. 여말선초의 뛰어난 학자였던 권근權近은 충성스럽고 어짊[忠賢]이란 관료들이 부지런하고 게으르지 않아 맡은 바 직무를 폐기하지 않는 것이라고 하였다.[22] 임금은 관료들이 자신이 가진 최선의 능력을 다하여 자신에게 주어진 직책을 실현하게 함으로써 임금과 국가에 충성스러움과 어짊을 실현할 수 있게 해주어야 하는 것이다. 이를 위해 임금은 관료들을 신뢰하고 그들이 본인의 일에 전념할 수 있도록 하여야 하는 것이었다.

임금도 임금의 일, 임금의 정치에 최선을 다하여야 한다고 정도전은 생각하였다. 임금이 해야 될 일이란 네 가지였다.

> 옛 선비가 말하기를 "아침에 국정을 처리하고, 낮에는 사람들을 방문하며, 저녁에는 법령을 정비하고, 밤에는 몸을 편안히 한다."고 했는데, 이것이 임금의 부지런함입니다. 또 말하기를 "어진 사람을 구하는 데 부지런히 함으로써 어진 사람을 임명한 후에 편안하게 된다."라고 했습니다.[23]

임금의 일이란 국정을 처리하는 일, 사람들을 만나는 일, 그리고 법령을 정비하는 일 그리고 마지막으로 도덕적으로 올바르고 능력 있는 신하들을 구하여 그들을 적재적소에 임명하는 일이었다. 정도전은 특히 정치를 하는 데 있어 가장 중요한 일은 적임자를 적재적소에 임명

경복궁 홍례문

하는 것이라고 보아 관료의 임명을 가장 중시하였다. 임금이 이러한 자신의 직무에 최선을 다하고, 그리고 올바르게 임명된 신하들이 최선을 다할 때 이상적인 국정운영이 이루어지는 것이었다.

| 홍례문弘禮門과 광화문光化門 | 업적의 실현과 확대

근정전 앞에 있는 문이 홍례문興禮門이다. 하지만 이는 고종高宗 때 경복궁을 중건하면서 붙인 이름이고, 세종 8년 세종의 명에 따라 집현전 수찬修撰이 지은 명칭은 홍례문이었다. 홍례弘禮란 예禮를 넓힌다 또는 예禮를 널리 확장시킨다는 뜻이다. 오륜五倫에서 남쪽을 가리키는 것이 예禮이므로, 이에 근거하여 문의 이름을 지었다.

근정전 앞의 문이 홍례문이므로 홍례는 근정의 목적이 된다. 즉 세

광화문 전경

종대에 근정의 목적은 예禮를 넓히는 것이라고 보았던 것이다. 성리학을 공부한 조선 전기 사대부들은 정치의 가장 중요한 목적을 성리학적 이념의 실현 즉 인륜과 도덕의 실현으로 보았다. 국가가 정책을 구상하고 행정을 집행하는 목적은 부국강병을 넘어서 도덕적 사회, 유교적인 이상 국가를 완성시키는 것이었다. 따라서 홍례는 정책 및 행정을 부지런히 실행하는 근정을 통해 그 목적을 달성한다는 의미이다.

홍례문 앞에 있는 경복궁의 정문이 광화문光化門이다.[24] 광화光化의 뜻은 빛으로 변화시킨다는 뜻으로, 군주에 의한 덕화德化를 의미한다.[25] 즉 국가와 백성을 다스리는 임금이 자신의 올바른 빛으로, 국가와 정부의 맑고 밝은 빛을 가지고 이 빛을 민에게 비추어야 하며, 전국의 국민들을 올바른 인간, 도덕적 인간으로 변화시킨다는 것이다. 이른바 교화敎化시킨다는 것이다.

임금은 국가에서 어떠한 존재여야 하는가? 그리고 백성들에게 어떠한 존재여야 하는가? 이에 대해서는 조선왕조가 개창된 다음, 정도전이 이성계의 이름을 단旦이라고 지어 바치면서 설명한 것에 의해 알 수 있다. 정도전은 조선왕조의 첫 임금의 이름이 단旦이어야 하는 이유를 다음과 같이 설명하였다.

> 하늘에 해가 떠올라 그 밝음이 넓게 비쳐서 어두운 존재[陰翳]들이 흩어지고 소멸되고 만상萬象이 뚜렷해짐은, 곧 임금의 첫 정치의 맑고 밝음이 온갖 사악한 것을 다 없애고 모든 법이 갖추어지고 새로워지는 것입니다. 하늘에 해가 이미 떠오른 다음 그 밝음이 점점 강해짐은, 곧 임금이 처음 등극[踐祚]해서부터 천만대까지 계승되는 것을 의미합니다.[26]

정도전은 임금은 하늘에 떠오른 태양처럼 어둠을 소멸시키고 밝음을 가져와야 하는 존재라고 하였다. 사악한 것을 없앨 뿐만 아니라 올바른 법을 갖추어 전국을 동일하게 통치하는 존재여야 한다고 생각하였다. 즉 임금은 국가를 올바른 것으로 바꾸어 가는 존재이어야 한다. 이는 임금의 존재 의미를 설명한 것이다.

이러한 태조 이성계의 새 이름 단旦은 결국 광화光化와 같은 의미이다. 태양은 단순히 하늘에만 떠 있는 존재가 아니었다. 태양은 온 세상을 빛으로 밝게 비추어 온 세상을 밝게 변화시키는 존재이다. 이러한 태양과 마찬가지로 정부에서 최선을 다해 정책을 실현하는 근정勤政을 통하여 성리학적 이념과 가치들을 확장시키는 홍례弘禮를 달성하고, 나아가 이를 전국의 민들에게까지 확장시켜 조선 국가 자체를 유교적인 도덕적 이상국가로 변화시키는 것, 즉 광화光化하는 것 이것이 정부의 목적, 국정운영의 목적이었다.

이처럼 임금이 태양처럼 모든 지역을 밝히는 존재가 된다는 것, 그리고 국가 자체를 유교적 이상 국가로 변화시키겠다는 의미를 가진 광화光化는 조선국가의 집권적 성격을 나타내주는 것이었다. 즉 국왕을 중심으로 하는 일원적인 행정체계를 갖추고, 전국을 동일한 법체제와 행정체계를 통하여 통치하겠다는 의미가 담겨져 있는 것이었다. 오문午門 즉 광화문光化門을 통하여 명령命令과 정교政敎가 나오므로 이 문이 정문正門이라고 한 정도전의 말[27]은 조선국가의 집권성을 상징적으로 표현한 것이었다.

또한 국가의 올바른 통치를 통하여 민들을 올바른 존재로 바꾸겠다는 것은, 잘못된 통치 때문에 그리고 교육을 받지 못하였기 때문에 민들이 잘못을 저지르는 것이라는 생각이 반영된 것이었다. 올바른 통치와 교육을 통하여 민들을 올바른 존재로 바꾸어나간다는 것은 결국 민들이 가진 충분한 능력과 올바른 본성을 인정하였기 때문에 가능한 것이었다.

| 경회루慶會樓 | 업적의 확인과 소통의 확대

사정전의 서쪽 편에 세워진 건물이 경회루이다. 태종 12년에 완공되었다.[28] 누각이 완성되자 태종은 자신이 누각의 명칭으로 생각한 경회慶會, 납량納涼 등 여러 이름 중에서 자신이 총애하던 신하인 하륜河崙으로 하여금 선택하도록 하였다. 이에 하륜이 선택한 이름은 경회였다. 경사스럽게 모인다는 의미였다. 그리고 하륜은 〈경회루기(慶會樓記)〉를 지어 누각의 명칭으로 경회라는 이름을 선택한 이유에 대하여 밝혔다.

경회루는 연회를 베풀기 위한 장소였다. 태종은 경회루를 만든 이

경복궁 경회루

유에 대해 중국 사신을 위해 잔치하고 위로하기 위한 것이라고 하였다. 외교는 국가의 중요한 과제였다. 특히 조선왕조에게 있어 중국과의 관계는 매우 중요한 것이었다. 따라서 외교적 활동을 위하여 중국 사신을 접대하는 공식적인 장소는 매우 중요하였다. 경회루의 1차적 목적은 중국과의 외교적 공간을 위한 것이었다. 중국과의 외교적 만남을 축하한다는 의미로, 중국 사신과 경사스럽게 만나는 장소라는 의미로 경회라는 이름이 지어졌다고 할 수 있다.

하지만 경회루는 단지 중국과의 외교적 목적을 위한 연회 장소로만 구상된 것은 아니었다. 관료들과 함께 연회를 베푸는 것도 경회루를 지은 중요한 목적이었다. 국왕이 백관들과 함께 국정을 힘써 운영한 뒤 국정 운영의 성과를 확인하고 노고를 위로하는 것도 경회루를 지은 주요한 목적이었다. 실제 경회루가 완공된 후 종친宗親, 훈신勳臣, 원로元老들을 불러 경회루에서 함께 연회를 베풀고 즐겼는데, 이는 경회루의 완공을 축하하고 그 노고를 치하하기 위한 것이었다. 또한 하륜이 지은 〈경회루기〉에는 다음과 같이 쓰고 있다.

> 생각건대, 우리 태조太祖께서 이미 근정勤政으로써 나라를 통치하는 근본을 삼아 다스리셨고, 전하께서 또한 경회慶會로써 근정勤政의 근본을 삼아 힘쓰고 계십니다.[29]

하륜은 나라를 통치하는 근본은 최선을 다한 국정 및 행정을 운영하는 근정勤政에 있음을 지적하고, 이어 근정의 근본을 경회慶會라고 하고 있다.

그러면 왜 근정의 근본이 경회일까? 국왕과 신료들은 최선을 다하여 국정을 운영하여야 한다. 그리고 최선의 결과를 이루어야 한다. 따라서 최선의 성과를 얻은 다음에는 경회의 자리가 필요하다. 즉 업적을 축하하고 공로를 포상하는 것, 그리고 이를 위하여 축하하고 노고를 치하하는 자리가 필요한 것이다.

또한 업적을 훌륭하게 달성하였다고 하더라도, 업적을 실현하는 과정에서는 임금과 신하 사이에 또는 관료들 간에 갈등이 발생할 수 있다. 따라서 연회를 통하여 임금과 신하, 또는 신하들 사이에서 발생한 갈등을 해소하고 서로 소통을 하는 것이 반드시 필요하다. 이는 다음의 국정 운영을 위해서도 반드시 필요한 행위이다. 따라서 하륜은 "경회란 것은 임금과 신하가 서로 덕德으로써 만나는 것이다."[30]라고 규정하였다. 즉 정치에 있어서 임금과 신하 사이에 인간과 인간의 소통이 중요하였음을 하륜은 지적하고 있는 것이다.

이처럼 경회루의 명칭에 담겨 있는 경사스러운 모임이라는 연회는 업적의 실현 과정 속에서 발생할 수 있는 임금과 신하, 또는 신하들 사이의 갈등을 해소하고 인간적 이해와 소통을 증진하기 위한 것이었다. 이와 관련하여 세종이 세자로 선택될 때의 상황을 살펴보자.

> 술을 마시는 것은 비록 무익하나, 그러나 중국의 사신을 접대하며 주인으로서 한 모금도 마실 수 없다면 어찌 손님에게 권하면서 그의 마음을 즐겁게 할 수 있겠는가? 충녕은 비록 술을 잘 마시지는 못하나 적당하게 마시고 그친다.……효녕대군은 한 모금도 마시지 못하니 이것 또한 불가하다.[31]

세자였던 양녕대군이 세자로서의 자격을 상실하게 되자, 태종은 다음 세자로서 둘째 아들인 효녕과 셋째인 충녕을 가늠하게 되었다. 최종적으로 효녕은 왕이 되기에 불가하다고 판정하고 충녕을 선택하였다. 그런데 태종은 효녕이 왕이 되기에 적합하지 않은 여러 가지 이유를 제시하였는데, 그 중 한 이유가 효녕이 한 모금도 술을 마지지 못한다는 점이다. 반면 충녕은 술을 잘 마시지 못하나 적당하게 마시며, 따라서 중국 사신을 만났을 때 같이 술을 마시며 접대할 수 있다는 점을 충녕이 세자가 되어야 하는 이유로 들고 있다.

하지만 충녕이 세자가 되어야 하는 이유, 그리고 왕이 되어야 하는 이유를 단순히 술을 마실 수 있다는 점 때문이라고 보아서는 안 될 것이다. 태종도 술 마시는 것을 무익하다고 하였다. 농업국가인 조선왕조에서는 곡식으로 술을 담그는 것은 식량을 축내는 것이므로 최대한 억제하였다. 또한 과도한 술은 사람의 절제를 잃게 하고 판단력을 흐리게 하는 것이었다. 따라서 사람의 성품을 기르고 재앙의 근원을 차단하기 위해 금주령을 시행하자고 주장하는 사람들조차 있을 정도였다. 실제 흉년이 들거나 할 때 여러 차례 금주령이 내려지기도 하였다.

더군다나 국가를 이끌어가는 국왕이 술에 취해 국정운영에 있어서 중요한 정책에 대해 잘못 판단을 하거나 더 나아가 사리분별까지 못하는 경우는 절대 있어서는 안 될 일이었다. 폭군을 상징하는 말인 '황음무도荒淫無道'라는 말은, 술과 여자에 빠져 인간의 도리를 잊어버린 경우를 말하는데, 이는 술이 얼마나 무서운 결과를 초래하는 것인지를 보여주는 표현이다.

그럼에도 불구하고 술을 마시지 못하는 것은 효령이 다음 국왕이 되는데 있어 문제점으로 지적되었다. 무엇이 문제였을까? 이는 타인과의 소통과 타인에 대한 배려의 문제라고 생각된다. 태종은 술을 마시지 못하면, 중국 사신을 접대하면서 주인으로서 손님의 마음을 기쁘게 할 수가 없다고 하였다. 즉 술을 마시는 것이 목적이 아니라 중국 사신에 대한 배려 및 그와 마음으로서의 대화를 위해서라면 수단으로서 술을 마실 수 있어야 한다는 것이다. 결국 타인과 진심으로 소통하고 타인을 배려하는 것은 국왕이 갖추어야 할 자세였다.

국정운영에 있어서 당연히 여러 가지 어려움이 따를 수밖에 없다. 훌륭한 정치와 행정을 위해서 최선을 다하여 노력하여야 하며, 그 과정에서 국왕과 신하, 그리고 신하들 사이에 여러 가지 갈등이 배태될 수 있다. 따라서 국왕이 신하들과 소통하고 신하들의 노고를 치하하며, 신하들을 배려하여야만 국정운영 과정에서 야기된 여러 가지 갈등들을 해소할 수 있다. 그리고 이러한 과정이 있어야만 보다 나은 국정운영을 기대할 수 있게 되는 것이다. 충녕이 술을 마실 수 있다는 것은 이러한 소통의 자질과 능력을 갖춘 것으로 인정된 반면, 효령은 단지 술을 못 마실 뿐만 아니라 나아가 타인과의 소통을 전혀 하지 못하는 것으로 인식된 것이다. 이에 태종은 효령이 다음 번 국왕으로서 불가하다고 판정을 내린 것이다.

국정을 운영함에 있어 발생할 수밖에 없는 여러 가지 갈등을 해소하고, 국왕과 신하, 신하와 신하들 사이의 갈등의 해결과 소통은 무엇보다 중요한 것이었다. 따라서 그러한 갈등의 해결과 소통의 장으로서 경회루를 만든 것이다.

그러면 이러한 소통의 장소, 연회의 장소인 경회루를 궁궐 안에 마련한 것은 무엇 때문일까? 이는 연회를 공개적으로 개최하기 위함이었다. 임금과 신하의 사적私的인 연회는 특정한 부류의 신하들과의 밀접한 관계를 형성시킬 수 있다. 즉 측근정치의 폐해를 가져와 다른 신하들을 배제함으로써 공적인 관계를 편향시키고 파괴할 위험성이 있었다. 예를 들어 고려전기 유학자인 최승로崔承老는 광종光宗의 재능과 자질을 높게 평가하였지만, 광종이 특정한 사람들만을 밤마다 불러 접견하며 이로써 환락을 도모하였으므로, 결국 임금과 신하 간의 의논이 막혔다고 비판하였다. 국왕은 다양한 의견과 이해관계를 고려하여야만 하였고, 특정 부류의 측근들만 총애하고 그들에게만 의지하는 것은 커다란 문제점이 될 것이었다. 설사 국왕이 특정 부류들만 총애하지 않다고 하더라도 그러한 혐의를 다른 신하들에게 받게 된다면 정상적인 국정운영이 어렵게 될 것이다.

특히 조선을 건국한 신흥사대부들은 원나라 간섭기 이후에 국왕이 측근정치에 의존하게 됨에 따라 발생된 여러 가지 폐단을 여실하게 알고 있었다. 따라서 측근정치가 이루어지거나 또는 국왕이 특정 관료들만을 총애한다는 혐의를 받는 것을 최대한 방지하여야만 하였고, 이에 대한 상징적 조치로 궁궐 안의 공적인 장소에, 모든 관료들이 누구나 지켜볼 수 있는 장소에 경회루를 설치한 것이다. 다음은 정도전의 말이다.

만일 이에 그 조그마한 어짊[仁]을 나타내어 도리를 어기면서 명예를 구하여 아랫사람들의 친밀함을 구하려고 한다면, 그 도가 또한 좁은 것이다.……성인聖人은 가장 큰 공평함과 사사로움이 없는 마음으로 천하를 다스려야 한다.[32]

왕이 통치하는 모든 곳은 왕의 땅이다. 왕의 땅에 사는 모든 민은 왕의 신하이다. 따라서 왕은 신하들 모두를 공평하게 대우해야 하며 사사로움이 없어야 한다. 즉 사적인 편애가 없어야 한다. 따라서 특정 부류에 대한 개인적 사사로움을 가지고 특정인들과의 친함을 구하는 것은 그 도가 좁은 것이라고 하였다. 왕이 특정 인물을 사적으로 편애해서는 안 되며, 모든 신하들을 사사로움이 없는 공평함으로 대우해야 한다는 것은 정도전만이 아니라 조선 초기 관료들의 공통적인 생각이었던 것으로 보인다. 따라서 이에 대한 상징적인 의미로 관료라면 누구나 볼 수 있는 장소에 경회루를 건축하였다.

| 동궁전東宮殿 | 후계자의 양성과 업적의 발전적 계승

사정전과 근정전의 동쪽 편에 있는 것이 동궁전東宮殿 곧 세자전世子殿이다. 세자가 거주하는 궁궐이 대궐의 동쪽에 있었으므로 동궁東宮이라고 불렸고, 동쪽을 나타내는 색이 청색이므로 청궁青宮이라고도 불렸다. 이에 따라 동궁은 세자를 가리키는 말이 되었다.

원래 동궁은 경복궁 밖, 창덕궁昌德宮 옆에 있었다. 하지만 태종 때 세자 양녕대군이 학업을 게을리 하고 거듭 잘못된 행동을 하자, 태종 12년 세자우빈객世子右賓客이었던 이래李來는 대궐 가까이에 동궁전을 지어

경복궁 동궁 자선당資善堂

경복궁 동궁 비현각丕顯閣

세자를 감시하자고 건의하였다. 하지만 동궁전을 대궐 가까이 또는 대궐 안으로 옮기자는 주장은 당시에는 실행되지 않았다.

동궁전을 경복궁 내로 옮겨 짓는 작업은 세종 8년에 이루어졌다. 그러면 세종은 왜 동궁전을 경복궁 안에 옮겨지었을까?

국가에 훌륭한 임금이 있으면 사직社稷의 복福이 된다.[33] 세자는 사적으로는 임금의 아들이다. 하지만 공적으로는 다음 대에 왕이 되어 국가를 운영해 나가야 하는 인물이다. 국가를 위해서는 훌륭한 임금이 있어야만 하고, 따라서 다음번 왕이 되어 나라를 다스려야 하는 세자는 훌륭한 임금이 되기 위하여 노력하여야만 한다. 세자는 국가를 운영할만한 자질을 갖추어야 할 뿐만 아니라 정책의 실현 과정, 행정의 집행 과정을 배워야만 왕이 된 다음에 국가를 제대로 운영할 수 있다. 한 왕이 훌륭한 업적을 쌓는 것도 중요하지만 그러한 훌륭한 업적이 계승되는 것도 중요하다. 즉 다음 세대에 그 정책결정 과정과 행정 경험의 전수는 반드시 필요하다. 그래야만 국정운영의 지속성과 업적의 발전적 계승이 이루어지게 된다.

이와 같은 이유로 세종은 동궁전을 사정전과 근정전의 동쪽 편의 경복궁 내에 옮겨 설치하였다. 동궁전을 국정운영의 가장 중요한 현장인 사정전과 근정전의 바로 옆, 경복궁 내에 설치함으로써 세자가 국왕의 옆에서 국정 경험을 보고 배우도록 하였다. 임금의 가장 중요한 자질은 도덕성을 먼저 갖추는 것이었다. 이에 세종 때 지어진 동궁전의 건물은 자질을 착하게 한다는 뜻인 자선당資善堂으로 이름 붙여졌다.

| 나오는 말 |

이상으로 경복궁의 전각 배치 및 명칭을 통하여 조선왕조의 이상적인 국정운영체계를 살펴보았다. 정도전을 비롯한 조선의 건국을 주도한 세력들은 자신들의 정치 이념과 이상적인 국정운영체계를 경복궁의 전각 배치와 명칭에도 반영하였다. 그리고 이는 태종대와 세종대를 거치면서 수정·보완되었다. 세종대까지 완성된 경복궁의 전각 배치와 명칭을 통하여 국정운영체계를 살펴본 결과, 경복궁은 국정운영과 관련되어 크게 네 부분으로 구성되어 있다고 할 수 있다.

첫 번째 부분은 강녕전 → 사정전으로 이어지는 국왕과 신료들의 정책 구상 및 결정 공간이다.

국왕은 국가 정책을 결정하는 최고의 그리고 최종적인 권한을 가진 존재이다. 이런 국왕이 정책을 올바르게 결정하기 위해서는 건강한 신체와 도덕성이 전제되어야만 한다. 따라서 국왕은 휴식을 취하며 몸과 마음을 편하게 만들어야 하고, 국정을 운영할만한 도덕성과 능력을 갖추기 위해 누구보다 학업을 열심히 하여야만 하였다. 따라서 강녕이 국정운영의 시작이라고 보았으며, 이에 국왕이 휴식을 취하는 전각의 이름을 강녕전이라고 붙였다.

강녕을 통하여 국왕이 몸과 마음을 충분히 수양하고 국정운영에 필요한 능력을 갖추게 되면 이어 사정思政 즉 국가 정책의 중대사를 결정하는 정치행위가 이루어진다. 따라서 강녕전 다음의 전각 명칭이 사정전이다. 올바른 국가 정책이 무엇인지, 어떠한 정책을 우선적으로 시행할 것인지, 그리고 정책을 시행할 경우 적임자가 누구인지를 판단하는 것이 사정思政에서 가장 중요한 항목이었다. 이때 대신들의 자문은 필수적이었다. 대신들은 오랜 국정 경험과 능력, 도덕성을 갖춘 존재들이었으므로, 이들의 자문은 국가 정책을 결정하고 적임자를 인선하는데 커다란 도움이 되었다. 하지만 대신들은 기본적으로 보수적인 경우가 많았다. 또한 특정 사안의 경우 전문적인 지식이 필요하기도 하였다. 이에 세종은 사정전 옆에 집현전을 지어 창의적이고 전문적 지식을 갖춘 젊은 학자들이 정책 결정에 자문할 수 있도록 보완하였다.

두 번째 부분은 근정전 → 홍례문 → 광화문으로 이어지는 행정운영과 행정운영의 업적을 전 국가와 모든 국민에게로 확산하는 공간이다.

국가 정책이 결정되면 최선을 다해 부지런히 정책을 시행하는 근정勤政이 이루어져야 한다고 생각하였다. 따라서 사정전 다음 전각의 명칭을 근정전이라고 하였다. 근정은 국왕과 관료들이 같이 하는 것이었다. 관료체계 안에서 관료들이 직책과 직무에 따라 최선을 다하며, 국왕은 이러한 신하들을 믿고 그들이 직무에 최선을 다하도록 하여야만 하며, 국왕도 자신의 일에 최선을 다하는 것이 근정의 의미였다.

근정의 목적은 조선왕조를 부국강병된 나라로 만들 뿐만 아니라 이를 넘어 도덕적 사회, 유교적 이상국가로 만드는 것이었다. 이러한 목적 달성의 의지가 표현된 것이 홍례문의 홍례弘禮이다. 그리고 이러한 국왕의 정치, 국가의 정책을 전 국민으로 확대하여, 전 국민을 도덕적이고 올바른 존재로 바꾸어나가야 한다고 생각하였다. 그 의지는 광화문의 광화光化로 표현되었으며, 이는 또한 전 국가와 전 국민을 하나의 원칙에 의해 다스린다는 중앙집권적 체제의 완성을 의미하는 것이었다.

경복궁에서 세 번째 부분은 경복궁의 서편에 위치한 경회루이다. 이는 국정운영을 통한 업적 확인과 이 과정에서 발생하는 갈등을 해소하고, 임금과 신하, 신하와 신하들 사이에 소통하는 공간이다. 올바른 정책 결정이라는 사정思政과 최선을 다한 정책 집행이라는 근정勤政을 통하여 유교적 이상국가가 완성되면, 국왕과 신하들이 이를 축하하기 위하여 경사스럽게 모이게 되므로 경회慶會라고 이름을 붙였다. 동시에 업적 실현 과정에서 발생할 수 있는 갈등을 해소하기 위해 임금과 신하가 덕德으로써 만나는 것이 경회慶會였다. 특히 궁궐 안 누구나 볼 수 있는 장소에 경회루를 설치함으로써, 특정 신하를 편애하지 않고 모든 신료들을 공평하게 대우한다는 상징성을 보여주려 하였다.

네 번째는 경복궁의 동편에 위치한 동궁전이다. 동궁전은 후계자의 양성과 국정운영의 발전적 계승 공간이다. 국정운영이 지속적으로 운영되고 발전적으로 계승되려면 다음 국왕이 그에 걸 맞는 도덕성과 능력을 갖추어야 한다. 이에 따라 동궁전을 경복궁 내에 설치하고 세자가 아버지이자 현 국왕의 국정운영의 경험을 직접 옆에서 보고 익히도록 하였다.

경복궁은 이와 같은 국정운영체계가 서로 연계되고 순환하는 구조를 염두에 두고 전각이 배치되고 명칭이 지어졌다. 이처럼 경복궁에 표현된 국정운영체계가 제대로 운영되면 조선왕조의 민들은 커다란 복 즉 경복景福을 받게 된다. 또한 조선왕조도 자손과 더불어 만년이나 태평성대의 왕업을 이어가는[34] 커다란 복 즉 경복景福을 누리게 될 것이다. 이에 이러한 목적을 담아 조선왕조 법궁法宮의 이름을 경복궁이라고 하였다.

2장

조선의 중앙집권제와 6조행정체제

임용한
KJ인문경영연구원 대표

| 절대주의와 조선의 중앙집권제의 차이 |

조선의 특성이 무엇이냐고 하면 쉽게 떠오르는 단어가 중앙집권화이다. 교과서에서도 그렇게 배웠고, 개설서에서도 조선이 건국한 다음부터 추진한 정책을 포괄하는 의미를 중앙집권화라고 설명한다.

그러나 정작 중앙집권화의 의미가 무엇인지는 명확하지 않다. 서양사에서는 지방분권인 봉건제를 대체하고 국왕과 국가에 권력을 모아주었던 체제를 절대주의, 절대왕정이라고 했다. 그리고 절대주의 국가의 특징으로 국왕의 세습제도, 관료제, 상비군제도를 들었다. 절대주의 국가는 중앙집권제의 개념을 이해하는 데 기본적인 개념을 제공해 준다. 하지만 우리 역사에서는 봉건제가 없었다. 중국에서는 고대 주周나라 시대에 봉건제가 시행되었지만, 한漢나라 이후로는 봉건제는 사라지고, 정부에서 지방관을 파견해서 지방을 통치하는 제도가 시행되었다.

따라서 봉건영주의 권력을 행정관료로 대체하는 것을 중앙집권국

절대주의를 대표하는 군주인 프랑스의 루이 14세

가라고 한다면 우리 역사는 통일 신라시대 이후로 중앙집권제 국가였고, 국가의 모든 정책은 중앙집권화로 설명할 수 있다. 그러나 이런 식으로 접근하면 시대별 제도의 특성, 중앙집권화의 이슈와 방법에 대해서 파악하기 어렵다. 또한 개념이 너무 광범위해서 자의적으로 남용될 수 있다.

서구의 봉건제와 절대주의 왕정의 차이는 통치권의 분산과 집중이다. 한국과 중국의 중앙집권제는 법과 제도, 관료에 의한 권한의 위임과 분산이다. 서구에서는 영주의 권력을 통제하고, 조정하는 것이 관건이었다면 중앙집권적 국가에서는 관료와 행정권력의 운영, 관료의 성분, 즉 지역유지가 관료가 되는가, 신분적 기준을 적용해서 배분하는가? 전체 국민을 대상으로 하는가라는 차이가 중요했다.

그러므로 관료제와 행정체제에 대해서도 좀 더 기능적이고 분석적인 접근이 필요하다. 그동안 제도사 교육은 관직의 명칭, 기능, 임무 등을 기계적으로 나열하고 암기하는 식으로 진행되었다. 현대의 관서와 비교하면서 역할을 이해하는 것이 거의 전부였다. 행정관서의 운영방식도 대체로 현대적 관점에서 현대의 제도와 비교하거나 상관관계를 찾는 경우가 대부분이다. 예를 들면 인사고과를 할 때는 복수후보를 추천한다든가, 진급 조건, 진급 기한, 인사고과 방식 등을 현대의 제도와 비교하고 평가하는 식이었다.[1]

그 다음으로 많이 주목한 연구가 관료제와 관제를 정치사적 관점에서 조명한 것이나, 관직과 인사권을 둘러싼 갈등, 대간제도, 언론제도처럼 정치적 영향력이 큰 관직과 관료들의 행동방식에 관심을 가졌다.

이런 이야기들은 흥미롭고, 조선의 관료제도나 행정제도의 엄밀함, 예상 외로 현대적인 모습에 놀라게 하는 데는 분명히 효과가 있다. 하지만 공정한 운영, 부정부패의 방지와 같은 과제는 어느 시대, 어느 나라에나 존재하는 고민이다. 문제는 그것을 해결해 나가는 방식이다. 그리고 막상 관서를 운영하는 행정가, 관료들의 입장에서 보면 그 외에도 실무적이고 기능적인 문제에 수없이 부딪힌다. 어쩌면 실제 실무자들에게는 이런 기능적인 문제가 더 고민스럽고, 과거로부터 배우고, 과거의 경험을 참조하고 싶은 부분일 것이다. 일반인의 입장에서도 과거를 거대담론으로만 접근하면 도덕주의자가 되거나 사회나 제도를 운영하면서 발생하는 문제를 정의감과 실행의지만 있으면 단번에 해결할 수 있다고 생각하는 단선론적 사고에 물들기 쉽다.

세상은 단순하지 않으며 작은 문제와 기능적인 요소들이 어울려 문제를 만들어가고, 해법도 만들어 간다. 이것은 고려, 조선시대에도 마찬가지였다. 행정제도 하나하나에도 그런 고민과 노력, 시행착오의 역사가 깃들여져 있다. 조선의 행정제도는 이런 기능적 고민과 섬세함의 결정판이다. 우리 주변의 어떤 나라도 조선처럼 세밀하고 치밀한 행정제도를 가지지 못했다. 오늘날 한국의 행정제도의 장점과 단점도 조선의 제도에서 적지 않은 영향을 받고 있을 것이다.

| 고려의 6부는 조선과 무엇이 다른가 |

결정권 없는 6부와 장관 중앙 관제를 6으로 나누는 시초는 보통 주관周官이라고 부르는 중국 고대왕국인 주나라의 육관제도이다. 고려와 조선은 워낙 정통성 있는 명분을 좋아해서 6부 제도를 고수했고, 이것이 주나라의 정통적인 제도라는 것에 자부심을 가졌다. 이것을 사대주의적인 사고로 간주할 필요는 없다. 르네상스인들이 고대 그리스, 이집트, 유대인의 고전에서 자신들의 사상과 행동의 당위성과 자부심을 찾았던 것과 유사하다고 하겠다.

그러나 청동기 시대 고대왕국의 제도인 주관은 후대의 국가에서 본받기에는 곤란한 부분이 많았다. 6부제가 중세국가의 실제 행정기구로 모습을 갖추게 되는 것은 수, 당시대부터이고, 결국은 당제가 6부제의 원형이 되었다. 당나라의 6부제는 이부, 호부, 예부, 병부, 형부, 공부를 순서로 하고 각 부마다 4개의 속사를 두었다. 6부의 장관은 정3품의 상서이며, 그 아래에 정4품의 시랑 1, 2명이 있었다. 속사에는 정5품 또는 종5품의 낭중을 1, 2명씩 두었다. 이 외에 정4품인 좌우승左右丞이 한 명씩 있었다.[2]

명나라에서 6부제는 중요한 변화를 겪는데, 부의 장관인 상서가 정3품에서 정2품으로 격상했다. 정2품은 재상의 품계이다. 재상직이란 한마디로 국정논의와 결정에 참여하는 자격을 주는 것이라고 할 수 있다. 구체적으로는 정책입안, 결정, 인사정책에 직접 참여하며 재결권을 가진다는 의미이다. 명나라 이전까지는 6부가 상서성의 속관으로 재상의 지휘를 받았다. 명나라에서는 재상제도를 철폐하고, 국정을 황제에게 직할시키는데, 이 조치의 일환으로 상서가 2품으로 승격한 것이다.[3]

당대唐代 장안성의 번화한 거리

《고려사》 백관지 서문에서는 고려의 6부가 "대략 당제를 모방했다略倣唐制."고 했다.[4] 우리 역사학계에서는 그동안 이 견해를 받아들여서 고려의 6부와 조선의 6조가 당나라 제도를 원형으로 했다고 보았다.[5] 그러나 이 구절의 본의는 6부만이 아니라 고려의 3성6부9시6위三省六部九寺六衛의 제도 전체가 당제를 모방했다는 의미라고 해석해야 한다. 여기서 우리는 《고려사》에서 말한 '방倣'이라는 단어의 뜻이 현대인이 느끼는 모방이라는 단어의 어감과는 많이 다르다는 사실도 감안해야 할 것 같다. 현대인에게 모방은 '베꼈다.'라는 의미가 강하고, 중국을 베꼈다는 말은 '사대주의'로 이해되기도 한다.

하지만 이 시대에 당제는 모든 정통적인 제도의 원형으로 간주되었다. 그것을 모방했다는 의미도 모방이 아니라 '당제와 유사하다.' 또는 '원형으로 삼았다.' 정도의 의미로 해석해야 한다. 당제를 모방했다는 말도 고려의 제도에 '권위'를 부여하는 목적이 강하다. 이런 태도를 사대적인 것으로 간주하는 것은 지나친 해석이다. 중요한 사실은 고려가 결코 당제를 이상으로 해서 그대로 수용하거나 세부적인 행정체제까지 가져오려고 했던 것은 아니라는 것이다. 오늘날 우리도 모든 분야에서 다른 나라의 제도나 경험을 연구하고, 수용한다. 때로는 유럽식, 미국식이라는 표현, '○○식 개혁'과 같이 성공적인 사례로 인정받는 기업이나 인물명칭도 사용한다. 고려나 조선의 태도도 이와 다르지 않다. 본 연구의 주제와 맞추어 보면 고려나 조선의 행정체제가 당제나 명나라 제도를 모방했다고 표현하거나 외형이 유사한 경우라고 해도 중국의 제도를 그대로 또는 세부적인 내용까지 도입하거나 도입하려고 했던 것은 아니라는 것이다. 내용으로 보면 그 반대로 관서의 명칭과 일부 외형만 비슷한 것을 억지로 중국제도에 가져다 붙이는 것에 가깝다고 할 수도 있다.

그러므로 고려나 조선의 행정제도를 연구할 때는 당제나 명나라 제도를 분석하고 참조할 필요는 있지만 그것에 얽매이거나 중국의 사례를 한국에 그대로 적용해서는 안 된다. 실제로 고려와 조선의 6조(부)의 내부와 운영구조를 보면 관리와 속사 일부의 명칭이 당제와 유사할 뿐이다. 속사의 구성과 운영방식, 6부의 업무처리 방식은 당제나 명제와는 전혀 다르다. 고려의 경우는 더 심하다. 조선은 장관은 정2품으로 한 것은 명제와 같고, 속사의 구성과 운영방식은 당제와 명제가 섞여 있다. 결국 고려와 조선은 6부(조)라는 행정조직은 중국의 제도를 사용했지만, 실제 운영규정은 고려와 조선의 체제와 현실에 맞춘 것이라고 하겠다.

고려의 6부는 당제와는 서열이 달라서 이부, 병부, 호부, 형부, 예부, 공부의 순이었다. 병부가 이부 다음에 있고, 예부가 뒤로 밀려 났는데, 형부가 예부보다도 앞에 있다.[6]

고려 6부제의 중요한 특징은 6부가 행정의 주체라기보다는 재상기구의 지시를 받아 업무를 수행하는 실행 기관이었다는 것이다. 3성 또는 후기의 도평의사사에 참여하는 재상들은 판이부사, 판병부사와 같은 직책을 겸하면서 6부와 각사各司를 나누어 맡았다. 6부의 장관인 판서들이 6부를 총괄하는 것이 아니었다. 6부를 관장하는 재상들이 정책의 건의와 결정, 소관관서의 재정과 인사권까지도 관장했다.

재상기구가 6부의 헤드가 되고, 6부는 단지 집행기구에 불과했다고 하더라도 이것이 계통적이고 효과적으로 이루어졌다면 아무런 문제가 없었을 수도 있다. 그러나 사람이 제도를 만들지만, 제도가 사람들을 만들어 내기도 하는 법이다. 특히 권력은 분할되고 서로 견제하는 기능이 없으면 도덕적으로 타락하고, 행정적으로는 전문성을 상실하고 비능률적이 된다. 국가행정의 전분야가 소수 집단인 재상들에게 집중되어 있다면 부패와 비능률의 문제가 발생하지 않을 수가 없다.

고려 말~조선 초에 개혁가들은 고려 후기의 사회혼란과 부정부패가 바로 이 재상 중심체제와 6부의 종속에 있다고 보았다. 당연히 그들은 6부의 독립을 중요한 정책과제로 제시하게 되었다.

고려의 속사屬司제도 조선 건국자들은 행정체제를 개혁하려면 6부의 개혁만이 아니라 속사제도를 개혁해야 한다고 보았다. 속사란 6부의 내부에 있는 부서를 말한다. 오늘날로 치면 부 내부에 있는 '○○국局'과 유사하다.

그렇다면 속사가 과연 개혁의 대상인가라는 의문이 든다. 이 정도 조직이라면 실무적 관리의 영역이 아닐까? 오늘날의 기준으로 보면 그렇지만, 고려와 조선의 행정체제에서 속사는 중요한 의미가 있다. 속사제도 자체가 6부의 기능, 행정부의 기능과 권력의 조절과 밀접한 관련이 있기 때문이다.

고려의 궁궐이었던 개성 만월대의 현재 모습

속사제도가 정립된 시대도 수당시대이다. 당제에서는 부마다 4개씩 일괄로 24개의 속사를 두었다. 그리고 6부의 낭관들이 속사의 책임자가 되었다. 고려는 982년(성종 2) 3성6부제를 정비했는데, 단지 9개의 속사만을 두었다.[7]

〈표〉 당과 고려의 속사 비교

6부	당	고려	
		982년(성종 2)	1010년(현종 2)
이부	吏部, 司封, 司勳, 考功	司績	尙書考功
호부	戶部, 度支, 金部, 倉部	司度, 金曹, 倉曹	
예부	禮部, 祠部, 膳部, 主客	祠曹	
병부	兵部, 職方, 駕部, 庫部	庫曹	
형부	刑部, 都官, 比部, 司門	都官	尙書都官
공부	工部, 屯田, 虞部, 水部	虞曹, 水曹	

그나마 1010년(현종 2)의 관제 개혁 때 9개의 속사 중에서 관리의 출근업무를 관장하는 상서고공과 노비소송을 담당하는 상서도관만을

두고 나머지는 혁파해 버렸다.[8] 고려 후기에 고려가 원나라의 부마국이 되면서 6부는 명칭과 관원의 구성에서 복잡한 변화를 겪게 되는 반면, 6부의 기능이나 속사의 구조에는 근본적인 변화가 없었다. 이처럼 속사가 발전하지 못한 이유에 대해서 고려 정부의 현실적 사정 때문이라는 해석과,[9] 국왕이 행정업무를 분산시켜 권력집중을 제도적으로 막으려고 했던 것이라는 해석이 있다.[10]

권력집중의 문제는 행정체제만으로는 단언하기 힘든 것이라고 생각된다. 고려의 현실적 사정에 대해서는 그 사정이 무엇인지에 대한 구체적인 설명이 부족하다. 이 사정을 고려 정치운영의 독자성 및 국가규모의 차이로 해석하기도 하는 견해도 있다.[11] 이런 견해는 일견 타당하다. 국가규모의 차이만이 아니라 사회경제적 특성까지도 포함해서 중국에서는 속사가 필요할 정도로 번다한 일이 고려에서는 간단한 사무가 되는 업무도 있다고 보인다. 당나라 형부의 속관인 사문의 업무는 수도의 성문과 국경지방의 주요 관문에 출입하는 인물의 명단과 신상명세를 작성하고 관리하는 것이었다. 당나라는 중국의 역대왕조 중에서도 국제교류와 무역이 활발한 왕조였다. 수도인 장안은 국제도시로서 그 자체가 실크로드의 기점이었다. 실크로드에만 60여 개국 이상의 국가가 있었다. 옛 장안인 현재의 시안은 지금도 이슬람 인구비율이 높은 곳이다. 그 외에도 중국은 동서남북으로 다른 문화권 및 이민족 국가와 국경을 맞대고, 무역과 교류를 하고 있었기에 이런 업무가 상당히 많고 복잡했을 것이다. 반면 고려의 경우는 그 정도로 업무가 많지는 않았을 것이다.

하지만 그렇다고 해서 당나라의 24개 속사 중에서 고려에는 단 2개만 필요했을 정도로 고려의 업무가 단출했을까? 6부의 업무 중에는 나라의 대소와 무관하게 필요한 업무가 있다. 고려에 설치한 고공사는 관리의 출근과 휴가를 관장하는 기구이고, 도관은 소송 중에서도 주로 노비소송을 담당하는 기구였다. 이런 업무는 나라의 크기와는 무관한 행정업무이다. 그래서 이 두 관서를 고려에서는 존치시켰을 것이다. 그런데 이처럼 고려에도 필요한 관서가 과연 고공사와 도관뿐이었을까? 예를 들면 당나라 이부의 속사인 사봉사는 황제의 명을 전하는 것, 조회, 관작과 식읍을 내려주는 일을 관장한다. 호부의 탁지사는 조세와 전국의 물산을 파악하고 운송, 세입소출을 추정하는 일을 관장한다. 이런 임무도 나라의 크기와 무관하게 필요하고 중요한 업무이다. 즉 당제와 고려의 속아문 제도의 차이에는 업무의 양 이상의 근본적인 요인이 있다.

당제와 고려의 속사제도 사이에는 고려가 도입한 것은 관서의 명칭뿐이라는 해석이 가능할 정도로 정부조직과 행정체제라는 관점에서 본질적인 차이가 있다. 당제에서 속사는 부의 내부조직이다. 당의 속사를 보면 6부마다 부의 명칭과 같은 사가 있다. 이부에는 이부사, 병부에는 병부사가 있다. 이것은 6부의 고유 업무가 내부조직인 4개의 사에 완전히 분할된다는 것을 의미한다. 당연한 이야기처럼 보이지만 고려의 속사제도는 이와 다르다.

고려의 속사는 비록 2개뿐이고, 해당 부의 낭관이 담당하기는 하지만, 기관 자체가 6부에 속하지 않는 독립 관서였다. 그러면 고려는 왜 속사가 발전하지 않았던 것이며, 조선은 이런 고려의 체제에 대해 어떤 문제점을 느끼고, 어떻게 개혁하려고 했던 것일까? 그 내용은 다음 장에서 살펴보도록 하겠다.

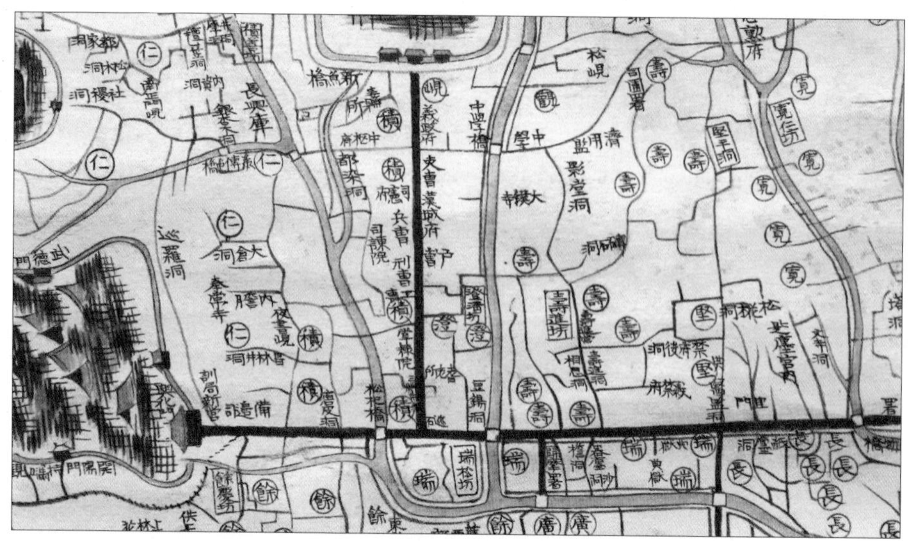

조선시대 6조의 위치 (《한양도漢陽圖》)

| 6조 행정체제에 대한 조선의 문제의식 |

위인설관과 정치적 갈등의 증가　조선의 새로운 국가체제는 고려 말 개혁파 사류의 논의에서 시작되었다. 정부 체제와 관련해서 가장 주목할 만한 건의는 6부를 재상기구에서 독립시키고 각사를 6부에 분속시켜 6부를 국정의 중심행정기구로 삼아야 한다는 것이다. 고려 말 개혁파 사류의 대표자였던 조준은 그의 상소에서 육부 중심의 행정제도 개혁안을 제시했다.[12] 조준의 상소는 상소로 그친 것이 아니다. 상소 전문이 거의 그대로 교지로 반포되었으며, 조선 최초의 법전인 《경제육전》에 수록된 것이 확인된다.[13] 따라서 조선의 특징이라고 할 수 있는 6부 중심의 행정체제 개혁은 사실상 창왕, 공양왕대부터 시작되었다.

개혁파 사류가 6부 중심체제를 주장한 이유는 고려의 재상중심체제가 한마디로 위인설관爲人設官의 수단으로 악용되었고, 이것을 방지하지도 못했기 때문이었다.

고려시대 관료 조반趙胖 부부의 초상

고려시대 행정관서의 특징은 도감, 서署 등의 명칭이 붙은 임시관청들이 자주 설립되었다는 것이다. 그 중에는 개혁적인 필요, 비상조치의 필요에 의해 설립되는 관청도 있었다. 공민왕이 불법과 부정으로 얼룩진 조세와 노비제도를 개혁하기 위해 운용한 전민변정도감田民辨整都監이 대표적인 관서이다. 전민변정도감은 국가를 위기에서 구하기 위한 비상기구로서 초월적인 권력을 행사했다.

그러나 전민변정도감은 특별한 경우이다. 보통의 임시관청들은 대부분이 6부와 중복되는 관서가 많았다. 일례로 금살도감은 소와 말의 불법도살을 금지하기 위한 관서였다.[14] 그러나 금령의 단속은 원래 형조의 고유 업무였다. 물론 갑작스런 행정수요나 특별감찰을 위해 도감을 세웠을 수도 있지만, 도감이 임시적으로 운영되는 것을 보면 형조를 이용해도 무관했다. 이처럼 임시관청을 세우는 숨은 이유는 재상기구에 집중된 행정 권력에 있다. 대부분의 경우 재상이 자신의 권한과 인맥을 이용해 임시관청을 세우고 일을 처리했다. 이런 방식은 당연히 재상들의 정치적 필요나 이권과 긴밀하게 연결되었다.

이런 방식이 남용되면서 임시관청만이 아니라 별도의 상설관청을 세우고 6부의 기능을 이 하급관청으로 제멋대로 옮겨가기도 했다. 최우는 교정도감을 세워 이부와 병부의 인사권을 교정도감으로 가져왔다. 교정도감은 대표적인 사례이지만 특별한 권력과 결탁한 기구여서 오히려 예외로 볼 수도 있다. 하지만 하부 관청에서도 이런 일이 곧잘 발생한다. 충렬왕 34년에 설립한 선군選軍은 선부選部(병부)의 기능을 대신하다가 충선왕이 즉위하면서 폐지하고 선부에 합쳤다.[15] 그 외에도 많은 관서가 육부에 해당하는 기능을 수행하거나 자주 이속시켰다.[16]

이처럼 행정관서와 고유 업무가 분명하지 않고, 자의적인 관청의 설립이 가능한 시스템은 최상위 집권층인 재상층, 재상층을 장악하는 소수의 권력자 집단에게 정치적, 경제적으로 큰 이익을 주었다. 고려 후기에 대표적인 모순으로 지적되는 정부기관의 남설과 부패, 법과 제도의 오용, 관직과 인사권의 남용은 이런 체제가 원인이 된 것이었다. 또한 이처럼 위인설관의 남용과 이권갈등은 당연히 정치적 대립을 격화시켰다. 과거 고려 후기 권문세가와 신진사대부 간의 갈등을 야기한 이유에 대해, 권문세가가 토지를 불법으로 과도하게 점유하는 바람에 신진관료에게 지급할 토지와 녹봉이 부족해진 것을 지적하였다. 관료에게 보수는 생계를 좌우하는 문제이기는 하지만, 이것을 체제개혁의 원인으로 채택하기에는 부족한 감이 있다. 조선 건국자들이 근본적인 행정체제의 개혁을 요구했던 이유는 고려의 재상기구 중심의 행정체제가 위인설관과 이를 이용한 이권, 국가기구의 사용화私用化를 방지할 수 없다는 것이 명확해졌기 때문이었다.

관료군의 기강 해이와 무기력증 고려시대에 과거가 도입되면서 관료군이 지속적으로 증가했다. 12세기에 무신정권이 성립하면서 무

고려 후기 대표적 관료였던 이제현李齊賢

인층, 지방 사족과 향리층이 대거 관료로 진출하면서 관료군의 구성 자체에 큰 변화가 발생했다. 이들을 수용하고 활용하기 위해서는 정부의 조직체제도 확대되어야 했다. 도감과 같은 임시관청들의 운용이 급증한 데는 늘어난 관료군을 활용하려는 의도도 있었을 것이다. 다만 그동안에는 실제 관직보다는 직사가 없는 첨설직이나 검교직 같은 형식적인 관직이 증가했다는 사실에 관심이 집중되어, 실제 고려 후기에 관직이 얼마나 확대되었는지에 대해서는 실증적인 통계가 없다. 또 관직의 증설은 중앙관직보다는 외관직에서 활발하게 이루어졌다.

비교적 증가폭이 작았던 중앙관서에 비해 증설된 관서들이 가문보다는 자신의 능력에 의존해야 하는 의욕적인 신진관료들로 채워지기 시작한 것은 분명한 사실이다. 그러나 이런 관료들은 곧 무기력한 현실에 직면하게 되었다. 6부는 유명무실하고, 관청의 주요업무는 재상들에 의해 장악된 임시관청, 하급관청을 위주로 불규칙적으로 운영되고 있었기 때문이다. 상부기구가 행정을 주도하고 있고, 고정된 임무와 권한도 없이 모든 것이 불규칙하고 부정기적으로 운영되면 관료들은 실무경험을 쌓을 기회도 적고, 장기적으로는 무능하고 무기력한 관료로 허송하게 된다. 또 그렇기 때문에 자격미달의 관료, 권력자의 친인척들이 거리낌 없이 임명되어도 큰 문제가 발생하지 않았다.

고려 말 개혁파 사류의 대표 주자로서 6부 중심의 행정체제 개혁을 주장한 조준은 자신이 대표 명의로 올린 개혁 상소에서 바로 이 문제를 거론하고 있다.

> 전리典理(인사행정)하는 자가 선거를 알지 못해 유품(관직)이 범람해졌으며, 군부軍簿를 맡은 자가 군액을 다스릴 줄 몰라 무비가 해이해졌습니다. 심지어 판도사版圖司(호부)와 전법사典法司(형부)에서는 인구와 호수의 증감, 재물의 양곡의 수량, 부당한 재판, 도적방임 등의 일에 대해서도 전혀 모르고 있습니다.[17]

이 상서의 의미를 이해하려면 좀 더 부연적인 설명이 필요하다. 전리사 즉 이부의 경우를 예로 들어 보자. 조준은 이부의 관리가 인사행정을 몰라 관직이 남발되고, 관리의 질이 떨어졌다고 말한다. 이런 현상에는 다른 여러 가지 정치적 이유가 있지만, 행정체제라는 관점에서 보면 이부가 인사행정에 권한이 없어 재상기구의 명령에 따르는 수동적 태도로 일관하기 때문이었다.

더 심각한 문제는 인사행정의 기본업무인 출근부 관리를 담당하는 고공사까지도 이부의 통제에서 벗어나 있다는 것이다. 관서의 운영과 기강이라는 관점에서 보면 관리들에게 일상의 업무, 지속적인 업무가 있는 것은 매우 중요하다. 이부에서 제일 중요한 임무는 물론 관리의 인사행정이다. 그러나 인사행정은 수시로 발생하는 것이 아니다. 정기인사는 1년에 2번이다. 실제로는 수시로 인사명령이 발생하기는 한다. 하위관리의 인사는 정치적 비중은 떨어질지 몰라도 행정적으로 보면 업무량은 상당히 많다. 그러나 고려시대에 하위관리의 인사는 왕이나 재상의 구두명령으로 수행하는 경우도 많고, 재상들이 이부를 거치지 않고 자의적으로 활용하는 경우도 많았다. 따라서 이부의 입장에서 보면 인사행정의 상당수가 이부의 소관업무에서 떠나 있었다.

이부에게 일상의 업무로 중요한 것이 관료의 출근관리였다. 원칙대로라면 출근부의 체크, 휴가관리는 이부의 속사인 고공사의 업무이다. 그러나 고공사는 이부의 속사가 아닌 독립 관서였다.[18] 이처럼 일상적인 간단한 업무마저도 박탈상태니 이부의 관리들이 무기력증에 빠지고, 인사규정에 대해 전문성이 떨어질 수밖에 없었다.

유품이 범람해졌다는 것은 자격미달의 관리가 임명되거나 규정을 무시하는 관직임명이 이루어지고 있는 것을 말한다. 그런 사례의 하나로 조준의 상소에서는 음서제도가 남용되면서 유취자제乳臭子弟, 즉 법적으로 관직에 임용할 수 없는 어린 소년에게까지도 관직이 수여되고 있다고 했다. 이런 현상에도 두 가지 원인이 있었다. 첫 번째는 권세가가 불법적인 인사행정을 자행하는 것이다. 이부가 힘이 없고 권한이 없으니 이런 불법행위에 저항하지 못한다. 두 번째는 인사행정을 전담하는 기구도 없고, 관리들이 인사규정을 제대로 알지도 못하니 자의적이고 편의적인 편법과 규정위반이 수시로 발생한다는 것이다. 또 출근과 휴가관리조차 제대로 되지 않을 정도니 이부의 관리가 인사의 기초자료인 출결에 대한 정보도 제대로 파악할 수 없다. 조준은 이부에 대한 언급에서는 이 문제를 굳이 거론하지 않았지만 판도사와 전법사의 사례를 거론할 때 언급하고 있다. 각각 호부와 형부에 해당하는 두 관청에서 인구와 호구의 증감, 재정과 회계 기록, 재판과 치안통계도 행해지지 않고 있다는 것이다. 이런 현상은 이부의 경우도 마찬가지였을 것이다.

이와 같은 자료와 정보 부재 현상은 이부의 인사실패, 여러 부의 정책실패의 원인이 된다. 또한 재상기구가 자의적인 인사를 남발할 수 있는 현실적 요인도 된다. 속칭 '깜깜이' 행정과 정책이 더더욱 불법과 편법을 야기하는 것이라고 하겠다.

정치적, 역사적 비중으로 보면 첫 번째 원인에 우리는 더 주목하게 된다. 그러나 권력에 의한 전횡은 권력의 타락으로 인해 발생하는 것으로 어떤 체제에서나 발생한다. 제도가 온전하게 구비되어 있다고 하면 빈도는 줄일 수도 있겠지만, 발생 자체를 막을 수는 없다. 더욱이 전제왕정이라는 전근대의 국가체제에서 육부의 행정체제만으로 여기에 저항하기는 힘들다.

행정체제의 기능과 기강유지라는 관점에서 보면 두 번째 요인도 매우 중요하다. 조준 상서는 권력의 남횡에 대해서도 많은 관심을 기울이고 있지만 그것은 재상기구나 대간제도 같은 다른 제도로 대처할 일이었다. 6부의 행정체제와 관련해서는 두 번째 요인에 관심을 두고 있고, 여기에 집중하고 있다고 보아야 한다. 이 역시 6부의 무기력이 원인이었다.

군부 즉 병부의 상황도 마찬가지였다. 군액을 다스릴 줄 모른다는 것은 단지 군역 대상자를 관리하는 임무만을 말하는 것이 아니라고 보인다. 이부와 달리 병부는 국경충돌, 도적발발과 같이 돌발적으로 발생하는 사건도 많다. 병역이나 축성공사와 같이 노역에 동원된 인력도 관리해야 하는데, 인력관리는 항상 여러 가지 문제가 발생하고, 세심한 관리와 통솔력이 필요하다. 병부의 관리들이 책임감과 권한을 가지고 일하는 분위기가 되어 있지 않으니 관리 또는 대처능력이 양성되지 않는다는 것이다. 이것은 국가 전체의 군사제도나 국방태세의 부실을 낳았다.

체계 없는 행정은 제도를 개혁하면 해소할 수 있지만 관리들이 나

태하고 무능하다면 제도 개혁은 성공할 수 없다. 조준은 행정체제와 관리의 자질향상을 동시에 달성할 수 있는 비결이 책임행정이고, 책임행정을 위해서는 6부를 중심으로 체계적인 행정체제를 수립하는 것이 최선이라고 보았다. 조준은 아래와 같이 말한다.

> 대개 6부는 백관의 근본이요, 정사가 나오는 곳입니다. 근본이 어지럽고도 말단이 다스려진 예는 아직 없습니다. 백료와 서사가 흩어져 통솔이 되지 않아 여러 가지 일에 힘쓰지 않아서 이름만 있고 실상은 없습니다. 비록 임금과 재상이 우려하고 부지런하더라도 정사가 제대로 거행되기를 또한 기대하기 어렵습니다.[19]

조준이 6부 중심체제를 주장한 이유는 행정기구를 재상기구의 간섭에서 독립시켜 행정의 계통성과 통일성, 전문성을 정립하려는 것이었다. 이것은 관리의 기강을 정립하고 책임감과 행정능력을 신장시키는 방안도 되었다.

| 6조 중심의 행정체제와 속사, 속아문 제도의 정비 |

조준, 정도전의 6조 중심제도 조준과 정도전은 개혁파 사류의 수장으로서 조선 건국 전후의 개혁정치를 주도했다. 이들의 개혁안은 조준의 상서로 표현되었고, 1397년(태조 6)에 간행한 《경제육전》으로 집약되었다. 그동안의 연구에서 6조의 개혁은 비로소 태종 때에 유의미하게 이루어졌다고 보았다. 그 이유는 태종대 이전에는 조준의 상소에 등장한 방안이 시행되지 않았다고 판단했었고, 6조 중심체제의

〈경제육전〉의 내용 (《태조실록》)

핵심이라고 보여지는 재상기구의 혁파와 판서의 정2품직 승진, 속아문 제도의 정비가 조준, 정도전 파를 숙청한 태종대에 이루어지기 때문이었다. 또 태조대에는 고려의 유제로 보이는 도평의사사와 문하부가 존치되어 있었고, 재상기구에서 6조를 관할하는 전통도 남아 있었기 때문이었다.

그러나 고려 말에 6부 중심의 행정체제 개편을 주장한 사람이 바로 조준이었음을 상기할 필요가 있다. 속사와 속아문제도의 정비 역시 이들이 먼저 주장하고 시도한 것이었다.

> 주례 천관편에 의하면 총재는 경으로 1명을 임명하여 나라의 6전六典을 장악하고 왕을 도와 나라를 다스리게 합니다. 사도 이하는 각각 자기 직분을 가지고 총재에게 종속됩니다. 6경의 속관이 또 360명이 있습니다. 360명의 속관이 6경에게 통솔되고 6경은 총재에게 통솔됩니다. 우리 태조(고려 태조를 말함)가 건국 초에 관직을 창설하고 조직을 나누면서 재상

을 두어 6부를 통솔하고, 감과 시와 창고를 두어 6부에 속하게 했습니다. 이것은 아주 훌륭한 제도였습니다.

이 글에서 조준은 주관의 제도와 고려 태조의 6부 제도가 모두 6부 중심제도라고 하며 6부 중심제도를 지지한다. 또 하급기관은 독립관서가 아니라 6부의 하부기관으로 존재해야 한다고 말한다. 이것이 조선이 시행한 속아문 제도이다.

이어서 그는 새로운 6부의 관직과 계통에 대한 구체적인 방안을 제시했다.

바라건대 ① 6전의 임무를 6부에 귀속시키고 각사는 6부에 분속시킬 것입니다. ② 재상들은 시중을 위시해서 모두 차례로 각사의 사업을 관할 할 것이며, 밀직도 또한 차례로 판서를 겸임하여 6부를 통솔하게 합니다. ③ 6부 판서는 봉익대부(종2품)로 임명하여 휘하의 낭관과 속사를 지도하고 명령을 실행하게 합니다. ④ 6부의 큰일은 6부의 낭관들이, 작은 일들은 6색이 맡아 장악하고 제 때에 명령을 받아 처리하게 할 것입니다.

조준은 6부가 중심이 되어 각사는 모두 6부에 분속되어야 한다고 말한다.(①) 여기서 말하는 각사는 선공감과 같은 속아문과 당제의 내부조직인 속사 모두를 지칭하는 것이다. 앞에서 인용한 글에서 조준은 분명히 모든 아문이 6부의 휘하로 편제되어야 한다고 말했다. 다만 그 글에서는 속사의 처리가 명확하지 않은데, 이 인용문의 ③과 ④는 6부 내부의 속사 조직을 지칭하는 것이 분명하다.

이로써 조준은 6부 중심의 행정체제는 속아문과 속사 제도를 통해 완비된다고 보았던 것이 분명하다. 실제로 도평의사사에 속사로서 검상조례사가 설치되기도 했다. 다만 태조대에는 상서사와 같이 여전히 독립적으로 남아 있는 아문들이 존속했다. 그것은 조준의 건의를 교서로 반포했지만, 이들의 집권기간이 겨우 6년이고, 건국 초에 토지, 조세, 군사제도 등 개혁과제가 산적했기 때문에 하부 관서의 정비까지는 미처 손을 대지 못했던 것 같다.

6부의 독립성과 관련해서 제일 중요한 지표가 6부의 장관을 재상직인 2품관으로 승격시키는 조치이다. 재상급이 되어야 인사, 재정, 정책에 대한 재량권을 보유할 수 있다.[20] 이 조치도 지금까지 태종대에 시행되었다고 알려져 있는데, 조준의 상서에서 이미 언급되어 있다.(③) 그렇다면 1397년의 《경제육전》에도 수록되었을 것이다.

그런데 태조즉위교서와 동시에 반포한 문무백관의 관제를 보면 6부의 장관이 여전히 정3품 전서典書로 되어 있으며 인원도 2명이다.[21] 조준 상소에도 언급되었던 조치를 이들이 왜 시행하지 않았는지는 미스터리이다. 건국 초기에 강력한 개혁정책을 시행하려면 권력이 재상기구에 집중되어 있어야 한다고 생각했기 때문일 수도 있다. 만약 그렇다면 속아문 제도의 정비가 시행되지 않은 것도 이해가 된다.

조준은 6부 중심체제를 강조하면서도 재상들이 6부를 관할하는 판6부사 제도의 존속을 주장했다.(②) 즉위교서의 관제에는 이 조치도 명확하게 언급되어 있지 않다. 다만 도평의사사에는 문하부의 시중이 겸하는 판사 2명, 문하부와 삼사의 정2품관 이상이 맡는 동판사 11명이 있는데, 이들이 판육조사를 나누어 맡는 것 같다.

이전에는 재상기구에 설치하는 이 판조사 제도가 6조 중심의 행정체제와는 상극인 제도로 이해했다.[22] 이것이 고려시대의 제도이고, 판서의 2품직 승격이 이루어지는 태종대에 도평의사사와 문하부가 철폐되고 의정부 제도로 바뀌기 때문이다. 그런데 조준의 상소에는 이

헌릉(태종과 원경왕후의 릉)과 조선 초기의 문인·무인상(헌릉 앞)

두 제도가 분명히 공존하고 있다. 다시 말하면 두 제도가 반드시 상극인 것은 아니라는 것이다.[23]

고려 체제의 문제는 재상기구가 권력을 독점한 반면 하부 행정체제는 병렬적으로 분산되어 있다는 것이다. 이 두 가지 요인이 합쳐져서 국가운영의 난맥이 발생했다. 따라서 6조 중심의 계통적 행정체제가 완비되면 재상들이 판육부사를 겸해도 과거와 같은 난맥상은 발생하지 않을 수 있다는 것이 조준의 생각이었다고 보여진다. 이런 관점에서 보면 재상들이 나누어 6조를 관장하는 것은 재상들의 권력에도 중요한 플러스 요인이 되지만, 6조 중심의 행정체제의 정립을 강화하는 효과도 줄 수 있다. 다만 이후의 사례를 보면 태종이나 세조와 같이 강력한 왕권을 지향하는 국왕들은 이런 체제를 못마땅해 했던 것 같다. 그것이 의정부 제도를 낳은 요인이다. 그러나 여기서 강조하고 싶은 것은 조준 식의 도평의사사 제도와 판육조사 제도가 존속했다고 해도 그것이 6조 중심의 행정체제의 근간을 훼손하는 조치는 아니었다는 것이다.

태종의 육조 개혁과 속아문 체제 정도전, 조준 파를 제거하고[24] 집권한 태종은 바로 관제개혁을 달성했다. 이 조치는 조선의 관제개혁에서 매우 중요한 위치를 차지하고 있다. 그러나 앞서 살펴본 대로 태종의 개혁이 절대 태종의 창안은 아니다. 6조 중심체제는 조준 등이 시도한 정책을 이어받아 마무리한 것이라고 보아야 한다. 태종의 개성이 드러나는 부분은 도평의사사와 문하부를 혁파하고 의정부 체제로 전환한 것이다. 도평의사사는 정종대에 벌써 혁파되었다. 1401년(태종 1) 태종은 즉위하자마자 문하부를 폐지하고 그 기능을 의정부로 이관했다.[25] 1405년에 6조의 임무를 정리하고 모든 하부관청을 6조의 속아문으로 정비했다.[26] 이상 태종대에 시행된 6조 중심체제와 관련해서 중요한 내용은 다음과 같다.

① 육조와 기능이 중복되는 부서를 철폐하고 사무를 6조로 이관했다. 사평부를 없애고 기능을 호조로 이관했다. 승추부는 병조로 이관했다. 인사를 담당하던 상서사는 인장관리 등의 기능만 남기고 인사 기능은 이조와 병조로 이관했다.

② 육조의 장관을 정·종 2품의 판서 1인으로 승격했다. 동시에 육조판서가 의정부를 거치지 않고 왕에게 직보하게 했다. 육조의 장관을 2품으로 승격하는 것은 태조대부터의 복안이었지만 도평의사사와 문화부를 없애고, 의정부도 일종의 자문기구처럼 바꾸어 왕에게 직보하게 한 것이 태종의 독창적인 업적이다.

③ 속사제도를 시행했다. 6조의 내부에 조마다 3개의 속사를 두었다.[27] 당제에서는 조마다 4개의 속사를 두었는데, 조선과 당제의 차이는 6부의 명칭과 같은 속사를 두지 않은 것이다.

속사의 설치로 업무가 정확히 분담되어 업무의 소재와 책임도 분명해졌다.

> 사헌부에서 전사 부령典祀副令 조서로趙瑞老, 도관 정랑都官正郞 심도원沈道源의 죄를 다스리라고 요청했다. 조서로 등은 이조 문선사가 되어, 임오년 반란에 가담했던 황길지黃吉至를 증산 현령으로 삼고, 김영귀金英貴를 흡곡 현령歙谷縣令으로 삼았기 때문이었다.[28]

황길지와 김영귀는 반란 가담의 혐의가 있었지만 태종의 명령으로 관직에 임명했던 것 같다. 그러나 사헌부는 이것이 옳지 않다고 해서 태종 대신에 실제 인사사무를 담당한 이조 문선사의 관원을 탄핵한 것이다. 이 기록은 인사업무가 6조와 6조 내부의 속사에 명확하게 분배되어 시행되고 있으며, 이로 인해서 사안마다 담당과 책임소재가 분명해졌음을 보여준다.

이렇게 속사제도가 도입됨으로 인해 육조 관원의 직무가 구체적으로 고정되었다. 이로써 육조의 임무가 과다할 정도로 늘어나면서 육조의 관원을 함부로 전용하거나 다른 일에 파견하는 것이 불가능해졌다. 사실 이것이 고려가 속사제도를 도입하지 않은 근본적인 이유라고 할 수 있다. 고려는 수시로 도감류의 임시관청을 세워 업무를 처리했다. 도감을 담당하는 관원은 기존의 관서에서 파견할 수밖에 없었을 것이다. 이렇게 즉흥적이고 자의적으로 관청과 관리를 조합하기 위해서는 관리의 직사가 고정되지 않고 유동적인 상태로 있는 것이

유용했던 것이다. 속사제도와 임시관청의 설립방식은 이런 식으로 구조적으로 연관되어 있었던 것이다.

다만 당제에서는 6부마다 이부사, 호부사, 병부사와 같은 6부의 명칭을 딴 속사가 있었는데, 조선에서는 이를 시행하지 않았다. 그 이유는 명확하지 않지만, 속사가 별도의 사무공간과 속사별로 전속의 직원을 두고 운영되지 않았던 탓이 아닌가 싶다.[29] 내부의 관행과 상황에 따라 적절히 분담해서 운영하는 구조였고 그렇기 때문에 조의 명칭을 딴 속사는 필요 없었던 것이다.

④ 속아문 체제를 정비하였다. 조선시대에도 당하관이 책임자가 되는 하급관청들이 상당히 많이 존재했다. 이 아문들을 직능에 따라 분류해서 모두 6조의 통솔을 받는 하급관청으로 편재했다. 이것이 속아문 제도이다. 6조와 속아문은 행정적으로 종속되어 속아문이 이전처럼 왕이나 재상과 직접 접촉하거나 규정된 임무 이외의 업무를 맡는 것은 금지되었다. 《경국대전》에 의하면 속아문은 모두가 3품 이하의 아문이어서 관할하는 조를

거쳐 왕에게 보고하도록 했다.[30] 이로써 위인설관의 폐단을 방지하고, 관원의 임무와 직무를 분명하게 했다. 또한 이와 함께 고려식의 도감과 같은 임시관청의 설립을 금지했다. 조선에서도 도감이 세워지기는 하지만, 이런 도감은 국장을 담당하는 산릉도감과 같이 6조의 행정업무에 포함되지 않고, 특별하고 일시적인 임무로 제한되는 도감으로 한정되었다.

이러한 관제정비의 목적은 더 이상 고려조와 같이 재상이나 권력가가 관서를 자의적으로 운영하거나 장악하지 못하게 한 것이다. 이때에 정비한 6조의 임무와 속아문 제도는 《경국대전》에도 대체로 그대로 수록되었다.

고려와 조선의 6조제도는 외형상으로는 비슷하지만 그 운영방식은 상당히 달랐다. 그 이유는 고려의 행정체제가 체계가 없고 느슨해서가 아니다. 고려와 조선의 정국 주도세력과 관료군의 성격, 국가체제의 성격이 달랐기 때문이었다. 고려 전기의 국가는 국가의 많은 기능이 지방사회에 위임되어 있고, 국정 운영층은 전국의 사족에서 선발한 대표라기보다는 개경을 중심으로 하는 소수 가문의 연합세력이었다. 그렇기 때문에 중국의 6부 중심의 행정체제를 수용하기는 했지만, 엄격한 직무분장과 체계화된 행정구조보다는 재상기구에서 적절히 논의해서 운영하고 필요하면 임시관청을 세워 운영하였다.

◀ 육조 거리의 복원모형
▼ 1900년경의 육조 거리

관리들도 고유의 직책에 너무 구애되지 않고, 유동적으로 임무를 맡았다. 고려 전기의 체제에서는 이런 유연한 방식이 더 효율적이었을 것이다.

그러나 고려 중기 이후 관료군이 증가하고, 외침, 원간섭기의 변화, 고려 사회 내부의 성장과 변화로 인해 국가 기능이 확대되고, 재정도 팽창하면서 이런 체제는 한계에 달했다. 국가기능의 효율성을 떨어뜨리고, 모리, 이권, 권세가의 요구에 응하는 위인설관식의 운영을 쉽게 했다. 또 관료군의 복지부동과 무기력, 책임과 사명감을 약화시켰다.

조선건국을 주도한 개혁파 사류는 고려식 행정체제의 한계를 깨닫고, 6조를 중심으로 행정의 임무와 계통, 관원의 직책을 엄격하게 규정하고 강화하는 체제를 대안으로 제시했다. 이 대안은 태조대에 골격을 잡았고, 태종의 속아문 제도의 개혁으로 마무리 되었다.

3장

백성을 하늘처럼 섬긴 다산 정약용의 삶과 사상

김용흠
연세대학교 국학연구원 연구교수

| 21세기에 웬 다산? |

다산 정약용丁若鏞(1762~1836)은 18세기 말에서 19세기 초에 걸쳐 활동한 양반 지식인이었다. 첨단 과학기술이 발전한 21세기에 19세기 지식인을 호출하는 이유는 무엇일까? 21세기 들어서 동·서양을 막론하고 인문·사회 과학자들 사이에서 21세기는 '문명사의 전환기'라는 화두가 회자되고 있다.[1] 이 명제는 이미 20세기에 선구적 사상가들에 의해 제출되었지만, 특히 2007년 미국의 금융위기에서 시작된 세계 자본주의 체제의 위기를 겪으면서 크게 확산되었다.

미국에서 '비우량 주택 담보 대출'subprime mortgage을 기반으로 한 파생 금융 상품의 부실로 인해 초대형 금융회사가 파산하자 국제 금융시장에 신용 경색을 초래하여 세계 자본주의 체제를 위협하였다. 이 문제의 해결을 공약하고 당선된 오바마 대통령이 연임하면서 여러 가지 노력을 기울였지만 아직도 미국 경제가 회복되었다는 소식은 들려오지 않고 있다. 그 과정에서 세계 경제 위기는 심화되어 20세기에는 선진국으로 분류되던 그리스, 이탈리아, 스웨덴, 포르투갈 등에서 채무 불이행default이 거론될 정도로 경제적 고통을 호소하는 지경에 다다랐다.

이러한 사태를 지켜보며 서양의 인문 사회과학자들 사이에서 서구 문명의 수명이 다한 것 아니냐는 의문이 확산되고 있다. 서양에서는 18세기에 시민혁명을 통해서 민주주의democracy를, 산업혁명을 통해서 자본주의capitalism를 창출하여, 19, 20세기에 걸쳐서 세계사를 주도하였는데, 이제 그 문명이 한계에 도달하여 세계 경제의 위기로 표출되었다고 보는 것이다. 이러한 문제의식을 가진 학자들은 그 대안으로서 중국에 주목하기 시작하였다. 중국은 오늘날 이미 G2로 호칭될 정도로 미국과 더불어 세계경제 강국의 반열에 올라섰지만, 과연 21세기를 주도할만한 새로운 패러다임paradigm을 제시할 수 있는지는 아직 미지수라고 보는 사람들이 많다. 그렇지만 21세기가 문명사의 전환기라는 명제에 대해서는 토를 달지 않고 있다.

지난 2012년은 정약용 탄생 250주년이 되는 해였다. UN 산하 유네스코에서는 이것을 기념하여 다산을 '올해의 인물'로 지목하였다. 이것은 서양 사람들이 다산의 가치를 인정한 것으로 볼 수 있는데, 아마도 '문명사의 전환기' 담론이 여기에 영향을 미친 것이 분명한 것 같다.

21세기 들어서 우리나라는 어떤 상황인가? 한 마디로 화려한 성과를 자랑하고 있다고 볼 수 있다. 경제적으로는 세계 6위의 수출입 물동량을 달성하고 있으며, 그 경제력은 경제학자들에 따라서 차이는 있지만 대체로 세계 10위권의 경제대국이라는 점에 이론이 없어 보인다. 이것은 20세기 기준으로 보면 선진국임이 분명하다. 그런데 놀라운 것은 대한민국 국민 가운데 그 누구도 선진국 국민으로서 자부심을 가진 사람을 볼 수 없다는 것이다. 경제적 수치와 국민 의식이 괴리되는 이러한 결과는 어째서 생긴 일일까?

사실 우리가 이룬 성과는 경제적 측면에만 그치지 않는다. 이제 우리나라 사람이 UN사무총장으로 장기간 복무하였으며, 김연아 선수로 상징되는 걸출한 스포츠 스타가 즐비하고, K-Pop으로 대표되는 한류韓流는 전 세계를 휩쓸고 있다. 21세기 대한민국은 경제적으로뿐만 아니라 문화적으로도 선진국의 모습을 보여주고 있는 것이다.

이처럼 화려하고 뛰어난 성과에도 불구하고 우리나라가 치명적인 문제를 안고 있다는 통계도 속속 제출되었다. 지난 2012년 대통령 선거에서 유력한 후보들이 이구동성으로 지적한 문제는 바로 세계 최고 자살률과 최저 출산율, 그리고 장시간 노동 1위라는 통계였다. 우리나라 국민의 자살률은 10년 넘게 OECD에서 1위를 이어가고 있는데, OECD 평균 자살률의 2배를 넘는다. 청소년, 여성, 노인 자살률이 공히 압도적 1위를 달리고 있다. 우리나라가 경제적으로 아무리 큰 성과를 자랑하더라도 자살률이 이처럼 높다는 것은 그 내부에 치명적인 문제를 안고 있음을 확실히 보여주는 증거이다. 또한 출산율이 낮아서 인구증가율이 곧 마이너스로 넘어갈 것이 거의 확실해 보인다. 인구가 감소하기 시작하면 이제까지 외국인들이 선망해 마지않았던 한국 사회의 역동성은 아마 자취를 감추게 될 것이다.

정약용의 동상

마지막으로 장시간 노동 1위라는 통계는 현재 우리 삶의 양상을 되돌아보게 한다. 지금은 멕

시코에게 1위를 양보하였다고 하지만 그로 인해 문제의 본질이 달라진 것은 아니다. 오늘날 한국 사람이 부지런하고 열심히 일한다는 것은 전 세계 사람들이 인정하고 있다. 문제는 이것이 지나쳐서 마치 일하기 위해 사는 것처럼 보인다는 것이다. 현재 한국인들을 지배하고 있는 근로 문화는 자기 파괴적이고 자기 부정적인 형태를 띠고 있어서 지속 가능하지 못하다는 지적이 이어지고 있다. 그렇다면 우리는 무엇을 위해 살고 있는가? 이것이야말로 21세기 우리 국민들이 맞이하고 있는 모순된 현실을 집약하고 있는 질문인 것 같다.

20세기에 우리나라 사람들은 대단한 성취를 보였다. 제2차 세계대전이 끝난 뒤, 원조를 받던 나라가 원조를 하는 나라로 바뀐 것은 우리나라가 유일하다. 이것은 한마디로 '서구 따라잡기'에서 성공하였기 때문에 가능한 일이었다. 그런데 '문명사의 전환기' 담론은 이제 더 이상 서구의 도움으로 우리의 문제를 해결할 수 없다는 것을 의미한다. 그렇다면 우리는 현재 우리가 직면하고 있는 이러한 문제점들에 대한 해답을 어디에서 찾을 것인가? 21세기에 19세기 지식인 정약용을 호출하는 이유는 이러한 문제의식과도 관련이 있을 것이다.

| 다산 정약용은 누구인가? |

다산 정약용 집안은 세조대부터 숙종대까지 연이어 청요직인 홍문관에 진출할 정도로 유수의 양반 가문이었다. 다만 고조부터는 과거 합격자를 배출하지 못하다가 다산의 부친 정재원丁載遠(1730~1792)이 생원·진사 양시에 모두 합격하여 음사蔭仕로 진주목사까지 지내면서 다시 집안을 일으켜 세워 다산이 중앙정계에 진출할 수 있는 길을 열어

정약용 생가

놓았다.[2] 특히 그 외가가 고산 윤선도尹善道(1587~1671)의 후손이어서 그의 집안은 남인南人으로서의 정체성을 확고하게 갖기에 이르렀다.

다산의 사상에 영향을 미친 것은 우선 유형원柳馨遠에서 이익李瀷으로 이어지던 남인 실학을 들 수 있다.[3] 다산은 스스로 이익이 남긴 저술을 보고 학문에 뜻을 두었다고 밝힐 정도로 이들의 영향력이 컸다. 또한 그의 형 정약종丁若鍾과 매부 이승훈李承薰은 천주교를 굳게 믿고 포교 활동을 하다가 순교하였는데, 다산 역시 이들을 통해서 한때 천주교에 심취하기도 하였다. 그렇지만 대과에 합격하여 조정에 진출한 뒤에는 정치적 반대파의 극심한 공격에 직면하여 스스로 천주교와 결별하였다.

다산의 재능을 눈여겨보고 적극적으로 규장각奎章閣 등 요직에 등용한 것은 정조正祖였다. 정조는 당시 실학자들의 주장을 적극적으로 채택하여 제도 개혁을 통해서 새로운 국가를 건설하고자 하였는데, 채

제공蔡濟恭에서 이가환李家煥으로 이어지는 청남淸南은 바로 그러한 정책을 추진하는 핵심 세력이 되었다. 다산 역시 이들과 함께 정조를 도와서 개혁 추진에 매진하였다.[4] 그렇지만 1801년 정조가 갑자기 서거하자 정치적 반대파의 탄압을 받고 강진으로 유배되기에 이르렀다.

다산은 유배지 강진에서 500권이 넘는 방대한 저술을 남겨, 조선 후기 실학을 집대성하였다. 다산이 누구냐고 묻는다면 한마디로 '실학의 집대성자'라고 할 수 있다. 그렇다면 '실학'은 무엇이고, '집대성'이라는 말이 나온 이유는 무엇일까?

| 주자학에서 실학으로 |

조선 후기 실학자들은 모두 주자학朱子學에서 학문을 시작하였다. 주자학은 남송대 주희朱熹(1130~1200)에 의해 집대성된 학문을 말하는데, 흔히 송학宋學, 도학道學, 이학理學, 성리학性理學 등으로 불렸다. 춘추전국시대 공자孔子 · 맹자孟子에서 발원한 유학儒學은 한 · 당 시대에 훈고학訓詁學이 발달하고, 당대唐代에는 과거제도를 통해서 관리 등용의 기준이 되었지만, 도교와 불교에 밀려서 지배적인 사상이 되지는 못하였다. 송대宋代 들어서 당대까지의 귀족을 대신하여 사대부士大夫가 정치를 담당하게 되자, 이들은 기존 유학에 이기론理氣論과 인성론人性論을 포함한 철학을 받아들여 이른바 '신유학新儒學'을 창출하였는데, 주희는 그것을 집대성하였던 것이다.

주자학은 남송대에는 탄압을 받았지만 원대元代에 과거제가 부활되자 국정 교학이 되어 명明 · 청대淸代까지 500여 년이 넘는 동안 지배 사상으로 군림하였다. 실로 주자학은 그 규모의 방대함, 체계의 정합성,

논리의 치밀성에서 중세사상으로서는 동서양을 막론하고 타의 추종을 불허하는 정치사상이 되었다.

고려 말에 주자학을 수용한 신진사대부 계층은 이것을 무기로 불교와 결탁해 있던 권문세족을 타도하고 새로운 왕조국가인 조선을 건국하였다. 조선왕조 국가를 주도한 양반 지식인들은 주자학을 발전시켜 16세기 이황李滉과 이이李珥 단계에서는 중국과는 다른 이른바 '조선주자학朝鮮朱子學'을 창출하기에 이르렀다. 이들은 또한 수많은 제자들을 양성하여, 그 제자들이 각각 학파를 형성하였다. 이들이 사거한 뒤 학파는 당파가 되어, 당쟁黨爭을 시작하였다. 이로 인해 왜란과 호란이라는 국가적 위기에 대해 제대로 대응하지 못하였다. 선조대 훌륭한 주자학자들이 조야에 즐비하였지만, 왜란으로 백성들이 외적의 침략 앞에 무방비로 노출되는 참상을 막지 못한 것이다.

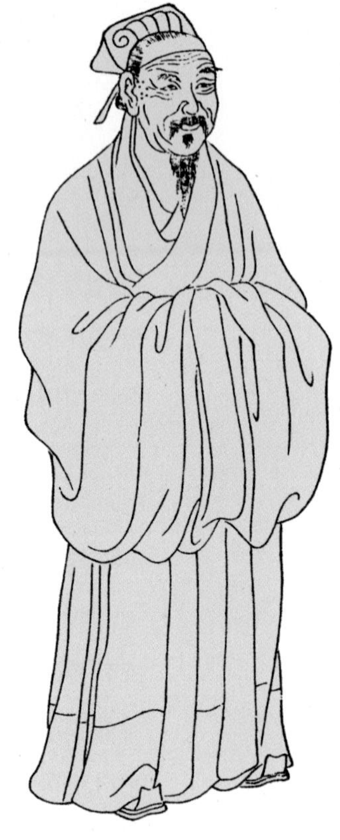
주자朱子 초상

주자학을 공부한 학자들이 주자학의 현실 적합성에 의문을 품기 시작한 결정적 계기는 왜란倭亂과 호란胡亂, 즉 양란兩亂이었다. 왜란으로 백성들도 힘들었지만, 선조 역시 경복궁을 버리고 머나먼 파천 길에 오르는 고난을 감내하지 않을 수 없었었다. 서울에서 평양으로, 그리고 마침내 의주에까지 이르러서는 압록강 건너 명나라로 망명을 할 것이냐 말 것이냐를 결단해야 하는 상황으로 내몰렸다. 군주의 권위는 땅에 떨어져 신하들과 백성들로부터 온갖 핍박을 감수해야만 했다. 군주의 치욕으로 표현된 국가의 위기였다.

그나마 왜란은 이순신 장군이 명량해전과 노량해전 등에서 선전한

서울 송파의 삼전도비

덕에 승리로 끝낼 수 있었다. 어쩌면 그에 이은 호란이 더욱 가혹했는지도 모른다. 17세기에 만주 벌판에서 세력을 규합하기 시작한 여진족의 후예인 만주족은 철기鐵騎로 일컬어지는 정예 기병騎兵을 앞세워 조선을 압박하였다. 광해군은 명과 후금後金 사이에서 등거리 외교로 침략을 면하였지만, 주자학 명분론名分論과 의리론義理論을 내세워 무력 정변으로 집권한 인조 정권은 광해군의 정책을 비판하고, 친명親明 정책을 표방하였으므로 후금에 대한 대비책을 마련하지 않을 수 없었다.

인조 정권 초기에 국방력을 강화하려면 낡은 《경국대전》 체제를 개혁하여 재정을 안정시켜야 한다는 논의가 나왔지만 기득권의 반발에 부딪쳐 좌절되었다. 이에 제도 개혁을 주장했던 사람들은 주화론主和論의 입장에 섰다. 제도 개혁에 반대했던 사람들은 아무런 준비도 없이 주자학 명분론과 의리론을 내세우면서 척화斥和 주전론主戰論을 강변하였다.[5] 인조가 이들의 손을 들어주어 1636년 병자호란이 일어나자 인조 조정은 남한산성으로 피난을 갔다. 1637년 1월을 넘기면서 강화도가 청군에 함락되자 인조 조정은 하산하여 청 태종에게 항복하지 않을 수 없었다. 이때 인조는 삼전도三田渡에서 삼배三拜 구고두九叩頭로 상징되는 치욕적인 의식을 치렀다.

삼전도의 치욕은 당시 지배층이었던 양반 지식인들에게 하늘이 무너지는 것과 같은 충격을 주었다. 이후 이를 두고 크게 두 부류의 대응이 나왔다. 하나는 오랑캐에게 삼배 구고두의 치욕을 당한 인조를 임금으로 인정할 수 없다는 입장으로서, 다수의 양반 지배층이 동조하였다. 이들은 또한 자신들이 양반이자 지주로서 가지고 있던 기득권을 침해하는 어떤 정책에도 반대하였다.

그렇지만 다른 한편에서는 이러한 치욕을 면할 수 있는 방법을 진지하게 탐구하는 일군의 지식인들이 있었다. 이들이 주목한 방안이 바로 대동법大同法과 균역법均役法이었다. 후대에 시행된 대동법과 균역법은 복잡한 내용을 담고 있지만, 본래 그 발상은 양란기 국가의 위기를 타개해야 한다는 문제의식에서 나왔다. 대동법은 결국 지주의 부담을 늘려서 국가재정을 안정시켜 보자는 것이고, 균역법은 군역에서 제외되었던 양반들에게 그 대가를 부담시켜 국방력을 강화시켜 보자는 것이었다.

아마도 이들 법안이 제안된 즉시 시행에 들어갔다면 조선왕조 국가는 훨씬 강력한 국가가 되었을 것이다. 그러나 실제 역사에서는 대동법 시행에 100년이 넘는 기간이 소요되었고, 균역법은 100년이 훌쩍 넘는 기간 동안 논의만을 거듭하다가 1750년 영조의 결단으로 겨우 공포될 수 있었다.

이처럼 강력한 국가를 재건하려는 타당하고 합리적인 시도가 100년이 넘는 기간 동안 지연된 이유는 두말할 것도 없이 양반 지주의 반대 때문이었다. 그럼에도 불구하고 이 두 법안이 시행되기에 이른 것은 이것을 시행해야 한다고 주장하는 신료들의 집요한 노력 덕분이었다. 중요한 것은 이들 역시 양반 지주였다는 사실이다. 이들이 본인은 물론 그가 속한 가문, 당파의 이익과는 어긋나는 법안을 시행해야 한다고 주장하게 된 이유는 바로 앞서 말한 삼전도의 치욕으로 대표되는 국가의 위기를 극복해야 한다는 절박함에서 나온 것이었다.

결국 대동법과 균역법이 양반 지주들의 반대에도 불구하고, 공포되어 시행에 들어갈 수 있었던 것은 양반 지주로서의 계급적 이익보다도 국가의 존립을 우선하는 신료들의 노력을 통해서 가능했던 것이다. 그렇지만 실제로 역사상 실현된 법안은 100년이 넘는 기간이 경과되어 이미 개혁성이 현저하게 훼손된 상태였으므로, 부국강병이라는 애초의 목표에는 도달하지 못하고 말았다.

그렇지만 '대동大同'과 '균역均役'이라는 문제의식은 뜻있는 지식인들에게 살아남아서 학문적으로 체계화되기에 이르렀는데, 그것이 바로 조선 후기 실학實學이었다. 결국 실학은 양란기 국가의 위기를 배경으로 하여 양반과 지주의 배타적 특권과 이익을 부정하는 방향으로 각종 제도와 법령을 개혁하여 새로운 국가를 건설하자는 지향을 학문적으로 체계화하여 성립된 것이었다. 조선 후기 실학자들 역시 양반 지주였지만 양반 지주의 계급적 이익을 부정하는 새로운 국가를 지향하였다는 점에 그 중요한 특징이 있었다. 그리고 그것이 새로운 학문 운동으로 등장한 것은 조선왕조 국가에서 국정교학으로 장려하여 조선 시기를 지배했던 주자학朱子學이 현실과 괴리되어 국가의 위기 타개에 도움이 되지 못하였기 때문이었다.

다산 정약용 역시 양반 지주 출신이었다. 그렇지만 선배 실학자들의 문제의식을 계승하여 양반 지주가 왜 양반 지주로서 누리고 있던 특권과 이익을 포기해야만 하는가를 학문적으로 탐구하다 보니, 유교 경전을 이전까지와는 다르게 해석하면서 새로운 세계관과 인간관, 그리고 수양론을 모색할 수밖에 없었다. 조선 후기 실학이 탈脫 주자학 내지 반反 주자학이 될 수밖에 없었던 이유는 바로 여기에 있었다.

조선 후기의 학문은 당색별로 특색을 가지고 전개되었으므로, 실학 역시 당색별로 서로 다른 특징을 갖고 형성·발전되었다. 실학은 남인에게서 가장 먼저 싹터서, 17세기 후반 반계磻溪 유형원柳馨遠이 나와서 18세기 이익李瀷으로 계승·발전되었고, 그에 이어서 소론少論에서 17세기 말 서계西溪 박세당朴世堂이 나오고, 하곡霞谷 정제두鄭齊斗의 양명학파陽明學派가 형성되었으며, 노론老論에서는 가장 늦은 18세기 후반 담헌湛軒 홍대용洪大容에서 시작되는 북학파北學派가 등장하였다. 다산은 이익의 영향으로 학문에 뜻을 두고 그를 사숙하였지만 본인이 속한 남인 실학은 물론이고, 소론과 노론 실학까지 섭렵하면서 흡수하여 본인의 학문 체계를 형성하였다. 그래서 다산 정약용만이 실학을 집대성했다는 평가를 받았다.[6]

| 정조와 다산 정약용 |

다산의 재능을 간파하고 요직에 등용하여 강력한 국가를 건설하려고 시도한 군주는 바로 정조였다. 그런데 정조의 갑작스런 죽음으로 좌절되어 다산은 길고도 고통스러운 유배의 가시밭길을 걸어야만 했다. 정조와 다산이 제도개혁을 통해서 국가를 새롭게 만들려고 한 것은 양란기兩亂期 이래 선배 실학자들의 문세의식을 계승한 것이었다.

양란기이래 대동과 균역이 시대적 화두가 되었지만, 여기에 동조하여 학문적으로 연구했던 관인官人·유자儒者는 소수였고, 압도적 다수의 양반 지식인들은 주자학을 내세우면서 이에 반대하였다. 이들은 실학과 같은 새로운 유학을 지향하는 사람들을 '사문난적斯文亂賊'으로 몰아서 정계에서 배제시키려 하였으며, 예론禮論 등과 같은 의리론義理論으로 정치 쟁점을 치환하여 제도 개혁에 대한 시도를 저지하려 하였

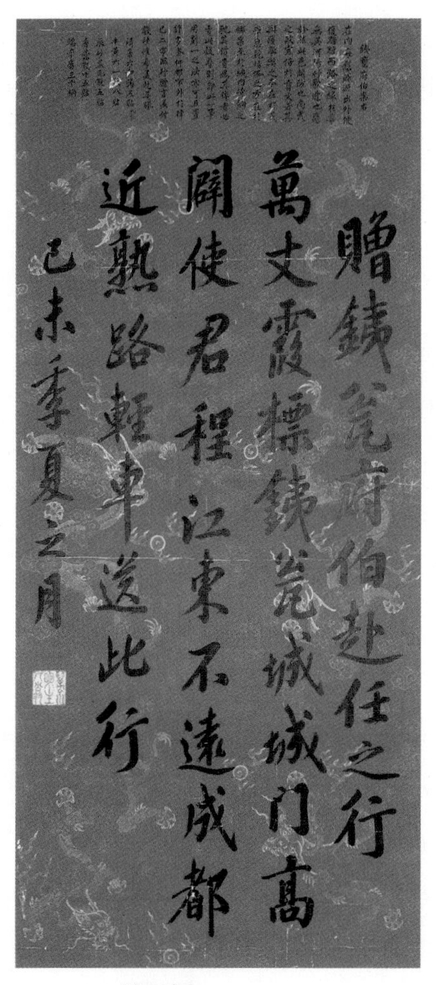

정조 어필

다.[7] 현종 연간에 두 차례에 걸쳐서 예송禮訟이 일어나고 이로 인해 서인과 남인 사이에 대립이 격화되어 숙종대 환국換局이 반복된 것은 바로 이러한 상황에서 일어난 일이었다.[8]

이로 인해 정국은 불안해지고 양반 지배층의 권위는 땅에 떨어졌으며, 국가는 위기에 빠졌다. 이를 배경으로 등장한 것이 바로 탕평론蕩平論이었다. 탕평론은 17세기 말 국가가 처한 대내외적 위기로부터 벗어나기 위해 새로운 정책과 제도를 모색하고, 이를 정치의 중심 문제로 끌어들이려는 관인·유자 일각의 노력으로 등장한 것이었다.[9] 이것은 양란기의 시대적 화두였던 대동과 균역의 이념을 계승한 것이었으며, 이를 학문적으로 체계화한 실학을 현실 정치에서 실현하기 위해 등장한 정치론이었다. 따라서 실학의 정치론이 바로 탕평론이었다.[10]

숙종대 등장한 탕평론에 바탕을 두고 탕평책이 본격적으로 추진된 것은 영조·정조대의 일이었다. 영조는 어머니가 무수리라는 태생적 한계에도 불구하고 탕평책을 강력하게 추진하여 균역법을 공포하고, 《속대전》을 편찬하여 양반 지배층의 불법과 탈법을 견제하는 성과를 거두었다. 그렇지만 장희빈 소생이었던 경종을 부정하고 영조의 왕위계승을 도왔던 노론 벌열 세력의 집요한 반대에 직면하여 자신의 아들인 세자를 죽이는 심각한 대가를 치러야만 했다.

사도세자의 비극적 죽음은 양반과 지주의 계급적 이익을 수호하려는 세력의 음모와 모략의 산물이었다. 이들은 사도세자의 아들인 정조의 왕위계승마저 저지하려고 집요하게 시도하였지만, 정조는 조부인 영조의 도움을 받아 우여곡절 끝에 왕위에 오를 수 있었다.[11]

정조는 개혁을 거부하는 다수 신료들에 의해 둘러싸인 상태에서도 탕평책 추진을 통해서 대동과 균역을 계승한 제도 개혁을 정치의 중심 문제로 끌어들이는 수완을 발휘하였다. 이를 위해서 주자학은 물론이고 명대의 양명학陽明學, 청대의 고증학考證學, 노장사상, 심지어는 서학西學까지도 폭넓게 섭렵하면서 학문적으로 천착하였을 뿐만 아니라 생부 사도세자의 죽음마저도 적대 세력을 견제하고 제압하는 수단으로 활용하는 철저한 면모를 보였다.

정조대는 탕평책을 통해서 실학사상을 정책에 반영하려는 노력이 가장 적극적으로 경주된 시기였다. 신해통공辛亥通共으로 노론 벌열세력과 결탁하고 있던 특권상인을 견제하고 자유로운 상업 발전을 촉진하였으며, 《속대전》을 이어서 《대전통편大典通編》을 편찬하여 양반 지주의 특권을 견제한 것은 그 성과로 볼 수 있다. 정조가 사거한 직후인 1801년에 공포된 공노비 해방 역시 정조대 그 기초가 만들어져서 가능한 일이었다.

당대의 어느 실학자 못지않은 개혁적 면모를 보인 정조는 자신의 국가 구상을 규장각 각신들과 끊임없이 토론하고 실행 방안을 모색하였으며, 이에 반대하는 신료들을 설득하기 위해 적극적으로 광범위한 여론 수렴에 나서기도 하였다. 이리하여 당대의 기라성 같은 실학자들이 정조의 국가 구상에 적극 부응하였다. 예컨대, 소론 실학의 일각을 형성하고 있던 서명응·서호수·서유구로 이어지는 달성 서씨

가문, 남인 실학을 대표하는 채제공 · 이가환 · 정약용 등으로 이어지는 청남 세력 등이 바로 그러하였다. 박제가 · 박지원 · 이덕무 등 노론 북학파 역시 정조 개혁 정책을 지원하고 적극적으로 참가하였다. 실로 정조대는 실학의 국가 구상에 대한 찬반을 두고 대대적인 힘겨루기가 전개된 시기로 규정할 수 있는데, 이것은 결국 정조 탕평정치에 대한 찬반으로 나타났다.

정조 조정에서 이들 실학파를 대변하는 세력은 취약하였으며, 개혁정치에 반대하는 세력은 뿌리 깊고 폭 넓게 분포되어 있었다. 이들은 영조의 즉위를 협찬했던 노론 벌열 세력의 후예로서, 사도세자와 영조를 이간하여 사도세자를 죽음으로 몰아가고, 갖은 수단을 모두 동원하여 정조의 즉위를 방해하려 하였다. 영조의 도움으로 우여곡절 끝에 즉위한 정조에 대해 이들은 '죄인의 아들'이라고 매도하면서 정조의 정국 운영에 사사건건 제동을 걸고 나왔다. 정조가 즉위하고 나서 10년 동안 국왕인 정조를 암살하려는 음모가 일어나지 않은 해가 없을 정도로 정조 개혁정치에 대한 이들의 반발은 집요하고도 가혹한 것이었다.[12]

정조 탕평책은 이들의 반발을 무마하고, 개혁의 당위성을 설득해서 이들을 포용하려는 의도에서 마련되었다. 그렇지만 이에 반대하는 세력은 주자학 명분론과 의리론을 내세우면서 사도세자를 죄인으로 몰아서 정조의 정통성마저 부정하려 들었다. 이들을 제압하고 개혁 추진의 정당성을 천명하기 위해서는 사도세자가 죄인이 아니라 '훌륭한 세자'였다는 추숭追崇 작업이 필연적으로 요구되었다. 이에 정조는 사도세자의 묘를 수원으로 옮기고, 수원 화성을 축조하여 개혁정치의 새로운 거점으로 삼으려 하였다. 즉 사도세자의 정통성 확립을 개혁 추진의 관건으로 본 것이다.

정약용이 설계한 수원 화성의 옹성

다산 정약용은 조정에 있으면서 이러한 정조의 구상에 적극 부응하였다. 그는 1789년 사도세자의 무덤을 수원으로 이장할 때 주교舟橋 설치를 위한 설계를 담당하였다. 1794년에는 사도세자의 존호를 올리는 과정에서 〈옥책문玉冊文〉에 '금등金縢'의 일[13]을 적시할 것을 주장하여 관철시켰다. 또한 수원 화성을 축조하기 위한 규제를 정하고 설계하였다. 1795년 2월에는 채제공·이가환과 함께 정조의 생모 혜경궁 홍씨의 회갑을 기념한 화성 행차에 주도적으로 참여하였다. 다산의 이러한 업적은 모두 사도세자와 관련되어 있었다.[14]

다산이 사도세자를 지지하고 정조 탕평책을 뒷받침한 것은 다른 무엇보다도 그 사상과 정책의 공통된 지향에서 찾아야 할 것이다. 정조와 정약용은 제도 개혁의 당위성과 그 방향은 물론이고 그것을 추진하는 방법에 대해서도 대체로 입장을 같이 하였다. 이는 정조 탕평책의 관건이었던 사도세자의 복권과 추숭 과정에서 정약용 등이 정조의 구상을 적극 뒷받침한 것에서 잘 드러난다. 그리고 이것은 토지제도와 노비제 개혁을 비롯한 일련의 개혁 추진과 함께 진행되었다. 그렇지만 이들의 노력은 반대파의 반발을 극복하지 못하고 좌절되었다.

정조 탕평 정국에서 군주권을 강화하고 중앙집권을 강화한 것은 기층 민중을 보호하기 위한 것임과 동시에 도시와 농촌에서 성장해 온 향반이나 역관·서얼·상인 세력 같은 중간계층을 정치구조 속에 수용하려는 노력의 소산이었다. 이는 집권력 강화, 공법 질서의 확립, 공적 영역의 확장을 통해서 양반제로 대표되는 신분제와 지주제의 모순을 완화 내지 해소하고 '대동'과 '균역' 그리고 '탕평'을 구현한 새로운 국가를 지향하는 노력이었다. 영조대를 이어서 정조대 더욱 활성화된 일련의 편찬 사업은 동아시아의 지적 전통 가운데 이러한 새로운 국가를 뒷받침할 수 있는 요소들을 집대성한 것이었다. 이것은 이 시기 격렬한 정치적 갈등 속에서 합의된 최소한도의 국가 규모를 반영한 것이기도 하였다. 따라서 우리식 근대는 바로 이 연장선상에서 논의되고 모색될 수밖에 없었다.

1799년 채제공이 사거한 뒤, 정조는 자신의 정국 구상을 추진할 핵심 세력으로서 이가환과 정약용 등 청남 세력을 염두에 두고 있었다. 그러나 이러한 구상은 정조의 갑작스러운 서거로 실현되지 못하였다. 이후 순조가 즉위한 뒤, 노론 벽파인 정순왕후가 수렴청정하면서 이들에게 천주교 신도라는 굴레를 뒤집어 씌워 탄압한 것이 1801년 신유박해였다. 이로 인해 이가환은 사망하고 정약용은 강진으로 유배되었는데, 여기서 6경 4서를 새롭게 연구하고, 이를 바탕으로 《경세유표經世遺表》·《목민심서牧民心書》·《흠흠신서欽欽新書》, 즉 이른바 '일표이서一表二書'를 저술하였다. 따라서 여기에 정조가 탕평책을 통해서 실현하고자 했던 국가 구상이 반영되는 것은 자연스러운 일이었다. 정약용에 의해 집대성된 실학사상은 이처럼 정조 탕평책과 긴밀한 관계 속에서 형성되었던 것이다.

| 다산의 저술 : 6경 4서와 1표 2서 |

다산의 집안에서 정약종, 이승훈 등과 같은 걸출한 천주교 지도자가 많이 나오고, 다산 역시 한때 천주교에 심취한 적이 있었으므로, 오늘날에도 천주교 측에서는 다산이 천주교도였다고 계속 주장하고 있다. 그렇지만 다산은 조정에 있을 때 스스로 천주교도가 아니라는 상소문을 올렸고, 신유박해 당시에도 그것을 입증하는 정약종의 편지가 나와서 죽음을 면하였으므로, 천주교도로 보기는 어려울 것이다. 무엇보다도 다산이 강진 유배 시절에 저술한 500여 권이 넘는 저술이야말로 그가 천주교 신도가 아니었다는 분명한 증거로 볼 수 있다.

오늘날과 같은 학문 분류에 의하면 6경 4서에 관한 새로운 연구는 역사학과 철학을 포함한 동양 고전에 대한 수준 높은 연구이고, 1표 2서는 조선의 모순된 현실을 개혁하려는 정치학, 경제학, 법학, 사회학적 연구에 해당된다. 이것은 오늘날 대학 편제에 따르면 문과의 주요 학과에서 전공하는 분야를 망라한 셈이다. 여기에 다산은 주교와 화성을 설계할 정도로 수학과 건축학에 정통하였으며, 유배가 풀린 뒤에는 조선 최고의 의사로 명성이 자자하여 왕과 세자가 병들 때마다 궁궐로 불려 다닐 정도였고, 각종 과학기술과 천문학에 대한 조예 또한 깊었으므로, 이과의 주요 전공 분야 또한 포함되어 있었다. 그리고 다산은 2,500여 수 이상의 시를 남긴 시인이었으며, 그의 '조선시朝鮮詩' 선언은 주체적 민족문학의 이정표로 거론될 정도로 문학에도 조예가

강진의 다산초당

깊었다. 오늘날 한국의 대학 제도의 문제로서 지적되는 분과 학문의 폐해를 극복하기 위해 세분된 학문 분야를 통합하여 '융 · 복합 학문'을 지향해야 한다는 지적이 나오고 있는데, 다산의 학문 체계야 말로 오늘날 지향해야 할 '융 · 복합 학문'의 전범을 보였다고 평가할 수 있을 것이다.

그의 6경 4서에 대한 연구는 경학 연구의 새로운 지평을 마련하였다는 평가를 받고 있다. 경학은 유교 사상이 지배하는 동아시아에서 인문학의 핵심 분야에 해당된다. 본래 유학에서는 시詩 · 서書 · 역易 · 예기禮記 · 춘추春秋와 함께 악경樂經을 포함하여 6경이 존재하였는데, 이들은 대체로 춘추전국 시대에 형성되었다. 그런데 진시황제가 전국시대를 통일한 뒤 시행한 분서갱유焚書坑儒 정책으로 유교 경전은 산실되고 말았다. 진秦이 멸망하고 한漢이 다시 중국을 통일한 뒤, 무제武帝는 유학을 통치이념으로 수용하여 장려하였다. 이에 악경을 제외한 5경을 복원하고, 이에 대한 주석 작업을 시작하여 오늘날까지도 지속되고 있다. 중국의 유교사상사는 바로 이 경전 주석의 역사였다고 해도 과언이 아니다.

이들 경전 주석을 가장 폭넓게 섭렵한 학자가 바로 주희였다. 주희는 자기보다 앞선 시기의 경전 주석을 검토하고 나서 그것이 가진 각종 문제점을 극복하기 위해 잘못된 주석을 바로잡고, 주석들 사이에서 일관성을 부여하려고 시도하다가 중단하였다. 그는 5경이 너무 어렵고 방대하여 초학자들이 접근하기 어렵다는 결론을 내리고, 보다 손쉽게 공자·맹자로 대표되는 유교 사상을 학습할 수 있는 교재로 마련한 것이 바로 《논어論語》·《맹자孟子》·《대학大學》·《중용中庸》의 4서였다. 오늘날 전해지는 4서는 바로 주희가 만들어 낸 것이었으며, 주희는 이후 사망할 때까지 4서의 주석에 공을 들였다.

다산이 강진에 유배된 후 다산초당에서 주희로 대표되는 선배들의 경전 주석을 검토하고 나서 유교 경전에 대한 자신의 독창적인 주석을 가한 것이 바로 6경 4서 연구였다. 그가 새롭게 주석을 시도하기에 이른 것은 주희로 대표되는 이전 시기 경전 연구에 문제가 있다고 본 것을 의미한다. 그 이유는 주희와 다산의 문제의식이 달랐기 때문이었다. 주희는 문벌귀족 대신 사대부가 정치를 담당하는 송대의 역사적 상황에 맞추어 사대부가 정치를 담당하기 위해서는 어떠한 자세와 의식, 그리고 식견이 필요한지를 보이고자 하였다.

그런데 양란기 이후 조선 후기에 양반 지식인들이 직면한 상황은 이와 달랐다. 당시 지배층이었던 양반 지주들의 특권과 전횡이 국가의 위기를 심화시키고 있다고 본 실학자들은 이것을 제거하는 제도 개혁이 반드시 요구된다고 보고 있었다. 즉 유교 지식인들은 심화된 국가의 위기 앞에서 진정한 유학자가 되려면 본인들의 계급적 이익과 특권을 버리는 제도 개혁을 주장해야 하는 상황에 직면한 것이다. 이러한 선배 실학자들의 문제의식을 계승하여 다산은 양반 지식인이 본인들의 계급적 특권과 이익을 부정하는 제도 개혁에 매진해야 하는 당위성을 유교 경전을 통해서 확보하고자 하였다. 다산이 주희의 주석에 만족하지 못하고 독자적인 경전 주석을 시도한 이유는 바로 여기에 있었다.

또한 다산은 주희가 주목하지 않았던 악경에 주목하고, 분서갱유로 산실된 악경을 복원하려고 시도하여《악서고존樂書孤存》이라는 저술을 남겼다. 이것은 한국 · 중국 · 일본의 동북아시아 유학자 가운데 전무후무한 시도였다. 유교적 질서는 예禮와 악樂으로 표현되는데, 악경은 분서갱유로 산실되고,《주례周禮》·《의례儀禮》·《예기禮記》등 예 관련 경전만 전해졌다. 이것은 유학이 봉건적 위계질서를 일방적으로 옹호하는 중요한 요인이 되었다.

예는 춘추전국 시대와 같은 혼란기를 극복하기 위해서는 국가 조직이 반드시 요구된다는 전제 위에서, 이를 유지하기 위한 상하의 수직적 질서를 사회윤리적 차원에서 규정하기 위해 나온 것이었다. 그렇지만 중국을 포함한 동북아시아 역사에서 예교禮教, 즉 예적 질서는 지배계급의 입장만을 일방적으로 강요하는 수단으로 전락하였다. 봉건적 신분제를 철폐해야 한다고 본 다산은 유학이 지배계급의 이익만을 일방적으로 보장하는 예적 질서의 폐단을 극복하기 위해서는 악樂을 통해서 보완할 필요가 있다고 보았다. 악에는 화합과 소통의 수평적 질서를 지향하는 논리가 포함되어 있으므로, 유학이 계급 지배의 도구로 전락하는 것을 막기 위해서는 이러한 악경의 논리를 복원하는 것이 긴요하다고 본 것이다.[15]

그리고 다산이 다산초당에서 1표 2서를 저술하기 전에 6경 4서 연

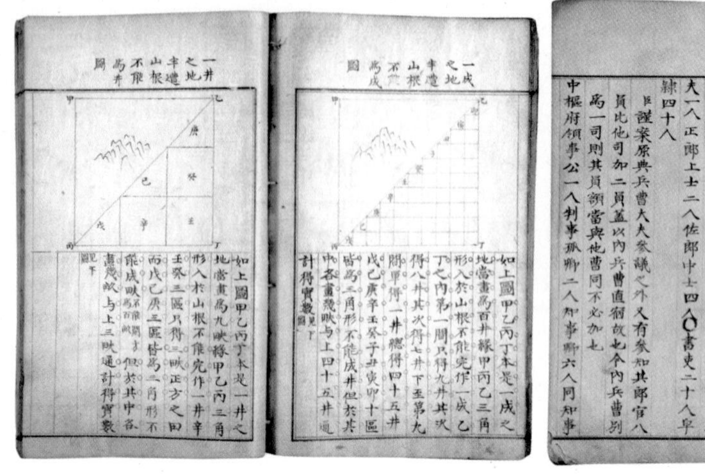

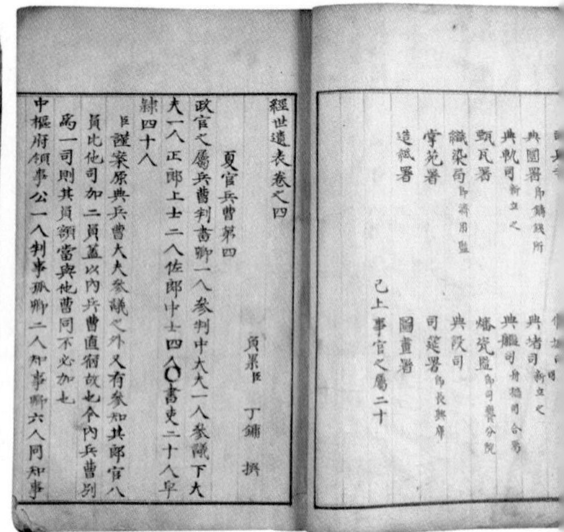

經世遺表卷之四

夏官兵曹第四

政官之屬兵曹判書卿一人參判中大夫一人參議下大
大一人正郎上士二人佐郎中士四人書吏二十人皁
隸四十八
臣謹案原典兵曹大夫參議之外又有參知其郎官八
員比他司加二員蓋以內兵曹直宿故也今內兵曹別
為一司則其員額當與他曹同不必加也
中樞府領事公一人判事孤卿二人知事卿六人同知事

《경세유표》

구를 먼저 수행한 것도 눈여겨 볼만하다. 1표 2서의 목표는 조선왕조 국가가 당면한 모순된 현실을 극복하고 새로운 국가 경영 방안을 마련하자新我舊邦는 것이었는데, 다산은 이를 위해서 중국과 일본을 포함한 동아시아 지식인들의 경전 연구 성과를 먼저 검토하였던 것이다. 이것은 1표 2서가 조선이라는 개별 국가의 연구에만 그친 것이 아니라 동아시아의 지적知的 전통을 비판적으로 정리한 성과 위에서 나온 저술임을 의미하는 것이었다.

1표 2서 가운데 가장 먼저 저술에 착수한 것은 《경세유표》였다. 《경세유표》는 양란기 이래 실학자들의 문세의식을 집대성하여 국가제도 전반에 대한 개혁 구상을 담은 저술이었다. 그런데 다산은 이것을 강진에서 완성하지 못하고 유배가 풀린 뒤, 고향 마재로 돌아와서 저술을 마쳤다. 그 대신 《목민심서》 저술에 새롭게 착수하여 완성하였다.

다산이 다산초당에서 《경세유표》 저술을 중단하고 《목민심서》 저술에 착수한 것은 강진 지역의 참담한 현실이 결정적 계기가 되었다. 다산은 자신이 목격한 참상을 〈애절양哀絶陽〉, 〈하일대주夏日對酒〉 등의 유명한 시를 통해서 형상화하였다. 이들 시를 통해서 다산은 19세기 기근에 시달리는 농민들의 참상을 묘사하고, 삼정三政 문란紊亂의 실상을 예리하게 파헤치며 탐관오리들의 부정과 비리를 고발하였다. 그리고 그가 목격한 강진의 절박한 현실을 타개하기 위해서는 기존 법과 제도의 테두리 내에서나마 목민관인 수령이 어떻게 하면 백성들의 삶을 개선할 수 있겠는가라는 문제를 먼저 규명할 필요가 있다고 느꼈다. 이에 제도 개혁의 청사진에 해당하는 《경세유표》 저술을 중단하고 《목민심서》 저술에 착수하여 완성하였던 것이다. 따라서 1표 2서 가운데 강진의 다산초당에서 완성된 저술은 《목민심서》뿐이었다.[16]

《흠흠신서》는 송사訟事와 재판에 대한 연구서인데, 살인사건에 대한 판례가 상당한 비중을 점하고 있다. 원래 조선 후기에는 수령의 지방행정 지침서로서 각종 목민서가 나와서 전파되었는데, 그 가운데는 송사와 재판을 다룬 '청송聽訟'이 상당한 분량을 차지하고 있었다. 이것은 조선왕조 국가가 살인 사건을 과학적으로 수사하여 재판에 공정을 기하려는 의도를 반영한 것이었다. 다산은 이 청송에 해당하는 내용이 방대하여 《목민심서》에 모두 담을 수 없다고 보고 따로 《흠흠신서》를 저술한 것이었는데, 역시 다산초당에서 저술에 착수하였지만 강진에서 완성하지 못하고, 유배가 풀린 뒤 고향으로 돌아가서 완성하였다.

| 《목민심서》의 구조와 내용 |

《목민심서》는 다산이 그 서문에서 지적한 바와 같이[17] 동아시아 목민서牧民書의 전통 속에서 나온 것이었다. 중앙집권국가를 지향했던 고려시대부터 이미 오사五事로 수령을 고과考課하였는데, 조선왕조 들어서 칠사七事로 늘린 것은 사회가 발전함에 따라서 중앙집권을 강화시키려는 의도를 보여준다. 그렇지만 조선 전기에는 명나라에서 편찬한 《목민심감牧民心鑑》을 원용하였을 뿐, 독자적인 목민서 편찬에까지 이르지는 않았다.[18]

조선에서 목민서 편찬이 사회적 흐름을 형성한 것은 18세기에 이르러서였다. 다산이 살았던 18세기는 '격동의 사회'였는데, 그러한 변화는 아래로부터 민중들의 노력에 의해 일어났다. 조선 후기 민중들은 양란으로 인한 전쟁의 피해를 복구하고 침체된 생산력을 증진하면서 자신들이 당면한 어려운 생활조건을 적극 개선해 나갔다. 이들에 의해 농업·수공업·광업·상업 등 모든 산업분야에서 괄목할만한 진전을 보였다. 농민들은 황폐한 농토를 개간하고 수리시설을 복구하였으며, 생산력을 높이기 위해 영농방법을 개선하고, 보다 높은 소득을 얻기 위해 새로운 작물을 재배하여 상품화하기도 하였다. 이와 함께 민영 수공업이 성장하고 광업도 활성화되었다. 이에 따라 상품 유통이 활성화되고 시장권이 확대되었다. 이처럼 이 시기는 생산력과 생산관계의 진전을 중심으로 경제 변동이 가시화되어 봉건적 경제체제를 무너뜨리고 새로운 경제체제로의 발전을 지향하였다.[19]

조선 후기 경제가 변동되자 신분제는 이완되고, 친족체계가 변화하였으며, 촌락의 구조와 향촌 운영체계 또한 변모하고 있었다. 이러한 변화 속에서 사회신분의 변동·분화와 신분간의 갈등이 격렬하게 전개되기도 하였다. 일찍이 조선사회가 경험하지 못했던 변동과 변화가 혼란과 혼효를 수반하며 일시에 일어나고 있었던 것이다.[20] 이러한 사회경제적 변동은 민중의식의 성장으로 귀결되었다. 이 시기의 경제발전에 의해 서민들의 삶이 질적으로 향상되자 종래의 이념·제도·문화의 균형이 뒤흔들리면서 새로운 문학의식 · 예술성향 · 창작 유통의 방향이 나타났다. 문학에서 사설시조와 판소리의 등장, 미술에서 풍속화와 민화의 유행 등은 그것을 대표한다.[21]

이러한 조선 후기 사회변동은 조선왕조 국가 체제의 변화를 요구하고 있었고, 그에 발맞추어 국가 제도를 전면적으로 개혁해야 한다는 실학사상이 등장하였으며, 이를 정책으로 구현하기 위해 탕평론이 나왔다.[22] 영조 · 정조대 탕평책은 이러한 흐름을 반영하여 국가를 새롭게 혁신하려는 노력의 소산이었다. 그러나 그것은 반탕평파 중심의 보수적 양반 지주 세력에 의해 사사건건 저지되어 개혁은 지지부진하였다. 이러한 현실 속에서 지방관의 엄밀한 선발과 직무 수행을 통해서 사회변동에 따른 제반 모순을 극복해보자는 흐름이 목민서의 간행으로 나타났던 것이다. 18세기 목민서 편찬자들이 모두 탕평론과 탕평책의 지지자들이었다는 사정이 이것을 입증한다.[23]

즉 17세기이래 조선에서는 생산력 발전에 따른 자연촌의 발달, 그에 따른 민의 의식의 성장과 촌락 자치 기능의 제고 등 여러 요인에 의해 향촌사회가 재편되어, 조선 전기와는 확연히 구분되는 사회로 발전해 가고 있었다. 이로 인해 빚어지는 각종 사회적 갈등을 지방행정 차원에서라도 해소하기 위해 목민서가 편찬되고, 필사되어 전국적으로 유통되었던 것이다. 이들 목민서는 당색에 따라서 소론 계통과 남인 계통에서 서로 다른 유형으로 편찬되고 유통되기에 이르렀는데, 다산의 《목민심서》는 이들 목민서의 양대 조류를 종합하여 편찬되었던 것이다.

《목민심서》 48권은 전체가 모두 12편인데, 각 파트 마다 6개조로 구성되어, 모두 72개조이다. 맨 앞에 부임赴任 편이 있고, 맨 마지막에 해관解官 편을 두어 수령으로 임명되면서부터 수령직을 마치고 임지를

《목민심서》

떠날 때까지 목민관이 염두에 두어야 할 내용을 조목별로 서술하였다. 부임 편 다음에는 율기律己 · 봉공奉公 · 애민愛民 편을 두어서 수령된 자가 공직에 임하는 자세를 먼저 점검하였다. 이어서 조선왕조 국가의 정부 조직인 6전 조직에 맞추어 설정한 이吏 · 호戶 · 예禮 · 병兵 · 형刑 · 공전工典이 그 본론으로 볼 수 있는데, 이는 군현 단위의 행정을 정부 조직 원리에 따라서 정리한 것이다. 그리고 해관 편 앞에는 진황賑荒 편을 특별히 설정한 것이 주목을 요한다.

부임 편에서는 아전들에게 속을 보이지 말 것을 특히 강조하였다.[24] 조선시대에는 수령이 임명되면 해당 군현 소속 아전들이 서울로 올라와서 수령을 모시고 임지로 갔는데, 이때 아전들은 수령에 대한 모든 것을 파악하여, 막상 임지에 부임하면 수령을 자기들 마음대로 조종하려 든다. 부임 편에서 다산은 이러한 폐단을 경계하여 신임 수령에게 자신의 속내를 쉽게 내보이지 말 것을 주문하였다. 해관 편에서는 수령이 임무를 마치고 떠나면서 각종 문서와 물자를 철저히 점검하여 인계해야 한다는 점을 강조하고, 해당 지역 주민들의 업적 평가에 연연하지 말 것을 주문하였다.

율기·봉공·애민 편에서는 수령된 자의 품성이나 도덕적 태도를 부단히 강조하고 있다. 사실 《목민심서》는 거의 전편에 걸쳐서 수령 자신의 청렴성과 근면성을 일깨우는 것을 잊지 않고 있다. 이것은 '치국평천하治國平天下'의 전제로서 '수신제가修身齊家'를 요구하는 유교 사상의 핵심인 치자治者로서의 책무의식에서 나온 것이기도 하였다. 이를 위해 《목민심서》에서는 율기律己를 하나의 편으로 두었으며, 다른 편에서도 끊임없이 자기 닦음과 자기 규율이 어떻게 통치에 영향을 미치고, 이를 소홀히 할 경우 어떻게 민폐民弊로까지 연결되는지를 보여주려고 노력하였다.[25]

특히 정약용은 지방관의 자기 규율을 개인의 수양이라는 측면에서만이 아니라 통치 효과를 낳는 통치기술의 관점에서 논하고 있는 점이 주목된다. 수령의 지방 통치는 수령 혼자서 모두 할 수 있는 일이 아니다. 군현에 소속된 향리, 관예, 군졸, 향임, 면임, 토호, 대소민, 부민 등 다양한 구성원들의 도움을 받아야만 민을 위한 실질적이고 효율적인 행정이 가능한데, 이들을 통솔하기 위해서도 수령의 자기 기율이 필수적이라는 점을 지적하고 있다. 예를 들면 군현에 소속된 이서들은 수령을 평가하고 유혹하고 길들이려 들기 마련이다. 수령이 이들에게 유혹당하고 길들 것인가, 아니면 수령이 주도권을 쥐고 그들이 스스로 조심하고 감화되게 할 것인가는 무엇보다도 수령의 자기 규율에 달려 있다는 것이다.[26] 이것은 오늘날 경영학에서 말하는 리더십의 요체를 지적한 것으로서 오늘날 공직자들이 상하 관계에 있는 동료 공직자들과의 관계, 그리고 대민 관계에서 민원을 처리할 때 반드시 염두에 두어야 할 대목이 아닐 수 없다. 그리고 공직자들에게 상명하복의 윤리만을 일방적으로 강요한 것도 아니었다. 예를 들어 봉공편 〈문보文報〉에서는 수령이 상관에게 문서를 올리는 일에 관하여 민생문제라면 경우에 따라서 상관과도 싸워야 한다고 일깨우고 있다.[27]

6전편은 본론에 해당되므로 당연히 그 비중이 커서 전체 48권 중 31권이나 되고, 호전은 무려 9권에 이른다. 6전 36조는 수령이 관장하는 실제 업무이면서 민생현실에 직결되는 내용으로 구성되어 있다. 가령 국가의 재정과 인민의 생존이 걸린 〈세법稅法〉, 〈곡부穀簿〉, 〈평부平賦〉는 각기 2권 분량을 차지한다. 또한 지방 군현의 실무와 관련된 현장 자료를 풍부하게 동원한 점이 특히 주목된다.[28] 다산은 수령이 구체적인 실무 지식을 알고 실무를 직접 챙길 것을 강조하였다. 수령이 대체大體만 잡고 있으면 안 된다면서 실무를 향리들에게 맡겨버리면 그 피해가 고스란히 민에게 돌아간다고 누누이 강조하였다.[29]

이전吏典에서는 고과考課 제도를 강조한 것이 인상적이다. 고과란 관리의 능력과 실적을 평가하여 인사에 반영하는 제도를 말한다. 이것은 이미 《경국대전》에도 그 규정이 있었지만 조선 후기 사회변동으로 그 실효성을 상실한 상태였다. 다산은 고과제도를 변화하는 현실에 맞게 합리적으로 개정하여 중앙정부로부터 지방의 말단에 이르기까지 전면적이고 본격적으로 실시할 것을 주장하였다.[30]

애민편 6조에서는 노인 문제, 고아 · 유기아 문제, 병자 · 장애인 문제, 재난 구호 등등 사회복지 전반에 관심을 두어 구체적 방안을 내놓고 있다. 진황편 6조는 흉년의 대비책인데 거의 주기적으로 발생했던 한발 기근으로 굶어죽는 백성들을 살리기 위한 사전 준비, 구휼 사업의 실시 방법을 자상하게 서술하고 있다. 그야말로 한 사람이라도 살려내겠다는 뜻이 곡진하게 드러나 있어, 오늘날의 관점에서 보면 민생 문제를 인권 차원의 문제로 인식하고 실천하려는 다산의 의지를 엿볼 수 있다.[31]

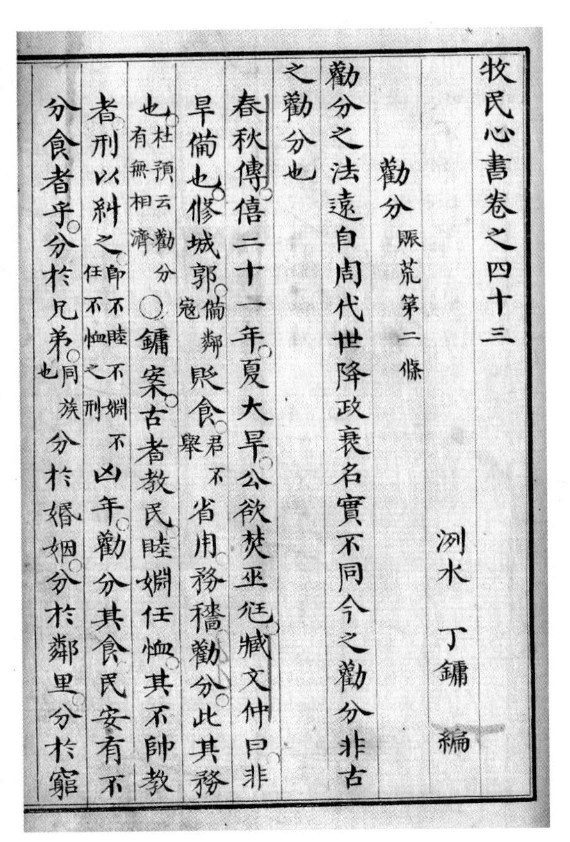
牧民心書卷之四十三

洌水 丁鏞 編

勸分 賑荒第二條

勸分之法遠自周代世降政衰名實不同今之勸分非古之勸分也

春秋傳僖二十一年夏大旱公欲焚巫尪臧文仲曰非旱備也修城郭備寇貶食君不擧省用務穡勸分此其務也杜預云勸分有無相濟○鏞案古者敎民睦婣任恤其不帥敎者刑以糾之卽不睦不婣不任不恤之刑凶年勸分其食民安有不分食者乎分於兄弟同族也分於婚姻分於鄰里分於窮

《목민심서》의 내용

정약용은 지방이 보유한 자원을 최대한 잘 운용하여 중앙정부에 바쳐야 할 조세를 감당하고, 지방 관아를 유지하고, 산업을 진흥하여 재화를 풍부하게 하고, 굶주린 민을 진휼하고, 역질을 제어하는 등의 일을 수행하기 위해, 통계와 조사 · 보고 · 명령으로 산출되는 정보를 장악하여 인적, 물적 자원의 배치를 최적화하려고 하였다. 이를 위해서는 기존의 법, 제도와 관행이 이를 가로막으면 과감하게 개혁에 나서라고 지방관을 격려하였다. 그는 지방관 차원에서 단행할 수 있는 개혁이라면 장구히 시행될 수 있도록 기획하여 단호하게 시행할 것을 권유하였다.[32]

또한 정약용은 향리를 지방 통치의 동반자로 인정하고 민을 도덕 주체, 욕망의 주체, 경제 활동 등 생활 주체로서 인정하면서 그들의 주체화를 자신이 의도하는 방향으로 이끄는 한편, 경제생활을 비롯한 민의 제반 활동을 정확히 계산하여 원하는 효과를 달성하는 방안을 제시하였다. 그가 살던 19세기는 점점 국가의 수취가 토지에 집중되고 수취물의 형태도 돈이나 준화폐인 미포로 단일화되었다. 법조문 상의 조세 항목 · 조세원과 수취의 대응관계가 지방에서는 이미 파괴되어 지방마다 관행에 의존하여 수취가 행해지고 있으며, 그마저도 손쉽게 변경되었다. 수령마저도 그 실체를 정확히 파악하지 못하고 이서의 손에 맡겨져 있었다.

이런 상황에서 조세행정의 일정 부분이 민의 손에 넘어가고 있었다. 마을 내부에서 군역 부담자를 자체적으로 교체하는 이정법里定法이 대대적으로 시행되고, 환곡을 이里 단위로 분해하고 거두는 이환里還이 널리 퍼지고, 전세 완납의 책임을 마을이 지는 곳이 많았다. 면리의 민이 조세 책임을 다하기 위해서 행하는 논의는 이미 '공의公議'라는 이름을 얻고 있었다. 정약용은 이러한 사회변화를 적극 수용하여 더 많은 조세 행정을 민에게 맡기자고 제안하였다. 마을에 조세 완납의 책임만을 지울 것이 아니라 조세원 파악과 수취량 배분까지도 마을 민에게 이양하고 민이 자신들에게 편한대로 조세 수취방식을 변화시키도록 하며, 이를 전국적으로 시행하자고 주장하였다. 즉 정약용은 조세 수취와 관련하여 민이 편하게 생각하고 민이 찾아내고 민 스스로 주체가 되어 운영하는 방법을 적극 긍정하였던 것이다.[33] 이것은 비록 지방 통치 차원이지만 조선 후기 사회변동이 달성한 민의 성장을 정치에서 적극 수용하여야 한다는 주장으로서, 전근대 민주주의가 성장하는 우리식 경로를 보여준다는 점에서 주목할 만하다.

| 다산이 전하는 메시지 |

조선 후기 실학을 집대성한 다산은 대동大同과 균역均役, 그리고 탕평蕩平이 실현된 사회를 염원하였다. 이는 조선사회를 억누르고 있던 양반제와 노비제 등 각종 신분적 족쇄와 지주제로 대표되는 경제적 속박으로부터 민을 해방하여, 전체 신민이 국가를 유지하는데 필수적인 각종 조세를 골고루 부담함으로써 모두가 더불어 행복하게 살 수 있는 사회를 꿈꾸었다는 것을 의미한다. 이것은 전근대 우리 역사가 발전하여 달성한 국가 운영의 새로운 방향이었는데, 21세기에 들어선 오늘날까지도 그것이 실질적으로 구현되었는지를 되돌아보게 한다.

다산의 이러한 염원은 양란기이래 실학자들이 꿈꿔온 것이었으며, 영조와 사도세자, 그리고 정조 등 국가의 안위를 늘 근심할 수밖에 없었던 군주들의 염원이기도 하였다. 이것은 또한 당대의 뜻있는 지식인들의 공통된 염원이기도 하였지만 보수적 기득권자들의 집요한 반발에 직면하여 합법적인 경로를 통해서 제도화하는 것에 실패하였다. 조선왕조 국가가 일본보다 근대화에 뒤쳐진 가장 큰 이유는 바로 여기에 있었다.

조선왕조 국가가 스스로 내부의 모순을 극복한 새로운 국가로 거듭나지 못한 채 일본 제국주의 침략을 받고 멸망하여 식민지로 전락한 뒤, 조선의 지식인들은 서양의 근대화를 경이롭게 바라볼 수밖에 없었다. 그렇지만 20세기 들어서서 두 차례 걸친 세계대전으로 수많은 사람들의 인간적인 삶이 짓밟히는 것을 보고 서양의 근대화 또한 내적으로 많은 문제점을 안고 있다는 것을 깨닫게 되었다. 당시 서양 근대의 첨단을 달리고 있던 미국식 자본주의와 소련식 사회주의 가운데 어느 것도 그 자체로는 우리가 독립한 뒤 건설할 국가의 모델로는 부적합하다는 것에 대부분의 독립운동가들을 비롯한 뜻있는 지식인들의 암묵적인 합의가 이루어졌다. 이러한 합의가 바탕이 되어 국내외를 막론하고 좌우합작 운동, 민족유일당 운동이 전개되었고, 새로운 국가 건설의 준거를 우리의 역사 전통 속에서 찾아보자는 '조선학朝鮮學 운동'이 일어나서 다산의 저술인 《여유당전서與猶堂全書》가 간행되기

〈환어행렬도〉

에 이르렀다.[34]

그렇지만 우리는 스스로의 힘으로 해방을 맞이하지 못하고, 2차 세계대전의 종말과 함께 일본을 대신한 또 다른 외세의 지배 아래 들어가서 조국이 분단되기에 이르렀다. 분단은 단순히 남한과 북한이라는 지역적 분단에 그치지 않고, 미국식 자본주의와 소련식 사회주의라는 사상과 이념의 분단을 초래하여 결국 전쟁까지 치르고 말았다. 이로 인해 조선학 운동을 계승한 한민족의 주체적 근대화 노선은 폐기·망각되었다.

한국전쟁 이후 남한에서는 수출 주도 불균형 성장 전략을 추진하여 21세기에는 세계 10대 경제 강국의 반열에 올라서는 성과를 거두었다. 특히 이명박 정권은 수출 대기업에게 엄청난 혜택을 부여하여 재벌들의 수입은 천문학적으로 증가하였지만 고용은 줄어들고 내수는 침체되어 국내 경제는 오히려 악화되는 기이한 현상이 나타났다. 이러한 한국 자본주의의 위기를 타개하기 위해 2012년 대통령 선거에서 모든 유력 후보들은 복지 정책을 공약으로 내세웠다. 그렇지만 복지 정책은 재벌과 관료 등 기득권 세력의 반발에 직면하여 이렇다 할 성과를 내지 못하고, 저성장과 저출산, 양극화와 청년 실업 등으로 대표되는 국가의 위기를 심화시켰다.

이제 한국 자본주의의 위기를 극복하기 위해서라도 조선학 운동의 전통을 되살릴 필요가 절실해졌다. 다산은 우리 역사에 뿌리 깊게 존재했던 복지국가의 전통을 계승할 것을 강력하게 주장하였다. 그가 《목민심서》에 진황賑荒 편을 따로 두고, 애민愛民 편에서 〈양로養老〉, 〈자유慈幼〉, 〈진궁振窮〉, 〈애상哀喪〉, 〈관질寬疾〉, 〈구재救災〉를 설정한 것은 단순히 윤리적 차원에서의 시혜施惠를 말한 것이 아니었다. 남녀노소男女老少를 불문하고 국민들 모두가 다 같이 풍요롭고 행복한 삶을 누리게 하는 것이 국가의 존재 이유이자 존립 기반이며, 우리의 역사적 전통임을 천명한 것이었다. 또한 진황 편에 등장하는 〈권분勸分〉 항목은 현재 재벌 대기업들이 정부의 정책에 힘입어 벌어들인 자본을 '사내유보'라는 명목으로 쌓아둔 채 투자를 망설이고 있어 한국 경제가 위기에 봉착한 현실을 들여다보고 그 해결책으로서 제시한 것 같은 느낌을 준다.

이제 근대화는 서구화이고, 서구화는 자본주의화라는 도식에서 벗어나지 않으면 우리나라가 직면한 대내외적 위기를 극복하기는 어렵게 되었다. 일제 시기 조선학 운동이 주목했던 우리식 근대화 노선을 복원하는 것이 한반도 주민들에게 생존의 문제로 다가오고 있다. 남한과 북한의 군사적 대결을 포함한 모든 극한 대결은 민족 전체의 공멸로 귀결되고 말 것이다. 다산의 사상은 냉전적 대결 의식을 넘어서 남북한의 주민이 평화적으로 공존하면서 행복한 삶을 추구하는 출발점이 될 수 있다. 21세기 문명사의 전환기에 다산의 사상이 우리 민족에게 절실한 이유는 바로 이러한 측면에 있었다.

【2부】

중앙행정과 관련된 여러 모습들

4장

조선시대 관직의 꽃, ‘청요직’ 이야기

송웅섭
서울대학교 규장각한국학연구원 책임연구원

| 알 듯 모를 듯한 용어, 청요직! |

익숙한 듯하면서도 막상 설명하려고 하면 녹녹치 않은 용어나 개념이 있다. 어디 그런 것들이 한둘이겠나마는 필자에게는 '청요직'이란 개념이 그렇다. 일반인들에게는 조선 후기 '통청운동通淸運動(서얼이나 중인 출신 과거 합격자들에게도 청요직 진출을 허락해 달라는 운동)'[1]을 통해 들어보았음직한 청요직은 그 구체적인 설명에 있어서는 연구자들에게도 수월하지 않기는 마찬가지일 것이다. 그도 그럴 것이 청요직이란 말이 쓰이고 있는 정도에 비해 그에 대한 연구는 많지 않기 때문이다. 현재까지 청요직에 대한 연구는 조선시대 관료조직과 관련한 연구가 진행되는 가운데 몇 편의 논문이 작성된 것이 전부에 가깝다.

| 관직의 꽃, 청요직! |

개괄적으로 말해서 청요직은 관료조직 내의 여러 관직들 가운데 재상직에 오르는 과정에서 으레 거치기 마련이었던 관직들을 말한다. 여기서 '관직들'이라고 언급한 이유는 청요직이 하나의 관직이 아니라 여러 관서에 걸쳐 있는 많은 관직들이 '청요직'으로 지칭되고 있었기 때문이다. 청직과 요직의 합성어인 청요직은 글자 그대로만 해석할 경우 청직과 요직의 합성어로서 맑고[淸] 중요한[要] 관직[職]으로 풀이된다. 이때 '요직'에 해당하는 '중요한 관직'이라는 의미는 이해에 별다른 어려움이 없다. 하지만 '청직'에 해당하는 '맑은 관직'이란 건 무슨 의미인지 잘 와 닿지 않는데, 청직으로 지칭되고 있던 관직들이 언관, 사관, 경연관 등의 문한관 계열임을 고려해 볼 때, 대체로 유교정치이념을 구현하는 것과 연관된 직책이라고 할 수 있다. 청요직이 청직과 요직의 합칭이긴 하지만 청요직이 통용되고 있던 추이를 살펴보면, 청직의 이미지와 요직의 실질적 중요도가 '혼융된 뉘앙스'로 쓰이고 있었다고 할 수 있다.[2]

청요직이란 용어는 이미 고려시대부터 통용되고 있었다. 고려시대에는 언론을 담당하는 어사대와 중서문하성의 낭사, 인사를 담당하는 상서이부와 병부의 관원, 문한을 담당하는 한림원관과 고원의 지제고, 보문각, 역사를 담당하는 사관, 왕명 출납을 담당하는 중추원의 승선, 학문을 관장하는 국자감의 좨주 등이 청요직으로 분류되고 있었다. 풍부한 학식과 그를 바탕으로 한 언론, 그리고 그것을 문장으로 표현할 수 있는 능력이 요구되는 직책들이었다는 점에서, 관료 개인의 능력이 보다 중시되는 관직이라 할 수 있다.[3]

조선의 관료제는 고려의 관료제에 기초하고 있었던 만큼, 조선시대

궐내각사闕內各司

궁궐 안에 설치된 관청으로 승정원, 홍문관, 예문관, 춘추관, 규장각, 내의원, 사옹원 등 국왕의 통치 및 궐내 생활을 보좌하는 관서들로 구성되어 있다. 홍문관은 경연과 문한을 담당하는 조선시대 청요직의 중추로서 시종기관의 성격도 갖고 있었기 때문에 궐내에 설치되었다. 사진은 창덕궁 안내책자에 수록된 궐내각사 개념도이다.

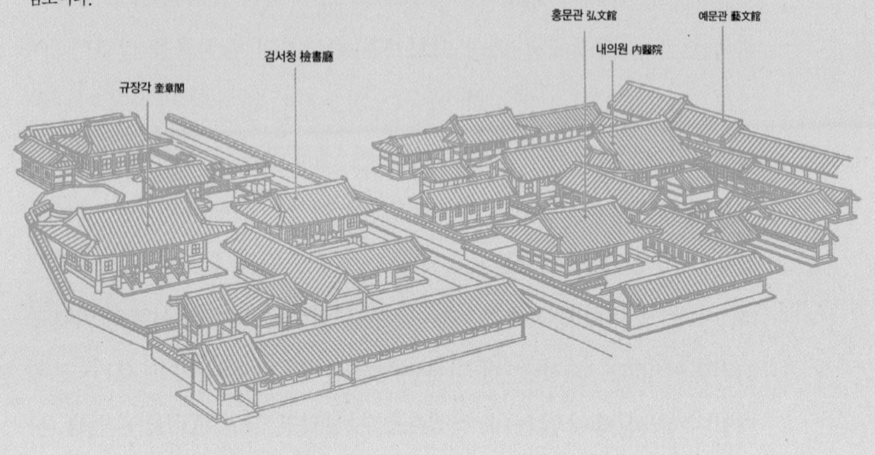

의 청요직 역시 기본적으로는 고려시대 청요직과 유사하다고 할 수 있다. 《경국대전》이 편찬되는 성종대를 기준으로 청요직에 해당하는 관서들을 정리해보면, 언관에 해당하는 사헌부와 사간원, 국왕의 공식활동을 기록하는 예문관, 경연과 문한을 전담하는 홍문관, 왕명을 출납하는 승정원, 국정 실무를 담당하는 육조, 국정을 총괄하는 의정부 등을 들 수 있는데, 이들 관서의 정3품 당하관 이하의 직책들을 청요직으로 분류하는 게 일반적이다.

궐내각사는 궁궐 안에 설치된 관청으로 승정원, 홍문관, 예문관, 춘추관, 규장각, 내의원, 사옹원 등 국왕의 통치 및 궐내 생활을 보좌하는 관서들로 구성되어 있다. 홍문관은 경연과 문한을 담당하는 조선시대 청요직의 중추로서 시종기관의 성격도 갖고 있었기 때문에 궐내에 설치되었다.

청요직이 청요직일 수 있었던 이유, 다시 말해 많은 사람들의 선망의 대상이 되었던 이유는 무엇보다도 이들에게 주어지고 있는 인사상의 특혜 때문인 것으로 생각된다. 성종대를 기준으로 이들 청요직이 받고 있던 우대 조항들을 살펴보면, 우선 청요직에 해당하는 관직들 모두는 과거에 합격한 문신만이 제수될 수 있었다. 《경국대전》에는 문과 출신만으로 자격을 제한하고 있는 관직들이 있는데, 의정부·이조·예조·병조·승정원·봉상시·소격서의 당하관 모두와 사간원·홍문관·예문관·성균관·승문원·교서관·세자시강원의 당상관과 당하관 모두를 문신으로만 제수하도록 규정되어 있다. 이 같은 조건은 일견 특혜라고 보기 어려울 수도 있겠지만, 뒤집어 생각하면 문과 출신만이 청요직에 오를 수 있다는 것은 명문가문 출신이라는 이유만으로, 혹은 왕의 신임을 받는다는 이유만으로 진입을 허용하고 있지 않는, 일종의 능력을 본위로 하는 차단벽의 설치였다는 점에서 분명히 우대의 속성이 있는 것이었다고 해석할 수 있다.

청요직에게 주어지고 있는 실질적인 인사상의 특혜는 빠른 승진이라고 할 수 있다. 그렇다면 그것은 어떻게 가능한 것이었을까? 조선시대 관료들의 인사행정은 기본적으로 근무 일수[仕滿]와 관계官階의 수여를 연동시키는 가운데, 관계에 따라 관직을 제수하는 순자법循資法을 통해 운영되고 있었다. 순자법에 따른 인사규정에서는 근무일수와 근무 수행 평가[考課]를 기준으로 관계를 수여하도록 했기 때문에, 한 품계가 올라가기 위해서는 규정된 사일[仕日] 및 고과 기준을 충족시켜야 했다. 즉, 《경국대전》의 규정에 따를 경우 7품 이하(종9품~정7품)는 450일의 근무 일수를 채우고 동시에 3번의 고과 중에서 2번 이상 上 등급을 받아야 1자급이 더해졌고, 정3품 당하관 이하(종6품~정3품 당하)의 경우, 근무 일수 900일에 5번의 고과에서 3번 이상 上을 받아야 1자급이 더해질 수 있었다.[4] 따라서 이 같은 규정을 적용할 경우 종9품

〈독서당계회도讀書堂契會圖〉(부분, 보물 제867호)

에서 정7품을 거쳐 참상관(종6품)으로 진입하기까지의 산술적인 시간은 2,700일, 참상관에 진입하여 정3품 당하관까지의 규정 사일을 마치는 시간은 6,300일이 소요된다. 다시 말해 종9품에서 정3품 당하관에 이르기까지 걸리는 시간은 총 8,900일로서, 약 24년 3개월이 소요되는 셈이다. 조직 운영의 생리 상, 중하급 관료들의 승진에 적절한 제한을 두어 소수만이 대신으로 진입할 수 있도록 제어하고 있었던 것이다. 따라서 이러한 규제에 막혀 하급 관료들 중에서 대신에 오르는 경우는 원칙적으로 소수에 불과하도록 했고, 또 대신에 오르기까지는 적지 않은 시간이 걸리도록 했다.

청요직은 이러한 제약에서 비교적 자유로웠다. 사간원과 사헌부 관리의 경우 근무일수에 관계없이 다른 관직으로 옮겨갈 수 있었고, 비록 강개한 인사라는 조건이 달리긴 했지만 대간에는 육조의 낭관과 예문관원 중에 임기가 차지 않은 사람을 쓰는 것이 일상화 되어 갔다. 또한 육조의 낭관직에는 청요직 참하관 가운데 근무일수가 부족한 사람을 제수할 수 있도록 했으며, 또 근무 일수를 채웠을 때에는 으레 승진하는 것이 관행이었다.[5]

한편 예문관의 전임사관들은 자천제적 성격의 '한림회천'에 의해 선발되어 상급직이 빌 경우 하급직에서 차례대로 승진하는 차차천전次次遷轉이 관행이었기 때문에, 근무일수와 고과 규정으로부터 자유로울 수 있었다.[6] 홍문관원들 역시 예문관원과 마찬가지로 '홍문록'이라는 홍문관원 스스로가 직접 선발한 명부에 입각해 뽑히고 있었으며 또 차차천전次次遷轉의 규정이 적용되고 있었다.[7] 의정부 검상(정5품)의 경우에도 상급직인 사인(정4품)이 비면 자동적으로 승진하는 것이 관행이었는데, 무려 2단계를 단번에 오르는 것이었다.

결국 청요직으로 분류되는 사간원, 사헌부, 홍문관, 예문관, 육조 낭관, 의정부 당하관 등은 다른 관직들에 비해 현저하게 자유로운 이동과 승진을 보장받고 있었고, 또 청요직 사이에는 상호 교차하며 보다 빨리 승진할 수 있는 인사 행정이 이루어지고 있어, 당상관 진입과 재상으로의 승진에 그만큼 유리한 관직군이었다고 할 수 있겠다.

| 범상치 않은 청요직의 위상 |

청요직이 빠른 승진과 재상에 오를 수 있는 유력한 관직군이었다고 할지라도 그것만으로는 조선시대 청요직들이 누리고 있던 권위와 위상을 설명하기에 부족하다. 아무리 빠른 승진과 재상 임명이 보장된 관직이라 할지라도 그 궁극적 귀결이 재상에 오르는 것이었다면 청요직은 대신과 재상의 영향력에서 벗어나기 어려웠을 것이다. 왜냐하면 청요직에 들어가 출세가도를 달리고 있더라도 인사권을 쥐고 있는 왕과 그로부터 권한을 이양 받은 대신의 신임을 얻지 못하면 중간에서 도태될 수밖에 없었기 때문에, 청요직들이 누리는 특권은 왕이나 재상에 절대적으로 귀속될 수밖에 없기 때문이

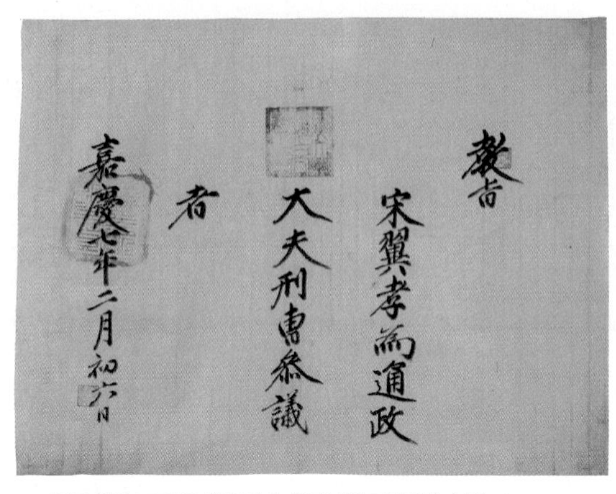
敎旨
宋翼孝爲通政
大夫刑曹參議
者
嘉慶七年二月初六日

문관 임명 교지敎旨(1802년, 국민대학교박물관 소장)
순조 임금이 송익효宋翼孝에게 형조참의를 제수한다는 교지

다. 하지만 성종대 이후의 청요직은 확실히 대신에 이르는 핵심코스 이상의 위상을 가지고 있었다. 조금 과장해서 말하자면 재상들도 청요직 관료들에게 절절매고 있던 상황이 연출되고 있었다. 이 같은 양상은 16세기를 경과하면서 청요직 중에서도 언론을 담당하고 있는 삼사(사간원 · 사헌부 · 홍문관)와 청요직 인사를 주도하고 있는 이조 전랑의 역할이 두각을 나타나면서 본격화되고 있었다.

지금 비변사가 오로지 국정을 주관하고 있어 **의정부**는 한가한 관서가 되고, **승정원**은 단지 왕명의 출납만 관장하고 있어 승지는 하나의 해리該吏가 되고, 따로 도감을 두어 본사本司는 도리어 잉여의 관아가 되고, 자주 관원을 체직하여 성시省寺는 우사郵舍와 같게 되고, 문서를 관수管守하지 않아 이서들이 법을 농간하고, 겸직이 많아 책임을 전담하는 일이 없고, 일이 조사曹司에게 돌아가 직책을 분담하는 의미가 없고, 책임 소재가 분명하지 않아 자리를 비우는 것이 풍습이 되고, 녹봉이 너무 박하여 염치를 잃어버리기 쉽게 되었으니, 이것이 모두 관제의 폐단입니다. 아조我朝

에서 서사署事하는 법을 폐하면서부터 삼공三公이 국정을 의논할 곳이 없게 되었습니다. 이에 따로 비국을 설치하여 재신들 중에 군무를 아는 사람으로 당상을 삼고 무반 중에 식견이 있는 사람으로 낭청을 삼아, 변방 일을 처리해 가고 있습니다. 이 제도가 대략 송나라 조정의 추밀원樞密院과 같은데, 조정의 정령政令을 재단하는 데가 없으므로 자연히 모두 비국으로 돌아가지 않을 수 없습니다. 이로부터 **찬성**과 **참찬**은 병을 요양하는 자리가 되고 **사인**과 **검상**은 기악妓樂을 맡는 자리가 되었으니, 잘못이 심한 일입니다.[8]

위 기사는 인조대의 명신인 최명길의 관제개혁 상소이다. 최명길에 따르면 의정부서사제가 폐지되고 의정들이 맡던 역할을 비변사에서 담당하게 되면서 삼공은 물론 육경들의 위상이 추락했는데, 삼공의 위상이 하락함에 따라 찬성과 참찬, 사인과 검상 등 의정부 소속 관료 전체의 위상까지 하락했다는 것이다. 의정부의 위상이 추락했다면 의정부 역할을 담당하고 있는 비변사가 최고의 위상을 갖게 된 것일까? 실상은 그렇지 않았던 것 같다. 아래의 사료에서 그 같은 정황을 엿볼 수 있다.

지금의 비변사는 즉 송宋나라 때의 추밀원樞密院 제도로서 삼공이 여기에 있으면서 국사를 논의하니 역시 의정부와 유사한 곳이나, 다만 임시로 설치한 곳이므로 일이 많이 구차하고 사람들이 보기를 도리어 **육조**六曹나 **대각**보다 중하지 않는 것으로 여기고 있습니다. 이러한데 다스려지기를 바란다는 것은 신이 보기로는 노력을 하면 할수록 효과는 없을 듯합니다. 그러므로 신의 생각으로는, 비변사란 호칭을 바꾸어 마치 옛날의 중서성中書省이나 추밀원, 혹은 고려의 도평의사都評議司의 호칭과 같게 하고,

유사 당상 두 명을 추천하여 낙점落點을 받아서 국가에서 임명장을 내려 실직이 있으면 겸대라고 호칭하고 실직이 없으면 이것으로 실직을 삼아 오로지 본사의 임무만 관장케 하여 그 명예와 이름이 **삼사**三司나 **양전**兩銓보다 위에 있게 하며, **기타 당상**은 참예기밀參豫機密이라는 명칭으로 역시 정목政目에서 임명장을 내리되 마치 지제교나 겸춘추의 예와 같게 하며, 모든 국가의 행사가 있을 때 삼공이 총재가 되고 유사 당상이 주관을 하되 육경 및 추밀의 여러 신하들이 참여하여 토론하여야 한다고 여겨집니다. 이와 같이 한다면 체통이 높아지고 일이 법도가 있어서 한漢나라의 승상부丞相府와 우리나라의 서사청署事廳과 당唐나라의 중서성과 송宋나라의 추밀원이 합하여 하나가 된 것으로 권세가 무겁다는 혐의도 없을 것이며 또한 위치가 가볍다는 탄식도 없을 것이어서, 국사가 훌륭히 이루어질 희망이 있을 것입니다.[9]

비변사의 기능 강화로 의정부의 위상이 약화되었음에도 정작 비변사의 위상은 오히려 육조나 대간(사헌부 · 사간원)만 못하게 여겨지고 있었다는 것이다. 왜냐하면 비변사가 임시로 설치된 관서이고, 재상들이 대부분 겸직으로 비변사의 직책을 맡고 있었기 때문이다. 따라서 최명길은 비변사의 기능을 당장 없앨 수 없는 현실적인 문제를 고려해, 우선적으로 비변사라는 명칭을 역대 재상들의 합좌기관(중서성, 추밀원, 도평의사사) 가운데 하나로 바꾸고, 그런 다음 그곳에 실직 당상을 두어 의정들의 지휘를 받게 하면, 명실이 상부하고 제대로 된 권위를 가질 수 있을 것이라고 그 개혁 방향을 제시하였다.

여기서 흥미로운 사실은 의정부와 비변사의 위상을 언급하면서 그 비교 대상에 청요직이, 그 중에서도 삼사가 거론되고 있다는 점이다. 비변사가 정책 결정 과정에서 막중한 역할을 담당하고 있지만 그에 걸맞은 위상은 얻지 못하고 있다고 말하면서, 그 비교 대상으로 대간을 언급하고 있음이 눈에 띈다. 16세기 이래 청요직의 위상에 중대한 변화가 있었음을 확인할 수 있는데, 여러 청요직 가운데서도 삼사의 위상이 이렇게 높아진 이유가 무엇인지 궁금해지는 대목이다.

| 청요직 중심의 권력구조 개편 |

재상과 대신들의 권위 못지않게 삼사로 대표되는 청요직의 위상이 확대된 이유는 무엇일까? 이를 이해하는데 실마리가 되는 기록이 있는데, 바로 이중환의 《택리지》 가운데 조선 팔도의 인심人心을 논하는 기사이다. 이중환은 팔도 각 지방의 인심에 대해 간략하게 언급하고, 이어서 조선 사대부들의 인심을 별도로 구별하여 후하게 평가한 뒤, 사대부들이 이 같은 인심을 갖게 된 이유로 삼공과 육경을 견제할 수 있는 대간의 파워와 연관지어 설명하고 있다.

> 우리나라의 벼슬 제도는 고대와 달라, 비록 삼공과 육경을 두어 모든 관청을 감독 통솔하도록 되어 있으나, 중점은 대간에 두고 있다. ① 떠도는 소문風聞을 들어 관리의 비행과 정사의 잘못을 규탄하며[彈劾], ② 작은 일이라도 잘못이 자신에 관련된 말이 있으면 그 벼슬자리를 피하며[避嫌], ③ 지방 관리의 임명에 자격을 인준하는 법을 대간이 맡아 의논하게 하였다. 무릇 내외 관직을 임명하는 것은 삼공에게 맡기지 않고 이조에게 맡기고, ④ 이조의 정랑과 좌랑은 대간을 추천하는 권리를 주장하게 되어, 삼공과 육경이 벼슬은 비록 크고 높지만 전랑의 판단에 조금이라도 불미스러운 일이 있으면 바로 삼사의 여러 관원을 시켜 논박하게

이중환의 《택리지》

된다. 조정 풍속이 염치를 숭상하고 명망을 중하게 여기는 까닭에 한 번이라도 탄핵을 당하면 그 직을 내놓지 않을 수가 없다. 그러므로 전랑의 권세는 바로 삼공과 비슷하다. 이것은 큰 벼슬과 작은 관직이 서로 얽히고, 상하가 서로 제어하도록 한 것이다. 그래서 300년을 내려오면서 권세를 크게 농간한 자가 없어, 꼬리가 커서 흔들기 어렵게 된 근심이 없었다. 이것은 조종께서 고려 때 임금의 권세는 약하고 신하의 세력이 강하였던 폐단을 거울삼아 그런 점을 예방하는 장치를 마련하였기 때문이다. 이런 까닭에 삼사 관원 중에서 명망과 덕행이 있는 사람을 가려서 전랑으로 삼았으며, 전랑으로 있는 사람에게 그 후임자를 추천하게 하였다. 추천권을 이조 관장에게 맡기지 않는 것은 인사의 권한을 중시하여 모두 공정한 논의에 부치려 한 것이었다. 그러므로 무릇 관직의 품계를 올릴 때는 반드시 전랑을 우선적으로 올려서 보임한 연후에 다른 관청까지 올리게 하였다. 그리고 한 번 전랑을 지낸 사람으로 진실로 딴 사고만 없으면 쉽게 공경의 지위에 오를 수 있다. 그러므로 전랑이란 관직은 명예와 권력이 갖추어져 있어, 나이 젊은 신진으로서 전랑 자리를 바

라고 넘겨다보지 않는 자가 없었다.[10]

먼저 이중환을 통해서도 확인할 수 있는 사실은 대간이 관료제 운영에 있어서 중핵적인 지위에 있었다는 사실이다. 삼공과 육경이 모든 관청을 통솔하고 있었지만, 그럼에도 중심은 대간에 있었다고 언급하고 있음을 볼 수 있다. 그리고 대간이 그 같은 지위를 얻을 수 있었던 것은 대간만의 독특한 언론관행을 활용하면서 막강한 영향력을 행사할 수 있었기 때문이라고 그 이유를 설명하고 있다. 이중환이 지적하고 있는 언론관행은 크게 ① 풍문탄핵, ② 피혐, ③ 서경, ④ 이조전랑의 낭천권 등의 4가지로 요약할 수 있다.

① '풍문탄핵'이란 대간이 풍문을 근거로 비리혐의가 있는 인사들을 탄핵하는 것을 말한다. 국초에는 대간이 풍문만을 가지고 대신들을 탄핵하는 일을 금했다. 왕의 입장에서는 자신이 신임하는 대신들이 몇몇 비리가 있더라도 풍문에 근거해 이루어지는 탄핵을 금지해 대신들을 보호해 줄 필요가 있었다. 국왕이 구상하는 정책들을 완수해 나가기 위해 왕의 실질적인 파트너라 할 수 있는 대신들을 보호하고, 동시에 관료조직의 위계질서를 중시하여 국왕의 위엄을 높이기 위해서였다.

하지만 성종대로 들어서면서 서서히 풍문에 입각한 탄핵 활동이 늘어나게 되었고, 이를 점점 대간의 고유한 혹은 불가피한 활동으로 규정하기에 이른다. 대간의 언론 활동이 그만큼 활성화되었던 것은 자연스러운 일이었다.[11] 물론 국왕과 대신들이 풍문의 근거言根를 밝히라고 압박하며 대간의 풍문탄핵을 저지하고자 했다. 하지만 청요직 관료들은 언근을 확인하는 것은 언로言路에 방해가 된다는 논리를 내세우며, 언근불문言根不問의 관행 역시 구축하며 이에 대응해 나갔다.

② '피혐'은 자신에게 드리워진 혐의를 피하여 일시적으로 준 사직 상태에 들어가는 것을 말한다. 꼭 대간만이 피혐을 하고 있었던 것은 아니었지만, 16세기를 거치며 대간은 다른 관원들과는 비교할 수 없을 만큼 빈번하게 피혐을 하면서 간쟁에 활용하고 있었다. 즉, 대간의 피혐은 개인의 비리 여부를 가리는 수준에 그치지 않고, 대간의 주장이 받아들여지지 않을 때 집단적으로 피혐을 요청하면서 그 정당성을 강변하는가 하면, 또 한 사람의 대간이 어떤 사안을 제기하다가 국왕의 노여움을 사 처벌을 받게 될 경우 대간 전체가 피혐하면서 연대책임을 지고자 했다. 한편 대간 내부의 회의체인 '원의' 석상에서 동료들과 의견의 일치를 보지 못할 때 소수 의견을 제기한 사람이 피혐을 통해 자진해 빠져줌으로써 의견의 일치를 꾀하는 수단으로 활용되기도 했다.[12] 한편 피혐에 대해서는 피혐 내용에 대한 시비 여부를 가리는 '처치'가 뒤따르기 마련이었는데, 처음에는 국왕이 주관하다가 16세기 중반 이후부터는 삼사에서 처치를 주관했다. 그리고 한 번 피혐을 하면 반드시 다른 부서로 옮기거나 사직하는 것이 관행으로 굳어져 가고 있었는데, 그에 따라 대간의 인사이동이 매우 잦아지게 되었고, 그것은 청요직 전체의 관직 이동에 영향을 미쳐 하나의 폐단으로 지적되기도 했다.

③ '서경'이란 4품 이하의 관원 임명 시에 대간에서 해당 관원의 신원을 조회하여 적임 여부를 가리는 일로서, 만약 대간에서 서경을 3차례 거부하면 해당 관직에 대한 임명이 철회되었다. 서경은 고려시대부터 있던 대간의 고유 권한으로서 고려시대에는 4품 이상에도 적용되었으나, 조선에서는 4품 이하로 축소되었다. 하지만 서경 대상의 축소에도 불구하고 조선의 대간들은 '개인의 도덕성'과 '대간으로서의 적합성'이라는 다소 모호한 기준을 적용하면서, 물의物議를 일으킨 전

〈성세창 제시 미원계회도〉(부분, 보물 제868호)

력이 있거나 간쟁 활동에 소극적인 모습을 보였을 경우, 서경을 거부하여 청요직에서 배제시키고 있었다.

④ '이조 전랑의 낭천권'이란 이조의 실무를 맡고 있는 전랑(=낭관=정랑·좌랑)이 당하관 청요직 관료에 대한 인사를 주관하는 일을 말한다. 이조판서에게 인사의 권한이 주어졌지만 당하 청요직 관료들에 대해서는 특별히 이조의 낭관인 정랑과 좌랑이 인선을 주도하고 있었던 것이다. 이조 전랑은 주로 홍문관원 가운데서 선발되고 있었기 때문에, 평소 청요직 사회의 물의에 밝았고 그것이 청요직 인선에 중요한 자료로 활용되고 있었다. 한편 이조 전랑은 후임자를 직접 천거할 수 있는 후임자 자대권(=자천권) 또한 확보하고 있었다. 따라서 이 같은 권한을 갖게 된 이조 전랑은 대신과 재상들의 압박으로부터 자유로울 수 있었고, 그러한 자율성의 확보 위에서 강개한 인사들의 청요직 인선을 주도하고 있었던 것이다. 그리고 이조 전랑의 이 같은 권한

은 다시 청요직 관료들이 상호 연대하는데 중요한 배경으로 활용되고 있었다.

한편 이중환이 언급하지는 않았지만 성종대부터 시작된 '홍문록'의 작성은 청요직들의 연대를 지탱해 나가는 또 다른 근거가 되고 있었다. 홍문록이란 홍문관원들 스스로가 홍문관원 후보자를 선발하여 기록해둔 명부 혹은 그와 같은 인선 방식을 말한다. 역시 연소한 신료들이 동료들의 재능을 더 잘 알고 있다는 명분 속에 홍문관원 스스로가 후임자들을 선발하는 방식이라고 할 수 있다.[13] 사실 홍문록과 같은 인선 방식은 이미 국초부터 예문관의 사관 선발에서 통용되고 있던 방법이었다. 일명 '한림회천'이라 하여 전임 사관들이 모여 사관에 적합한 후임자들을 투표로 선발하고 있던 제도였는데,[14] 홍문록은 한림회천과 비슷한 방식으로 홍문관원을 선발한 것이었다고 할 수 있다.

결국 대간이 삼공과 육경 못지않게 중요한 직책으로 부상하게 된 맥락은 청요직들이 16세기를 경과하는 과정에서 청요직 스스로의 자율적인 인선 방식을 마련하여 후임자들을 선발할 수 있는 권한을 확보했던 것과, 그를 기초로 공고한 연대의 틀을 갖출 수 있었던 데서 기인한 것이라고 할 수 있다. 다시 말해서 후임자를 자천할 수 있는 자율적 인선체제를 구축하여 관료조직 속에서 청요직들이 직접 자신들의 인선을 주도해 나갈 수 있는 시스템을 만들어 갔고, 그 결과 청요직들이 대신과 재상으로부터 독립적인 지위를 누리며 공론으로서의 대간 언론을 통해 마음껏 국정에 대한 비판적 입장을 제기할 수 있었던 것이다. 게다가 풍문탄핵까지 관행으로 보장받고 있었고 또 피혐을 통해 연대의 고리를 강화시킬 수 있었기에, 그 같은 공격은 훨씬 더 강력한 영향력을 발휘할 수 있었다. 일단 대간의 탄핵 대상으로 찍히게 되면 찍힌 인사들은 지위 고하에 상관없이 거침없이 탄핵을 당하기 마련이었다. 군주 역시 예외가 되지 않았다. 그렇기에 비록 대신과 재상이라 할지라도 이조 전랑의 지휘 하에서 일사분란하게 이루어지는 탄핵을 두려워하지 않을 수 없었던 것이고, 그 결과 조정은 예의와 염치에 보다 민감하지 않을 수 없었으며, 또한 권간의 등장이 저지되고 있었다는 것이다. 자율적 인선체계를 갖춘 청요직의 대변인 역할을 하는 대간의 언론과 탄핵 앞에서, 더구나 국왕의 보호막이 제대로 작동하기 어려운 구조 속에서 대신이 내세울 수 있는 카드는 그리 많지 않았던 것이다.

| 청요직 중심 관료제 운영의 폐단과 청요직 망국론의 등장 |

청요직을 중심으로 하는 관료제 운영은 권력에 대한 감시와 견제를 강화한다는 측면에서는 순기능을 발휘했지만, 동시에 여러 가지 한계를 드러내었다. 첫째, 도덕적 권위를 전유한 청요직들이 조정의 여론을 주도해 나갔기 때문에, 관료조직 운영에 기초적인 요건이라 할 수 있는 위계질서가 흔들리는 일이 많았다. 이 같은 양상은 청요직들의 영향력이 확대되어 갔던 성종대부터 이미 나타나고 있던 문제로서, 이미 그때부터 권력이 대간에 귀속되고 있다는 '권귀대각權歸臺閣' 현상에 대한 경계의 목소리가 있었는데, 시간이 흐를수록 이러한 현상이 심화되고 있었던 것이다. 앞서 언급한 최명길의 관제개혁 상소 중에, 의정부의 기능이 약화되고 비변사가 의정부의 역할을 대신하고 있음에도 그 위상이 대간만 못하다는 평가는 바로 이러한 맥락에서 나온 것이었다. 공론을 부지扶持하고 있다는 명분하에 도덕적 우위를 점하고 있는 청요직들이, 이조 전랑을 통해 인사권마저 장악하며 독자적인 영역을 구축한 상황에서, 대신들이 직급 상의 우위만을 가지고 그들을 상대로 위계질서를 내세우기가 쉽지 않은 상황이었다. 더구나 대신들 또한 청요직을 거쳐 승진한 인사들이지 않았던가! 따라서 비변사가 실질적인 정무를 주도하고 있음에도 그 위상에 있어서는 대간을 압도하기가 쉽지 않았고, 이 같은 위계질서의 혼잡 속에서 마땅히 처리해야할 현안에 대한 신속한 결정이 지연되는 등 관료제 운영의 비효율성을 드러내었다.

둘째, 붕당 간의 갈등이 심화되어 감에 따라 공공성을 담보해야할 청요직들이 외려 정쟁의 한 복판에서 정파의 대변자 역할을 맡게 되면서 정쟁의 도구로 전락하고 있었다. 붕당이 형성된 이래 붕당 간의 대립은 광해군대 대북파의 전횡을 반면교사로 삼아 인조 연간까지는 그럭저럭 안정적으로 유지되어 갔다. 하지만 병자호란 이후 사상적 경색이 심화되면서 붕당 간의 갈등의 수위가 높아지고 정쟁으로 치닫는 일이 늘어갔다.

붕당 간의 갈등의 심화는 청요직들이 관료조직 안에서 독자적인 영역을 확보하고 유지하는데 있어서는 매우 심각한 위기를 예고하는 것이었다. 청요직들은 공론의 담지자라는 명분과 자율적 인선권이라는 현실적 파워, 이 양자에 기초하여 상호 연대하면서 국왕과 재상에 맞설 수 있었다. 다시 말해서 비록 정파가 달라도 붕당 간의 대립이 심하지 않은 상황에서는 청요직이 중하급 관료들의 여론을 규합하는 구심점으로 작동할 수 있었던 것이다. 하지만 대립이 심화되어 청요직들이 각 정파의 입장을 대변하는 창구가 되면서, 공론의 담지자로서의 위상을 확보할 수도, 또 연대의 전선을 유지할 수도 없게 되었다. 청요직 자리 자체가 철저히 정쟁의 수단으로 전락하며 많은

김홍도 작, 《평생도》 중 〈판서행차判書行次〉

폐단을 야기할 수밖에 없었던 것이다.

따라서 예송논쟁과 환국기를 거치며 당쟁이 격화되는 과정에서, 청요직들을 중심으로 운영되던 그간의 관료제 운영 방식에 대한 비판이 커져갔다. 그리고 그러한 비판들 가운데 가장 체계적인 논지를 펼치고 있었던 사람이 바로 유수원이었다. 유수원은 그의 저술 《우서》에서 혹자가 묻고 그에 답하는 문답형식으로 조선시대 관료제 전반에 대해 통렬하게 비판하였는데, 그 중에서도 삼사의 언론관행과 전랑의 청요직 인선 주도에 대한 비판이 주를 이루고 있다.

【문】 삼사三司가 언의言議를 맡은 것은 그 유래가 이미 오랜데 그대가 이를 나누려는 것은 어째서인가.

【답】 백관百官은 각기 그 직책職責이 있는 것이니 경악經幄은 보도輔導를 맡고 대관臺官은 간쟁을 맡아서 각기 그 직무를 맡는 것이 옳다. 어찌 반드시 합하여 하나로 만들어야 하겠는가. 소위 언의言議라는 것은 공의公議를 가리키는 것이다. 공의는 국가에 있어서 마치 땅 속에 물이 있는 것과 같으니 어느 직職 어느 관官치고 공의公議여서 안 될 게 없다. 또 사람마다 소

견所見이 있으면 그 일의 경중에 따라 반드시 임금 앞에 진술하는 것이 옳은 것이다. 어찌 삼사三司의 관원이라고 해서 사실私室에서 공의를 주장하여 혹은 언어로 혹은 의지意旨로 서로서로 주고받으며 일세의 권세를 멋대로 부릴 수 있겠는가.……더구나 관직館職과 대직臺職은 모두 중요한 임무인데도, 반드시 관직에 있는 이로 하여금 양사兩司의 인원 중에서 관직을 초선抄選하게 하므로 무식한 대관臺官이 이들의 비위를 맞추려고 감히 이론異論을 말하지 못하는 것이 넷째로 놀라운 일이다. 이러한 것은 예부터 없던 규례이다. 이제 그 폐단이 이 같은 데도 분리하지 않는다면 국가가 장차 어디에서 진정한 공의公議를 듣겠는가! 아! 양사兩司는 관직의 비위를 맞추고 관직은 전조銓曹의 비위를 맞추고 전조는 주론자主論者의 비위를 맞추니 그 통탄스러움을 이루 다 말할 수 없다. 이제 만일 각기 그 직무를 지키고 각기 그 일을 행한다면 어찌 이러한 누습陋習이 있겠는가.[15]

먼저, 유수원은 대간과 홍문관이 삼사라는 이름하에 연대하여 언론을 독점하는 것을 비판하고 있다. 삼사가 공의를 주관하고 있다고는 하나 공의라는 것은 삼사만 가질 수 있는 것이 아니라 어느 관직이라도 가질 수 있는 것으로, 삼사에서 독점할 것이 아니라는 것이다. 모든 관직에서 일의 경중에 따라 국왕에게 진술할 수 있도록 해야 한다는 것이다. 그리고 홍문관원을 대간 가운데서 선발하기 때문에 대간은 홍문관의 지휘를 받게 되고, 전랑은 홍문관원을 선발하기 때문에 홍문관은 전랑의 지휘를 받고 있는데, 전랑은 다시 청요직 가운데서 논의를 주도하는 주론자의 영향 아래 있다면서, 삼사가 공의의 명분을 가지고 언론을 펼치고 있지만, 궁극적으로는 주론자와 전랑의 사적인 주장에 구속될 수밖에 없다며, 공론으로서의 대간 언론의 한계를 지적하였다. 따라서 홍문관은 논사의 직을 맡고 있는 경연 전담 기구로서 군주에게 적절한 언론을 제기하되, 대간과 연대하여 세를 형성하는 것은 그만 두어야 한다며 양사와 홍문관이 연대하고 있는 관행의 폐지를 주장하였다.[16]

삼사 연대의 해체에 이어 대간의 대표적인 언론관행인 풍문탄핵도 금지해야 한다고 주장하였다.

【문】 대간臺諫의 논핵論劾이 항상 허실虛實을 밝히기 어렵다고 걱정하는데, 이제 그대가 한갓 육원 대찰六院臺察의 탄핵을 믿으나 그것도 합당한지를 알 수 없지 않은가.

【답】 우리나라 대간의 말을 믿기 어려움은 자못 저 지사地師들의 풍수설風水說과 같다. 지사들이 산자리를 보는 것에도 포폄褒貶이 있겠지만 땅 속의 길흉吉凶은 단언斷言하여 알기가 어려운 것이고, 대관이 사람들의 잘못이나 악행을 논핵하는 것이 많지만 실적實迹을 들지 않으면 허실을 분변하기 어려운 것이다. 이런 까닭에 풍수설만을 혹신酷信하는 자들은 반드시 화패禍敗를 부르고, 한갓 대간의 논박만 믿으면 끝내는 세도世道에 재앙을 끼치게 되는 것이다.

【문】 그렇다면 어떻게 해야 하는가.

【답】 우리나라의 대론臺論에 이른바 풍문風聞으로만 탄핵한다는 설說이 있고 또 장두藏頭(말이 처음 나온 출처를 밝히지 않는 것을 말한다)의 논論이 있는데, 이것은 참으로 도리를 크게 해치는 것이다. 그러니 어떤 일을 막론하고 반드시 확실하게 실제적인 근거를 들어 깊은 근원根源까지 철저히 조사한 뒤에 시비是非를 바로잡게 한다면, 대간들이 감히 허황한 말을 하지 못할 것이다.

【문】 그렇다면 만약 논박한 일이 사실이 아닐 경우에는 대관을 처벌한다

는 것인가.

【답】 그렇다. 사실과 다른 경우란 바로 사람을 무고誣告한 것이니, 어찌 처벌을 하지 않을 수 있겠는가. 육지陸贄는 심지어 논의한 것이 거짓인 경우는 엄히 처벌하라고 청한 일이 있는데, 중국中國은 이런 경우에 대해 매우 엄격하다. 또 대간만이 아니라 어사御史가 염문廉問을 해서 관리를 논박한 경우에도 이렇게 해야 한다.[17]

유수원이 보기에 대간의 풍문탄핵은 마치 풍수설을 주장하는 지사들의 행태와 같다며, 지사들이 땅 속의 길흉에 대해 떠들어대고 있지만, 실상 그들의 말이 실재에 부합하는 것인지 확인할 길이 없는 것처럼, 대간의 관료들에 대한 탄핵 역시 그와 비슷해 인물의 현부와 잘못에 대해 논하고는 있지만, 실적을 들어 하는 것이 아니라 풍문에 근거한 것이기 때문에 실재에 부합하는 것인지 분간하기가 어렵다고 비판하였다.[18] 따라서 이를 시정할 방법은 풍문탄핵을 제기하고 '언근불문'이라 하여 풍문의 근거를 묻지 못하도록 하는 관행을 폐지하여, 확실한 근거에 입각한 경우가 아니라면 함부로 허황된 탄핵을 못하도록 하고, 만약 대간의 탄핵이 사실과 다른 경우는 무고한 사람을 비방한 것에 해당하므로 대간을 처벌해야 한다고 주장하였다.

유수원은 풍문탄핵에 이어 대간의 서경권에 대해서도 폐지를 주장하였다.

【답】 우리나라는 전혀 이런 일이 없이 한갓 물의物議와 문벌門閥로만 사람을 쓴다. 관리를 처음 임명할 때는 조금도 신중히 하지 않고 월越(월서越署로 서경을 통과하지 못하는 것)·출出(서출署出로 서경을 통과한 것) 두 글자로 대관의 붓끝에서 믿음을 얻고자 하니, 그 일이 한갓 문구文具가 되지 않을

수 있겠는가.

【문】 그렇다면 서경의 제도는 없애야 하는가.

【답】 없애는 것이 마땅하다. 오직 그 관제官制를 자세하게 하고 관리의 임명을 신중하게 하되, 탄핵과 논박은 육원 대찰六院臺察에 맡기는 것이 옳다.[19]

현재 조정에서 이루어지고 있는 인선은 인물의 현부와 능력에 기초하기 보다는 사람들 사이에서 거론되고 있는 물의와 가문의 명망도에 따라 이루어지고 있는데, 실상은 대간의 서경이 그 같은 그릇된 풍조의 만연에 한 몫하고 있다는 것이다. 따라서 관제를 정밀하게 정비하고 인물의 적합 여부에 따라 관리를 임명해야 한다며, 대간에서 서경권을 통해 4품 이하 관료의 인사에 참여하며 부정적인 영향을 미치는 폐단을 없애야 한다고 주장하였다.

유수원의 관료제 개혁은 청요직 중심의 인선 방식에 대한 비판에 그치지 않고, 궁극적으로는 삼사와 전랑을 중심으로 하는 청요직 연대의 해체를 주장하는 데 이르고 있다.

【문】 우리나라 정규政規에 소중한 것은 통청通淸(청관淸官이 될 자격을 얻는 일)인데, 지금 그대가 논한 대로라면 또한 통청하는 일이 없을 것이다.

【답】 관官을 설치하고 직職을 나누는 것은 장차 그 직책을 완수하기를 책責하려는 것이다. 그 직책을 완수하도록 하면 마땅히 그에게 일을 맡기어 그의 실적實績 여부를 보아서 출척黜陟의 자료로 삼는 것이 옳다. 지금 이른바 통청이라는 것은 그 실적 여하는 불문不問하고 다만 한때의 주론자主論者들의 구두설口頭說만을 가지고 통청의 계제를 삼으므로 한번 입을 열고 한번 붓을 드는 사이에 현우賢愚가 판가름되고 승침升沈(현달과 침체)

이 구분된다. 실사實事는 묻지 않고 오직 부론浮論만을 중히 여겨 국사國事의 무실無實함과 세도世道의 괴패壞敗함이 전적으로 여기에서 나오니, 이것이 모두 '통청' 두 글자의 해독이다. 반드시 이런 폐습을 깨끗이 쓸어버린 다음에야 바야흐로 실정實政이 될 수 있을 것이다.

【문】 그대가 논한 대로라면 전관銓官은 하나의 서리胥吏에 불과하게 될 것이다. 그 현우賢愚를 변별하고 용사用捨를 주장主掌하는 일이 어디에 있겠는가.

【답】 명기名器는 전관銓官의 사사로운 물건이 아니다. 전관이 어찌 임의로 남에게 주고 빼앗을 수 있겠는가. 전관의 책임은 출척黜陟에 있는 것이니, 출척이 공명公明하면 사도仕途가 저절로 맑아질 것이다. 그런데 지금은 그렇지 않다. 전조銓曹에서는 출척하는 일이 없고 오직 부론浮論만을 빙자하고 있다. 그대는 과연 부론만 가지고 현능賢能한 이를 진출시키고 불초不肖한 이를 물리칠 수 있다고 생각하는가.[20]

현재 청요직에 제수되는 인사들은 그 능력에 관계없이 인물을 추천하는 주론자들의 권위에 입각해 인선이 이루어지고 있음을 비판하였다. 결국 주론자들의 부박한 논의에 의한 청요직 인사의 추천은 실제 업무를 처리하는 것과는 무관한, 그래서 국가의 사업이 부실해지고 세도世道가 어그러지는 이유라는 것이다. 전랑의 청요직 인선 주도에 대해서도 현우를 가린다는 명분하에 이조 전랑과 주론자들이 인사를 전횡하는 것을 비판하면서, 말로만 어진 여부를 논하는 것이지 실재에 있어서는 주론자와 전랑이 사사로이 인사권을 전용하는 것이라는 입장을 피력했다. 결과적으로 현재와 같이 청요직을 중심으로 하는 관료제 운영은 어질고 능력 있는 관료라 할지라도 이미 주론자와 전랑 사이의 인사 관행으로 말미암아 자연스럽게 그들의 지휘에 휩쓸

조선후기 한양 서대문 밖의 풍경(《경기감영도》 부분, 삼성미술관 리움 소장)

리게 되어 전연 다른 사람이 되고 만다며, '통청'을 주관하는 전랑 중심의 인선 방식에 대해서 신랄한 비판을 가하고 있다.[21]

한편 다산 정약용은 유수원의 주장에서 한 걸음 더 나아가 대간과 관각(홍문관)이 폐지되어야 천하가 다스려질 수 있다는 파격적인 주장을 제기하였다.

온 천하가 어떻게 하면 잘 다스려지겠는가? 관각館閣이나 대간臺諫의 관직官職을 없애야만 온 천하가 잘 다스려질 것이다. 백성들이 어떻게 하면 편안하겠는가? 관각이나 대간의 관직을 없애야만 백성들이 편안해질 것이다. 임금의 덕德이 어찌하면 바르게 되며, 백관百官이 어찌하면 직무職務를 잘 수행하게 되며, 기강紀綱이 어찌하면 서게 되며, 풍속風俗이 어찌하면 돈후敦厚해지겠는가? 관각이나 대간의 관직을 없애야만 임금의 덕이 바르게 되고, 백관이 직무를 잘 수행하게 되고, 기강이 서게 되고, 풍속이 돈후해질 것이다.……인주人主가 관각의 신하를 두게 되면, 무릇 조신朝臣 가운데 이 관직을 갖지 못한 사람은 비록 그 문학文學과 사장詞章이 보통 사람보다 훨씬 뛰어나더라도 감히 이 일에 참여하지 못하게 된다. 감히 이 일에 참여하지 못할 줄을 알기 때문에 또한 생각에도 두지 않게 된다. 인주가 대간臺諫의 신하를 두게 되면, 무릇 조신 중에 이 관직을 갖지 못한 사람은 비록 충분忠憤하고 우애憂愛(나라를 걱정하고 백성을 사랑함)하는 정성이 마음속에 깊이 쌓이고 맺혀 있더라도 감히 한마디 말도 입 밖에 내어 의논하지 못하게 된다. 감히 한마디 말도 입 밖에 내어 의논하지 못할 줄을 알기 때문에 또한 생각에도 두지 않게 된다.…… 지금은 몇 사람으로 하여금 문사文詞의 지위를 차지하게 하여, 그 실상[實]은 힘쓰지 않고 그 명예만 헛되이 누리게 하니, 과연 인주의 큰 계책을 보좌할 수 있겠는가.…… 지금은 몇 사람으로 하여금 언관言官의 지위를 차지하게 함으로써, 위로는 공경公卿으로부터 아래로는 위포韋布(위대韋帶와 포의布衣, 즉 빈천한 사람을 가리킴)에 이르기까지 무릇 말할 만한 것이 있으면 문득 머리를 흔들며 싫어하면서, "이것은 대간의 직책이다." 한다. 이리하여 온 세상이 입을 다물고 침묵을 지키어 다시는 그 지위地位를 벗어나지 않으니, 온 천하 사람의 입을 틀어막는 것이 어찌 이보다 더 심한 것이 있겠는가.…… 그러므로 관각이나 대간의 관직을 없애야만 온 천하가 잘 다스려질 수

있다고 한 것이다.[22]

놀랍게도 다산은 천하가 잘 다스려지려면, 임금의 덕이 바르게 되고 백관이 직무를 잘 수행하려면, 그리고 기강이 서고 풍속이 돈후해지려면 대간과 관각을 폐지해야 한다고 주장하였다. 다산이 관각의 폐지를 주장하고 나선 것은 관각을 둠으로써 문학과 사장에 뛰어난 신료가 있더라도 관각 신료로 선발된 사람을 제외하고는 더 이상 문학과 사장에 관심을 갖지 않게 된다는 것이다. 이는 관각 신료들이 조정 내에서 문학과 사장의 직무를 독점하기 때문에 문학과 사장에 재능이 있는 신료들이 자신들의 재능을 발휘할 기회 자체를 얻지 못하게 됨을 풍자한 말이라 할 수 있다. 대간의 폐지를 주장한 것도 같은 맥락이다. 대간이 언론을 독점하고 있기 때문에 위로는 공경으로부터 아래는 포의에 이르기까지 언론을 제기할 기회를 얻지 못하여 결과적으로는 대간이 온 세상 사람들의 입을 틀어막고 있는 셈이라는 것이다. 때문에 대간을 폐지해야 비로소 천하의 사람들도 자신들이 하고 싶은 말을 할 수 있다며 대간과 홍문관의 폐지를 주장하고 있다.

홍문관과 대간의 폐지를 주장하고 나선 다산은 궁극적으로 홍문관과 대간이 중심이 되어 작동되고 있는 청요직체제 전반에 대한 개혁을 주장하였다.

육관六官의 소속所屬을 두고 청직淸職을 폐지하며, 장리長吏(수령守令을 가리킴)를 두어 그로 하여금 백성을 다스리게 하고 청직을 폐지하며, 백집사百執事를 두어 그들로 하여금 각기 자기 직무에 힘을 다하게 하고 청직을 폐지해야 한다. 청직이 폐지됨으로써 벼슬자리에 있으면서 그 직책을 완수하지 못하고 녹봉祿俸만 타먹는 것이 부끄러운 일임을 알게 될 것이고, 청직이 폐지됨으로써 하늘이 임금을 세우고 목민관牧民官을 설치한 것이 본디 그들로 하여금 백성을 다스리게 한 것임을 알게 될 것이며, 청직이 폐지됨으로써 문벌門閥을 숭상하고 비천卑賤한 지위에 있는 사람의 출세길을 막는 풍속이 차츰 없어질 것이며, 청직이 폐지됨으로써 시비곡직是非曲直을 불문하고 자기편 사람은 무조건 도와주고 반대편 사람은 무조건 공격하며, 반대편 사람은 죄에 빠뜨리고 자기편 사람에겐 아첨하고 영합迎合하는 폐습이 없어질 것이다.……사람을 가려 직무를 맡겨서 참으로 정치를 잘 하였으면 관질官秩을 더 올려주어 우대優待하고 새서璽書(임금의 조칙詔勅을 말함)를 내려서 포창褒彰하고, 관직의 임기가 차면 바로 공경公卿을 제수除授하여 의심하지 않았을 뿐이다. 그런데 어찌 이른바 청직을 설치하여 한두 사람의, 오만하여 남에게 굽히지 않는 버릇을 조장할 것인가.[23]

청요직을 폐지하면 육관에 적당한 업무가 분장되고, 수령이 백성을 잘 다스릴 수 있고, 백집사들이 자신의 직무에 전념할 수 있게 된다는 주장이다. 더 나아가 청요직이 폐지됨으로써 능력 없이 녹봉을 타먹는 일에 대한 부끄러움을 알게 되고, 임금을 세우고 목민관을 설치한 이유가 백성을 위한 일임을 알게 되며, 문벌을 숭상하고 낮은 지위에 있는 사람들의 출세 길을 가로막는 일이 없어지고, 편당에 따른 시비분별을 왜곡시키는 일이 시정될 수 있다며 조정 안의 문제로부터 사회 기강에 이르기까지 모든 문제가 청요직의 잘못된 관행과 과도한 영향력에 있음을 비판하였다.

결국 다산의 이 같은 주장은 청요직들이 관료 조직 내에 독자적으로 구축해 놓은 영역을 해체할 때 관료제의 정상적인 운영이 가능할 수 있다는 진단이라 할 수 있다. 조선시대 청요직들의 위상이 얼마나 강했는지 확인할 수 있는 대목이며, 그로 인한 폐단이 결국 다산의 주장처럼 '청요직 망국론'으로 제기되고 있었던 것이다.

| 탕평군주의 견제와 청요직의 영향력 약화 |

유수원과 정약용의 청요직에 대한 통렬한 비판이 등장하기 전에도 청요직들의 권력에 제한을 두려는 국왕과 조정 대신들의 시도가 없었던 것은 아니다. 이미 삼사와 이조 전랑의 연대가 본격화되고 있던 선조대부터 이조 전랑의 권한을 제한하려는 노력이 시도되었다. 율곡 이이가 대간의 잦은 피혐으로 인해 발생하는 폐단을 지적한 바 있으며, 선조는 이조 전랑의 낭관권을 혁파하도록 명하기도 했다. 하지만 인조대 최명길이 여전히 전랑과 삼사의 문제를 지적하는 관제개혁을 요구하고 있듯이, 선조대의 조처는 실효를 거두지 못한 채 18세기에 이르렀던 것이다.

이 같은 기조가 변화되기 시작했던 것은 숙종대이래의 국왕들, 소위 탕평군주들이 왕권을 강화하는 시기에 들어서면서부터이다. 먼저 숙종의 경우 그의 치세는 잦은 환국으로 정국이 요동치는 가운데 군주 중심의 정치 질서가 회복되고 있던 시대이다. 숙종은 왕권을 강화시키는 방편 가운데 하나로 1685년(숙종 11) 이조 전랑이 후임자를 스스로 천거하는 자대권을 혁파시켰다. 청요직 중심의 권력구조를 전면적으로 해체시키기에는 한계가 있었지만, 그럼에도 이조 전랑의 권한을 축소시킴으로써 자율적으로 운영되는 청요직 인선의 한 축을 허무는 데 의미 있는 교두보를 마련하였다고 할 수 있겠다.[24]

영조는 청요직 체제의 약화에 획기적인 전기를 마련한 군주였다.

숙종의 아들로서 이복형인 경종의 뒤를 이은 영조는 신임옥사와 같은 노론과 소론의 극한 대립의 한복판을 통과하며 왕위에 올랐다. 게다가 즉위한 지 얼마 되지 않아서는 자신을 왕으로 인정하지 않는 이들의 반란(무신난)이 일어나 한 때나마 왕위의 안전까지 위협받는 지경에 이르렀다. 이에 영조는 왕권 강화를 위한 치열하면서도 치밀한 노력을 기울였고, 결국 재위 17년인 1741년에 이르러서는 자신의 즉위의 정당성을 공식화하는 '신유대훈'을 반포하였다. 그리고 같은 해 이조 전랑의 통천권을 혁파시켜 부왕 숙종이 자천권을 혁파시킴으로써 약화시킨 이조 전랑의 권력을 한층 더 축소시키기에 이른다. 아울러 동왕 19년에는 삼사를 역임한 자로 이조 전랑을 추천할 수 있도록 명하여, 홍문록 내에서 진랑을 신발해오던 기존의 관행을 깨고 이조 전랑이 될 수 있는 외연을 확장함으로써 홍문관을 모집단으로 하는 청요직들의 연대를 약화시켜 나갔다. 치세 말에 이르러서는 4품을 거친 자가 다시 이조와 병조의 낭관에 의망할 수 없도록 조처하였는데, 이는 이조 전랑보다 높은 직급에 있는 인사가 직급을 낮추어 이조 전랑에 제수되는 폐단을 없애고자 했던 것이다.

영조 어진

청요직들의 권력을 제한하고자 했던 영조의 노력은 《속대전》에 반영되어 명문화되었다. 그 중 이조 전랑과 관련해서는 "이조의 낭관은 삼사를 역임한 자 가운데서 선발하며 청요직을 의망하는 통청권을 주장하는 폐단은 혁파한다."라는 조문으로 정리되었다.[25] 전랑이 주관하던 통청권의 폐지를 대전에 수록하여 쐐기를 박은 것이라 할 수 있다.

정조대에 이르러서도 이조 전랑과 청요직들의 연대를 저지하여 영향력을 제한하기 위한 조처는 지속되었다. 정조는 즉위 직후에 일시적으로나마 이조 전랑의 낭관권을 다시 회복시켜주기도 했다. 하지만 얼마 지나지 않아 청요직들을 제어하기 위한 조처들을 차례차례 시행해 나갔다. 우선 정조는 홍문관과 전랑이 겸임하던 문신겸선전관을 따로 선발하도록 했고,[26] 전랑이 청요직에 대한 인사를 주도하는 것이 과도하다며 이조의 당상과 충분히 상의하여 통색을 결정하도록 지시하였으며,[27] 홍문관 응교는 홍문록에 들어간 순서에 따라 오르도록 명함으로써 이조 전랑이 곧장 정4품의 홍문관 응교에 추천되었다가 참판을 거쳐 승지가 되는 관행에 제동을 걸었다.[28]

정조의 이 같은 조처들은 전랑과 홍문관의 연결을 차단하고 전랑의 고속승진을 제어한 처사로서, 실제로 이후부터는 당상관의 통청은 이조참의가 주관하여 이전에 당상관의 인사에까지 영향을 미쳤던 이조 전랑의 권한이 제한되었다. 그리고 이조 낭관이 없을 때라는 단서가 달리기는 했지만 급기야는 당하관의 통청을 이조판서가 관여할 수 있도록 지시하여 이조판서가 청요직 당하관 인사에 참여할 수 있는 길을 열었다. 그리고 그러한 조처들을 정조 10년에 편찬된 《대전통편》에 반영시켰다. 그 결과 이조 전랑의 자대제를 금하고 전랑의 부재 시 판서가 당상과 의논하여 통청을 할 수 있도록 규정함으로써 당하관 청요직 인사를 이조판서가 주관할 수 있다는 규정이 《대전통편》에 공식적으로 수록되기에 이른다.[29] 전랑이 가지고 있던 통청권이 부

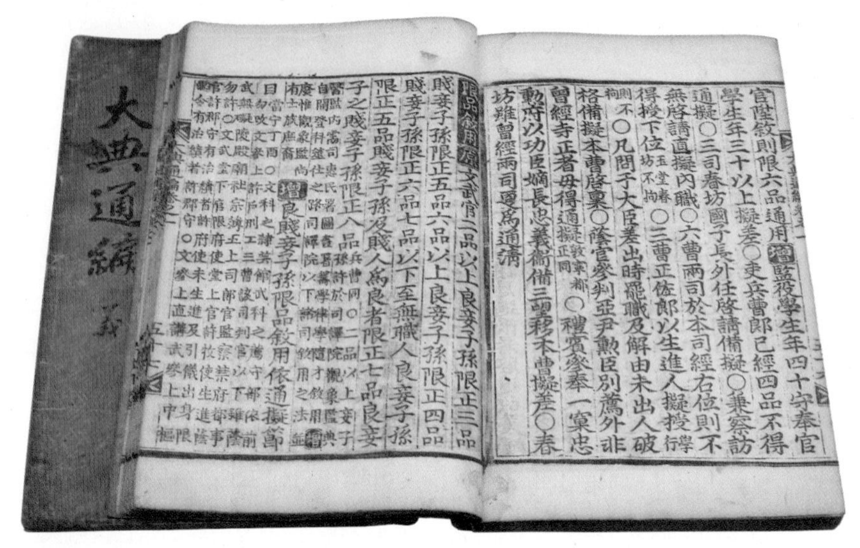

《대전통편》 《경국대전》을 원전으로 하여, 《속대전》과 그 이후 법령을 하나로 합하여 정조대에 만든 법전이다.

정되는 단초를 마련한 것이다. 그 후로도 청요직을 제어하기 위한 정조의 노력은 계속되었다. 정조 12년에 이르면 전랑의 통청권마저 힘을 잃어가고 있었음이 확인되고 있으며,[30] 정조 13년 12월에는 마침내 《대전통편》에서 인정되고 있던 전랑의 통청권이 혁파되기에 이른다.[31] 이로써 이조 전랑의 핵심 권한인 자대권과 통청권이 모두 혁파되었던 것이다. 16세기를 거치며 삼사와 이조 당하관을 중심으로 확립된 청요직들의 연대체제는 탕평기에 접어들며 해체를 위한 압박이 점차 가중되다가 정조대에 이르러 마침내 해체의 운명을 맞이하게 되었던 것이다.

고제古制는 외임이 가볍고 내직內職이 중하여 낭서郎署·반관泮官은 으레 삼사三司를 갈아서 주는 벼슬자리가 되므로 이름이 시종侍從 줄에 있는 자는 벼슬과 녹봉이 없는 날이 없고, 옥당玉堂이 외보外補되면 수령守令이 되고, 대신臺臣이 외천外遷하면 찰방察訪이 되고, 승륙(陞六)한 처음에 통청通淸하지 못하면 아침에 전적典籍이었다가 저녁에 현감이 되었습니다. 이제는 내직이 가볍고 외임이 중하여 삼사에 출입한 신하가 혹 한 해가 다하도록 직함 하나도 띠지 못하기도 하고 한 해를 넘겨도 작은 녹祿도 받지 못하기도 하여 땔 것과 먹을 것을 사지 못하는 근심을 면하지 못하고 춥고 배고픈 근심이 많으며, 외과外窠가 한 자리 나면 온 세상이 미친 듯이 연줄을 따라 구걸하여도 얻는 자가 오히려 드물어서 도사 봉조하都事奉朝賀라는 속담이 생기고, 한 번 버려지면 수십 년이 지나도 다시 쓰일 기약이 없습니다.[32]

위 기사는 정조 11년 12월에 사헌부 장령 유광천이 청렴한 관료의 등용을 건의한 상소 가운데 일부 기사이다. 유광천의 상소에서 확인되고 있는 사실은 청요직을 중심으로 한 관료제 운영이 예전과 같은 방식으로 유지되지 못하고 있는 점인데, 심지어는 관료들이 청요직에 진입하기 위해 사력을 다했던 이전과 달리, 지금은 외방 수령직에 나가는 것을 더 선호하고 있다는 말까지 나오고 있다. 청요직의 위상이 약화되었기에 그동안 외면 받아 오던 외방의 수령직이 호구지책은 물론 재산을 증식하는 수단으로 활용되면서 많은 사람들이 수령직을 선호하게 되었다는 것이다.

다소 과장이 섞였을 것이라는 생각이 들지만 최명길이 힘겹게 청요직 중심 체제의 개편을 외치던 시대와는 확연히 달라진 분위기를 느낄 수 있다. 심지어 삼사 출신의 관료들 중에는 녹을 연명하지 못하는 자들도 있었다는 기사는 다소 충격적이기까지 하다. 분명한 사실은 정조대에 이르러 청요직들이 삼사와 전랑직을 중심으로 공고한 연대를 이루는 가운데 자신들의 주장을 공론으로서 합리화하며 조정 내에서 막강한 영향력을 행사하던 시대가 막을 내리게 되었다는 점이다.

| 남은 이야기들 |

그렇다면 청요직들의 권력 약화에 결정타를 날린 정조가 사망한 후 소위 세도정치기에 이르러 청요직들의 영향력에는 어떤 변화가 있었을까? 강력한 왕권을 행사하며 청요직들의 연대 고리를 모두 깨뜨려 버린 정조가 부재한 상황에서 청요직들의 영향력은 다시 회복되고 있었을까?

주지하듯이 정조 사후에는 어린 순조를 대신하여 정순왕후가 수렴청정을 하고 심환지로 대표되는 벽파僻派 정권이 정국을 주도하게 된다. 하지만 얼마 안 있다 벽파 정권의 두 기둥인 정순왕후와 심환지가 사망하면서 벽파 정권은 더 이상 권력을 유지하지 못한 채 정조의 측근이자 순조의 장인이었던 김조순을 중심으로 한 시파時派 정권이 등장한다. 그리고 1811년(순조 11) 홍경래 난 이후로는 안동 김씨 중심의 세도정치가 본격화되었다.

일견 강력한 리더십이 부재한 세도정권 하에서 청요직들의 권력이 회복되었을지도 모른다는 생각이 들 수 있다. 하지만 실상은 그와는 사뭇 다른 형태로 전개되고 있었다. 탕평군주의 등장 이전처럼 청요직들이 독자적인 영역을 구축하여 강력한 언론을 제기하기는커녕, 세도정권을 향한 제대로 된 견제와 의미 있는 언론을 제기하지 못하는 양상이 나타나고 있었다. 순조 치세 전반기까지는 언론 활동이 어느 정도 이루어지고 있었으나 홍경래 난이 일어나고 순조가 정치에 낙담한 뒤부터는 그나마 이루어지던 대간의 간쟁 활동도 소극적으로 돌아서고 만다.[33] 세도정치기는 외척 출신의 대신들과 그들에 줄을 댄 신료들이 조정의 주요 관서들을 장악하고 있었기 때문에, 왕권의 위축은 물론 관료제 운영이 퇴행적으로 이루어지고 있던 시기였다.

이 같은 상황에서 청요직들의 영향력이 다시 확대되기에는 애초부터 한계가 있었다. 청요직들을 중심으로 하는 관료제 운영은 대간의 언론을 공론으로 인정해 주는 것을 전제로, 한편으로는 자율적 인선 구조의 구축 속에, 다른 한편으로는 불합리한 국정 운영과 비리 인사들에 대한 적극적인 탄핵 속에서 확보될 수 있었다. 하지만 17·18세기를 경과하며 당쟁이 격화되는 가운데 청요직들의 공론이 당파적 양상을 띠며 공론으로서의 명분을 상실하게 되었고, 이에 탕평기의 군주들은 강화된 왕권을 바탕으로 청요직들이 자체적으로 구축한 그간의 관행들을 비법적인 것으로 부정하면서 청요직들의 연대 구조가 해체되었던 것이다. 따라서 청요직들의 영향력이 다시 강화되기 위해서는 무엇보다도 유교적 공공성의 기치 아래 공론으로서의 삼사 언론의 위상이 회복되어야 했고, 청요직들의 연대를 뒷받침 해줄 이조 전랑의 자대권과 통청권과 같은 현실적인 파워가 뒷받침되어야 했다.

하지만 세도정치기의 청요직들은 그 어느 것 하나도 확보한 것이 없었다. 그렇기 때문에 청요직의 영향력을 상징하는 대간의 활동이 위축된 형태로 나타날 수밖에 없었던 것이다. 외척 출신 대신들이 권력을 독점하던 상황에서 공공성을 기준으로 국정을 운영하는 것 자체가 불가능한 일이었을 뿐만 아니라, 청요직들의 여론이 중심이 되어 이루어지는 자율적 인선도 용납될 수 없었기 때문이다.[34] 따라서 서얼과 중인들의 통청운동을 통해서도 확인되듯이 청요직은 이 시기에도 여전히 많은 사람들의 선망의 대상이었으나, 그것은 대신에 이르는 필수코스로서의 청요직으로서, 대신들의 그늘 아래 있는 부차적인 위상을 지닌 것이었다. 이중환이 지적했던 것과 같은 전랑이 삼사를 지휘하며 삼공·육공과 맞섰던, 그래서 조정 내에 대권간의 등장을 억제했던 그런 위상을 지닌 청요직이 아니었다. 여전히 선망의 대상이기는 했으나 외려 안동 김씨니, 풍양 조씨니 하는 외척 대신들에게 철저하게 예속되어 본연의 기능을 발휘하지 못한 채, 관료조직의 정점을 향해 출세가도를 달려가는 핵심 관직으로서의 위상만이 남아 있던 것이라 할 수 있겠다.

5장

신문고를 통해서 본 조선 초기의 행정

김백철
서울대학교 규장각한국학연구원 책임연구원

| 신문고는 한낱 상징적 조치에 불과한가? |

조선시대 신문고申聞鼓는 일반에게 익숙한 소재이지만, 그 명성에 비해서 실제 연구는 많지 않은 편이다. 일찍이 정약용丁若鏞의 《경세유표經世遺表》에서는 신문고가 궁궐 내 설치되어 있어 백성의 접근도가 낮았다고 비판하였다.[1] 실학담론의 보급과 함께 현재의 평가도 주로 신문고의 설치 자체에 의의를 두고 있을 뿐 그 실효성에 대해서 큰 평가를 하지 못하고 있다.[2]

그러나 정약용과 동시대를 살았던 정조正祖는 오히려 국초에 등문고를 궐밖에 설치하여 접근성을 높였다며 정반대로 평하였다.[3] 또 조선 초기의 실록을 살펴보면 현재의 평가에 쉬 동의하기 어렵다. 이러한 시각이 형성된 이유는 다음의 몇 가지가 작용한 듯하다. 첫째, 사료의 선정에 문제가 있다. 실록에서 신문고는 '격고擊鼓'로 표기되는데 개별 연구에서 전체용례를 대상으로 삼지 않고 특수한 사례 일부만을 일반화하였다.[4]

조선 후기 신문고 설치장소 창덕궁 진선문

둘째, 사회경제적 배경에 대한 고려가 부족하였다. 그동안 여말선초 사회경제적 변동은 주로 토지제도나 양반관료층의 탄생에 초점이 맞추어져왔고, 공민층의 형성에 대해서는 크게 주목하지 않았다. 특히, 신문고가 설치된 태종연간은 왕자의 난으로 대변되는 정치권력의 변동이 주목받아왔을 뿐,[5] 당시 광범위하게 이루어진 노비소송은 일반에 많이 알려지지 못하였다.[6]

이 때문에 신문고는 한갓 왕정의 상징적 조치로만 이해되었으며,[7] 오히려 관료나 사족의 소송에 남용되었다는 인식만 팽배하였다.[8] 이 같은 문제점을 해소하기 위해서 먼저 여말선초 사회적 배경에서부터 출발하여, 신문고 제도의 운영실상, 그리고 향후 사법체계의 영향관계 등에 대해서 단계별로 살펴볼 필요가 있다.

| 노비소송奴婢訴訟의 폭증 |

국가의 노비변정 고려 후기 권문세족이 토지와 백성을 불법적으로 사유화하여 국가의 공적 토대가 붕괴되었다. 전민변정도감田民辨整都監이 누차에 걸쳐 설치되었으나 쉽사리 성과를 보지 못하였다. 공민왕대에 비로소 빼앗긴 토지와 강제로 천민이 된 백성에 대하여 국가가 적극적으로 개입하기 시작하였으며,[9] 위화도회군 이후 신진사류가 집권에 성공하여 전제개혁까지 결실을 맺음으로써 과전법이 탄생하였다.[10] 공토公土(民田)가 확보되자 이제 공민公民 양성에도 관심을 기울였다.[11] 조선 초기 위정자들은 노비조차 하늘이 내린 백성이며,[12] 처음부터 존귀尊貴의 구분이 없었으므로 양천良賤 소송을 허용한다고 설명하였다.[13] 이것이 왕정체제하에서 폭발적인 노비소송이 등장한 이유이다.

노비소송은 노비가 자신의 양인신분을 회복하려는 경우와 사족 간 노비소유권을 다투는 경우로 구분된다. 하지만 재산권분쟁에서도 양인과 천인 사이의 혼인일 경우 노비소생의 신분귀속에 따라 주인이 달라지므로 신분변정과 재산권분쟁은 상호 밀접히 연동되었다. 노비소송은 노비에게 신분제사회에서 평생 자신의 운명을 좌우할 수 있어 절박하였고, 사족에게도 경제적 이익이 달려있어 간과할 수 없는 문제였다.

이후 노비변정은 국가에서 직접 주관하였다. 태조 2년(1393) 50여 명이 국왕의 행차 앞으로 뛰어들어 양인신분 회복을 청원하다가 처벌받는 사건이 발생하였다.[14] 태조 4년(1395) 비로소 노비를 전담하는 도감都監이 설치되어 노비문서를 새로이 발급하였다.

노비소송 규정의 구체화 조선 건국 후 공민의 지위 향상에 따라

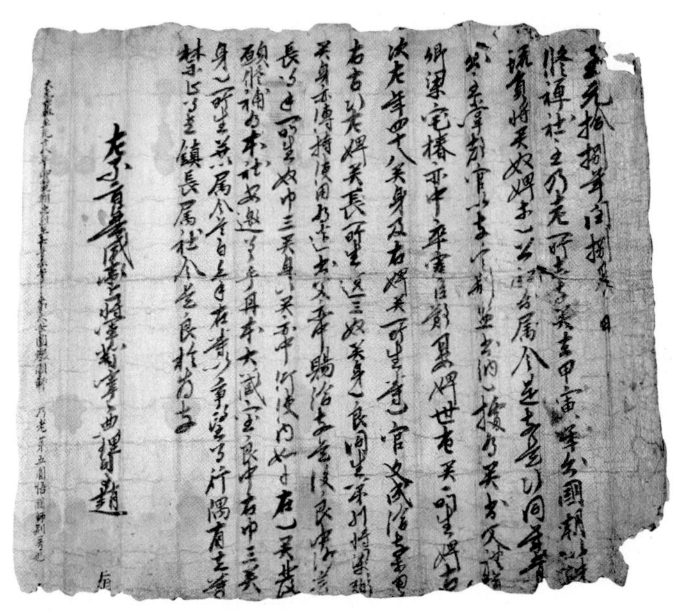

〈송광사고려문서松廣寺高麗文書 노비첩〉(보물 572호) 1358년(고려 공민왕 7) 수선사주인 원오국사圓悟國師가 작성한 노비문서

양인이 되려는 신분 소송과 노비 주인의 노비 소유를 둘러싼 소송이 폭증하였다.[15] 태조 6년(1397) 노비변정도감奴婢辨定都監에서 임신년(태조 1, 1392 : 개국) 이후 금령禁令을 집대성하여 〈사의事宜 19조〉를 제정하였다.[16] 이를 계승하여 태종 5년(1405) 의정부에서 〈노비결절조목奴婢決折條目 20조〉로 보완하였다.[17]

게다가 태종 6년(1406) 의정부議政府에서는 접수기한과 처리 상태에 따라 분류하여 서울과 지방의 각사各司로 하여금 신속히 판결하게 하였다.[18] 서울은 형조도관刑曹都官이 담당하고, 외방은 도관찰사都觀察使가 맡도록 하였다.[19] 의정부는 〈노비결절조건奴婢決折條件〉을 만들었고, 형조도관은 노비문서와 법정출두 기한을 정하는 〈노비사奴婢事 2조〉를 제정하였다.[20]

태조~태종대 노비소송 입법은 무려 54건에 달한다.[21] 결과적으로, 국

가의 공적 개입을 통해서 다양한 천인신분이 양인 혹은 공노비의 범주로 재편되어 사주인私主人의 지배에서 점진적으로 벗어나기 시작했다.

| 사법개혁의 재조명 |

신문고 운영규정 태종 원년(1401) 의정부는 중앙과 외방에서 백성이 억울한 일을 관사에 고하여도 수리하지 않으면 등문고登聞鼓를 치는 것을 허락하고, 사헌부로 하여금 명확히 조사하여 보고한 후 판결하도록 건의하였다. 이후 중국의 명칭인 '등문고'를 조선의 새로운 이름인 '신문고申聞鼓'로 고쳤다.[22]

태종 2년(1402) 1월부터 신문고가 정식으로 설치되었다. 이때 운영규정도 반포되었다. ㉠ 정치나 민생의 문제로 의정부에 호소하여도 임금에게 고하지 않는 경우 신문고를 허용하였다. ㉡ 억울함을 풀고자 할 경우, 1차로 서울은 담당 관원에게 외방은 수령·감사에게 제출하도록 하였다. 처리해주지 않으면 2차로 사헌부에 호소하고, 그래도 처리되지 않으면 3차로 신문고를 허용하였다. 단, 절차를 지키지 않으면 율문(장 100)에 비추어 처벌하였다. ㉢ 반역에 대한 고변에도 신문고를 허락하였다.

해당 조문을 살펴보면, 표면적으로 사족·서인·국가 등의 특정대상을 염두에 두고 입법한 듯한 인상이 강하다. ㉠은 정책참여의 성격이 강하다. 일견 사족의 정치발언권을 보장하는 구언求言과 유사하다. 그러나 실제 사례를 살펴보면, 서인庶人이 저화로 세금을 납부하거나 공법을 반대하는 등의 제도개폐를 청원하는 경우도 적지 않아서 처음부터 사문화된 조문은 아니었다.

㉡은 일반백성의 일상과 가장 밀접히 연결되는 규정이다. 하지만 이 경우에도 서인庶人뿐 아니라 관리·사족士族이나 천인賤人의 원통하고 억울한 일까지 두루 포괄하여 신분의 경계를 따지기 어렵다.[23]

㉢은 국가의 안위를 보장하기 위한 규정이다. 이 역시 일찍부터 왕자의 난을 두 차례나 일으킨 태종의 경험에서 비롯되었다고 평가해왔다. 그러나 여기에는 여말선초 사법개혁의 이해가 필요하다.

14세기 후반부터 고려의 사법개혁이 본격화면서 당률唐律을 원용하여 우리의 현실에 맞추어 입법에 활용해왔는데, 입법취지가 동시대 명률明律과 매우 유사하다.[24] 국내 수입된 명률은 공양왕 4년1392 정몽주鄭夢周가 '신정률新定律'을 편찬할 때부터 나타나므로,[25] 현전하는 《대명률직해》는 홍무洪武 22년(1389) 명률을 저본으로 한 것으로 추정된다. 당시 명률의 수입 이전부터 고려에서는 당률을 우리 현실에 맞추어 개정하는 작업을 독자적으로 추진하고 있었으므로, 명과 고려가 공히 당률을 연구하고 있었다고 평가된다.[26] 신왕조 개창 이후 명률이 본격적으로 도입되자, 고려의 당률 연구성과를 바탕으로 명률까지 참고하여 사법개혁에 활용할 수 있었다.

신문고 규정은 멀리는 《주례》부터 연원하지만,[27] 직접적으로는 당률·명률의 등문고와 연관되었다.[28] 그 중 ㉡은 당률과 명률의 '월소越訴'조條의 정규사법 절차 준수를 강조한 내용을 원용하고 있다.[29] 또한 당률의 '요거가고소사邀車駕撾鼓訴事'조 및 '월소'조에는 등문고나 임금의 행차시 호소하는 것을 같은 범주에서 논하고 있으나,[30] 명률에 이르러 등문고는 '월소'조에서 다루고, 어가 앞의 호소는 '충돌의장衝突儀仗'조에서 규정하여 양자를 구분하였고, 그중 등문고를 장려하였다.[31] 조선에서도 어가 앞에서 억울함을 호소하는 사람이 점차 넘쳐나자, 신문고를 권장하는 형태로 제도화한 것이다.[32] 곧 명과 조선의 소원訴冤제

諫院○京城內巫覡居住者閭閻內僧尼留宿者(乞糧見父母同生輸齋物僧尼勿禁)論罪○外官所犯貪汚虐民外勿許風聞擧劾○守令非因公事越境者以制書有違律論○已受婚書而再許他人成婚者其主婚者論罪離異
[訴冤] 訴冤抑者京則呈主掌官外則呈觀察使猶有冤抑告司憲府又有冤抑則擊申聞鼓(鼓在義禁府當直廳凡上言當直員考司憲府退狀受啓義禁府司憲府所理不考退狀○凡上言啓下五日內回啓如或過限具不卽回啓辭緣以啓)關係宗社及非法殺人外吏典僕隷告其官員者品官吏民告其觀察使守令者並勿受杖一百徒三年(品官吏民則黜鄕)陰嗾他人發狀者罪亦如之其自己訴冤者並聽理誣告者杖一百流三千里(品官吏民則亦黜鄕)
[停訟] 外方詞訟務停後務開前(以春分日爲務停秋分日爲開務)除十惡奸盜殺人捉獲付官逃奴婢仍役據奪奴婢等(據執盜耕盜賣他人田地同)一應關係風俗侵損於人外雜訟並勿聽理京中則唯恒居外方者聽歸農其臨決觀勢欲歸農者勿聽

《경국대전》 〈형전〉 '소원'의 신문고 규정

도의 정비과정 역시 사뭇 흡사하다.

특히, ㉢은 조선에서 당률의 '지모반역반불고知謀反逆叛不告'조와 '무고모반대역誣告謀反大逆'조를 참고하여 모반謀反·모역謀逆·모반謀叛을 고발하면 관사에서 즉시 접수해야 하며, 무고자를 처벌한다는 내용을 원용한 것이다.[33] 그런데 명률의 '고장불수리告狀不受理'조나 '무고誣告'조에서도 유사한 흐름이 확인된다.[34] 따라서 신문고 규정을 이해하기 위해서는 여말선초 당률을 모범으로 하는 동아시아 사법개혁의 흐름에 대한 이해가 선행되어야 한다.

국왕의 특별법정 신문고 법정의 위상을 살펴볼 필요가 있다. 각 조문에서 공통적으로 신문고는 1~2차의 정규 사법절차를 모두 거치고도 해결이 안 될 경우, 3차로 국왕의 특별법정을 거치는 형식을 띠었다. 이후 신문고는 점차 상설제도로 정착하였다.

처음부터 신문고의 관리는 왕부王府로 별칭되는 순금부(의금부)가 담당하였고, 심리는 사헌부가 맡았다.[35] 세종 17년(1435) 국왕은 문의文義가 통하지 않더라도 의금부가 막지 않도록 하였고,[36] 세종 21년(1439) 원통하고 박절한 경우에는 사헌부가 곧바로 심리에 들어가도록 명하였다.[37]

하지만 사안에 따라서 사간원, 형조, 사헌부, 의금부 등이 심리를 번갈아 맡기도 했다. 사헌부 판결에 문제를 제기하면 사간원이 재조사를 맡았고, 사헌부와 사간원마저 잘못 판결했다는 시비에 휘말리면 의금부까지 직접 조사에 나섰다. 또한 신문고로 올라온 소지의 심리에는 여러 관청이 함께 조사하는 방식[雜治]도 병행되었다.[38] 일견 삼성추국三省推鞫에 비견된다. 따라서 신문고의 출현으로 사법기구의 운영방식도 일정한 영향을 받게 된 것이다.

특히, 세종 29년(1447) 왕세자(문종)의 대리청정代理聽政이 시작되자 정무를 살펴보는 '시사의視事儀'를 제정하였는데, 신문고로 올린 소지所志를 살피는 일도 정규절차에 포함되었다.[39] 곧 신문고는 이제 일반적인 정사로 인식될 정도로 정착된 것이다. 이후 신문고의 절차규정은 《경국대전》의 '소원' 항목을 구성하는 근간이 되었으며,[40] 후대에도 법제정비시 지속적으로 보완되었다.[41]

| 사법체계에 미친 영향 |

'소원訴冤'제도의 발전

① 사건사四件事의 원형 실록(태종~연산군)에는 총 94건의 신문고가 확인되는데, 노비소송(29건), 재심청구(25건), 관직청원(15건), 경제문제(16건), 관리분쟁(4건), 기타(5건) 등이다. 그 중 노비소송과 재심청구의 비

중이 가장 높은 편인데, 양자는 법전의 '사건사四件事' 규정의 형성에 상당한 영향을 미쳤다.

먼저, 신문고는 설치 당시부터 억울한 사연을 해소하는 것을 주요 목적으로 하였는데, 노비소송이 노비와 사족 모두의 공통된 이해 속에서 신문고로 급격히 제기되었다. 그 중 노비의 양인신분을 회복하려는 사건은 '사건사'에서 반영되었고, 점차 이러한 변정의 경험이 다른 신분까지 확대되었다.

성종 24년(1493) 신문고가 사소한 내용으로 범람하자, ㉠아버지와 아들 관계를 변별하는 경우, ㉡처妻와 첩妾의 지위를 분별하는 경우, ㉢양인과 천인의 신분을 변별하는 경우, ㉣본인이 사죄에 해당하는 경우 등일 때, 신문고를 허용하였다.[42] 곧 조정에서 처리해야 할 가장 중요한 안건으로 파악한 것이다. 앞의 3가지 신분변별 규정은 성종대 《경국대전》에서부터 수록되기 시작하였고, 4가지 모두 온전한 형태는 숙종대 《수교집록》에 실리면서 비로소 '사건사'로 지칭되었다.[43]

다음으로, 재심청구이다. 곧 일가一家의 사람이 대신해서 억울함을 호소하는 형태도 신문고의 사례로 이미 확인된다. 곧 아들이 아버지를 위해서,[44] 처가 남편을 위해서,[45] 노비가 주인을 위해서,[46] 아버지가 아들을 위해서,[47] 외손이 외조부를 위해서[48] 청원하는 경우가 조선 전기부터 신문고를 통해서 나타났다.

이러한 사례는 법조문에도 반영되어, 《신보수교집록》부터 새로운 접수항목이 추가되었다. 이른바 ㉠손자가 조부모를 위하거나, ㉡처가 남편을 위하거나, ㉢아우가 형을 위한 경우, ㉣지극히 원통한 경우가 수록되었다. 현대에는 이를 '신사건사新四件事'로 구분하고 있다.[49]

결국, 《속대전》 단계에 이르면 신新·구舊 사건사가 모두 집대성되어 상호보완적으로 운영되었다.[50] 따라서 신문고의 실제 사례가 조선후기 법전에서 조문화된 것이다.

② '격고擊鼓'에서 '격쟁擊錚'으로 격쟁은 국초부터 어가 앞에서 호소하는 형태로 나타났다.[51] 태조 2년(1393) 50여 명이 어가 앞에 뛰어들어 양인신분을 변별해줄 것을 호소하였다.[52] 태종 5년(1405)에도 반복되었다.[53] 태종 6년(1406) 사헌부에서 근래에는 억울함을 송사할 일이 있으면 임금이 행차하는 날을 엿보아 어가 앞에서 직접 글을 올리고 있다고 지적하면서, 신문고의 법에도 어긋난다며 금지할 것을 청하였다.[54] 이에 태종은 격쟁을 금하는 대신에, 신문고(격고)를 상설 제도화하였다.

태종 15년(1415) 신문고를 용인하였는데도 불구하고 어가 앞까지 백성이 몰려들자, 어가 앞에서 호소하는 것(격쟁)을 금하였다.[55] 하지만 세종연간이나, 세조연간, 그리고 성종대에도 어가 앞으로 사람들이 몰려드는 현상은 지속되었다. 이미 격고와 격쟁은 국왕에게 직접 억울함을 호소할 수 있다는 관점에서 하나의 제도처럼 인식되고 있었다. 조정은 비상설적인 격쟁보다는 상설화된 격고를 이용하도록 장려하였으나, 백성들은 양자를 구분하지 않았다.

오랫동안 전성기를 누리던 신문고 제도에도 변화가 나타났다. 세조 3년(1457)부터 함부로 월소越訴하거나 신문고를 치는 행위를 금지하였다가,[56] 다시 성종 초반부터 국왕은 신문고가 없어진 이유를 묻고, 성종 5년(1457) 한재旱災를 계기로 등문고 재설치가 집중 논의되었다. 그럼에도 신문고는 현격히 줄어들어 연산군 초반 수령의 불법에 대한 사례 이외에는 거의 확인되지 않는다. 중종반정 이후에도 신문고 제도가 복구되지 못하자, '격쟁'만이 범람하였다.

대체로 신문고가 설치되었을 때는 조정에서 격쟁을 엄격히 금지하였으나, 정규제도가 소멸하자 국왕의 행차에서 억울함을 호소할 수밖에 없던 상황을 감안하여 점차 격쟁을 용인할 수밖에 없었다.[57] 국왕들은 법규대로 어가 앞에서 호소하는 행위를 금지하는 것을 원칙으로 하되, 억울한 사안은 들어주고자 노력하였다.[58] 이것이 후속법전에서 〈형전〉의 '소원' 항목이 대거 보완된 이유이다.[59]

조선 전기에는 격고신정擊鼓申呈, 격고신문擊鼓申聞, 격고상언擊鼓上言 등의 표현이 자주 보인다.[60] 이는 문맥에 따라 상세히 살펴볼 필요가 있다. 첫째, 상언을 격고·격쟁을 통해 억울함을 호소하는 행위로 본 경우,[61] 둘째, 격고·격쟁을 통해 올리는 문서를 의미하는 경우,[62] 셋째, 상언을 독자적인 소원 제도로 규정한 경우[63]도 있다.

처음 상언은 단지 소원하는 행위나 문서를 의미하다가, 점차 신문고가 증대하자 그 의미가 분화되어 별도의 소원제도로 자리잡게 되었다. 특히, 영조대는 상언이 독자적인 제도로 인식되었고, 정조대는 상언과 격쟁을 별도로 구분할 정도로 민원사안이 세분화되었다.[64] 따라서 조선 전기의 '격고상언擊鼓上言'이 후기의 '격쟁상언擊錚上言'으로 변화한 것이다.[65] 격쟁상언은 15세기부터 꾸준히 내려온 왕정전통의 일환이었다. 18세기에는 능행에서 광범위한 분량의 격쟁상언이 올려짐으로써 별도의 제도를 정비해야 할 정도였다.

부민고소部民告訴 금지논쟁

① 혹독한 관리가 죄인인가? 간사한 백성이 문제인가? 부민고소 금지법은 고을의 백성이 관할 수령에 관한 고소를 금지한 제도이다. 당대의 부민고소 금지법은 수령의 지방통치력 제고와 백성의 민원해소라는 두 가지 원론적 측면에서 주목해왔다. 한편으로는 국왕을 대리하는 수령의 지방통치력을 제고하기 위해서 부민고소를 금지할 필요가 있었으나,[66] 다른 한편으로는 억울한 백성의 정상을 구제한다는 측면에서 부민고소를 허용할 필요가 있었다.[67] 특히, 부민고소를 허용해야 한다는 측에서는 잘못된 판결

[誤決]로 인한 폐단 발생을 주요 근거로 들었다.[68] 서로 상충되는 두 개의 시선은 첨예한 법리논쟁을 야기하였다.

그런데 부민고소 금지논쟁의 연원을 살펴보면 신문고와 결코 무관하지 않다.[69] 신문고가 확산되는 과정에서 고소 주체와 대상에 대한 문제가 함께 검토되었다. 태종 10년(1410) 사간원에서는 분풀이로 신문고를 쳐서 수령을 참소하는데 이르렀다고 비판하였다. 하지만 의정부에서는 수령의 전횡을 부민이 고발하지 못하게 하면, 간악하고 사나운 무리에게 악을 징계할 방도가 없다고 하면서, 무고誣告한 자만 엄히 다스리자고 하였다.[70] 이른바 부민고소 금지 논쟁의 서막이 열린 것이다.

반면에 세종 원년(1419) 허조許稠는 부민고소部民告訴 금지를 강력히 주장하였고,[71] 다음해에는 상왕(태종)의 재가하에 입법까지 실현되었다.[72] 그러나 세종 5년(1423) 태종이 승하하자, 오히려 세종은 부민고소 금지법 때문에 수령의 탐오한 행태를 금하지 못한다고 비판하였다.[73] 차선책으로 세종 7년(1425) 부민고소를 금하는 대신에, 찰방察訪을 파견해서 수령을 조사하도록 하였다.[74] 한동안 부민고소 금지법은 엄격히 시행되는 듯했다.[75]

하지만 세종 13년(1431) 변화의 바람이 일었다. 국왕은 아랫사람이 윗사람을 고소하는 것을 금지하면 억울하고 원통한 실정을 아뢸 곳이 없다고 비판하고 박절한 사정은 받아들여야 한다고 주장하였다. 특히, 수령이 백성의 토지소송이나 노비 관련소송에서 잘못된 판결을 한 것에 대해 개정을 청하는 것을 고소라 하겠느냐고 반문하면서 백성 자신의 부득이한 일이라고 변호하였다.[76] 그럼에도 허조는 부민고소 금지의 단서를 열어놓으면 앞 다투어 고소하여,[77] 수령이 작은 혐의만 있어도 허물을 들춘다고 끝까지 반대하였다.[78]

결국, 세종 15년(1433) 왕은 《경제속육전》의 신문고 규정에서 억울함을 호소하도록 한 조문을 근거로 제시하면서, 부민고소 금지법의 개정을 주장하였고,[79] 타협책으로 부민고소는 허용하되 관리에 대한 처벌도 금하도록 하였다.[80]

② '소원訴冤'의 탄생 이상의 논의는 두 가지 방향으로 귀결되었다. 우선, 《경국대전》 '소원' 항목을 보완하는 형식으로 진행되었다. 성종대는 종사宗社에 관련되거나 비법非法으로 살인한 것, 자신의 억울한 일에 대해서만 제한적으로 품관이나 이민吏民이 관찰사나 수령을 고소하도록 허락하였다.[81] 이것은 본래 신문고 규정에 단서조항을 추가한 것이다. 또한 《대전속록》에는 "부민으로 관장官長을 고소하면 죄주지만 매우 원통하고 억울한 경우에는 이 제한에 따르지 않는다."고 하였다.[82] 이 역시 부민고소 금지법이 역으로 신문고 입법취지를 훼손하지 못하도록 보완한 것이다.

찬반양론은 이후에도 지속되었으나, 법조문을 새로 축조하거나 폐지하지 않고 운영의 묘妙를 발휘하는 방식으로 조정되었다. 향후 이 문제는 어느 한편으로만 일방적으로 귀결되지 않고 시대별로 사안에 따라 판단이 이루어졌다. 중종대는 부민고소 금지법의 형량만 강화되었다.[83] 해당 형량은 《경국대전》의 장 100에서 《대전후속록》의 전가사변으로 변화하였다. 명종대에 이르러 부민고소를 부활시키고자 노력하였는데,[84] 국가에 관계된 것과 불법으로 살인한 것 이외에는 부민이 고소하면 전가사변하고, 자신의 억울함만 호소할 수 있도록 하며, 무고일 경우 장 100 유 3,000리에 처하였다.[85] 곧 세종의 분리원칙 기조가 유지된 것이다.

③ '원악향리元惡鄕吏'의 제정 다음으로, 부민고소 금지논쟁은 《경국대전》 '원악향리' 항목의 제정에도 영향을 미쳤다. 원악향리의 처벌 규정은 이미 《경제육전》과 《속육전》에 수록되었는데,[86] 비슷한 시기에 이루어진 부민고

소 금지논쟁의 추이와 무관하지 않았다.

첫째, 조사방식의 유사성이다. 세종은 찰방을 각도에 파견하여 원악향리의 병폐를 조사시켰는데,[87] 부민고소 금지논쟁에서 찰방을 보내 조사하도록 한 경우와 내용이 흡사하다.[88] 더욱이 원악향리 처벌은 유향소 복립과도 연계되었으며,[89] 이같은 운동은 바로 부민고소 금지로 귀결되었다.[90]

둘째, 형량의 유사성이다. 강경책이 지속되면서 원악향리는 문종대부터 전가사변에 처해지기 시작하였다.[91] 성종대도 사변徙邊 논의가 일어났으며,[92] 중종대는 전가사변으로 처벌하는 규정이 확립되었다.[93] 실제 《대전후속록》 형전의 '잡령'에는 수록되었다.[94] 원악향리의 처벌 형량과 부민고소 금지논쟁에서 수령을 협박한 사람에 대한 처벌이 서로 동일하다.[95]

셋째, 금지대상의 일치이다. 《경국대전》 '원악향리'에는 수령을 방해하고 부세징수에 농간을 부리거나 역을 미루는 모든 유형을 모두 거론하였다.[96] 《대전속록》 '원악'에는 각관의 서원書員도 농간을 부리면 원악향리의 예로 처벌한다는 규정이 신설되었고, 《속대전續大典》에도 반영되었다.[97] 특히, 중종대는 원악향리 처벌이 공물의 방납문제와도 연결되었다.[98] 원악향리의 처벌 대상은 대체로 부민고소 금지대상과도 서로 일치한다.

결국, 부민고소 금지논쟁은 법전에서 양방향으로 분화함으로써 백성의 억울한 사안은 허용하되 수령의 고소는 금지하는 형태로 자리잡았다. 전자의 내용이 법전에서 '소원訴冤' 항목을 보완하는 방식으로 계통화되었다면, 후자는 '원악향리' 항목으로 귀결되었다. 곧 신문고와 직접 관련된 규정은 조선 전기에는 《경제육전經濟六典》 및 《속육전》에 수록되었다가, 《경국대전》 〈형전〉의 '소원'에 접수절차와 '결옥일한決獄日限'에 접수사안이 각각 실렸다. 아울러 조선 후기에 이르러 《수교집록受教輯錄》〈형전〉의 '고소告訴'로 재조정되었고, 《신보수교집록新補受教輯錄》 및 《속대전》〈형전〉의 '소원' 항목에 집대성되었다.

결송절차의 정비

① 송사를 어떻게 그치게 할 것인가 노비소송(재산권·신분변정)은 노비와 주인의 이해관계가 첨예하여 판결결과에 따른 후폭풍이 적지 않았다. 특히, 양인신분을 호소하는 사건에서 노비가 천인신분으로 판결되면 주인을 살해하기도 하였으며,[99] 반대로 노비가 양인신분 회복을 청원하면 주인이 노비의 코와 귀를 베기도 하였다.[100] 또 노비가 양인신분 회복을 3회나 허위로 청원하였다가 처벌받기도 하였고,[101] 변정도감의 판관이 양인신분 변별사건을 잘못 판결하여 처벌받거나,[102] 사헌부에서 접수하지 않아 신문고를 통해서 호소하자, 사간원이 사헌부를 조사하여 처벌하기도 하였다.[103]

따라서 노비문제가 신문고에서 신분을 막론하고 억울한 사건으로 다루어지는 것은 자연스러운 현상이었다. 더욱이 격고는 정규사법절차 이외에 국왕의 특별법정에서 추가로 이루어졌으므로, 기존 송사의 문제점을 사유로 제기하였다. 곧 신문고에서 잘못 판결한 경우[104]와 송사訟事 지연[105]이 큰 문제로 부각되었다.

하지만 신문고가 대거 활용되자, 역설적으로 송사는 더욱 끊이지 않았다. 태종 4년(1404) 의정부에서는 간사한 무리가 판결이 잘못되었다고 하면서 신문고로 무고하는 경우가 많이 나타난다고 지적할 정도였다.[106] 태종 13년(1413) 형조에서 〈지송지한止訟之限〉을 올렸고,[107] 태종 15년(1415) 동일한 노비송사가 반복되자, 사헌부에서 〈지송사의止訟事宜〉를 제정하였다.[108] 세종 4년(1422) 형조에서는 신문고를 두드리면 유사에서 분간하게 하고, 만약 접수해야 될 사안인데도 물리치면 《속육전》에 따라 관리를 처벌하자고 하였다.[109] 이상의 조치들은 신문고의 범람과 결송절차의 재정비가 긴밀히 연관되어있음을 보여주는 사례이다.

② **'결옥일한決獄日限'의 제정** 송사가 끊이지 않자 조정에서는 사송절차 자체를 재정비하기 위해 노력하였는데, 옥사를 판결하는데 소요되는 일정한 시한을 규정한 '결옥일한'을 제정하기에 이르렀다. 사송의 절차법은 고려 공민왕대 사법개혁의 일환으로 전민田民에 대한 소송의 기한을 명시한 데까지 그 유래가 거슬러 올라가며,[110] 조선에 이르러 다음과 같은 "삼한三限"·"삼도三度"·"삼년三年" 등이 논점으로 구체화되었다.

첫째, 대·중·소의 기한을 나누어 처리하는 '삼한지법三限之法'이다. 태종대는 사건이 사죄에 관련되어 사증辭證을 수집하는 데에 30일이 필요한 거리에 있으면 대사大事로 하고, 사건이 도형이나 유형에 관련되어 20일이 필요한 거리에 있으면 중사中事로 하고, 사건이 태형이나 장형에 관련되어 10일이 필요한 거리에 있으면 소사小事로 분류하였다. 이것이 세종대 《속형전續刑典》 '결옥決獄'에 실리면서, 구체적인 판결 기한이 최대 대사 90일, 중사 60일, 소사 30일로 병기되었다.[111] 이러한 조치는 《경국대전》 '결옥일한' 항목으로 재탄생하면서 대사 30일, 중사 20일, 소사 10일로 일원화되었다.[112]

둘째, 소송 횟수를 3회로 정하는 "삼도지법三度之法"이다. 판결이 잘못되었다고 억울함을 호소하는 경우 총 3회까지로 한계를 정하였다.[113] 하지만 소송횟수가 3회로 제한되어 발생하는 문제도 적지 않았다.[114] 노비소송 및 재산권 다툼에서 잘못된 판결을 명분으로 한도를 초월하는 청원이 비일비재하였다. 《경국대전》 '사천私賤'[115] 및 《수교집록》 '청리聽理' 항목에 반영되었으며,[116] 《신보수교집록》와 《속대전》

에서는 2회 이상 승소하면 청리를 들어주지 않는다는 의미로 바뀌었다.[117] 단,《속대전》은 잘못된 판결일 경우 횟수를 제한하지 않았으며, 낙송상언자落訟上言者는 3회까지 허용하였다.[118]

셋째, 총 기한을 3년으로 제한하는 "삼년지한三年之限"이다.[119] 이 역시 노비소송의 남발 때문에 기한을 한정한 조치였다. 이는《경국대전》'결옥일한' 항목에 변형된 형태로 수록되었다가,《대전속록》과《대전후속록》에서 보완절차를 거쳐 반영되었다.[120] 그러나 억울함을 해소시켜주는 문제와 연동되면서 양인신분을 회복하려는 사건이나 사정이 매우 절실한 경우는 3년이 지나도 예외 적용을 주장하는 목소리도 불거져 나왔다.[121] 이에 해당사안은《수교집록》이후 '결옥일한'에서 '청리' 항목으로 변경되면서《신보수교집록》에는 사안별로 30년이나 60년을 한도로 추가되었다.[122] 후대의 증보내용은《속대전》'청리' 항목에 집대성되었다.[123]

노비관련 입법에서는 항상 특정일자를 기준으로 소송을 허락하는 한시법限時法이 적용되었다. 그런데 이 기한을 넘겼으나 판결이 잘못되었다고 억울함을 호소하는 목소리가 커졌고, 이 때문에 신문고를 통한 재심청구가 줄을 이었다. 재심 역시 기한을 정하였으나, 억울함을 호소하는 것은 끝이 없었다. 이에 조정에서는 재판기한을 확정하고 횟수와 연수의 세한을 구체적으로 만든 것이다.

| 맺음말 |

여말선초 신분의 변화가 촉진되는 사회적 분위기 속에서, 노비변정도 활발히 추진되었다. 마침 신문고가 설치되자 노비소송에 불복한 이들

대한민국 정부의 '국민신문고' 제도

이 신문고를 재심의 수단으로 이용하였다. 노비와 사족 모두에게 노비소송은 가장 절박한 문제로 인식되었기 때문이다. 따라서 신문고가 상징적인 제도에 불과하다는 설명방식은 사실과 많이 다르다.

신문고의 설치는 사법체계의 발전에도 영향을 미쳤다. 첫째, 국왕의 특별법정이 상설화되었음을 의미하였다. 이는 법전에서 '사건사'의 성립에도 결정적인 영향을 미쳤다. 심지어 신문고가 폐지된 이후에도 격쟁을 통한 임금의 행차 앞에서 억울함을 호소하는 격쟁은 사라지지 않아서, 조선 후기 소원제도의 발달에 기여하였다. 둘째, 신문고의 주체와 대상에 대한 논의는 부민고소 금지논쟁을 촉발하고 '원악향리' 처벌 규정의 마련에도 단서를 제공하였다. 셋째, 사법절차의 재정비에 실질적인 계기를 제공하였다. 잘못된 판결과 소송의 지연을 방지하기 위해서 사송절차가 면밀히 논의되었고, 그 결과 "삼한", "삼도", "삼년" 규정이 정비되었다. 이상의 신문고 논의과정은《경국대전》〈형전〉의 '소원'·'결옥일한'·'원악향리'·'사천',《속대전》〈형전〉의 '원악향리'·'소원'·'청리' 등의 법전에 지속적으로 반영되었다.

따라서 신문고는 다양한 법리논쟁을 촉발하였으며, 조선의 사법체계 전반에 상당한 영향을 미쳤다고 평가할 수 있다. 더욱이 현재 대한민국 정부는 '국민신문고'제도를 운영하고 있는데, 그 분야는 태종대 초기 규정과 거의 흡사하다. 이는 왕정의 전통이 민주공화정에서 활용되고 있는 독특한 사례라 할 수 있다.

6장

조선시대 승정원 승지의 직무 수행 체계

이근호
명지대학교 인문과학연구소 연구교수

| 머리말 |

승정원承政院은 조선시대 왕명 출납을 관장하던 관청으로,[1] 오늘날의 대통령 비서실에 해당한다. 조선조 대부분의 관청이 왕－의정부－육조－일반 관청이라는 계통 속에 포함된 것과는 달리 승정원은 국왕 직속이다. 오늘날 청와대 비서실이 대통령 직속인 점과 같다. 한국사에서 국왕 비서기구의 등장은 백제 때 내신좌평內臣佐平으로 시작되지만 개별 관청이 아니고 특정 관직이 담당한 것이다. 이후 고려시대에는 중추원中樞院과 은대銀臺 등이 설치되어 군사 기밀 및 왕명 출납을 관장하도록 하였고, 후기에 이르러 중추원이 이를 전담하게 되었다. 그러나 중추원은 비서 기능 이외에도 군사 기능을 함께 관장하였으므로 독립적인 비서기구라 할 수는 없다. 조선 건국 이후에 중추원에서 담당하던 비서 기능만을 분리해서 승정원을 두게 되면서 비로소 역사상 국왕 비서기구로서의 독립성이 확보되었다.

승정원을 지칭하는 별명은 여러 가지가 있다. 승정원을 줄여 정원政

院이라고 하거나, 은대銀臺[2] 또는 후원喉院·후설喉舌[3] 등의 별칭으로 불렸다. 여기서 '후喉'는 신체의 일부분인 목구멍을 지칭한다. 흥미롭게도 조선시대에는 중요 관직이나 관청을 사람의 신체에 비유해서 말하였다. 관원들 가운데 최고위 관원인 대신大臣은 다리와 팔을 의미하는 '고굉股肱'으로, 탄핵과 간쟁을 담당하던 대간臺諫은 귀와 눈인 '이목耳目'으로,[4] 그리고 승정원은 목구멍을 의미하는 '후원'으로 불렸다. 국왕의 다리와 팔이자, 귀와 눈이요, 목구멍이라는 것이다. 후원 즉 목구멍은 승정원의 성격을 가장 잘 표현한 단어가 아닐까 한다.

승정원을 목구멍에 비유하는 데는 여러 가지 이유가 있겠으나 가장 중요한 것은 승정원의 주요 기능인 왕명 출납과 관계된다. 입을 통해서 들어온 모든 음식물이 목구멍을 통해서 넘어가므로, 만약 목구멍에 질환이 있다면 상당히 고통스럽다. 마찬가지로 왕명이 잘 전달되어야지 만약 목구멍에 해당되는 승정원에 문제가 있다면 이는 심각한 국정 혼란을 가져올 것임은 자명하다. 승정원의 왕명 출납을 단순히 기능적인 것으로만 이해하면 오산이다. 오늘날과 같이 삼권분립이 되지 않았던 조선조 사회에 국왕의 명령은 바로 법이 되므로, 왕명의 출납은 더없이 중요한 일이었다.[5]

이 같은 승정원에 대해서, 중요성에 비한다면 상대적으로 학계의 연구가 적은 편이다. 이런 가운데 주로 조선 전기 승정원의 성립 과정이나 역할 및 정치적 비중 등에 초점이 두어져 연구가 진행되었다.[6] 그나마 최근 들어 대상 시기의 폭이 확대되면서 승정원을 중심으로 보고報告 체계가 다루어지거나,[7] 조선 중기 이후 승정원의 역할로 정착되는 봉환封還(혹은 覆逆, 繳還 등으로 표현되기도 함)의 실태[8] 및 특정 시기 승정원 승지나 주서의 임용실태 등을 다룬 연구[9]들이 제출되었다. 이밖에도 관청의 보고에 대해 승지가 작성하는 국왕의 처결 내용인 판부判付의 실태 등이 해명되었다.[10] 이상의 연구를 통해 승정원의 국왕 비서 기구로써의 성격이나 운영 등과 관련해서는 대략적인 이해를 구하게 되었으나 실제 운영 모습과 관련한 부분은 아직까지 연구의 공백이라고 하겠다.

이에 이 글에서는 승정원의 실제 운영을 해명한다는 차원에서 승정원 소속인 승지의 직무 수행 체계를 살펴보고자 한다. 국왕의 비서인 승지의 위상에 비해서 구체적인 운영 실태를 해명한 연구는 거의 전무하다. 이 글에서는 다만 몇몇 제도적 규정에 주목하여 승지의 운영 모습을 해명하겠다. 보다 구체적인 운영 모습은 차후 연구의 진전이 이루어져야 가능할 것으로 보인다. 이 같은 연구는 승지의 운영을 해명하는 것에 그치는 것이 아니라 국왕-승정원 중심으로 이루어지는 조선시대 국정 운영의 일 양상을 살펴보는 것이기도 하다.

| 6승지 체제의 성립과 승지의 분방分房 |

조선이 건국된 직후인 1392년(태조 1) 7월 28일 최초로 제정된 문무백관文武百官의 관제에서, 왕명 출납은 중추원의 역할이었다. 당시 발표된 규징에서 중추원은 왕명 출납의 기능과 함께 "병기兵機·군정軍政·숙위宿衛·경비警備·차섭差攝 등의 일을 관장"하도록 규정되었다. 구성 인원은 정2품의 판사判事 1명과 종2품의 사使 1명, 지사知事 2명, 동지사同知事 4명, 첨서僉書 1명, 부사副使 6명, 학사學士 1명, 상의원사商議院事 3명을 비롯해 정3품의 도승지都承旨 1명, 좌승지左承旨 1명, 우승지右承旨 1명, 좌부승지左副承旨 1명, 우부승지右副承旨 1명, 정7품의 당후관堂後官 2명, 7품의 연리掾吏 6명 등으로 구성되었다.[11] 고려시대의 전통을 계승해 구성

〈동궐도〉에 보이는 승정원의 위치

원 중 후반부에 제시된 도승지 이하가 왕명의 출납을 담당하는 구조이다. 주목되는 것은 5명의 승지와 2명의 당후관이 배정되고 있다는 사실이다.

이후 1400년(정종 2) 4월 문하시랑찬성사 하륜河崙이 주도한 관제 개정 때에[12] 중추원을 삼군부三軍府로 개정하여 군사 업무로 그 역할을 한정하였다. 대신 왕명 출납 업무를 분리하고 종전까지 중추원 승지로 불리던 승지를 승정원 승지로, 중추원 당후를 승정원 당후로 개칭하였다.[13] 조선조 처음으로 승정원이라는 이름의 관서가 만들어진 것이다. 관서 개정 직후 처음으로 정구鄭矩(1350~1418)를 승정원 도승지로 삼았다.

그러나 승정원은 1401년(태종 1) 7월 다시 변화를 겪었다. 즉 그해 7

월 군사 업무를 관장하던 의흥삼군부(삼군부)를 개편하여 승추부承樞府를 설치하는 동시에 승정원 도승지를 승추부 지신사知申事로, 그리고 나머지 승지는 대언으로 개정하였으며, 승선방承宣房을 대언사代言司로 고쳐 인신印信을 관리하도록 하였다.[14] 승추부는 건국 초에 발표했던 중추부와 유사하게 군사 업무와 왕명 출납을 동시에 가지게 되는 구조이다. 이 같은 구조로의 회귀는 "군사와 정치를 구분한다는 원칙에서 출발했던 당초의 목표가 현실적으로 무리했다는 것을 시사하는 것"[15]이다. 즉 집권 초기라는 상황 속에서 태종은 부왕인 태조가 정도전鄭道傳에게 병권과 정권政權을 관장하도록 하여 집권화 시킨 것과 마찬가지로 하륜 등 일부 신료들에게 병권과 정권을 겸하도록 하여 즉위 초기 정국의 안정과 왕권 강화를 꾀하였던 것이다.

승정원은 1405년(태종 5) 다시 설치되었다. 그해 1월 관제 개정 과정에서 앞서 설치한 승추부를 병조兵曹에 합하면서 군사 업무를 병조로 귀일시켰으며, 왕명 출납 기능을 별도로 분리하는 한편 동부대언同副代言을 추가로 설치해 6대언 체제를 갖게 되었다.[16] 이때의 개정은 태종이 집권력 강화를 위해 추진했던 6조曹 강화와 밀접한 관련을 갖는 것으로, "조선 승정원제가 크게 정비 및 명실상부한 왕명 출납 관아가 되면서 강력한 기능을 발휘하는 토대가 구축"[17]된 개정이었다.

이때의 개정 내용은 이후 큰 변화 없이 유지되는 가운데, 1433년(세종 15) 9월 이조의 요청에 따라 변화가 있었다.

> 이조에서 아뢰기를, "《홍무예제洪武禮制》에, '응천부應天府에서 오군도독부五軍都督府에 신申한다.' 하였고, 《대명률》에 '육부六部에 신申한다.'고 한바, '신申'이라는 글자는 신하들끼리 서로 높이는 말이요, 임금에게 아뢴다는 말이 아닌데, 국초에 고려의 제도를 그냥 따라서 모든 아뢰는 일에 '신申'자

를 써 와서 지금까지 고치지 아니함은 진실로 부당한 것이오니, 바라건대 '선신善申'을 '선계善啓'로, '신정申呈'을 '상언上言'으로, '근신謹申'을 '근계謹啓'로, '신문申聞'을 '계문啓聞'으로 고치고, '지신사知申事'를 국초 관제에 따라 '도승지都承旨'로 일컫고, 모든 '대언代言'을 '승지承旨'로 일컫는 것이 어떻겠습니까?" 하니, 왕이 그대로 따랐다.[18]

즉 이조에서 명나라의 《홍무예제》나 《대명률》을 바탕으로 '신申'자의 사용이 잘못되고 있음을 지적하며 명칭을 개정하자고 한 것으로, 국왕의 허가에 따라 지신사는 도승지로, 대언은 승지로 개정되었다. 그리고 이 체제가 이후 《경국대전》에 그대로 반영되어, 승정원에는 오늘날 청와대 비서실장격인 도승지를 비롯하여 좌승지 · 우승지 · 좌부승지 · 우부승지 · 동부승지를 각각 1인씩 두었는데, 이를 통칭 6승지라 부른다. 그리고 모두 같은 품계인 정3품 당상관이었다. 6승지 아래에는 정7품 주서 2인을 두었다.

승정원에 6명의 승지를 둔 것은 바로 《경국대전》 6전체제에 상응하는 비서 조직을 갖추기 위한 것이었다. 주지하듯이 《경국대전》은 이전吏典 · 호전戶典 · 예전禮典 · 병전兵典 · 형전刑典 · 공전工典 6전체제로 구성되었다. 《경국대전》에 반영된 6전체제는 중국의 이상적인 예법 질서를 담고 있다고 말해지는 《주례周禮》 6관체제에서 기원한다.

《주례》의 6관체제는 천관天官 · 지관地官 · 춘관春官 · 하관夏官 · 추관秋官 · 동관冬官의 여섯으로 나누고 그 아래에 각 관직과 직무를 서술하는 형태로 되어 있다. 총재冢宰가 주관하는 천관, 사도司徒가 주관하는 지관, 종백宗伯이 주관하는 춘관, 사마司馬가 주관하는 하관, 사구司寇가 주관하는 추관, 사공司空이 주관하는 동관으로 구성된 것이다. 《주례》의 6관은 당시에 유행하던 음양오행陰陽五行 학설을 채용한 것으로, 이를

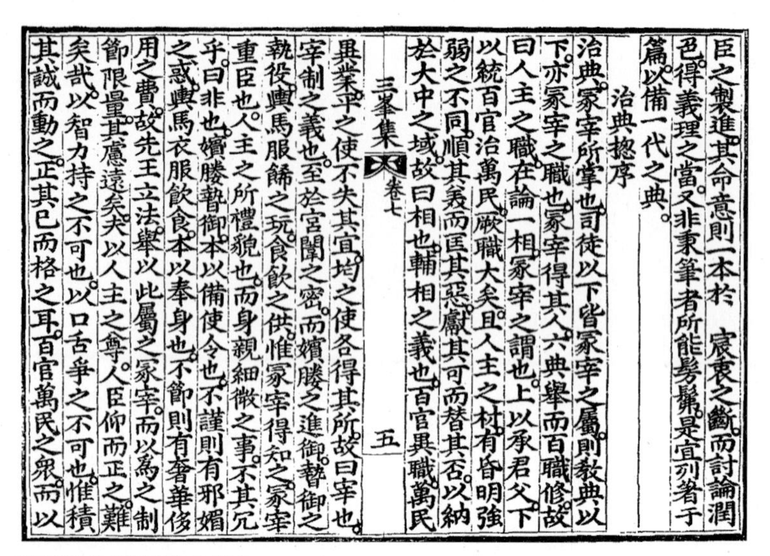
臣之製進其命意則一本於 宸衷之斷而討論潤
色得義理之當又非秉筆者所能髣髴是宜列著于
篇以備一代之典
治典摠序
治典冢宰所掌也司徒以下皆冢宰之屬則敎典以
下亦冢宰之職也冢宰得其人六典擧而百職修故
曰人主之職在論一相冢宰之謂也上以承君父下
以統百官治萬民厥職大矣且人主之材有昏明強
弱之不同順其美而匡其惡獻其可而替其否以納
於大中之域故曰相也輔相之義也百官異職萬民
三峯集 卷七 五
異業平之使不失其宜均之使各得其所故曰宰也
宰制之義也至於宮闈之密而嬪媵之進御瞽御之
執役輿馬服飾之玩食飮之供惟冢宰得知之冢宰
重臣也人主之所禮貌也而身親細微之事不其冗
乎曰非也嬪媵瞽御本以備使令也不謹則有邪媚
之惑輿馬衣服飮食本以奉身也不節則有奢華侈
用之費故先王立法擧以此屬之冢宰而以爲之制
節限量其慮遠矣夫以人主之尊人臣仰而正之難
矣哉以智力持之不可也以口舌爭之不可也惟積
其誠而動之正其已而格之耳百官萬民之衆而以

정도전의 《조선경국전》 중 치전

통해 "천인합일天人合一"의 이상을 구현하고자 한 것이다. 《주례》의 6관체제는 이후 중국에서 6부部체제로 정착되어 통용되었다.[19]

우리의 경우 고려시대에는 6부체제가 적용되다가 조선에 들어오면서 6전체제로 바뀌었다. 조선 건국 초기 국가를 설계한 정도전鄭道傳(1342~1398)은 《조선경국전》에서 총론 부분에 '보위를 바르게 함[正寶位]', 국호國號, '국본國本을 정함[定國本]', 세계世系, 교서敎書 등을 제시한 뒤 각론으로 치전治典 · 부전賦典 · 예전禮典 · 정전政典 · 헌전憲典 · 공전工典 등을 제시하였다. 《조선경국전》은 《주례》를 기초로 통치 이념과 통치 조직을 종합적으로 제시한 것이었다.[20] 정도전이 구상한 6전체제는 이후 일부 항목이 변화되어 《경국대전》에 이 · 호 · 예 · 병 · 형 · 공의 6전체제로 완성되어 수록되었다.

《경국대전》 각 전에 수록된 내용을 간략히 정리하면 다음과 같다. 이전은 중앙과 지방의 관제나 관리의 종별, 관리의 임면, 서임의 제한, 사령辭令 등에 대한 규정을 수록하였다. 호전은 재정과 관련하여 호적이나 토지제도, 조세, 녹봉, 통화, 부채, 상업, 잡업, 창고, 환곡, 조

〈표〉《주례》 및 《조선경국전》과 《경국대전》의 6전체제

주례(周禮)	조선경국전	경국대전
천관(天官:冢宰)	치전(治典)	이전(吏典)
지관(地官:司徒)	부전(賦典)	호전(戶典)
춘관(春官:宗伯)	예전(禮典)	예전(禮典)
하관(夏官:司馬)	정전(政典)	병전(兵典)
추관(秋官:司寇)	헌전(憲典)	형전(刑典)
동관(冬官:司空)	공전(工典)	공전(工典)

운 등을 비롯해 오늘날 등기에 해당되는 입안立案의 발급이나 채무 변제 등을 수록하였다. 예전은 교육을 비롯해 문과와 잡과, 의장儀章, 외교, 제사, 상장喪葬, 묘지, 혼인 등과 국정 운영에 필요한 각종 서식書式을 규정하였다. 병전은 무신武臣과 관련된 관직이나 제도와 임면을 비롯해 군령이나 시위侍衛, 군역, 군기軍器, 병선兵船, 봉수烽燧 등을 수록하였다. 형전은 형률의 적용이나 수금囚禁, 휼형恤刑을 비롯해 노비에 대한 분쟁과 관련된 내용과 차비差備나 근수跟隨 등을 수록하였다. 공전은 도로나 교량을 비롯해 도량형, 공장工匠 등을 수록하였다.[21]

승정원에 6승지를 둔 것은 이상과 같은 《경국대전》의 6전체제에 대응하기 위한 것이다. 즉 국가의 운영체계인 《경국대전》에 상응하여 승정원에 6승지를 배치한 것으로, 6승지의 업무 분장을 분방分房이라고 하였다. 분방은 비단 승정원 6승지에 적용되는 것은 아니며, 임시로 설치된 각종 도감都監에서도 업무 분장을 분방으로 규정한 바 있다. 다만, 여기서 승정원의 6승지에 한정해서 분방을 살펴보도록 하겠다. 이유원李裕元(1814~1888)은 6승지의 분방에 대해서, "승지가 분방한 것은 진실로 육조의 제도를 모방한 것"[22]이라 표현한 바 있으며, 승지를 역임한 김윤식金允植(1835~1922)은 차운시 중 하나에서 "육부가 방을 나눠 각각 책상이 하나씩[六部分房各一牀]"이라 하여 그 모습을 표현하였다.[23]

6승지 분방의 원칙은 도승지가 이방, 좌승지가 호방, 우승지가 예방, 좌부승지가 병방, 우부승지가 형방, 동부승지가 공방 업무를 맡게 하였다.[24] 《경국대전》 6전에 대응하여 승지도 분방하여 역할을 수행했던 것이다. 당시 중앙부처 업무 분담이 크게 6조로 나누어져 있었고, 《경국대전》 구성에서도 6전체제로 되어 있던 것과 맥을 같이 한다. 오늘날 청와대비서실과 행정부의 유기적 기능과 동일한 시스템이었다.

분방을 통해 각 승지가 담당하였던 역할은 《은대편고》[25]에서 제시하고 있다. 물론 각 항목별로 구체적인 내용 검토가 필요하겠으나 여기서는 일단 각 방별 목차를 통해서 대략적인 이해를 구하는 것에 그친다.

이방吏房 : 정관政官, 정사政事, 정품政稟, 친림도정親臨都政, 전망前望, 해유解由, 정사呈辭, 소비疏批, 본원포폄本院褒貶, 전최殿最, 세초歲抄, 전지傳旨, 회계回啓, 생기省記, 적간摘奸, 과삼일過三日, 좌부좌坐不坐, 출조보出朝報, 대청代聽, 왕세자상소王世子上疏, 왕세자솔백관정청王世子率百官庭請, 행행幸行, 대보大寶, 명패命牌, 승지지공사입시承旨持公事入侍, 분승지가승지分承旨假承旨, 주천注薦, 대신大臣, 복상卜相, 원상院相, 돈유敦諭, 해래偕來, 문형회권文衡會圈, 청백리천淸白吏薦, 제관祭官, 어사御史, 감사監司, 수령守令, 서경署經, 수령변장천거守令邊將薦擧, 응자노인應資老人

호방戶房 : 새서璽書, 구임각사久任各司

예방禮房 : 취품取稟, 시사視事, 탈품頉稟, 동가動駕, 시신侍臣, 상참常參, 윤대輪對, 문안問安, 경연經筵, 숙배肅拜, 일기日記, 실록實錄, 재이災異, 일월식日月食, 망궐례望闕禮, 황력皇曆, 사신使臣, 교린交隣, 종묘배향宗廟配享, 문묘배향文廟配享,

조신시호朝臣諡號, 차자箚子, 선마宣麻, 국휼國恤, 거애擧哀, 정조시停朝市, 입학入學, 책례冊禮, 관례冠禮, 가례嘉禮, 공옹주가례公翁主嘉禮, 상존호上尊號, 진하陳賀, 진연進宴, 약방직숙藥房直宿, 내각각권內閣閣圈, 홍문관弘文館, 본관록本館錄, 예문관藝文館, 한권翰圈, 한림소시翰林召試, 관상감觀象監, 칙사勅使, 황단皇壇, 사·묘·전·궁社廟殿宮, 외궁·묘·전外宮廟殿, 궁묘宮廟, 묘사廟祠, 전대시조사전前代始祖祠殿, 능·원·묘陵園墓, 교단郊壇, 제향祭享, 친제親祭, 작헌례酌獻禮, 부태묘祔太廟, 기고제祈告祭, 재계齋戒, 전향傳香, 봉심奉審, 식년생진초시式年生進初試, 식년문과초시式年文科初試, 증광增廣, 중시重試, 문과전시文科殿試, 알성謁聖, 정시庭試, 응제應製, 춘추도기春秋到記, 대윤차大輪次, 절일제節日製, 일차유생전강日次儒生殿講, 승보陞補, 조흘강照訖講, 도과道科, 잡과雜科, 친림문무과창방親臨文武科唱榜, 문신제술文臣製述, 전경문신전강專經文臣殿講, 이문제술吏文製述, 한자문신전강漢字文臣殿講, 절일첩節日帖, 삭서朔書, 제과시관칙령諸科試官飭令

병방兵房 : 동가動駕, 능행陵幸, 전좌殿座, 노부의위鹵簿儀衛, 조참朝參, 차대次對, 기밀機密, 표신標信, 명소命召, 밀부密符, 발병부發兵符, 마패馬牌, 통부通符, 대열大閱, 대열후호궤大閱後犒饋, 호궤犒饋, 습조習操, 융기점고戎器點考, 궐문闕門, 궐문약시闕門鑰匙, 문금門禁 난입격고攔入擊鼓, 궁성宮城, 궁성호위宮城扈衛, 성문城門, 숙위입직宿衛入直, 경루更漏, 내순內巡, 순작巡綽, 순장·감군巡將監軍, 군호軍號, 생기省記, 대군함하향帶軍啣下鄕, 제조사부임除朝辭赴任, 기과記過, 금화禁火, 병판兵判, 장신將臣, 포장捕將, 병조兵曹, 도총부都摠府, 각군문各軍門, 호위청扈衛廳, 별군직別軍職, 식년무과초시式年武科初試, 식년무과복시式年武科覆試, 식년무과전시式年武科殿試, 별시別試, 도과道科, 관무재觀武才, 별시재別試才, 문신당하삭시사文臣堂下朔試射, 무신당상삭시사武臣堂上朔試射, 무신당하삭시사武臣堂下朔試射, 서북별부료시사西北別付料試射,

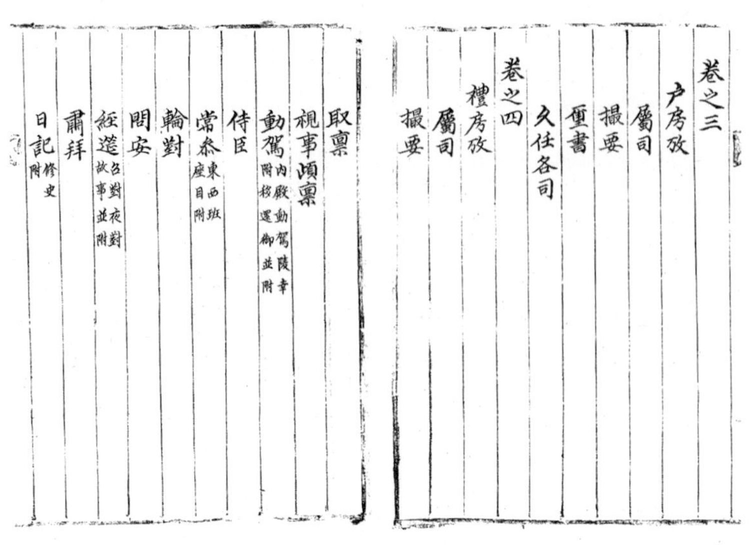
卷之三
戶房攷
屬司
撮要
重書
久任各司
卷之四
禮房攷
屬司
撮要

取稟
視事頒稟
動駕 內殿動駕陵幸附移還御並附
侍臣
常參 東西班座目附
輪對
問安
經筵 名對夜對故事並附
肅拜
日記 修史附

《은대편고》 목록 호방 및 예방 일부

선무군관시사選武軍官試射, 내시사內試射, 서총대瑞總臺, 전경무신전강專經武臣殿講, 전경무신시사專經武臣試射, 빈청강賓廳講, 무경강武經講, 능마아강能麾兒講, 선전관시강宣傳官試講, 도시都試, 중순中旬, 중일中日

형방刑房 : 대소臺疏, 대간臺諫, 피혐避嫌, 처치處置, 하유下諭, 다시茶時, 친국親鞫, 정국庭鞫, 추국推鞫, 삼성추국三省推鞫, 소결疏決, 금오金吾, 추조秋曹, 함사緘辭, 반사頒赦, 전지傳旨

공방工房 : 선유宣諭, 소장疏章

위의 분방 내용을 보면, 각 방의 업무가 《경국대전》의 6전 내용과 일치한다고 볼 수 있다. 예를 들어 형방의 경우 친국이나 정국 등 죄인의 조사와 처결 등을 담당하였다. 다만, 형방 업무에 대간과 관련된 대소나 대간, 피혐, 처치, 다시 등의 내용이 포함된 것은 그 이유나 배경을 현재로서는 확인하기가 어렵다. 공방의 경우도 선유나 소장 등으로 규정되어 있어 의외이다. 호방의 경우도 옥새가 찍히는 새서의 발행과 구임久任 관원에 대해 규정한 구임각사 만을 규정한 것도 역시 의문이다.

그럼에도 불구하고 위에서 내용 제시를 생략하였으나, 각 방 내용이 시작되면서 속사屬司라 하여 해당 방에서 담당하여야 할 관사를 명시하고 있다. 예를 들어 이방의 경우, 속사조에는 종친부宗親府·의정부議政府·충훈부忠勳府·의빈부儀賓府·돈녕부敦寧府·이조吏曹·상서원尙瑞院·종부시宗簿寺·사옹원司饔院·내수사內需司·내시부內侍府·액정서掖庭署 등을 명시하고 있는데, 이는 이방에서 이들 관서와 관련된 업무를 관장하고 있음을 알 수 있다.

호방의 경우도 속사에서 호조戶曹·한성부漢城府·내자시內資寺·내섬시內贍寺·사도시司䆃寺·사섬시司贍寺·군자감軍資監·제용감濟用監·사재감司宰監·풍저창豊儲倉·광흥창廣興倉·평시서平市署·의영고義盈庫·장흥고長興庫·사포서司圃署·양현고養賢庫·오부五部 등의 업무를 관장하고 있음을 적기하였다. 아울러 속사조에 이어 촬요撮要라 하여 이방을 비롯한 각 방의 대체적인 업무를 개략적으로 정리하고 있는데, 우리가 흔히 알고 있는 《경국대전》 각 전의 내용 상당부분을 포함하고 있다. 즉 분방은 기본적으로 《경국대전》 6전을 관장하되 이와는 별도의 승정원의 업무도 함께 나누어 관장하였던 것이다.

| 6승지의 대방代房과 환방換房 |

승지의 분방이 사실 언제부터 시작되었는지는 정확하지 않다.[26] 다만 다음의 기록을 통해서 볼 때 이미 건국 초부터 시행되었음을 알 수 있다.

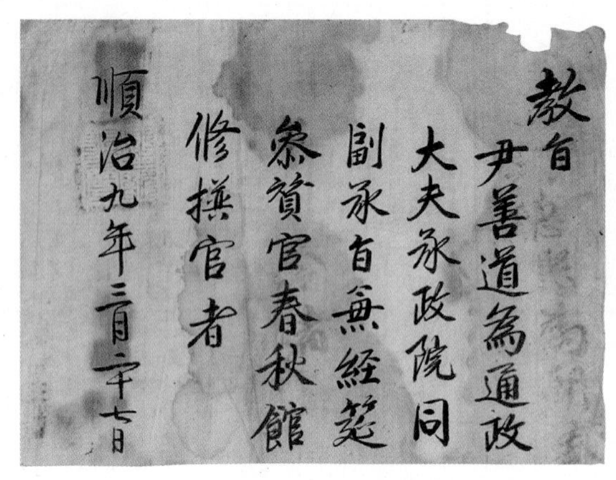
教旨
尹善道爲通政
大夫承政院同
副承旨兼經筵
參贊官春秋館
修撰官者
順治九年三月二十七日

윤선도를 동부승지에 임명하는 교지

동부대언同副代言 한 사람을 새로 더 두었다. 앞서는 대언代言 다섯 사람으로 이조吏曹·병조兵曹·호조戶曹·예조禮曹·공조工曹의 일을 맡게 하고, 타관他官 종3품 이상으로써 형조刑曹의 일을 맡게 하여, 도관都官에 나가 앉아서 노비奴婢의 소송訴訟을 판결하였으므로 이를 '지부知部'라 하였는데, 이때에 이르러 비로소 대언代言으로써 형조의 일을 맡게 하고, 형조 우참의右參議로 하여금 오로지 도관都官의 소송訴訟을 맡게 하였다.[27]

위 기록은 1405년(태종 5) 1월 동부대언을 추가로 설치한 사실에 대한 내용이다. 앞에서 서술한 바와 같이 대언은 후일 승지로 이름이 개정되었다. 여기서 보듯이 이미 이전부터도 대언들이 이조나 병조 등의 일을 관장하고 있음을 알 수 있다. 이러한 분방은 구체적으로 무엇을 나눈다는 것일까? 이와 관련해서 1492년(성종 23)의 기록을 살펴보자. 다소 장황하지만 흥미로운 내용이어서 전모를 제시한다.

임금이 승지承旨에게 묻기를, "듣건대, 근래에 계하啓下한 공사公事를 사알司謁이 많이 분방分房한다고 하는데, 그러한가?" 하였는데, 도승지都承旨 정경조鄭敬祖가 대답하기를, "사알도 분방하고, 승지도 분방합니다." 하니, 임금이 말하기를, "각방各房의 공사公事는 승지가 스스로 나누어야 마땅하며, 사알의 소임所任이 아니다. 사알은 단지 문서文書를 가지고 승전색承傳

色을 따라 와서 전하기만 하면 그만이다. 어떻게 제멋대로 분방分房할 수 있겠는가?" 하였다. 좌승지左承旨 허침許琛이 말하기를, "모든 공사公事는 사알이 각방各房으로 나누고, 육방 서리六房書吏가 각각 그 방의 공사를 승지에게 보여서 승지가 판부判付합니다." 하니, 임금이 말하기를, "내가 명한 바가 아닌데 사알이 제멋대로 분방하는 것은 옳지 못하다. 이후에는 이와 같이 하지 않도록 하라." 하였다.[28]

위의 자료는 우리에게 많은 이야기를 전한다. 전반적인 내용의 대략은 기본적으로는 승지가 분방하는 것을 전제한 위에서, 당시에는 사알司謁도 또한 분방한다는 것이다. 사알은 궁궐 내에서 복무하는 액정서掖庭署 소속의 잡직雜職 관원을 말한다. 분방의 모습을 보면, 국왕이 계하啓下(국왕이 계자啓字가 새겨진 도장을 찍어 내린다는 것으로 결재를 한다는 의미임)한 문서를 사알이 업무에 따라서 각 방으로 나누어 이를 육승지에 속한 서리에게 나누어 주면 서리는 이를 해당 승지에게 전달하고, 이를 받아 승지가 판부判付(국왕의 처결 내용을 기록함)한다는 것이다. 이를 간략하게 도식화하면 아래와 같다.

〈사알이 분방에 참여하는 경우의 업무 계통〉

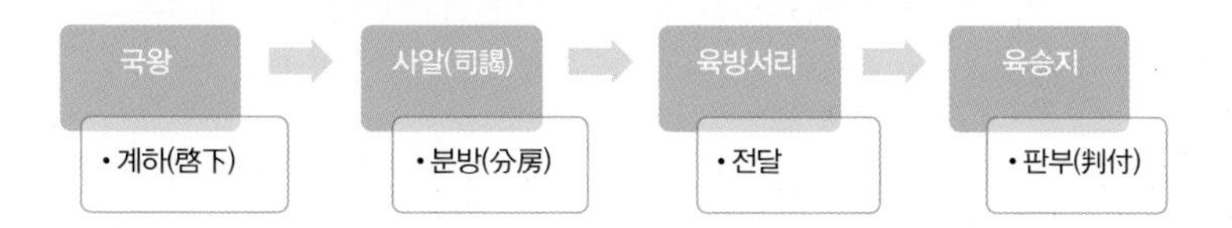

위 자료를 통해서 본다면, 분방은 국왕이 내린 계하 문서를 업무 분장에 따라 나누는 것을 의미하고 있음을 알 수 있다. 그리고 그렇게 계하된 문서에 승지가 각각의 분방에 따라 판부를 기록하는 것까지를 분방이라 설명하고 있음을 알 수 있다. 단, 여기서는 주로 계하

〈승지가 분방하는 경우의 업무 계통〉

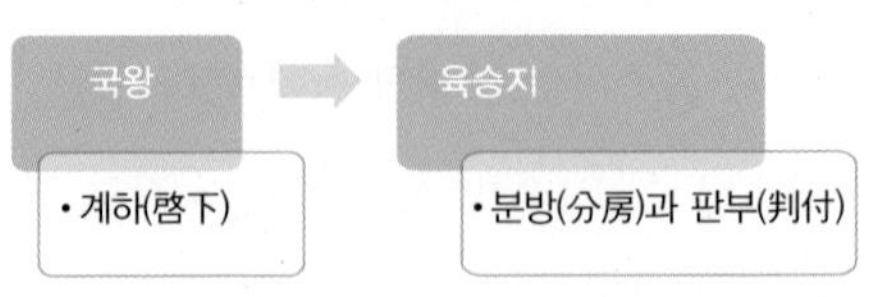

하는 문서에 대해서만 언급하고 있으나, 분방은 위에서 제시한 각 방에서 나눈 업무를 보고하는 것까지도 포함된다고 보아야 할 것이다. 그런데 이런 것이 당대까지는 사알의 분방에서 시작되고 있는데, 성종은 이를 시정하라고 하였다. 사알이 분방하는 것은 옳지 않으며, 본래는 승지들이 분방을 해야 하는 것임을 알 수 있다.[29]

분방은 기본적으로는 국왕의 결정에 따랐다. 승정원의 업무 규정집이라고 할 수 있는 《은대조례》에는 분방 절차에 대해서 다음과 같이 기록하였다.

> 분방을 배정하기 위한 단자의 빈칸에 이방吏房, 호방戶房, 예방禮房, 병방兵房, 형방刑房, 공방工房을 써서 내려 주거든 (승지들이) 분방한다.[30]

즉 국왕에게 빈칸의 단자를 올리되, 이때 이방이나 호방, 예방 등을 써서 올리면 국왕이 해당 빈칸에 담당자를 적어 내리는 과정으로 분방이 정해지는 것이다.

한편 6승지가 각 방을 관장하는 가운데 궐원이 생기거나 혹은 공적인 업무 수행을 위해 궁궐 밖으로 나가 있는 경우를 대비해 이른바 대방代房의 규정이 있었다. 관행적으로 이방과 예방, 호방과 공방, 병방과 형방이 각각 대방이었다.[31]

> 승정원이 아뢰기를, "추국할 때 담당 승지가 병으로 출사하지 못하였으

承旨房望單子空間列書以入吏戶禮兵刑工待塡
下分房而或有與六曹堂上相避則 啓稟換房
或有特旨則換房通編 近例有相避則微稟換房與吏房承旨
有相避者勿許除職堂上官不在此限仕滿者例
遷兵房同通編
承旨與翰林相避則修撰官遞與注書相避則注書
遞兼帥與注書並遞
蔭武承旨不得兼春秋館修撰官
藥院副提調兼帶承旨毋得兼帶金吾堂亦不得爲
推考房副提調推考房則微稟換房帶金吾而受點則亦爲微稟

《은대편고》 통고 승지조

니, 어찌 하오리까?" 하니, 전교하기를, "대방 승지代房承旨가 일을 보라." 하였다.[32]

즉 추국推鞫과 같은 죄인을 조사할 사안이 발생하였으나 마침 해당 업무를 맡은 승지인 형방 승지가 병으로 관청에 나오지 않자 이에 대방 승지가 해당 업무를 대신하도록 한 것이다. 이밖에 담당 승지가 공식적인 휴가인 경우에도 대방 승지가 업무를 대신 담당하였다.

> 이식李植이 아뢰기를, "죄인 한천두韓天斗를 의금부에서 추국해야 하는데, 형방 승지刑房承旨 서경우徐景雨가 식가式暇를 받아 집에 있으니, 신이 대방代房으로 나아가겠습니다. 감히 아룁니다." 하니, 알았다고 전교하였다.[33]

위의 사례는 추국을 위해 형방 승지인 서경우가 있어야 하지만 식가, 즉 공식적인 휴가를 받은 상태이므로 대방인 이식이 이를 대행한다는 것이다. 대방으로 업무를 대신할 경우 대방 승지가 국왕에게 보고하거나 만날 일이 있으면, 역시 국왕에게 품하도록 규정하였다. 예를 들어 국왕이 이방 승지를 입시하라고 했는데, 만약 이방 승지가 없을 경우에는 그 대방 승지인 예방이 입시하여, 국왕에게 나아가 "이방 승지가 없어서 대방이 나왔습니다."라고 품하도록 하였다. 그리고는 다음과 같이 대신하는 업무를 보고하였다.

이세기가 아뢰기를, "신은 이방吏房인데 공사가 없으나, 예방 승지 서당보가 봉심하러 나아갔는데 신이 대방代房으로서 공사 1건이 있으므로 전달轉達하겠습니다." 하고, 이어서 광주부 유수廣州府留守 김병기金炳冀의 장계狀啓를 읽어 아뢰고 나서 꿇어앉아 올리니, 계자인啓字印을 찍은 뒤에 '친히 예조에 계하啓下한다.'고 판부判付하였다.[34]

위의 사례처럼 이세기가 본래 이방을 담당하던 승지였는데, 대방인 예방 승지 서당보가 궐 밖으로 나간 상황이므로 자신이 대방으로서 공사 1건을 보고한다는 것이다. 그리고는 장계를 읽은 뒤 판부까지 직접 작성하였다.

단, 사안에 따라서는 대방이 통용되지 않는 경우도 있었다. 그 하나가 왕실에 안부를 묻는 일이었다. 이때는 대방 승지가 아닌 원래 업무를 담당하는 승지를 불러들여 업무를 담당하게 하였다. 예를 들어 1727년 7월의 다음 사례가 이에 해당된다.

또 아뢰기를, "방금 내의원의 장무관掌務官이 와서 말하기를 '내일은 바로 왕대비전에 문안하는 날짜입니다. 그러나 도제조는 아직 차임되지 않았고, 제조 심수현沈壽賢과 부제조 김동필金東弼은 모두 지방에 있어 오늘 안으로 올라올지를 아직 알 수 없습니다. 더없이 중대한 문안을 대방代房으로 대신 행하게 하는 것은 원래 전례가 없었습니다. 어떻게 해야겠습니까? 감히 여쭙니다.'라고 하였습니다." 하니, 전교하기를, "두 제조 중에 근기近畿에 있는 사람을 속히 오늘 안으로 들어오게 하도록 분부하라." 하였다.[35]

위 내용은 동부승지인 조최수趙最壽가 국왕에게 아뢴 내용으로, 당초 문안은 도승지로서 내의원의 부제조를 맡고 있는 김동필이 해야 하였다. 그런데 마침 김동필이 지방에 있어 문안에 참석할 수가 없었다. 이에 대방으로 조최수가 그 방안을 물었던 것인데, 국왕은 김동필을 포함해 내의원의 책임자를 소환해서 문안을 시행하도록 한 것이다.

또한 대방 승지도 업무를 담당하지 못할 경우가 발생할 우려가 있다. 아래와 같은 경우이다.

> 김상헌이 아뢰기를, "오늘 정사政事를 하도록 명을 내리셨는데, 병방 승지兵房承旨 이성구는 사명을 받들고 나갔고, 대방 승지代房承旨 조익은 병이고, 우부승지 이목은 주강에 입시하였습니다. 병비에 어느 승지가 나가야 합니까?" 하니, 전교하기를, "좌승지가 나아가라." 하였다.[36]

위의 사례는 정사政事, 즉 무신에 대한 인사 행정을 해야 하는데, 담당인 병방 승지 이성구가 왕명을 받들고 궐 밖으로 나간 상황이었다. 그런데 마침 대방 승지인 조익도 병이 나서 출사하지 못하였다. 이밖에도 차순위로 담당할 승지인지는 단정할 수는 없으나 이목이 역시 경연의 일종인 주강에 참석한 관계로 무신 인사를 하는 자리에 참여할 수 없었던 것이다. 이에 승지 김상헌이 이러한 상황을 국왕에게 보고하고 그 대책을 묻자 좌승지로 하여금 무신 인사를 담당하도록 하였다.

대방을 할 때 대방의 업무도 소홀하지 말아야 한다. 예를 들어 1626년(인조 4) 4월 18일 동부승지 심액沈詻이 국왕에게 보고한 내용이 있는데, 자신이 현재 대방을 맡고 있는데, 마침 대방 사안인 예장禮葬 때 승군을 지정하라는 국왕 명령 계통의 하나인 유지諭旨를 거행하지 못해 대방으로서 대죄한다는 내용으로 보고하였다.[37] 물론 국왕으로부터 대죄하지 말하는 전교가 내려졌으나 이처럼 대방 승지라 하더라도 대방의 업무를 소홀히 해서는 곤란하였다. 그리고 대방으로 업무를 처리할 때는 자신이 대방임을 표명하였다.[38]

한편 위에서 지적한 도승지=이방, 좌승지=호방, 우승지=예방 등과 같이 배정되는 것을 순방順房이라고 하는데, 이를 바꾸는 경우도 있었다. 이를 환방換房이라고 한다. 예를 들어 도승지가 이방을 주관하지만, 여러 가지 사정으로 우승지가 맡은 예방을 관장하게 되는 경우가 이에 해당된다. 환방을 하는 것은 여러 이유가 있지만 일차적으로는 본인이 담당하는 부서의 장관이나 관원들과 친인척이라는 혐의가 있는 경우가 있다. 즉 상피相避에 해당되는 경우인데,

> 승지가 육조六曹의 당상과 상피相避의 혐의가 있으면 임금에게 여쭈어 환방한다.[39]

라 하여 상피인 경우 국왕에게 품주하여 환방하도록 규정하고 있다. 중국 후한 때 복상服喪 문제로 시작된 상피제도는 우리의 경우 이미 고려시대에 제도화되었고, 조선시대에 들어와서는 확대 개편되었다. 조선의 상피제는 중앙 관직이나 지방 관직을 불문하고 통용되었는데, 승지에 한정한다면 이방 승지는 이조와, 병방 승지는 병조 등과 상피하여야만 하였다.[40] 예를 들어 1763년(영조 39) 1월 당시 승지의 분방에 대해서는 순방順房하라는 왕명이 있어 좌부승지 윤동승尹東昇이 병방 승지를 맡게 되었는데, 윤동승이 병조참의 정하언鄭夏彦과 동서지간이었기에 상피 대상이 되므로 국왕에게 품주하여 환방하였다.[41]

한편 환방을 한 경우에도 상피가 적용되었다. 다음의 사례를 보자.

> 김상헌이 아뢰기를, "이비의 정청政廳에 병방 승지가 겸하여 나아가도록 명을 내리셨습니다만, 신 상헌이 이조참판 장유와 상피 관계相避關係입니다. 이미 환방換房하여 겸하여 나아가는 것이 온당치 않으니, 어떻게 해야겠습니까? 황공한 마음으로 감히 여쭙니다." 하니, 전교하기를, "참판이 아직까지 숙배하지 않았으니, 겸하여 나아가는 것이 무방하다." 하였다.[42]

즉 김상헌이 병방을 맡고 있었는데, 국왕이 본래 이방이 담당해야 할 이비吏批의 정사에 참여하도록 한 것이다. 그런데 이비의 정사에 참여하는 이조참판 장유와 김상헌이 상피관계에 있었기에 참여하는 것이 적당하지 않다고 국왕에게 보고하였던 것이다. 물론 국왕은 종전처럼 김상헌이 참석하도록 하게 하였으나, 이처럼 환방을 한 경우에도 상피가 문제되었던 것이다.

환방은 상피 관계가 적용되는 것 이외에도 국왕의 특지로 환방을 하거나 여러 가지 사유로 이루어지기도 하였다. 예를 들어 1782년(정조 6)에는 6방 전체에 대해서 국왕의 특지로 다음과 같이 환방을 한 사례가 있어 주목된다.

> 이시수李時秀에게 전교하기를, 이방은 예방이, 예방은 호방이, 형방은 병방이, 호방은 공방이, 병방은 형방이, 공방은 이방이 맡게 하였다.[43]

전체 6방에 대해서 국왕의 전교로 환방이 된 사례이다. 다만 현재로써는 이 같은 전격적인 환방이 이루어진 이유가 무엇인지에 대해서는 정확하게 알 수 없다.

이밖에도 1735년(영조 11) 2월 국왕이 친림한 열무閱武가 예정되었는데, 좌의정 서명균徐命均이 병방 승지의 환방을 요청한 사례가 있다. 당시 병방 승지는 서명연徐命淵으로 국왕이 친림한 열무와 관련한 제반사를 담당해야만 하였다. 그런데 쇠약하고 병이 있어 사무를 감당할 상황이 아니었다. 이에 재종제再從弟인 서명균이 서명연의 환방을 요청하였던 것이고 국왕이 이를 받아들여 환방을 시행하였다.[44] 이밖에도 국왕의 친제가 예정된 상태에서 이를 담당하는 예방 승지의 시력이 좋지 않아 제물단자祭物單子를 읽기가 어렵다고 하여 환방한 경우도 확인된다.[45]

| 내부 규정으로 본 승지의 복무 실태 |

이상에서 6승지의 업무 분담 체계인 분방과 관련된 내용을 살펴보았다. 승정원 소속의 승지는 이밖에도 다양한 업무 복무규정이 있다. 아래에서 승정원의 내부 규정을 통해서 조선시대 승정원 승지의 복무 실태를 살펴보도록 하겠다.

먼저 주도做度라 하여 새로 관청에 배속되어 온 관원이 계속해서 숙직을 하는 직숙直宿 규정이 적용되었다. 주도는 표직豹直·포직儤直·쇄직鎖直이라고도 하였다. 승정원의 승지는 대개 동부승지로부터 출발하는데, 새로 동부승지에 제수된 인원은 주도를 해야만 하였다. 승정원 규정에 따르면, 처음 승지가 된 관원은 13일을 연달아 숙직을 서야 했다. 13일 중에서 10일이 주도에 해당되며, 3일은 예직例直에 해당된다. 그리고 만약 이전에 승지를 거쳤던 관원이 다른 관서에서 재직하다가 다시 승정원으로 오게 되면 역시 주도를 행하는데 이때는 5일만 직숙하였다.[46]

이 같은 주도는 홍문관이나 도총부, 규장각 등에서도 시행했지만,

〈은대계회도銀臺契會圖〉(부분) 조선 중기 문신 이현보李賢輔가 동부승지로 재직하며 승정원 관원 10명과 계회하는 모습이다.

특히 승정원의 주도 적용이 엄격하였다. 하루라도 주도를 마치기 전에 궁궐 안에 있는 금천교禁川橋를 건너면 지금까지의 주도가 무시되었다. 또한 동부승지에 제수되어 주도를 행하는 기간에 만약 우부승지에 제수되어도 동부승지의 예에 따라 주도를 하였다. 병이 생겨도 아프다고 할 수도 없었고, 주도를 마치기 전에는 자신이 다른 관직을 겸직하고 있다고 해서 출직出直할 수 없었다. 국왕이 주도를 마친 승지에게 주도로 인한 고통이 없었는가를 물을 정도였다. 다만, 이런 규정도 상황에 따라 약간 탄력적으로 운영된 경우도 있었다. 1765년(영조 41) 당시 이재협이 동부승지로 주도를 행하고 있었는데, 주도 10일째 되던 날 국왕의 거둥을 수행하고자 궐문을 나간 적이 있었다. 그래서 주도의 통과 여부를 놓고 논란이 있었고, 결국 국왕의 하교로 주도를 통과한 것으로 인정된 적도 있었다.

다음은 흔히 우리가 숙직이라고 할 수 있는 직숙直宿의 경우도 만만

창덕궁 금천교 주도를 마치기 전 금천교를 넘으면 지금까지의 주도가 무시되었다.

치 않았다. 대개 밤 10시 경 종을 쳐서 성문을 닫으며 통행금지가 시작되는 인정人定 때부터 다음 날 새벽 4시경 종을 쳐서 성문을 열어 통행금지가 해제되는 파루罷漏 때까지 직숙을 하는 것이 원칙이었다. 조선시대 직숙은 특히 국왕의 주위에서 비서 역할을 수행하는 승정원이나 자문에 응하는 홍문관, 또는 사관史官이라고도 불리는 예문관의 검열, 국왕의 호위를 담당하는 도총부나 금군禁軍, 혹은 국왕이나 왕실 인원의 비상시 의료를 담당하는 의원들에게 강조되었다.

직숙의 경우 같은 승정원 소속 승지라고 하더라도 동벽과 서벽이 달랐다. 동벽과 서벽은 회의 때 앉는 자리에 따라 구분하는 것으로, 동벽은 도승지·좌승지·우승지, 서벽은 좌부승지·우부승지·동부승지를 말하는데, 같은 승지라고 하여도 동벽의 서열이 높았다. 동벽이란 동쪽 자리나 동쪽 자리에 앉는 관원을 말하고, 서벽이란 서쪽 자리나 서쪽 자리에 앉는 관원을 말하는데, 이로 인해 관원의 위계가 구분되었다. 주벽主壁이란 표현도 있는데 북쪽에 앉아서 남쪽을 향하는 자리로 대개 장관들이 해당된다. 《은대조례》의 규정과는 달리 도승지를 주벽, 좌승지와 우승지를 서벽, 좌부승지와 우부승지와 동부승지는 동벽이라고 한 기록도 있어[47] 시기마다 차이가 있었는지 단정할 수 없다.

그래서인지 동벽은 4일에 1번 직숙을 섰던 데 비해 서벽의 최하위인 동부승지는 연3일 동안 직숙하여야 했다. 동부승지를 제외한 서벽의 다른 인원이 동부승지와 같은지는 알 수 없으나 동벽보다는 직숙이 길지 않았을까 생각된다. 승지에서 가장 최하위인 동부승지는 4일에 1번 숙직이 면제되었으니 얼마나 고역이었을지 쉽게 상상이 된다.[48]

조선시대 승정원 소속 6명 승지는 모두 정3품 당상관의 품계이다. 그러나 품계가 같다고 하여 동등하게 대우받는 것은 아니었다. 같은 승지라 하더라도 도승지와 나머지 승지가 달랐고, 좌승지 · 우승지와 좌부승지 · 우부승지 · 동부승지의 관청 내 위계질서는 현격한 차이가 있었다. 상위인 동벽이 청사에 나와 앉아 있을 때 하위인 서벽 관원은 반드시 정좌해야 하며, 서책을 볼 수도 없고, 사사로운 서간을 써도 안 되며, 한담을 해서도 안 되고 덥다고 부채를 흔들어도 안 되며 술을 마셔도 안 되고 빈번하게 개인적으로 출입해도 안 된다.[49] 특히 도승지 앞에서 다른 승지들은 흡초吸草, 즉 담배를 펴서도 안 되었다.[50] 도승지가 청사에 나와 앉아 있을 때 만약 다른 승지들이 업무 때문에 청사를 벗어나야 한다면 반드시 도승지에게 예를 행한 뒤에 나가야 하였다. 직렬상 가장 하위인 동부승지가 상소를 올리거나 개인적인 사유로 휴가를 청하기 위해 정사呈辭를 올릴 때는 반드시 상위 직렬에 있는 승지의 허락을 받아야 하였다.[51] 휴가 규정에도 차이가 있었다. 예를 들어 부모나 조부모, 외조부모의 기일인 경우 도승지를 비롯해 좌승지, 우승지는 약 2일간의 휴가가 주어지는 반면 나머지 좌부승지·우부승지·동부승지는 휴가가 없었다.[52]

심지어는 국왕을 인견하는 자리에 여러 승지가 동석하여 발언하는 경우도 순서는 지켜져야 했다. 예를 들어 1477년(성종 8) 7월 어느 날 국왕은 신하들이 모인 자리에서 홍귀달이라는 인물이 언급한 발언의 진의에 대해서 물었다. 그러자 먼저 좌승지 이극기가 발언을 하였는데, 이극기의 발언이 끝나기 무섭게 동석하였던 도승지 현석규가 화가 많이 나서는 소매를 걷어 올리며 눈을 크게 부릅떴다. 그리고는 도승지가 있는데도 다른 승지가 위계를 넘어서 말을 하니 옳지 못하다고 하면서 이렇게 승정원내 위계가 지켜지지 않는 책임을 들어 사임을 요청하였다. 물론 이 일은 유야무야 되었지만 본래는 발언도 차례대로 해야 한다는 것이었다.[53]

| 맺음말 |

조선시대 승정원 소속의 승지는 국왕을 지근거리에서 보좌하는 만큼 당대 손꼽히는 요직이었고, 당대의 뛰어난 관료들은 거의 모두 그 자리를 신밍하거나 기쳤다. 승지는 대개 개인의 뛰어난 능력과 함께 당대 명문가 출신이 대부분이었으며, 상당수가 문과를 거쳤다. 승지들은 뛰어난 개인적 능력과 화려한 사회적 배경을 동시에 갖춘 사람들이었다. 국정, 특히 국왕과 왕실에 관련된 핵심적 임무를 맡은 승지들은 매우 중요한 위상을 갖고 있었다. 다만 그 권한은 가변적이었다. 승지는 국왕의 측근으로 막강한 권력을 가졌지만 그들의 관직 생명은 국왕의 말 한 마디에 따라 웃고 울었다.

이상에서 조선시대 국왕의 비서인 승지의 직무 수행 체계를 살펴보았다. 승지는 6명으로, 조선 초 태종대에 완성된 이 체계는 조선의 법전인 《경국대전》 6전체계에 대응하는 것으로 국정의 원활한 수행을 위한 것이었다. 흔히 분방이라 하여 이방 · 호방 · 예방 · 병방 · 형방 · 공방 등을 6명의 승지가 분담하여 맡고서는 국왕이 계하하는 문서나 국왕에게 올리는 문서를 분장하였던 것이다. 분방이 여의치 않거나 상피 등의 문제가 있을 경우에는 대방이나 환방 등의 방법을 이용해 승지의 업무가 이루어졌다.

이 같은 분방이나 대방, 환방 등은 국왕을 중심으로 중앙집권체제를 지향했던 조선조 국정 운영 체제의 산물이라고 할 수 있겠다. 오늘날에는 대통령 비서관들에게 전문성이 요구된다. 만약 외교안보 담당 비서관이 교육문화 비서관을 겸하거나 서로 바꾸어 업무를 맡았다고 가정해보자. 아마 당장 여론의 뭇매를 면치 못할 것이다. 그러나 조선시대 승지들은 그것이 가능했다. 아직 충분한 검토가 진행되지는 않았으나, 이는 자칫 발생할 수 있는 국정운영의 공백을 최소화할 수 있는 장치가 아니었을까? 승정원 승지의 분방 체계나 대방, 환방 등을 비롯해 복무 실태 등에 대한 추가적인 검토가 필요할 것으로 판단되며, 이를 통해서 오늘날 대통령 비서실의 운영에 필요한 대안을 찾을 수 있지 않을까 한다.

7장

사화는 왜 일어났는가

삼사의 등장과 중앙 행정체제의 변화

김 범
국사편찬위원회 편사연구관

| 사화를 이해하는 시각 |

사화士禍는 조선 전기의 중요한 정치적 사건이다. '선비들의 피화被禍'라는 의미의 그 사건은 발생한 해의 간지를 따라 무오(1498, 연산군 4년)·갑자(1504, 연산군 10년)·기묘(1519, 중종 14년)·을사(1545, 명종 즉위년)사화로 불린다. 그 사건들은 '사화'라는 고유한 명칭으로 아우를 만큼 조선시대부터 지금까지 그 규모와 원인·과정·결과 등에서 매우 큰 의미를 가진 사건으로 주목받았다.

네 사화는 조선왕조가 개창된 뒤 일어난 첫 번째 주요한 정치적 갈등이었다. 중앙 정치에서 정치적 갈등은 드문 일이 아니다. 시대와 지역을 떠나 중앙 정치에는 안정과 협력보다 격동과 대립이 우세했다. 그러나 사화는 그것이 발생한 시점과 맥락에서 특히 흥미로운 사건이었다.

첫 사화인 무오사화는 조선의 국법인 《경국대전》이 완성된 지 13년 뒤 일어났다. 체제가 안정되는데 핵심적 조건은 행정제도가 갖춰지는

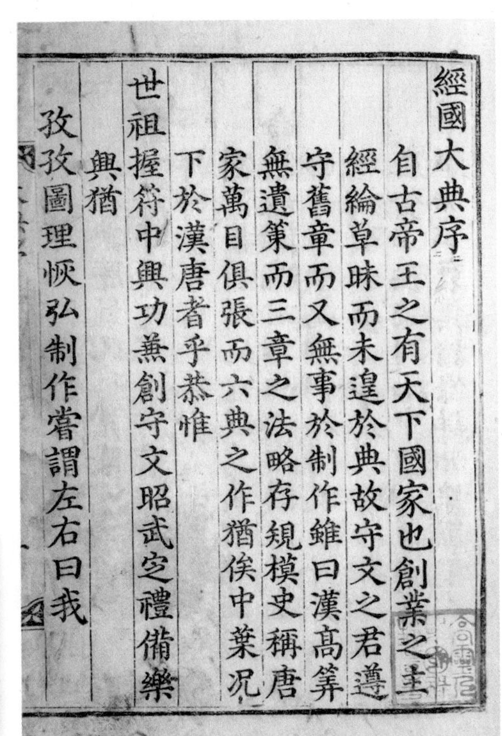

經國大典序

自古帝王之有天下國家也創業之主經綸草昧而未遑於典故守文之君遵守舊章而又無事於制作雖曰漢高筭無遺策而三章之法略存規模史稱唐家萬目俱張而六典之作猶俟中葉況下於漢唐者乎恭惟

世祖握符中興功兼創守文昭武定禮備樂興猶

孜孜圖理恢弘制作嘗謂左右曰我

《경국대전》

것이다. 널리 알듯 조선의 행정제도를 포괄하고 있는 자료는 《경국대전》이다. 그것은 세조 때부터 편찬되기 시작해 여러 차례의 수정과 검토를 거친 끝에 성종 16년(1485) 완성되었다. 편찬에만 20년 넘게, 건국부터 계산하면 1세기가 넘게 걸린 어려운 과정이었다.

행정제도가 완비되면 나라는 순조롭게 발전한다. 이것이 일반적 현상이고 예상이다. 그러나 방금 말한 대로 첫 사화인 무오사화는 《경국대전》이 완성된 지 13년밖에 되지 않아 일어났다. 다시 말해 조선은 건국 후 1세기 만에 지난한 과정을 거쳐 행정제도를 완성하는 위업을 이뤘지만, 바로 얼마 뒤 심각한 정치적 충돌이 발생하는 이례적 현상이 나타난 것이다. 사화의 원인을 심층적으로 해명해야할 필요와 흥미는 예상을 빗나간 이런 독특한 상황에서 기원한다.

앞질러 말하면, 사화는 '새로운 행정제도가 도입되고 안착되는 과정에서 발생한 마찰'이었다고 파악할 수 있다. 그 새로운 행정제도의 핵심은 '삼사三司'였다. 삼사는 사화, 나아가 조선시대 정치사를 이해하는 관건의 하나로 평가된다. 사화를 이해하려면 다음의 몇 사항을 염두에 둘 필요가 있다.

삼사의 기능과 제도적 확립 널리 알듯 삼사는 사헌부司憲府·사간원司諫院·홍문관弘文館이다. 이 세 관서는 관원에 대한 감찰과 국왕에 대한 간언, 그리고 여러 사안에 대한 자문을 각각 주요한 임무로 가졌다. 그러나 그들은 점차 서로의 임무를 넘나들면서 활동했고, 그 결과 '삼사'라는 하나의 명칭으로 동질성을 인정받게 되었다.

어떤 변화의 실질적 효과를 가늠하는데 핵심적 사항은 제도의 성립이다. 현실의 변화와 필요가 오랫동안 축적되면 어떤 제도의 성립으로 귀결된다. 즉 제도는 다양하고 가변적인 현실적 요구를 집약한 균일하고 고정된 조문條文인 것이다. 제도로 성립되지 않을 때 현실적 변화와 요구는 오래지 않아 사라지는 사례가 적지 않다.

앞서 말한 대로 조선의 제도가 확립된 중요한 계기는 성종 16년(1485) 《경국대전經國大典》이 완성된 것이었다. 《대전》의 첫머리인 〈이전吏典〉은 주요 관서들의 기능과 그 밖의 사항을 규정한 조문條文으로 시작된다. 그 내용은 간략하고 때로는 다소 모호하지만, 각 관서의 고유한 임무와 권한을 포괄적으로 정의하고 있다. 《대전》의 완성으로 삼사를 포함한 주요 관서의 본원적 기능은 국법에 보장된 불가침의 영역으로 편입된 것이었다.

국왕과 신하(주로 대신)를 비판하고 제어하는 삼사의 기능이 행정제도로 확립된 것은 조선 정치의 중요한 특징을 형성했다. 그것은 상대적으로 취약한 왕권을 더욱 제약했고, 대신과 삼사의 긴장과 대립을 일상화했다. 그러나 동시에 활발한 토론을 촉진하고, 권력의 절대화를 방지했다. 이상적으로 운영될 경우 이런 체제는 국왕이 상위에 군림하면서 대신과 삼사가 견제와 균형을 이루는 수준 높은 유교정치로 발전할 수 있는 것이었다. 일단 이런 변화는 조선 중앙정치의 중요한 특징이자 긍정적인 발전으로 생각된다.

중앙관직의 운영 원리 1–임무의 규정성 중요하게 고려해야 할 또 다른 측면은 중앙관직의 운영 원리다. 그것은 관원 개인의 정치적·사상적 성향보다는 해당 관서의 기본적인 임무가 그 관원의 활동을 일차적으로 규정했고, 신하들의 관직은 늘 순환한다는 두 가지 사실이다.

앞서 말한 대로 각 관서의 임무는 상징적이든 구체적이든 《대전》에 규정되어 있었다. 다시 말해서 관원은 자신의 임무를 선택할 수 있던 것이 아니라 국법으로부터 부여받은 것이었다.

중앙 행정의 핵심은 국왕과 신하였다. 신하는 대신(주로 2품 이상)과 삼사가 그 중심을 구성했다. 대표적인 대신인 의정부(의정~참찬)와 육조(판서)의 임무는 정부의 상위에서 국정을 포괄적으로 심의하고 운영하는 것이었다. 그런 기능에 충실하려면 지나치게 원칙적인 태도를 고수하기보다는 현실의 다양한 조건에 대응하는 유연한 자세가 필요했다. 그리고 그들 대부분은 그런 고위직에 오르기까지 여러 관서를 거치면서 풍부한 경험을 쌓은 원숙한 나이의 관원이었다. 그들이 대체로 현실적이고 보수적인 태도를 나타낸 데는, 개인의 독자적인 여러 성향보다는 이런 객관적 조건들이 좀 더 우선적으로 작용했다고 생각된다.

그러나 삼사의 조건은 사뭇 달랐다. 그들의 기본 임무는 간쟁과 탄핵이었다. 이런 비판적 임무는 현실의 여러 변수를 너그러이 고려하기보다는 원칙과 논리에 입각한 엄격하고 견결한 태도를 요구했다. 그리고 상대적으로 적은 그들의 나이와 품계도 그런 태도를 형성하는데 무관하지는 않았을 것이다.

중앙관직의 운영 원리 2-긴밀한 인적 연속성 그러나 중요하게 기억해야할 측면은 대신과 삼사가 긴밀한 인적人的 연속성을 가졌다는 사실이다. 지금도 그렇지만, 당시도 유망한 관원은 대체로 비슷한 경로를 거쳐 고위직으로 승진했다. 그 핵심적 경로는, 청요직淸要職이라는 이름이 알려주듯, 삼사였다.

조선시대 주요 인물은 대부분 삼사를 거쳐 대신이 되었다. 실제로 성종~중종대 의정부 · 육조의 대신은 대부분 삼사를 거친 인물들이었다(50~90%). 이것은 새롭거나 특이한 현상이 아니라 상식적으로도 예측할 수 있는 사실이다.

조선의 많은 관원은 젊은 나이에는 삼사에 근무하면서 탄핵과 간쟁의 임무를 성실히 수행했다. 그러나 그 뒤 나이를 먹고 품계가 올라 대신이 되면 그 관직에 합당한 현실론적 태도를 나타낼 가능성이 컸다. 이것은 순환론적 견해로 지적할 수 있는 측면도 있지만, 부인하기 어려운 사실이기도 하다. 이런 측면은 '훈구-사림' 문제를 이해할 때도 숙고해야 할 사항이다.

중앙관직의 운영 원리 3-빈번한 인사이동과 재임용 아울러 이 시기의 인사 행정에 주목할 만한 변화가 나타난다는 사실도 주의 깊게 받아들일 필요가 있다. 그것은 빈번한 인사이동과 재임용의 고착화라고 요약할 수 있다.

조선시대 전체를 조사해보지는 못했지만, 이 글의 주요 대상인 성종·연산군·중종대 의정부 의정~참찬의 임기는 각각 26.4개월－15.2개월－15.4개월로 변화했다. 같은 기간 육조 판서는 14.5개월－16.1개월－6.8개월이었고, 삼사 장관(대사헌·대사간·부제학)은 6.3개월－4.2개월－3.3개월이었다. 그러니까 삼사 장관의 임기는 이미 성종 때부터 반년 밖에 되지 않았으며, 중종 때 와서는 석 달마다 교체된 것이었다.

적지 않은 관원이 한번 파직되었다가 같은 관직에 다시 임명되는 순환적 인사가 점차 고착되었다는 사실도 함께 주목할 만하다. 중종 때의 삼사 장관은 3분의 1 이상(37.4%)이 그렇게 임용되었다.

재직 기간의 단축과 재임용의 증가라는 독특한 행정 현상의 발생과 고착은 특히 삼사와 관련해 중요한 의미를 갖는다. 어떤 관서의 빈번한 인사이동이 거의 만성화에 가까울 정도로 일반적인 일이었고, 파직된 상당수의 사람들이 다시 그 관직에 임용되는 구조는 어떤 결과로 이어질 것인가?

삼사는 기본적으로 파직의 위험성이 큰 관서였다. 그런데 그 관원은 과감한 탄핵과 간쟁을 제기한 것과는 거의 무관하게 그 관직에 오래 머무르지 못할 것이 예상되었지만, 일단 파직된 뒤에도 다시 그 자리에 임명될 확률이 적지 않았다(또는 다른 관직으로 승진할 수도 있었다). 그렇다면 그 관원은 자리에 연연하지 않고 좀 더 적극적으로 행동할 가능성이 크지 않았을까? 삼사의 영향력이 크게 제고되었지만 중앙정치의 갈등도 고조되어 결국 사화의 발발로 귀결된 이 시기의 정치사는 이런 행정의 구조적 문제와 밀접한 관련을 갖고 있다고 생각된다.

행정제도와 현실은 상호 영향의 관계다. 현실의 변화와 요구는 제도의 성립을 가져오지만, 그렇게 만들어진 제도는 다시 현실을 바꾸어간다. 《대전》의 완성이라는 중요한 제도적 완성부터 조선 최초의 사화인 무오사화까지는 13년밖에 걸리지 않았다. 제도의 정비와 정치적 갈등의 폭발이라는 상반된 현상이 인접했다는 객관적 사실은 그 제도의 어떤 부분(또는 전체)이 현실에 쉽게 적용되지 못하고 마찰을 빚었다는 측면을 암시한다. 포괄적으로 말해서 그것은 삼사라는 중요한 제도가 현실에 정착되는 과정에서 발생한 갈등이었다. 그 지난한 실험을 통과하면서 조선의 정치제도는 독자적이고 원숙한 면모를 갖춰갔다.

| 무오사화 | 사초를 매개로 삼사에게 경고한 조선 최초의 사화

무오사화戊午士禍는 조선의 역사에서 '사화'라는 이름이 붙은 첫 사건이다. 이것은 그 사건이 기존의 문제들보다 그만큼 독특하고 차별적으로 인식되고 평가되었다는 증거다. 무오사화에는 연산군과 유자광柳子光을 비롯한 일부 대신들이 개입했다. 이런 측면은 현대의 이론적 도움을 받아 '훈구'와 '사림'의 충돌로 해석되었다. 그러나 앞서 지적한 대로 그 통설은 일정한 실증적 · 논리적 문제를 갖고 있다고 생각된다. 또한 연산군은 그때까지 아직 폭정을 본격화하지 않았고, 뒤에서 보듯 무오사화의 피화 규모도 그리 크지 않았다. 이런 측면들은 그 사건을 객관적으로 다시 검토해야 할 필요를 알려준다.

성종대의 정치적 유산 앞서 말한 대로 성종 때의 가장 중요한 업적은 《경국대전》의 완성이었다. 그로써 삼사를 비롯한 주요 관서들의 기능은 국법에 보장된 불가침의 영역으로 편입되었다.

이런 제도적 규정은 치세 중반 이후 삼사를 육성해 기존의 대신을 제어하려는 성종의 정치적 포석과 맞물리면서 점차 현실에도 적용되었다. 국왕이 적절한 조정력을 행사하면서 대신과 삼사가 견제와 균형을 이루는 체제가 형성된 것은 조선 전기 정치와 행정의 중요한 변화이자 발전이었다.

그러나 일반적으로 비판은 좀처럼 제어되지 않으며, 계속 격화되는 속성을 가진다. 삼사의 활동도 그랬다. 성종 후반 삼사의 위상은 지나친 수준까지 팽창했다. 붕어하기 직전 성종은 당시의 정국을 "두 마리 호랑이가 싸우는 것 같으니 참으로 아름다운 일이 아니다."라고 개탄했다(1494년, 성종 25년 5월 5일). 성종은 삼사의 활동을 제도로 보장하고 현실에서도 용인(과 후원)했지만, 현실적 갈등을 말끔하게 봉합하지 못한 채 치세를 마감한 것이었다.

삼사의 위상이 높아진 것은 유교 정치의 이상에 다가간 의미 있는 발전이었지만, 국왕과 대신의 입장에서는 불편하고 불만스러운 현상이 분명했다. 즉위 직후부터 왕권 강화에 남다른 관심과 의지를 보인 연산군에게는 더욱 그랬다. 성종 후반부터 삼사의 강력한 탄핵에 계속 시달려온 대신들도 국왕의 생각에 동의했다.

국왕과 대신은 당시의 가장 커다란 폐단이 삼사라는 데 합의했고, 그들의 행동을 '능상凌上'으로 규정했다. '윗 사람을 능멸한다.'는 의미의 이 단어는 연산군대의 거의 모든 사안을 관통한 핵심적인 판단 기준이었다. 무오사화는 그 기준을 적용한 첫 번째 정치적 숙청이었다.

정치적 갈등의 고조 치세 초반부터 연산군·대신과 삼사는 불교식 제사인 수륙재水陸齋의 시행, 외척·내시의 임용과 포상, 폐모(연산군의 생모인 폐비 윤씨)의 추숭 등 거의 모든 사안에서 충돌했다. 스스로 인정했듯 삼사는 연산군이 즉위한 이래 거의 하루도 거르지 않고 상소를 올려왔고(1496년 3월 14일), 사안에 따라 그 행동은 57일 동안 지속되기도 했다(1497년 4월 25일).

삼사는 자신의 의견이 조금이라도 받아들여지지 않으면 즉시 사직했다. 사직은 60~70번에서 1백 번까지 지속되기도 했다(1497년 6월 12일). 이것은 예전에 없던 현상이었다. 연산군도 이런 삼사의 행태에 큰 분노를 거듭 표명했지만, 그들은 좀처럼 제어되지 않았다.

대신과 삼사의 갈등도 증폭되었다. 특히 대신을 겨냥한 삼사의 탄핵이 매우 거칠어졌다는 사실은 눈여겨볼 만하다. 1497년(연산군 3) 1월 16일 천둥과 번개가 치자 장령(정4품) 이수공李守恭은 삼정승과 찬성이 사람답지 않기[不人] 때문에 재변이 일어난 것이라고 탄핵했다. 한 달 뒤에도 사간(종3품) 최부崔溥는 삼정승이 아무 일도 하지 않으면서 녹만 축내고 있다고 탄핵했다(2월 14일). 대신들은 이런 삼사의 비판에 조금이라도 연루되면 즉시 사직했다.

삼사에 대한 대신들의 대응도 격화되었다. 가장 대표적인 인물은 영의정 노사신盧思愼이었다. 그는 대간을 하옥하라는 왕명을 "위엄 있는 결단"이라고 칭송하면서 이런 대간의 습속은 현명한 군주가 뜻을 둔 뒤에라야 제거할 수 있다고 아뢰었다(1495년 7월 7 · 19일).

이런 노사신의 발언은 삼사의 집중적인 비판을 받았다. 특히 정언 조순趙舜은 "노사신의 고기를 먹고 싶다."는 극단적인 표현을 동원했다(1497년 연산군 3년 7월 21일). 30세의 정언(정6품)이 70세의 전직 영의정에게 투사한 이 표현은 대신과 삼사의 관계가 치유하기 어려울 정도로 악화되었음을 또렷이 보여준다.

이런 과정을 거치면서 연산군대 초반 국왕 · 대신 · 삼사의 상호관계는 명확해졌다. 국왕은 삼사의 강력한 언론활동을 가장 심각한 폐단인 능상으로 규정했고, 일부 대신은 거기에 깊이 공감했다. 국왕은 삼사의 언론을 계속 불만스럽게 생각했고 강력히 경고했지만, 삼사는 좀처럼 제어되지 않았다. 삼사는 대신을 극단적인 표현으로 탄핵했고, 일부 대신은 거기에 강력히 반발했다. 연산군대 최초의 커다란 정치적 파국인 무오사화는 국왕과 대신이 연합하고 삼사가 그 대척점에 자리 잡은 상황적 맥락에서 발발한 것이었다.

무오사화의 시작 무오사화는 연산군 4년(1498) 7월 1일에 시작되었다.

> 파평부원군 윤필상尹弼商, 선성부원군 노사신, 우의정 한치형韓致亨, 무령군 유자광이 비밀스러운 일을 아뢰기를 청하고 도승지 신수근愼守勤에게 출입을 관장케 하니 사관은 참여할 수 없었다. …… 곧 의금부 경력 홍사호洪士灝와 도사 신극성愼克成이 경상도로 급파되었는데, 외부 사람들은 무슨 일인지 알지 못했다.

이 기록이 보여주듯 무오사화는 소수의 대신이 어떤 일을 비밀리에 보고하고 국왕이 재가하면서 급작스럽게 발발했다. 이렇게 시작된 사화는 같은 달 27일 주요 연루자들의 처벌 내용을 확정해 전교함으로써 마무리되기까지 채 한 달도 걸리지 않았으며, 본격적인 추국이 시작된 시점부터 계산하면 20일도 되지 않았다. 즉 그것은 돌발적으로 일어나 매우 짧은 기간 안에 종결된 사건이었던 것이다. 사건의 이런 외형은 무오사화가 상당히 제한적이며 절제된 목표를 가진 정치적 숙청이었다는 판단을 뒷받침하는 중요한 논거의 하나다.

김일손을 배향한 함양의 청계서원

무오사화의 전개 1–김일손의 사초 무오사화는 크게 세 단계로 전개되었다. 그 사건은 김일손의 사초에 세조와 관련된 불충한 내용이 담겨있다는 혐의로 시작되어, 그와 교유한 젊은 관원·선비들이 현실에 대한 불만을 토로한 문제로 확대되었다가, 김종직金宗直의 〈조의제문弔義帝文〉이 발견되면서 사제관계를 매개로 붕당을 결성해 역사와 현실에 역심逆心을 품은 사건으로 규정되는 과정을 거쳤다.

사건의 주모자로 지목된 김일손金馹孫은 의금부 관원들이 파송된 지 열흘 만에 도성으로 압송되었고, 즉시 추국과 신문이 진행되었다(7월 11일). 김일손의 사초에서 집중적으로 문제된 부분은 세조와 관련된 서술이었다. 그것은 단종·사육신·소릉昭陵(단종의 모후인 현덕顯德왕후 권씨의 능) 같은 중대한 정치적 사안부터 홀로된 며느리를 취하려는 패륜에 가까운 세조의 개인적 행동까지 대단히 민감한 문제들을 건드리고 있었다. 그리고 그 끝부분에서는 김종직이 과거를 보기 전에 꿈을

꾸고 느낀 것이 있어 〈조의제문〉을 지어 충분忠憤을 부쳤다고 쓴 뒤 전문全文을 인용했다(7월 13일).

연산군은 이런 불충한 사초를 쓴 까닭을 날카롭게 추궁했다. "이것은 반심反心을 품은 것이 분명한데, 어째서 너는 세조의 후손이 다스리고 있는 조정에서 벼슬했는가?"

김일손은 반역의 혐의를 부인하면서 문제된 내용은 이런저런 사람들에게서 들었거나 자신의 소박한 판단에 따라 작성한 것이라고 변명했다. 정보를 제공했다고 김일손이 지목한 인물들은 그런 사실 자체를 부정하거나 자신들의 말을 김일손이 기록하는 과정에서 착오를 일으켰다고 반박했다(7월 12·13일). 사실은 쉽게 확인되지 않았고, 책임의 소재는 혼미해졌다.

그동안 거의 모든 논란의 핵심에 서 왔던 삼사가 등장한 시점은 이때였다. 이번에도 그들의 논점은 국왕의 판단과 상당히 어긋났다. 홍문관과 예문관은 사초의 내용보다는 국왕이 실록을 열람해서는 안 된다는 원칙을 좀 더 중시한 것이었다. 그러자 연산군은, 사화의 본질과 관련해 상당히 중요한 발언인데, "반드시 어떤 사정事情이 있기 때문"이라면서 즉시 국문하라고 지시했다. 그동안의 행동대로 대간은 홍문관과 예문관의 만류는 그 직무상 당연한 일이라고 변호했지만, 국왕은 받아들이지 않았다(7월 13일).

대단히 민감한 정치적 사안과 관련해 문제될 소지가 객관적으로 농후한 상황에서도 원칙을 고수하면서 국왕의 행동을 저지한 삼사의 자세는 달리 생각하면 피의자들을 감싸려는 의도로 해석될 수도 있는 것이었다. 일단은 "어떤 사정"이라고 모호하게 표현했지만, 연산군은 그런 측면을 간과하지 않았다. 이런 국왕의 생각은 그 뒤 좀 더 분명하게 실체를 드러내면서 이 사화의 본질을 구성했다.

무오사화의 전개 2—붕당의 단초 사화는 김일손의 사초에 담긴 불온한 내용의 출처를 규명하는 과정을 거치면서 확대되었다(아래 내용은 7월 14일). 국왕과 주요 대신들은 사초에 연루된 인물들의 집을 수색해 증거를 수집했다. 거기서 이목李穆과 임희재任熙載(임사홍의 넷째 아들)가 주고받은 편지가 발견되었는데, 여기에는 현실 정치와 국왕에 대한 비판이 담겨 있었다(현재의 통설에 따르면 대표적인 '훈구세력'으로 분류될 임사홍의 아들인 임희재가 무오사화에 깊이 연루되었다는 이런 사실도 그 통설에 일정한 실증적 허점이 있다는 측면을 보여주는 하나의 증거가 될 것이다).

그런 증거를 본 연산군은 "이제 군소배群小輩가 붕당을 만들어 재상과 국사國事를 비판하니 통렬히 징계해 그 풍습을 개혁하라"고 명령했다. 국왕은 이 사건이 김일손이라는 개인의 사초에서 발원한 고립적 문제가 아니라 그와 교유한 일군의 집단이 붕당을 결성해 국사와 재상을 비판한 조직적 범죄라고 판단한 것이다.

나아가 그는 그런 연관의 혐의를 그동안 자신의 가장 큰 정치적 걸림돌이었던 삼사까지 확장했다. "실록을 열람해서는 안 된다는 말은 붕당이 드러날까 두려워서 그런 것이 아닌가?" 사화가 확대되는 과정에서 삼사가 붕당에 관련되었다는 의심도 점차 짙어지고 있다는 이런 측면은 깊이 유념할 필요가 있다.

윤필상 등 사화를 주도한 대신들도 국왕의 판단에 동조했다. 이로써 김일손이 압송된 지 사흘 만에 사화의 범위는 상당히 확대되었고 그 초점도 변화했다. 국왕과 대신은 이 사건을 일군의 집단이 붕당을 결성해 국사와 재상을 비난한 범죄로 파악했다. 그리고 거기에 삼사가 관련되어 있다는 판단도 조금씩 구체화되어 갔다. 이제 조선 최초의 사화는 가장 중요한 전환점을 맞았다. 그 계기는 유명한 〈조의제문〉의 발견과 해석이었다.

무오사화의 전개 3-〈조의제문〉의 발견과 해석 한국사에서 가장 유명한 글 가운데 하나일 〈조의제문〉은 김일손이 압송된 지 나흘 만에 사건의 전면에 등장했다(7월 15일). 그것은 무오사화의 전개 과정에서 가장 중요한 전환점이었다. 그 존재는 이미 이틀 전 김일손의 공초供招에서 알려진 상태였다. 그러니까 이틀 동안 그 문서는 그 진의가 분석된 뒤 사건의 결정적 증거로 제출된 것이었다.

그 임무를 수행한 사람은 유자광이었다. 그는 김종직의 〈조의제문〉을 발견한 뒤 구절마다 풀이해 이런 부도不道한 말을 한 사람을 법에 따라 처벌하고, 그 문집과 판본을 소각하며 간행한 사람까지 처벌해야 한다고 주장했다.

이런 사실에서 알 수 있듯, 무오사화의 발생과 전개에서 핵심적인 역할을 담당한 신하는 유자광이었다(물론 최종적이며 최대의 결정권을 행사한 사람은 행정체계의 가장 높은 곳에 있는 국왕 연산군이었다). 일찍이 성종 때 유자광은 김종직과 묵은 원한이 있었는데, 이극돈李克墩이 김일손의 사초와 관련된 문제를 상의하자 그 사건의 함의를 누구보다도 민첩하게 감지해 사건의 확대를 주도했다(7월 29일).

그는 김종직의 문집에서 〈조의제문〉을 지적해 추관推官들에게 두루

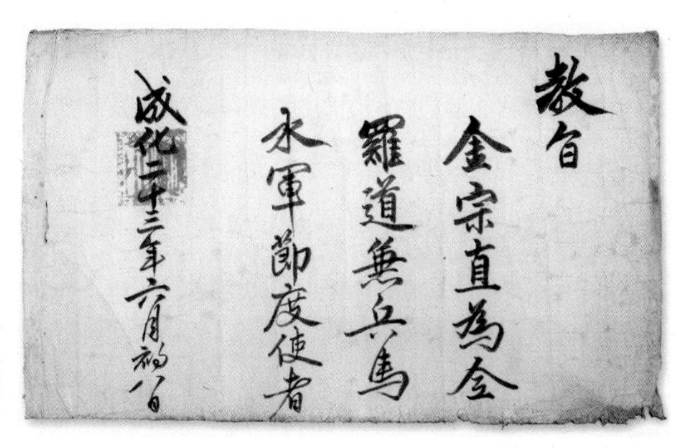
教旨
金宗直爲全
羅道兼兵馬
水軍節度使者
成化二十三年六月初日

김종직을
전라도겸병마수군절도사로
임명하는 교지
(대가야박물관 제공)

보이면서 "이것은 모두 세조를 지목한 것이니, 김일손의 죄악은 모두 김종직이 가르쳐 이룬 것"이라고 말하고는 즉시 주석을 달고 구절마다 해석해 국왕이 쉽게 알게 했다(7월 29일). 그는 김종직과 김일손의 연결고리를 발견함으로써 사초에 나타난 불온한 생각의 연원을 찾아냈고, 피의자들을 김종직의 제자라는 하나의 그물 안에 포획한 것이다. 국왕은 〈조의제문〉에 대한 유자광의 해석에 전적으로 공감했다. "세조께서 일찍이 김종직을 불초不肖하다고 하셨는데, 김종직은 그것을 원망해 이렇게 글을 지어 기롱하고 논평한 것이다(7월 16일)."

이로써 그동안 다소 혼미했던 사건의 진상은 분명해졌다. 이 사건은 김종직의 문하에서 교육받은 일군의 집단이 스승의 불온한 생각을 이어받아 그들 내부에서 교류하고 확대함으로써 역사와 현실을 부정한 범죄로 규정된 것이었다. 이제 필요한 일은 그 교유의 범위, 즉 붕당의 구성원을 밝혀내는 것이었다.

심문과 진술 사건은 신속하게 진행되었다. 국왕은 "사악한 잡초를 깨끗이 없앨 작정"이라는 강력한 의지를 천명했고 대신들은 "성상의 하교가 지당하다."면서 전적으로 호응했다(7월 17일). 가장 먼저 필요한 일은 '사악한 잡초'로 표현된 관련자들의 범위를 논리적 수사와 강압적 자백에 의거해 확정하는 것이었다. 그 대체적인 얼개는 김종직의 제자들과 임희재가 '선인善人'이라고 표현한 사람들이었다.

김일손은 신종호申從濩·조위曺偉 등 김종직의 제자 25명의 명단을 밝혔다(7월 17일). 이극돈의 진술(7월 19일)과 〈조의제문〉에 관련된 진술도 이뤄졌다. 연루자들을 확정해 형량을 선고하는 최종적 결론은 길지 않은 시간 안에 도출되었다. 그동안 대부분의 사안에서 중요한 발언권을 행사한 삼사가 다시 등장한 것은 이 시점이었다.

삼사의 연루 앞서도 삼사는 실록을 열람하려는 국왕의 행동을 저지했고, 국왕은 그들에게 '어떤 사정'이 있는 것이 분명하다는 혐의를 둔 바 있었다. 국왕의 그런 의심은 곧 확실한 증거를 얻었고, 즉각적이며 실제적인 처벌로 이어졌다. 그 계기는 김종직에게 적용할 사후死後의 형벌을 결정하는 문제였다. 〈조의제문〉이 발견되어 그 함의가 해석된 뒤 정문형鄭文炯·한치례韓致禮·이극균李克均 등 거의 모든 신하는 김종직이 지극히 부도하므로 부관참시剖棺斬屍의 극형을 내려야 한다는데 합의했다.

그러나 이번에도 거기에 제동을 건 집단은 대간이었다. 집의 이유청李惟清과 사간 민수복閔壽福 등은 〈조의제문〉이 매우 부도하므로 김종직은 참시해도 부족하다고 전제했지만, 이미 죽었으므로 작호를 추탈하고 자손을 폐고廢錮시키는 정도에서 그치는 것이 어떻겠느냐는 의견을 아뢴 것이다. 앞서와 비슷하게, 대간의 기본적인 입장은 감정에 휩쓸리지 말고 법률에 충실한 판결을 내려야 한다는 취지였을 것이다.

그러나 연산군은 이런 대간의 태도를 앞서 의심했던 '어떤 사정'의 확실한 증거로 받아들였다. 그는 대간의 상소에 표시를 달아 대신들에게 보이면서 "김종직의 대역이 이미 나타났는데도 이렇게 논의하니 비호하려는 것이 분명하다."고 대노했고, 즉시 체포해 국문하라고 지시했다. "이때 삼사가 모두 자리에 앉아있었는데, 갑자기 나장羅將 10여 명이 철쇄鐵鎖를 가지고 한꺼번에 들어오니 모두 놀라 일어났다(7월 17일)."

이것은 이 사화에서 삼사가 직접 처벌된 최초의 사례라는 측면에서 매우 주목할 만하다. 나흘 전 실록의 열람에 반대했을 때와 마찬가지로 이때도 대간은 이미 사망한 사람이므로 극한적인 추죄追罪는 필요하지 않다는 원칙적 입장을 제출한 것이었다. 그러나 연산군은 바로 그런 태도를 삼사가 김종직 일파와 붕당으로 연결되어 비호하려는 확증으로 파악했다. 국왕은 대간에게 형장을 때리고 신문하라고 지시했다(7월 21일).

이 사건을 계기로 사화의 주요한 처벌 대상은 김종직 일파와 삼사라는 두 부류로 좁혀졌다. 그들의 공통된 죄목은 서로 붕당을 맺어 그릇된 발언과 기록을 남겼다는 것이었다. 연산군은 이 계기를 이용해 그동안 불만스러웠던 대간의 행태를 일소하려는 의지를 보였다. "이제 대간을 뽑을 때는 대체를 아는 자를 선발해야 하며, 이전의 대간처럼 불초하거나 연소한 자들은 절대 임명하지 말라(7월 24일)."

나아가 국왕은 국무에 관련된 발언과 기록 전체를 통제하려고 시도했다. 연산군은 승정원에서 출납하는 공사公事를 누설해서는 안 된다고 승지들에게 하교했으며, 기록을 맡은 주서청注書廳에는 조정 관원들이 번잡하게 출입해 모든 공사를 알게 되니 앞으로는 출입을 금지시키라고 지시했다. 사관은 이 조처가 나랏일을 비판한 김일손의 행태를 연산군이 대단히 싫어했고, 외부인들이 김일손에 관련된 일을 알지 못하게 하려는 의도에서 나온 것이라고 해석했다(7월 26일).

요컨대 김일손과 김종직의 불온한 문서에서 촉발된 사화에는 삼사도 적지 않게 연루된 것이었다. 전자의 죄목은 사제 관계를 매개로 현실과 역사에 반역죄를 저질렀다는 것이었고, 후자는 그런 그들과 붕당을 맺어 비호하려고 했다는 것이었다. 즉 그들의 공통된 죄목은 붕당과 능상이었다. 국왕은 이 사화를 계기로 삼사의 행동을 교정하고 새로운 선발 지침을 하교함으로써 그동안 가장 불만스러웠던 집단을 자신의 의도와 부합되게 바꾸려고 시도했다. 이런 측면은 사화의 마지막 단계인 연루자들의 처벌에서도 다시 확인할 수 있다.

연루자들의 처벌 처벌은 신속하게 집행되었다. 우선 김종직의 문집과 그 판본을 전국에서 수거해 소각했다(7월 17일). 특히 중앙에서는 조정 관원들이 갖고 있던 김종직의 문집을 모두 압수해 궁궐의 뜰에 죄수들을 모아놓고 불태우는 '의식'이 거행됐다(7월 22 · 23일).

연루자들의 형량은 곧 결정되었다(7월 26일). 대상은 모두 52명이었는데, 사형 6명(11.5%), 유배 31명(59.6%), 파직 · 좌천 등이 15명(28.8%)으로 분류되었다. 이런 실제의 형량은 조선 최초의 사화라는 거대한 상징성과는 일정한 거리가 있다고 볼 수 있다. 특히 가장 무거운 형벌인 사형이 6명에 지나지 않는다는 사실(사후에 처벌된 김종직을 제외하면 그 비율은 더욱 줄어든다)은 앞서 말한 대로, 이 사화가 상당히 제한적인 숙청을 통해 배후의 전체에게 상징적인 경고를 보내려는 심층적 의도를 가진 사건이었다는 판단의 중요한 논거가 될 것이다.

피화인被禍人들의 구성 또한 유의할만하다. 그들 가운데 김종직과 직 · 간접적으로 연관된 인물은 24명(46.2%)으로 절반에 약간 못 미쳤으며, 나머지는 언관(9명, 17.3%)이나 실록의 편찬에 관련된 부류(8명, 15.4%), 또는 대신과 종친이었다(11명, 21.2%). 이 사화의 주요한 기화자로 평가되는 이극돈도 파직되었다는 사실은 매우 흥미롭다. 무오사화의 피화인에서 김종직 일파는 가장 많은 비중을 차지했지만 절반을 넘지 않았으며, 전체적으로는 그들과 무관한 부류가 오히려 더욱 많았던 것이다. 이런 측면 또한 이 사화의 표면적 요인과 처벌 대상은 사초와 김종직 일파였지만, 그 내면적 의도는 다른 부분에 있었음을 보여주는 중요한 방증이 될 것이다.

무오사화의 분석 사화의 조짐은 그것이 일어나기 1년 전쯤부터 감지되었던 것 같다. 단편적인 사례지만, 1497년(연산군 3) 8월 4일 시강관 이과李顆는 "요즘 주상께서는 대간의 말을 듣지 않을 뿐 아니라 처벌까지 하시니

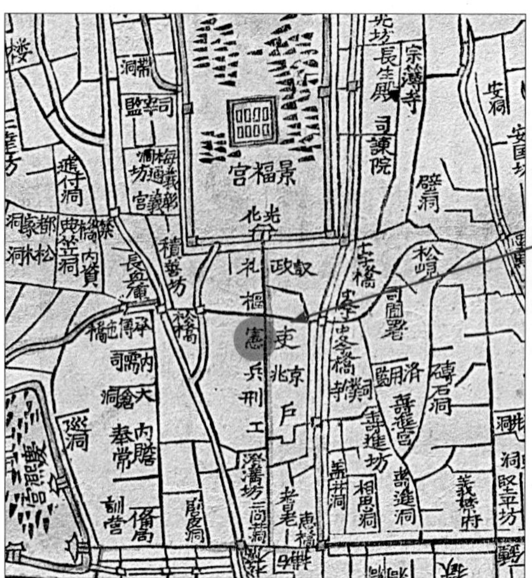

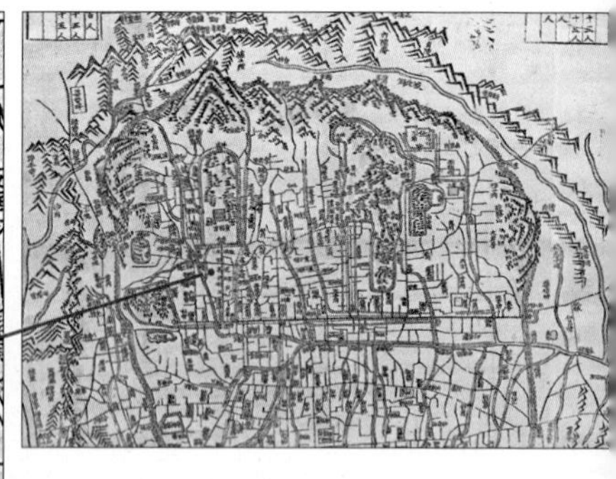

〈수선전도〉 내 사헌부 위치

앞으로 대간을 죽이는 일이 있지 않을까 두렵다."고 말했다.

앞서 본대로 국왕과 주요 대신들은 당시 삼사의 행동에 매우 커다란 불만을 공유하고 있었으며, 그것을 근본적으로 해소하려는 욕망과 필요를 절실히 느끼고 있었다. 그들은 그런 문제를 일거에 해결할 수 있는 기회와 명분을 노리고 있었다.

《연산군일기》에서는 그런 문제의 원인으로 지목된 대상이 사화 이전부터 "많은 사람의 원망을 뭉치게 하고 국왕을 항상 울분에 차 즐겁지 않게" 만들어왔다고 썼다. 김종직 일파는 문건이 발견된 이후 그런 집단과 합치되는 부류로 지목된 것이지, 그 이전에는 실체가 드러나지 않은 것이었다. 그 집단은 "명예를 노리고 윗사람을 업신여기며 국왕의 행동을 제어하는 문신(또는 문사)들"이었다.

그들의 실체를 알려주는 중요한 단서는 우선 신수근이 기화에 참여하게 된 동기에서 찾을 수 있다. 유자광과 이극돈은 김종직·김일손에게 깊은 개인적 원한이 분명히 있었지만, 신수근은 그렇지 않았다. 그가 증오한 대상은 자신의 출세에 반대한 삼사였다. 즉 신수근은 사초 문제를 들으면서 원한스럽게 새겨두었던 삼사의 지난 행동을 떠올릴 수 있었던 것이다.

사화의 확대에 유일하게 반대한 노사신의 발언도 중요하게 음미할 필요가 있다. 그는 사초 문제로 촉발된 사건이 유자광의 주도로 사초와 무관한 사람들까지 대거 투옥되는 사태로 번지자 그런 변질을 강력하게 저지했다. 그가 보호하려던 부류는 "조정에서 청론淸論하는 선비들", 곧 언관이었다.

이 사화에 삼사가 중요하게 연루되었다는 정황은 연산군과 대신들의 발언에서도 유추할 수 있다. 사화를 마무리한 직후 국왕은 그 사건의 궁극적 원인과 책임을 대간에게 돌렸다. "선비들이 결탁해 붕당을 만들어 악행을 저질렀지만, 대간이 용렬해 탄핵하지 못했기 때문에 최초의 사건이 발생한 것이다(8월 3일)."

그러면서 그는 그 결과 대간이 처벌되었다는 사실을 경고하듯 상기시켰다. "요즘 대간이 망령되게 종사宗社의 중대사를 의논하다가 그 죄를 받았다(8월 7일)." 곧 연산군은 그동안 거의 모든 국사에 개입해 온 삼사가 정작 김종직 일파의 역모적 사건처럼 참으로 중요한 문제는 적발하지 못했거나 그들을 옹호하려는 그릇된 붕당적 행태를 보였기 때문에 이런 옥사가 일어날 수밖에 없었으며 주요한 처벌 대상이 되었다고 밝힌 것이었다.

요컨대 무오사화는 김종직 일파와 삼사라는 두 집단을 동시에 처벌하고 경고한 복합적인 사건이었다. 성종 중반 이후 삼사는 중앙 행정의 주요한 관서로 새롭게 등장했다. 이런 행정체계의 변화는 바람직하지만 낯선 것이었다. 그것이 익숙해지려면 일정한 시간과 적응이 필요했다.

그러나 연산군은 그런 적응을 거부했다. 그는 왕권을 제약하는 삼사를 매우 불만스럽게 바라보았다. 주요 대신들도 자신의 행동을 격렬히 비판하는 삼사를 억제해야겠다는 필요를 점차 강하게 느끼고 있었다.

김일손의 사초가 발견된 것은 바로 그 시점이었다. 국왕과 대신들은 김종직 일파와 삼사를 능상과 붕당이라는 공통된 죄목으로 연결시켰고, 그런 절묘한 논리를 현실적 숙청으로 반영시키는데 성공했다. 사화의 발발에 동의한 신수근의 행동과 처벌의 확대에 반대한 노사신의 판단은 그런 전개과정을 입증하는 중요한 증거가 될 것이다.

이처럼 치밀하고 정교한 정치적 고려와 행동을 구사한 국왕과 대신들은 이 사화를 전면적인 숙청으로 연결시키지 않고 제한적이며 상징적인 경고로 마무리했다. 물론 그런 경고의 궁극적 대상은 이 사건의 심층적이며 본질적인 원인인 삼사였다. 삼사의 그릇되고 과도한 언론활동을 교정해야한다는 공통된 목표 아래 서로 제휴한 국왕과 대신들은 이로써 의미 있는 일차적 성과를 거두었다.

그러나 국왕과 신하라는 본질적인 차이에 따라 그들의 궁극적인 목표는 서로 다를 수밖에 없었다. 특히 삼사를 일단 제압한 연산군이 자신의 개인적 성향을 점차 노골적으로 드러내기 시작하면서 그 괴리는 더욱 커졌고, 정치세력의 상호관계와 정국의 전개양상도 크게 변화했다. 이런 과정의 최종적 결과는 갑자사화라는 더 큰 파국이었다.

| 갑자사화 | 폭정과 황음에 빠진 국왕이 자행한 거대한 폭력

1504년(연산군 10)의 갑자사화는 6년 전의 무오사화와 여러 측면에서 사뭇 다른 사건이었다. 무엇보다도 그것은 239명(사형 · 부관참시 122명,

51.1%)이라는 피화인의 규모가 보여주듯 전면적이고 가혹한 숙청이었다. 또한 무오사화가 국왕과 대신이 연합해 주도한 제한적 경고였던데 견주어 갑자사화는 폭정과 황음荒淫에 침윤되어가던 국왕이 신하 전체를 대상으로 자행한 거대한 폭력이었다. 갑자사화는 연산군의 폭정에서 한 극점을 형성했다.

강화된 왕권 무오사화 이후 중앙 정치가 변화한 것은 자연스러웠다. 가장 주요한 현상은 삼사의 위축이었다. 국왕이 대간을 날로 심하게 제압하자 모두 그 관서에 임명되기를 꺼려 결국 유순하고 나약한 성품을 가진 김영정金永貞이 대사헌에 발탁되었다는 기사는 그런 정황을 잘 보여준다(1498년 11월 10일). 연산군은 "오늘에야 대간이 있음을 알게 되었다."면서 이런 변화를 흡족해했다(1498년 7월 15일).

이처럼 사화 이후 삼사가 상당히 온순해짐으로써 국왕(과 대신들)은 자신의 정치적 구상을 한결 자유롭게 실현할 수 있게 되었다. 그러나 이 시점에서 국왕은 결정적인 오류를 저질렀다. 그는 강화된 왕권을 정치나 제도의 개혁 같은 본질적 문제가 아니라 사치 · 사냥 · 연회 · 음행 같은 비본질적인 사안에 집중적으로 투입했다. 좀 더 정확히 말하면 연산군은 후자와 관련된 자신의 욕망을 제한 없이 실현하는 것이 바로 능상을 척결해 전제적 왕권을 행사한다는 자신의 궁극적인 정치적 목표를 달성하는 관건이라고 판단한 것이다.

뛰어난 지도자와 그렇지 못한 지도자를 구분하는 가장 중요한 기준은 본질적 사안과 지엽적 문제를 정확히 구분해 인력과 재원을 효과적으로 집중시키는 능력이다. 이런 중대한 판단 착오는 연산군을 폭군으로 평가할 수밖에 없는 핵심적인 논거가 될 것이다.

왕권의 일탈 무오사화 이후 연산군은 사치·사냥·연회·음행의 탐닉, 금표禁標 설치와 민가 철거, 발언의 통제 같은 일탈적 행위를 자행했다. 이런 행위의 궁극적인 결과는 정무의 태만과 지나친 재정 지출에 따른 민생의 파탄이었다. 이 시기 중앙 행정은 사실상 마비되었다.

재정 지출은 무오사화 이듬해인 1499년부터 세출(20만 8522석 1두)이 세입(20만 5584석 14두)을 초과했다. 1501년(연산군 7)에는 이른바 '신유공안辛酉貢案'을 제정해 기존의 공납을 크게 늘린 결과 민생의 부담과 재정의 유용은 급격히 늘어났다.

정무에 태만한 것은 당연했다. 국왕은 사냥·연회·음행 등을 더욱 거침없이 즐겼다. 또한 그런 방종을 외부에서 알지 못하도록 궁궐 주변의 민가를 철거하고 국왕에 관련된 발언을 철저히 통제했다. 이런 현상은 재위 8~9년부터 크게 증가했다.

갑자사화 이후는 실제로 그렇게 되었지만, 신하들은 아직 간쟁의 임무를 방기할 수 없었다. 그 임무는 국법에 보장된 정규 행정의 하나였기 때문이다. 왕권의 일탈이 심각해질수록 간언도 강화되었다.

연산군 금표비(고양시 대자동 소재)

삼사와 대신의 간쟁 무오사화 이후 연산군이 집중한 행위들은 객관적으로 문제의 소지가 확연한 것이었다. 삼사는 다시 간쟁을 시작했다. 그러니까 무오사화로 위축되었던 삼사가 재기할 수 있었던 계기는 역설적이게도 연산군이 제공한 것이었다.

좀 더 주목되는 측면은 대신의 태도 변화였다. 대신도 국왕의 일탈을 자주 강력히 간쟁했고, 결과적으로 삼사와 비슷한 입장에 서게 된 것이었다. 본원적으로 긴장과 비판의 관계에 있던 대신과 삼사가 같은 의견을 갖게 되었다는 사실은 폭정의 심각성을 반증한다.

대신들이 본격적으로 간언에 참여한 시점은 1499년(연산군 5)이었다. 그 해 3월 27일 좌의정 한치형, 우의정 성준, 좌찬성 이극균 등 주요 대신은 10개 항에 걸친 긴 상소를 올렸다. 그 핵심은 국왕의 사치를 줄여야 한다는 것이었다. 1502년(연산군 8) 3월에 삼정승 한치형·성준·이극균이 올린 시폐時弊 10조도 주목된다. 그 제목대로 당시의 폐단을 집약한 그 상소의 주제 또한 재정 유용의 중지였다.

대신과 삼사가 문제의식을 공유하면서 국왕은 점차 고립되었다. 그러나 국왕은 이런 변화의 원인을 성찰하지 않았고 그런 결과에 더욱 큰 분노만을 느꼈다. 그는 무오사화가 간접적 경고에만 그쳤기 때문에 능상의 폐단이 삼사뿐 아니라 대신에게까지 만연한 것이라고 분석했고, 따라서 이제는 무차별적이고 직접적인 숙청이 필요하다고 결단하게 되었다.

갑자사화를 꼭 1년 앞둔 시점에서 연산군은 능상의 해악이 신하 전체에 만연했다는 결론에 이르렀다. "대간의 말을 들어주지 않으면 정승이 말하고, 정승의 말을 들어주지 않으면 육조가 말한다.……요즘 위에서 하는 일이라면 기어이 이기려고 해서 쟁론이 끝이 없다.……대간이 사체를 헤아리지 않고 말하는데 대신도 따라서 말하니 결코 들어줄 수 없다."(1503년 3월 16일) 고립된 국왕의 분노는 끔찍한 숙청으로 이어졌다.

갑자사화의 촉발 널리 알듯 갑자사화의 발단은 국왕의 하사주를 이세좌李世佐가 엎지른 실수(1503년 9월 11일)와 손녀를 입궐시키라는 왕명을 홍귀달洪貴達이 즉시 따르지 않은 사건이었다(1504년 3월 11일). 연산군은 이런 대신의 행동을 능상의 표본으로 지목했다.

주목할 사항은 이번에도 국왕의 근본적 분노는 삼사를 향해 있었다는 것이다. 연산군은 이런 무엄한 능상을 비판하지 않았다고 삼사를 질책했다.

능상에서 촉발된 사건은 곧 폐모 사건의 보복으로 번졌다. 3월 20일 연산군은 성종에게 참소해 폐모를 죽음에 이르게 했다고 판단한 후궁 정씨의 아들 안양군安陽君과 봉안군鳳安君을 창덕궁으로 압송해 폭행했다. 아울러 사건의 전말을 조사했는데, 공교롭게도 갑자사화의 발단을 제공한 두 인물인 이세좌와 홍귀달이 모두 연루되어 있었다(이세좌는 사사할 때 승지였고, 홍귀달은 폐비할 때 승지였다). 이런 결과를 보면서 아마도 연산군은 능상의 연원이 깊고 오래며 그 실체는 매우 복잡하고 복합적이라는 자신의 판단이 틀리지 않았음을 다시 한 번 확신했을 것이다.

갑자사화의 분석 갑자사화의 규모와 방식은 거대하고 참혹했다. 피화 대상은 현직 대신과 삼사를 아우른 거의 모든 신하를 넘어 이미 사망한 사람들까지 확대되었으며, 그 방식도 일반적인 처형 외에 부관참시, 쇄골표풍碎骨飄風, 파가저택破家瀦宅처럼 극한적인 형벌이 적용되었다.

239명의 피화인 가운데 사형과 옥사獄死·부관참시의 극형을 받은 부류만도 절반이 넘었다(122명, 51.1%). 이것은 무오사화보다 압도적인 수치다(그 피화인은 모두 52명이었고 사형은 6명이었다).

피화인을 관직에 따라 나누면 대신(20명, 17.9%)보다 삼사(92명, 82.1%)

가 훨씬 많았다. 그러나 질적인 부분에서는 오히려 대신의 피해가 더욱 치명적이었다고 판단된다. 사화의 발단을 제공한 두 인물이 모두 대신이었고, 연산군이 '갑자육간甲子六奸'이라고 지목한 이극균(좌의정)·이세좌(예조판서)·윤필상·성준·한치형(이상 영의정)·어세겸(좌의정)은 모두 당대 최고의 대신이었으며, 부관참시된 한명회·정창손·심회(이상 영의정)·이파(찬성) 등도 전대를 대표하는 훈신이었기 때문이다.

폭정과 폐위 200명이 넘는 대규모의 인원을 참혹한 방법으로 처벌하는 거대한 폭력으로 신하들을 완벽하게 제압한 연산군은 그 뒤 자신의 욕망을 제한받지 않고 자유롭게 현실화할 수 있었다. 반정으로 폐위될 때까지 꼭 2년 반 동안 연산군이 보여준 행태는 황음이라고 표현할 수밖에 없는 것이었다.

갑자사화는 조선의 역사에서 가장 거대한 정치적 비극의 하나일 것이다. 그 사건은 조선의 중앙정치에서 항존한 수많은 정치적 숙청들과 비교해 여러 측면에서 두드러진 차별성을 지녔다. 가장 중요한 특징은 갑자사화에서 가해자는 국왕 한 사람이었으며 피해자는 대신과 삼사를 중심으로 한 거의 모든 신하였다는 사실이다. 다시 말해서 그 사건은 '선비(사림)들의 피화'라는 의미의 '사화'라는 동일한 이름으로 묶인 무오·기묘·을사사화와도 여러 측면에서 크게 달랐던 것이다.

앞서 본대로 무오사화는 국왕과 일부 대신이 김종직 일파를 명분으로 삼사에게 경고한 사건이었다. 뒤에서 살펴볼 기묘사화(1519)는 조광조를 중심으로 한 기묘사림의 급진적 개혁정치를 정지시킨 국왕과 대신의 전격적인 숙청이었으며, 을사사화(1545)는 주로 신하들끼리의 충돌이었다.

요컨대 갑자사화는 수많은 정치적 숙청 중에서도 대단히 처참하고

연산군 적거지(강화 교동도)

기이한 사건이었다. 무오사화의 원인과 본질이 상당히 복잡하고 심층적이었던데 견주어, 그것은 권력의 자의성恣意性과 자율성을 혼동하면서 전제왕권의 몽상과 황음에 침윤되어가던 국왕이 행사한 폭력의 극점이었다고 할만하다. 실제로 그렇게 됐지만, 그런 거대한 만행을 중지시킬 수 있는 수단은 강제적인 폐위밖에 없었을 것이다.

연산군의 폭정으로 조선의 중앙 행정은 개국 이후 가장 심각한 파탄에 직면했다. 그러나 이런 시련을 거치면서 삼사의 위상은 더욱 견고해졌다. 뒤이은 기묘사화가 삼사의 영향력이 가장 증폭된 시점에서 발생했다는 사실은 그런 측면을 뒷받침한다. 연속된 사화는 한 제도가 현실에 정착되는 과정의 어려움을 표본적으로 보여준다.

기묘사화는 네 사화 가운데 '선비들의 피화'라는 의미에 가장 적합한 사건일 것이다. 그것은 삼사의 영향력이 대단히 팽창했을 때 국왕과 일부 대신이 그 관서를 이끈 주요 인물을 전격적으로 숙청한 사건이었다. 다시 말해서 중앙 행정에서 삼사의 위상은 연산군대 무오·갑자사화의 혹독한 시련을 거치면서 그만큼 확고해진 것이었다. 기묘사화는 삼사라는 새롭고 불편한 제도가 행정체계에 뿌리내리는 마지막 단계였다고 말할 수 있다.

중종 초반의 정치적 지형 연산군의 폭정 때문에 중종반정은 쉽게 성공했다(1506년 9월 2일). 왕조 최초의 반정이었기에 대규모의 포상이 이뤄지는 것은 자연스러웠다. 반정 직후 그때까지 가장 많은 104명의 정국靖國공신이 책봉되었다(9월 8일). 박원종朴元宗·성희안成希顔·유순정柳順汀 등 삼대장을 중심으로 한 공신은 중종 초반의 국정을 주도했다. 삼대장의 위세는 1509년(중종 4) 윤9월 삼정승을 장악하면서 정점에 도달했다.

그러나 대신에게 권력이 편중된 상황은 비교적 빠르게 해소되었다. 가장 중요한 원인은 정국공신의 과도한 책봉이었다. 1백 명을 넘는 인원에는 반정에서 별다른 공로도 없는 사람이나 연산군에게 깊이 협력했던 인물도 여럿 있었다.

삼사는 이런 객관적 문제를 강력하고 지속적으로 비판했다. 그 과정에서 삼대장을 비롯한 주요 대신도 직접 거론되었다. 삼사는 박원종의 행동을 '지록위마指鹿爲馬'로 비판하거나(1510년 1월 10일) 홍경주洪景舟·성희안의 인사 청탁을 탄핵했다(1509년 2월 26일, 1510년 5월 7일).

정릉(중종 릉) 전경

삼사의 영향력은 계속 커졌다. 1511년(중종 6) 10월 대사헌 남곤南袞과 대사간 이세인李世仁은 재변의 원인을 삼정승 김수동金壽童·유순정·성희안에게 돌렸다. 그들을 포함해 홍경주·신윤무辛允武 등 함께 지목된 대신들은 하루에도 몇 번씩 사직했다.

3년 뒤인 1514년(중종 9) 3월 삼사는 영의정 송질宋軼, 우참찬 홍숙洪淑, 형조판서 윤순尹珣, 병조참판 강징姜澂 등 주요대신을 능력 부족과 탐욕 등의 혐의로 탄핵했다. 이 탄핵은 하루에도 7~9회씩 석 달 동안 이어졌고, 송질 등은 결국 파직되었다. 삼사의 집요한 탄핵으로 영의정을 비롯한 주요 대신 4명이 교체된 이 사건은 반정 이후 10년 정도만에 삼사의 영향력이 회복되었음을 잘 보여준다.

동시에 주목할 사실은 삼사에 대한 부정적 평가 또한 높아지고 있었다는 것이다. 사관은 "대간이 조정의 중요한 일은 거론하지 않고 사람을 공격하는 것만 일삼아 작은 잘못도 용서하지 않으니 조정에

온전한 사람이 없었다."고 비판했다(1514년, 중종 9년 11월 7일). 곧 중종 10년 무렵 삼사는 영향력을 다시 강화했지만, 중요한 국무는 거론하지 않고 작은 흠결을 문제 삼아 사람을 공격한다는 부정적 인식도 커지고 있었던 것이다.

이런 측면은 그 직후 단행된 조광조와 기묘사림의 등용 배경을 이해하는 데 매우 중요한 실마리라고 생각된다. 지금까지는 대체로 대신을 제어하려는 목적에서 기묘사림을 등용했다고 이해해 왔다. 그러나 앞서 보았듯이 대신은 삼사에게 이미 상당히 제어된 상태였다. 오히려 문제는 삼사에게 있었다. 그들은 본질이 아니라 지엽에 치중하는 탄핵으로 물의를 일으키고 있었다. 조광조와 기묘사림의 등용은 새로운 인물로 삼사를 구성해 본격적인 개혁을 시작하려는 중종의 정치적 구상이었다.

조광조와 기묘사림의 등용 조광조趙光祖(1482~1519)는 한국사에서 가장 인상적인 인물 가운데 한 사람일 것이다. 개국공신 조온趙溫의 5대손으로 한양에서 태어났다는 사실이 알려주듯, 그는 한미하거나 지방에서 새로 흥기한 가문 출신이 아니었다.

그의 삶은 매우 특별했다. 1515년(중종 10) 6월, 34세의 다소 늦은 나이로 중앙 조정에 등장했지만, 조선의 역사에서 유례없이 빠른 승진을 거듭하면서 누적된 여러 현안을 근본적인 수준에서 개혁하려고 시도하다가, 4년 만인 1519년 11월 기묘사화로 일거에 숙청되어 한 달 뒤 사사된 그의 이력은 그야말로 어떤 개혁적 지사의 견결堅決한 역정과 비극적 운명의 한 전범을 보여주었다고 말할 만하다.

조광조를 중심으로 한 기묘사림은 삼사의 속성과 기능을 가장 표본적으로 보여준 집단이라고 평가할 수 있다. 그들은 상당히 젊은 신진 관원이었고, ―조광조(사화 당시 38세)·김정金淨(34세)·김구金絿(32세)·김식金湜(39세)·기준奇遵(28세)·박세희朴世熹(29세)·박훈朴薰(36세) 등―현실의 복잡하고 다양한 변수를 고려해 융통성 있게 처신하기보다는 원칙과 이상에 입각해 엄정하게 비판하고 간쟁했다. 그들은 근본적인 개혁을 추구했지만, 현실 정치의 장벽에 부딪쳐 결국 좌절하고 말았다.

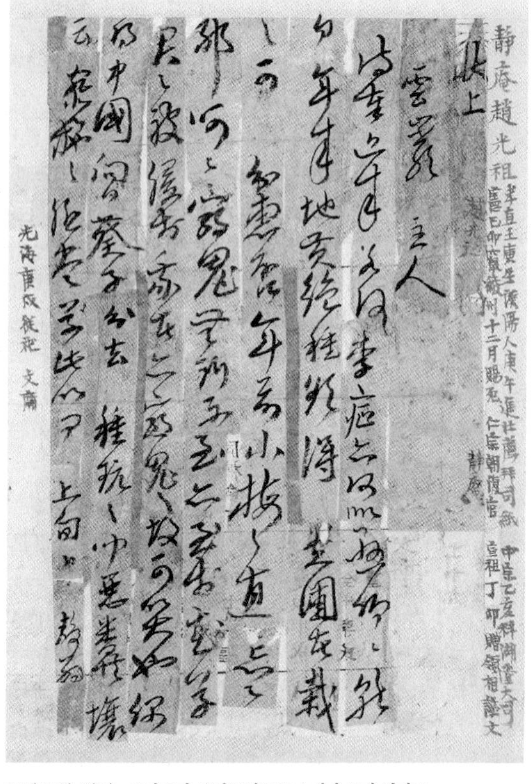

조광조의 편지 조광조가 운암주인雲巖主人에게 보낸 편지로 도학자로서의 면모를 풍긴다.

기묘사화의 원인 조광조와 기묘사림이 삼사를 장악해 강력한 개혁을 추진할 수 있었던 가장 중요한 원동력은 중종의 확고한 신임이었다. 특히 중종과 조광조의 관계는 그야말로 물과 고기에 비유할 수 있을 정도로 각별했다.

등용된 지 2년 반 만에 당상관에 오르고(조광조는 1515년 6월에 벼슬을 시작해 1517년 윤12월 직제학이 되었다), 짧게는 사흘부터 보통 서너 달 만에 요직에서 요직으로 옮겨간 조광조의 관력은 그런 총애의 가장 객관적인 증거일 것이다(1513년 5월에는 사흘 만에(2일~5일) 동부승지에서 부제학으로 옮겼다). 《중종실록》은 두 사람의 관계를 이렇게 묘사했다. "조광조가 말하자 중종은 얼굴빛을 가다듬으며 들었고, 서로 진정으로 간절히 논설해 날이 저무는 줄도 모르다가 환관이 촛불을 들고 가자

그제야 그만 두었다(1519년 7월 21일)."

사화를 넉 달 앞둔 시점까지도 이렇게 친밀했던 그들의 관계는 그러나 급격히 허물어졌다. 조광조를 비롯한 기묘사림이 일거에 숙청된 가장 핵심적인 원인은 당파성과 급진성으로 요약할 수 있다. 이것은 그들의 가장 큰 문제점이었지만 가장 두드러진 특징이기도 했다.

이런 현상의 근본적 원인은 기묘사림을 둘러싼 객관적 환경에 있었다고 생각된다. 그들이 해결하려고 시도했던 문제들은 대부분 10년 넘게 누적된 것이었고, 그 규모와 중대성이 특별했다. 기묘사림의 핵심 인물은 상당히 젊었고, 관직의 경험이 많지 않았으며, 그 결과 국정을 운영하는 대신들과 친밀도가 떨어질 수밖에 없었다.

그러나 그들에게는 이런 약점을 덮어줄 가장 중요한 강점이 있었다. 앞서 말한 대로 그것은 바로 국왕의 전폭적인 신뢰와 지원이었다. 이런 객관적 상황, 곧 젊고 열의에 찬 관원들이 오랫동안 누적되어온 거대하고 민감한 문제들을 대신의 도움은 거의 받지 못한 채 국왕의 전폭적인 지원에만 의존해 단시간에 근본적으로 해결하려던 상황은, 기묘사림의 정치적 행보와 궁극적으로는 그들의 실각에 이르는 거의 모든 원인을 파생시켰다고 할 수 있다.

사화를 촉발시킨 가장 직접적인 원인은 현량과賢良科의 실시와 정국공신의 삭훈削勳으로 지적된다. 이것은 기묘사림의 핵심적 과업이기도 했다. 먼저 현량과는 사장詞章에만 치중하는 과거제도의 폐단을 극복한다는 취지에서 학문과 덕행이 뛰어난 인재를 천거薦擧한 뒤 대책對策만 시험해 선발하는 제도였다.

현량과는 1519년 4월 13일에 시행되어 김식을 비롯한 28명이 선발되었다. 그러나 문제는 합격자가 모두 기묘사림의 일원이었다는 사실이었다. 이런 결과는, 선발된 인물들의 실제 수준이나 능력과는 무관하게, 기묘사림의 공정성과 도덕성에 큰 타격을 주었다. 조선 최초의 천거과로 선발된 '현량한' 인물이 모두 자파自派라는 사실은 그들이 매우 당파적인 집단이라는 혐의를 짙게 만들었다.

현량과와 관련해서 주목할 또 다른 사실은 그 급제자의 사회적 배경이다. 통설에 따르면 '사림파'의 대표적 인물이라고 볼 수 있는 그들의 배경은 예상과는 상당히 어긋난다. 28명 중 23명(82%)이 기존의 유력 가문 출신이었고, 21명(75%)은 지방이 아닌 기호畿湖 출신이었던 것이다. 앞서 조광조가 개국공신의 후예로 한양에서 태어난 것과 비슷한 이런 사실은 사림파를 지방의 신흥 가문 출신으로 설정하고 있는 통설의 내용을 다시 검토해야 할 필요성을 알려준다.

현량과가 자파의 세력을 보강하려는 조처였다면, 정국공신 삭훈은 기존 세력을 무너뜨리려는 의도로 해석될 수 있는 급진적 시책이었다. 10월 25일 대사헌 조광조와 대사간 이성동李成童을 중심으로 한 삼사는 그 문제를 제기했다. 국왕과 대신은 삭훈을 강력히 반대했다. 그러나 삼사는 3고鼓(23~01시)까지 반복해서 극력 논의했고, 조광조는 귀양을 가거나 죽더라도 달게 받아들이겠으니 조속히 윤허해 달라고 주청했다.

결국 기묘사림은 보름 뒤인 11월 11일 국왕의 윤허를 얻어냄으로써 정국공신 가운데 76명(72%)의 삭훈을 관철시켰다. 그러나 그 나흘 뒤 전격적으로 사화가 일어났다는 사실에서 알 수 있듯 그것은 승리가 아니었다. 그것은 기묘사림의 결정적 패착이었다.

기묘사화의 발발 기묘사화는 1519년(중종 14) 11월 15일 밤 2고(20~22시)에 전격적으로 일어났다. 정국공신을 중심으로 한 대신들은 현량과로 기묘사림이 대거 진출하고 삭훈으로 자신들의 현실적 기반이 무너지는 상황을 지켜보면서 불안과 분노를 동시에 느꼈다. 신하들의 심상치 않은 동향은 현실적 반란으로 폭발할 수 있는 잠재력을 갖고 있었다.

신하들의 반정으로 추대된 경험을 가진 중종에게 이것은 실제적 위협으로 다가왔다. 국왕과 주요 대신들은 불안의 원인을 제거해 국정을 안정시켜야 한다는 필요에 공감했다. 그런 합의에 따라 국왕은 사화를 즉시 재가했다.

중종은 밀지를 내려 홍경주 · 남곤 · 김전 · 정광필 등 주요 대신을 비밀스럽게 불렀고, 조광조를 비롯한 기묘사림의 주요 인물을 전격적으로 하옥시켰다. 그들의 죄목은 당파를 만들어 자신들을 따르는 사람은 천거하고 그렇지 않은 부류는 배척했으며, 서로 연합해 권력을 장악함으로써 국정을 어지럽혔다는 것이었다. 그들은 즉시 유배되었고(16일) 정국공신은 원래대로 회복되었다(21일).

정광필을 중심으로 한 일부 대신이 강력히 반대했지만 피화인의 형량은 한 달 만에 확정되었다. 조광조는 사사되고 김정 · 김식 · 김구 · 윤자임 · 기준 · 박세희 · 박훈은 외딴 섬이나 변방에 안치되었다(12월 16일). 조광조에 동정적이던 정광필과 김전은 각각 영중추부사와 판중추부사로 좌천되고, 남곤과 이유청이 좌의정과 우의정에 발탁됨으로써 조정도 새롭게 구성되었다(17일). 세 번째 사화는 이렇게 마무리되었다.

기묘사화의 분석 기묘사화의 본질은 상당히 명확했다. 그것은 국왕과 일부 대신이 삼사를 거점으로 일련의 개혁을 강력히 추진하던 신진 관원들을 숙청한 사건이었다. 사건의 원인과 과정은 명확하고 신속했으며, 피화인의 범위도 매우 제한적이었다.

사화의 원인은 현량과 실시와 정국공신 삭훈이었다. 이 두 조처는

조광조 묘(용인시 소재)

밀접한 연관을 지니고 있었다. 삭훈은 중앙 관직을 장악하고 있던 대신의 세력 기반을 무너뜨리려는 포석이었고, 현량과는 그렇게 발생한 공백을 자파로 채우려는 시도였던 것이다. 14년 전에 책봉된 공신의 3분의 2가 취소되는 대규모 삭훈도, 천거로 인재를 등용하는 과거도 모두 일찍이 없던 일이었다. 그리고 그 사안을 주도한 관서 또한 그동안 주요 행정을 담당한 의정부·육조가 아니라 언론기관인 삼사였다. 사안의 당부當否에는 여러 의견이 있을 수 있지만, 이런 현상은 그동안 따르던 행정체계를 무너뜨린 것이 분명했다.

모든 정치의 근본은 현실적 필요와 권력 의지라는 측면에서, 이 사화를 도덕적 선악의 관점에서 파악하는 일은 적절치 않다고 생각한다. 조광조와 그 일파는 도덕적 이념의 구현을 표방했지만, 그 방법은 현실 정치의 구태를 답습한 측면도 적지 않았다. 최소한 그들은 명료한 이상이 복잡한 현실과 만나면서 변형될 수 있는 가능성을 숙고하지 않았거나 무시했다고 지적할 수 있을 것이다.

지금까지 살펴본 대로 기묘사화의 본질적 원인은 행정제도의 변동에서 찾을 수 있다. 그 변동의 층위는 여럿이었다. 가장 근본적 변동은 성종 중반부터 가동된 삼사제도였다. 그 제도는 연산군 때 두 차례의 사화를 겪었지만 그 시련을 이기고 현실에 점차 뿌리내렸다. 기묘사화는 삼사의 권력이 지나치게 팽창한 상태에서 발생한 사건이었다. 다시 말해 그 시점에서 삼사는 중앙 행정에 견고히 자리 잡은 것이었다.

| 맺음말 | 삼사의 등장과 중앙 행정체제의 변화

지금까지 조선 전기에 벌어진 무오·갑자·기묘 사화의 원인·과정·결과 등을 간단히 살펴보았다. 그것은 '삼사의 등장에 따른 중앙 행정체제의 변화'라고 압축할 수 있다. 국가 행정의 요체는 제도다. 제도가 갖춰져야만 나라는 제대로 운영될 수 있다. 조선의 주요 행정제도는 《경국대전》에 집약돼 있다. 《경국대전》은 세조 때 편찬을 시작해 여러 수정과 검토를 거치는 어려운 과정 끝에 성종 16년(1485) 완성되었다. 건국(1392)부터 계산하면 1세기에 가까운 시간이 흐른 뒤에야 조선의 행정제도는 완비된 것이다.

건국이 새 건물을 준공한 것이라면 《경국대전》 편찬은 그 내부를 효율적으로 구획해 알맞은 물품들을 들여놓는 과정이라고 비유할 수 있다. 그러나 그렇게 새로 마련된 공간에 적응하는 데는 다시 한 번 시간과 노력이 필요하다. 집기의 위치를 기억하지 못해 헤매기도 하고 문지방에 걸려 넘어질 수도 있다. 그러면서 불편하다고 느껴진 가

구나 공간 배치를 부분적으로 바꾸기도 할 것이다. 물론 건물 자체를 세우고 그 내부를 구획하는 과정과 견주면, 이때의 시행착오는 부수적이다. 하지만 이런 훈련을 거친 뒤에야 새 건물의 구조와 그곳의 생활은 비로소 익숙해질 것이다.

《경국대전》에는 주요 관서의 역할이 규정되어 있다. 다시 말해 그 관서들은 자신의 역할을 국법으로 보장받은 것이다. 거기서 가장 중요한 의미를 지닌 것은 삼사였다. 국왕에 대한 간쟁과 신하들에 대한 탄핵이라는 삼사의 비판적 기능은 그러나 현실에서 구현되기에 불편한 것이었다. 새로운 제도가 만들어졌지만 그것이 현실에 뿌리 내리기까지 일정한 시간과 마찰이 필요하다. 언제 어디서나 드물지 않은 그런 현상은 조선 전기의 정치사에서 사화라는 사건으로 표출되었다.

그러므로 《경국대전》이 완성된 지 13년 만에 첫 사화가 일어난 것은 우연이 아니었다. 성종을 이어 즉위한 연산군이 가장 중요하게 생각한 목표는 강력한 왕권을 구축해 자유롭게 행사하는 것이었다. 그런 목표에 가장 큰 걸림돌은 삼사였다. 연산군 초반부터 삼사는 국왕의 여러 행동을 제약했으며, 주요 대신들과도 날카롭게 대립했다. 국왕과 대신들은 그런 삼사의 행동을 '능상'으로 규정했고, 그 폐단을 하루빨리 교정하는 것이 국가행정을 바로잡는 핵심적 과업이라고 합의했다. 그런 합의의 첫 결과가 무오사화였다.

무오사화는 사초와 〈조의제문〉으로 대표되는 김종직 일파의 불온한 문건을 명분으로 삼사에게 경고한 사건이었다. 김종직의 제자들은 삼사에 재직하고 있거나 대부분 그것을 거쳐 갔다. 연산군과 대신들은 김종직 일파를 숙청하면서 삼사도 함께 제압했다. 무오사화는 삼사가 행정제도에 뿌리 내리는 과정에서 마주친 첫 시련이었다.

두 번째 사화인 갑자사화는 연산군의 극한적 폭정이 빚은 사건이었다. 그 피화인에는 삼사뿐 아니라 대신들도 많이 포함되었다. 삼사는 두 사화로 큰 피해를 입었지만, 그 활동이 정당하다는 평가와 인식도 확산되었다. 그들은 행정체제 안에서 좀 더 안정된 자리를 확보해갔다.

기묘사화는 그런 변화의 최종 단계였다. 그것은 삼사의 영향력이 가장 팽창한 상태에서 일어난 사건이었다. 조광조와 기묘사림은 삼사의 주요 관직을 장악해 정국공신 혁파와 현량과 실시로 대표되는 개혁을 추진했다. 그러나 행정의 중심인 의정부와 육조가 소외되고 삼사가 권력의 중심으로 떠오른 것은 정상적 행정체계를 벗어난 이례적 현상이었다. 그들이 하룻밤 만에 숙청된 것은 이런 이탈을 바로잡으려는 폭력적 시도였다.

기묘사화 이후 삼사는 행정체제의 한 부분으로 온전히 편입되었고, 조선이 멸망할 때까지 중앙 행정의 필수적 관서로 기능했다. 삼사가 중앙 행정에 자리 잡기까지 거쳐야 했던 역정은 그렇게 마무리되었다. 그 시기부터 조선의 중앙행정은 국왕·대신·삼사가 견제와 균형을 이루면서 운영하는 모습을 확립했다. 그 뒤 이런저런 문제가 나타났지만, 중종 중반 형성된 이런 행정체제는 한국사를 넘어 전근대 동아시아사가 이룬 성숙하고 수준 높은 유교정치의 한 모범이었다고 평가할 수 있을 것이다.

【 3부 】

지방행정 운영에 관한 몇 가지 이야기

8장

고려의 지역세력가와 지방행정의 실제

김인호
광운대학교 인제니움학부대학 교수

| 현종의 위기 |

1010년(현종 원년) 12월 추운 밤, 궁궐을 나서려는 현종은 후회했을지 모른다.[1] 왕이 되기 전에 그는 생사의 갈림길에 수없이 서야 했다. 목종의 모친인 천추태후는 자신을 죽이려는 모의를 여러 차례 시도하였다. 천추태후는 김치양과의 사이에서 난 아들을 국왕 자리에 올리려 한다는 소문에 시달렸다. 그의 암살 모의는 유력한 왕위 계승자를 없애려는 시도였을 것이다. 현종은 여러 차례의 암살 시도를 피하기 위해 북한산 신혈사의 땅굴 속에서 숨어 지내야 했다.

서경(평양)지역 사령관인 강조康兆는 쿠데타를 일으켜, 목종을 왕위에서 축출하였다. 하지만 강조가 목종을 살해한 것은 결국 거란의 고려 침공 명분이 되었다. 거란군은 40만 명의 병력을 동원하였고, 강조는 이를 막기 위해 평안도 통주에서 전투를 벌이다가 패배하였다. 거란군이 청천강을 건너자, 현종은 수도인 개경을 버리고 피난길에 나서야 했다.

1018년 거란 침입 때 고려 현종이 피신한 파주 월롱산과 당시에 창건한 용상사 원경

그를 따르는 호위부대는 50여 명이었다. 현종이 경기도 적성에 도착하자, 그곳 군인들이 활을 쏘면서 현종을 죽이려 하였다. 군인들이 벌인 두 차례의 습격을 겨우 막아내고, 경기도 양주에 도착한 일행은 다시 황당한 일을 겪었다. 양주를 맡은 아전은 현종에게 자기 이름과 얼굴을 아느냐고 노골적으로 적대시하였다. 심지어 국왕이 유배를 보낸 관료였던 하공진이 이곳으로 군사를 이끌고 온다고 사람들에게 외치게 하였다. 이 외침은 반란을 일으킬 것이라는 선언이었다.

그날 밤에 적들이 습격해왔고, 국왕 주변의 관료, 환관, 궁녀 등이 왕의 곁에서 도망쳤다. 겨우 도봉사란 절로 도망친 현종은 정찰을 다녀온다는 신하까지 믿지 못하는 상황이 되었다. 이후에도 현종의 위기는 사라지지 않았고, 전라도 전주 근처의 삼례역에서는 최종 행선지까지 망설여야 했다.

이곳에서 현종은 근처의 가장 큰 도시인 전주에 들어가지 못하고,

거란인의 모습

나주로 행선지를 바꾸어야 했다. 그 이유는 전주가 후백제의 중심지였기에 현종을 해칠 수 있다는 두려움 때문이었다. 반면 나주는 과거 후백제와 경쟁할 때 태조 왕건에게 호의적인 곳이었다. 이런 사태는 한 나라의 국왕으로 경험하지 말아야 할 일이었다.

고려왕조가 후삼국을 통일한 지 벌써 70년이 넘는 시간이 흘렀다. 그럼에도 고려왕조의 권위는 지방까지 미치지 못하고 있었다. 무엇이 잘못되었기에 이런 사태가 생겼고, 어떻게 행정체계를 바꾸어야 할 것인가. 이런 문제의식은 개경의 궁궐로 돌아오던 현종의 머리에서 떠나지 않았다. 현종 자신이 쿠데타로 등극했기에, 이런 사태가 벌어졌을까. 그 본질은 후삼국 이래 역사적 경험 속에 있었다.

궁예가 철원에 세운 궁예도성터

| 고려왕조의 태생적 문제와 지방 |

고려왕조는 통일신라 말기에 존재한 후삼국을 계승하여 탄생하였다. 후삼국은 통일신라에 대항하는 궁예가 세운 후고구려(태봉)와 견훤의 후백제를 말하는데, 고려왕조는 궁예정권을 무너뜨리고 성립하였다. 통일신라를 제외한 신흥 국가인 태봉과 후백제의 주도 세력은 모두 지역에서 성장한 세력가들이었다.

과거 역사학계에서는 이들을 '호족豪族'이라고 불렀지만, 최근에는 이들의 실체가 혈연을 기반으로 이루어진 집단보다는 경제적 부나 행정 능력을 기반으로 하고 있음을 강조하고 있다.[2] 예를 들어 고려왕조를 세운 왕건의 집안은 해상 무역을 통해 성장했다는 것이나, 각 지역 세력가 중에는 견훤과 같은 군인 출신으로 리더십을 발휘했던 것 이외에도, 소규모의 세력가 가운데에는 마을의 행정을 맡았던 촌주村主

와 같은 부류들이 있었다. 이들은 자신의 마을을 지키기 위한 자경단을 조직하면서, 주변 마을들과 연합하거나 복속시키는 관계를 만들어 갔다. 서구 유럽의 봉건 영주와 비슷하게 지역 세력가들은 자체적으로 행정과 사법권을 행사하면서 독자적 세력으로 성장하여 갔다. 후고구려와 후백제의 성립은 이런 세력들 간의 합종연횡과 복잡한 네트워크가 만들어진 결과물이다.

그렇다면 이들 지역 세력가들은 고려왕조와 어떤 관련이 있는가? 또한 지역 세력가는 지역 내에서 어떻게 성장하여 자신들의 권익을 지키려 했는지 궁금하지 않을 수 없다. 물론 이들은 고려왕조 성립 이후에 점차 국가가 안정되면서 지역 행정가로 변신하거나, 아니면 중앙에 올라가 관료가 되는 길을 택해야 하였다.

지방의 통치가 이들 지역 세력가들의 손에 맡겨진다는 것은 중앙 권력의 입장에서는 통치 상으로 불리한 일이었다. 하지만 이들이 왕조 건립의 주체였기 때문에, 지역 세력가의 이익을 보장하지 않을 수 없었다. 고려왕조의 탄생은 이들의 힘과 합의를 기초로 이루어졌기 때문이다. 따라서 고려왕조는 태생적으로 지방행정의 문제를 안고 탄생한 왕조였던 것이다.

지역 세력가가 성장한 역사적 이유는 통일신라의 지방행정 운영방식과 관련이 깊다. 통일신라는 삼국을 통일한 이후에 행정체계를 정비하였지만, 이 행정운영은 두 가지 힘에 의존하였다. 하나는 중앙의 고위관료였던 귀족들이었다. 이 귀족들은 새로운 점령지에 자신의 토지와 노비를 확보하려 노력하였다. 이들이 파트너로 삼은 것은 지역에 잔존한 세력가나 행정가, 승려 등이었다. 자신이 확보한 토지는 관료의 지위에 따른 보상으로 받거나, 아니면 공로에 따른 식읍食邑으로 받았다. 그 결과 중앙귀족은 자신의 토지를 공식적으로 지배하고 운영할 수 있었다. 예를 들어 삼국통일의 주역인 김유신의 경우는 식읍으로 5백호戶를 국가로부터 받았다. 이 경우에는 지역의 토지뿐만이 아니라, 이를 경작할 수 노동력까지 국가가 인정한 셈이었다. 물론 대부분의 경우에는 노동력까지 주거나 인정하지는 않았다.

그리고 지역을 지배하는 또 다른 힘은 전국적으로 뻗어나간 불교 사찰과 교단이었다. 불교 사찰은 지역의 요지에 자리 잡은 경우가 많았고, 승려들은 지역 내에서 중요한 지식인 집단이었다. 특히 승려들의 경우는 불교의식과 법회를 통해 지역민들의 정신을 지배할 수 있다는 점에서 의미가 컸다. 신문과 잡지 같은 여론수단이 없던 사회에서는 승려들의 법회에서의 이야기는 체제 유지에 미치는 영향력이 적지 않았다. 무엇보다 불교 교단의 행정망은 국가행정을 보조하는 역할을 할 수 있었다.

각 지역과 연계를 갖던 귀족들은 상호 경쟁관계였고, 이것은 정변으로 이어질 소지가 컸다. 이 때문에 통일신라의 중앙정계는 8세기부터 시작된 귀족들의 반란과 계속적인 왕위계승 쟁탈전으로 분열되었다. 이를 통해 지역사회에 미치던 중앙행정력은 점차 마비되기 시작하였다. 중앙행정력은 지역에 기반을 둔 귀족에게 의존하기 일쑤였다. 여기에는 국왕의 존재가 귀족의 대표자였다는 것에서도 그 이유가 있었으며, 중앙귀족이 지역에 토지를 가지고 그곳에 영향력을 행사하기 때문이기도 하였다. 이런 중앙귀족이 정변으로 숙청되면 그가 지배하던 지역에 힘의 공백이 발생하였다. 또한 정계에서 물러난 중앙귀족은 지역에 있는 자신의 근거지에서 중앙행정에 비협조적이 될 수 있었다.[3]

이런 지역의 중앙행정력의 공백 사이에서 새로운 지역 세력가들이 성장할 자양분이 만들어져갔다. 특히 농민반란이 일어나는 진성여왕

조신 전설이 깃든 양양 낙산사 홍련암

3년(889)부터 고려의 후삼국통일(936)까지 한반도 지역은 많은 혼란과 전쟁 등에 시달려야 했다.

중앙정부의 행정과 통제력은 사라졌고, 지역사회는 스스로 생존의 길을 찾아야 했다. 이 공백을 지역 세력가들이 메워 나갔다. 이런 행정력 부재의 공백 속에서 일반 농민들의 선택은 대략 두 가지였다. 가장 일반적인 방법은 지역 세력가의 보호 속에서 농사를 짓는 일이었다. 대부분의 농민이 신택했던 길이다.

또 다른 하나는 농토를 떠나 도망하여 도적떼나 유랑민이 되는 길이 있었다. 스스로 도적들의 약탈이나 식량 부족 사태를 해결하기 위해서였다. 《삼국유사》에 보이는 조신調信의 이야기는 당시 유랑민의 처지를 잘 보여준다.[4] 그는 원래 강릉 출신으로 농장을 관리하게 되었는데, 태수 김흔의 딸과 결혼하여 5명의 자식을 낳았다. 하지만 결국에 굶주리게 되어 10년 동안이나 유랑하면서 걸식을 하였던 것이다.

최치원의 〈해인사묘길상탑지〉

이 이야기는 꿈으로 끝나지만 당시 상황을 반영하고 있다.

이런 사람들 중 일부는 도적이 되었다. 도적떼인 '초적草賊'은 전국적으로 발생하였고, 이들은 국가의 행정력을 무력화시키고 신라정부의 영향력을 경상도 지역 일대로 국한시키도록 만들었다. 이때 기록에는 당시 상황을 "기유년(889)부터 을묘년(895)까지 7년간에 천지가 온통 난리로 어지러워 들판이 전쟁터가 되니, 사람들은 방향을 잃고 행동이 짐승과 같았다(〈오대산사길상탑지〉)."라고 나온다. 이 때문에 도적들이 과거에 경외하고 받들었던 사찰까지 습격하여, 많은 승려들이 이를 지키기 위해 희생되었다. 예컨대 경상남도 합천의 해인사의 경우에는 진성여왕 때 이곳을 지키던 승군僧軍과 도적떼들과의 치열한 전투 현장이기도 하였다(〈해인사묘길상탑지〉). 한 마디로 사회적 권위가 사라져 버린 시기였다.

그러나 시간이 지나면서 도적떼들 중에 일부는 약탈에 의존하던 방식에서 벗어나 한 지역의 보호자로 나섰다. 아니면 지역 세력가 스스로 지역민들을 모아 자위공동체를 결성하기도 하였다.[5] 이들의 리더는 스스로 장군將軍 또는 성주城主라는 이름을 내세우면서 '호족'으로 변화하였다. 후고구려를 세운 궁예의 경우가 대표적이다. 그는 원주 지역을 장악했던 도적집단의 리더인 양길梁吉 아래에서 처음 출발하였다. 이 집단은 자신의 지역을 방위하는 한편, 다른 지역을 공격하는

전주 동고산의 견훤 왕궁터

약탈적 성격을 보여 도적집단처럼 묘사되었다. 사실 도적집단과 지역 보호자 사이에는 근본적 차이가 없었다. 도적집단이 한 지역에 정착하여, 그 지역의 보호자로 자처하고 나서기도 했기 때문이다.

또한 신라에서 지방의 말단 행정을 맡았던 촌주村主가 호족으로 변신하기도 하였다. 촌주 중에서 행정능력과 리더십이 있는 인물이 그 대상이었다. 이들은 자신이 살던 주변 지역을 통할하면서 도적 등을 막기 위한 조직체를 만들어 갔다.

아울러 지방에 파견된 장교 중에서 자신의 군대를 거느리고 스스로 호족이 되는 경우도 있었다. 일찍이 장보고張保皐의 청해진처럼 각 지역의 군인주둔지가 통치의 중심지로 변화하였다. 견훤의 경우는 군대의 장교로 근무하다가 5,000여 명을 모아 후백제를 건국하였다.

물론 중앙정계의 권력쟁탈전에서 패배하여 낙향한 귀족들도 지역 세력가의 대열에 참여하였다. 궁예가 신라의 왕자로 자처했던 경우가

고려 태조 왕건의 초상

대표적일 것이다. 중앙귀족출신의 경우에는 후삼국시대까지 많은 사람들이 정치적 경쟁에서 밀려났을 것이다.

고려를 세운 왕건처럼 해상 무역 등을 통해 부를 축적한 인물들도 있었다. 왕건 집안의 오랜 해상 무역 경험은 그에게 강력한 해군력을 제공하였고, 나중에 그의 정치적 성장에도 큰 도움이 되었다. 즉 왕건이 전라도 지역에서 견훤과의 해전에서 승리하였던 것이나, 그의 집안 전설이 서해 바다 속의 용과 관련 있는 것들은 이런 사실을 반영하고 있다.[6]

이렇게 통일신라 말기에는 자신의 능력과 리더십을 기반으로 성장한 지역 세력가들이 각 지역을 자율적으로 다스리고 있었다. 이들은 주변의 다른 호족들과 계속적인 경쟁으로 몰락하거나 성장하였다. 성장하던 지역 세력은 주변만이 아니라, 근거지와 상당히 떨어진 지역을 자기 영향력 하에 넣을 수 있었다. 먼 지역의 영역을 지배하는 세력가가 자신에게 복속하거나, 또는 그곳을 자신의 혈족 내지 부하가 다스리는 경우가 그러하였다. 이때 지역 세력가들 사이에는 주종 관계가 만들어지고, 이 관계는 복잡한 인적 네트워크를 통해 확산되었다. 후삼국의 국왕은 이런 네트워크의 정점에 서 있는 인물이었다. 그 결과 행정망은 복잡하게 구성되었고, 지역 세력가들 내부에 서열이 정립되어 갔다.

그 결과 후삼국을 통일한 고려의 왕건은 각 지역에 형성되어 있는 자율적 지방행정을 중앙에서 흡수해야 하는 과제를 안게 되었던 한편, 지역 세력가의 세력권을 지방행정 구역에 반영하지 않을 수 없었다. 그래서 고려의 지방행정 단위인 군현郡縣은 주현主縣과 그 아래 속한 속현屬縣으로 이루어지게 되었다. 여기에 포함되지 못한 지역은 향鄕·소所·부곡部曲과 같은 특별히 관리되는 구역이 되었다.[7]

지역 세력가들은 국가행정력 속에 포함되면서 각각의 세력 정도에 따라 향리鄕吏가 되었다. 하지만 이들은 계층별로 나뉘어졌는데, 흔히 집안의 품격[家風]에 따라 최상의 호장戶長층부터 시작하여, 정부정층正副正層, 하급향리층 등으로 구성되었다. 그리고 일반민들은 백정白丁으로 불리게 되었다.[8] 호장층은 향리제가 만들어 지면서 촌주 등을 근간으로 지역행정을 장악했던 계층이다.[9]

이처럼 고려왕조의 지방행정은 이런 역사적 사정을 반영하여 성립하였다. 따라서 중앙정부의 힘이 신라후반기에 성립된 자율적 질서 내로 파고들기에는 한계가 있었다. 그렇지만 제도 마련과 정비는 점차 국가체제가 안정화되면서 이루어지지 않을 수 없었다.

| 지방통치를 위한 연결고리 : 사심관과 기인 |

우선 지방통치를 위한 시도는 중앙과 지역 간의 인적 연결고리를 만드는 일부터 시작되었다. 사심관事審官과 기인其人은 인적 네트워크를 연결하는 고리가 되었다. 그 중에서 사심관은 과거 신라국왕인 김부金傅에게 한 지역의 통치권을 부여하면서 만들어졌다. 사심관은 점차 수도인 개경에 거주하면서 지역 내의 행정을 처리하였다. 사심관의 일은 지역 세력가를 중앙에 소개하여 벼슬을 내려주거나, 중앙 관료로

고려 숭의전 전경

추천하는 일을 포함하여 다양하였다. 그리고 지역 세력가의 최고지위인 호장戶長을 제외한 부호장 이하의 향리직을 임명하고 이들을 통제하는 일을 맡았다. 이를 통해 고려의 중앙정부는 사심관에게 맡긴 지역을 간접적으로 통제하려 하였다. 반면에 사심관의 입장에서는 출신 지역에 대한 연고권과 함께, 지역 통제를 자신의 의도대로 할 수 있다는 강점이 있었다. 결국 사심관은 중앙정부와 지역 세력가 간의 이해관계를 조종할 수 있는 제도였다.

사심관의 정원은 500정丁 이상의 주州에서는 4명, 300정 이상의 주는 3명, 그 이하의 주는 2명으로 정하여졌다(996년, 성종 15). 그리고 이름 자체도 태조 때 처음 만들어졌을 때의 '사심'에서, 성종 때에는 '사심관'으로 변화하였다. 성종은 고려 국왕 가운데 지방제도를 본격적으로 개편한 국왕인데, 사심관 자체도 중앙 관직 체제 속으로 편입시키도록 했던 것이다.

또한 작은 지역이라도 최소한 2명을 임명하도록 되어 있어, 복수로 임명하였다. 말할 것도 없이 복수 임명제는 사심관의 권한이 크기 때문에 권력의 집중을 막기 위한 방안이었다.

사심관 임명은 지역 여론을 반영하도록 하였고, 개경으로 뽑혀 올라가는 기인其人과 그 지역의 백성百姓(지역 중상류층)들의 추천을 받아 결정하였다. 특히 중앙의 고위직이나 문벌가문의 경우에는 국왕의 재가를 받아 사심관으로 임명하도록 하였다. 중앙정부가 가진 견제방식이었다.

이어서 1057년(문종 11)에는 사심관에 대한 지방관의 견제를 공식화하였다. 즉 사심관으로 고향에 들어가서 폐단을 일으키는 자는 안렴사按廉使와 감창사監倉使가 이들을 개경으로 이송하여 벌을 주고, 이를 교체하도록 하였다. 안렴사와 감창사는 각 도를 순회하면서 행정업무를 보았는데, 향리뿐만 아니라 사심관까지 감찰 대상에 넣었던 것이다.

이 사심관은 1283년(충렬왕 9)에 임시로 폐지하였다가, 1318년(충숙왕 5) 완전히 없애버렸다. 중앙정부에서는 공식적으로 사심관을 폐지하였지만, 각 지역의 세력가들은 자기 마음대로 사심관이 되어 백성들에게 해악을 끼쳤다.

사심관이 했던 행정업무는 이러하였다.

> 사심관을 설치한 뜻은 원래 백성의 종주宗主(으뜸되는 리더)로서 (지역민의) 품격을 분별하고, (백성의) 부역을 균일하게 하며, 풍속을 바르게 하는데 있는데, 지금은 그렇지 않고 공전公田(국가의 땅)을 많이 차지하고, 민호民戶를 많이 숨기며, 만약 조금이라도 부역을 시키거나 관례에 따라 녹전미祿轉米(녹봉으로 주기 위한 쌀)를 거두는 일이 있으면 서울에 올라간 향리를 잡아다

가 개인 집에서 장형杖刑(때리는 형벌)을 집행하고, 벌금으로 구리를 징수하며, 녹전미를 회수하는 등 백성들을 억압하고 용서하는 것을 제멋대로 한다. 이에 향읍鄕邑(지방)에 해를 줄 뿐이고 나라에 도움이 없다.[10]

사심관의 업무는 지역민의 추천과 부역을 균등하게 분배하고 풍속을 바로잡는 것에 있었다. 그렇지만 고려 후기 사심관은 직위를 이용하여 국가의 토지를 차지하고, 부역자를 숨겨 자신의 이익을 추구하였다. 지역민을 추천하는 일은 사심관이 과거 응시자를 가려서 중앙에 올리는 것을 말한다.

한편 지역사회 내부의 갈등을 조절하는 일 역시 사심관의 임무였다. 1178년(명종 8) 충청도 청주清州 출신으로 개경에 호적戶籍을 둔 사람들이 있었다. 이들은 벼슬에서 은퇴하여 청주로 내려와 살고 있었는데, 그곳의 청주사람들과 갈등이 벌어져 대부분 살해되었다. 당시는 정치적으로 혼란했던 무신집권기였다.

개경에 있던 살해된 사람들의 친인척은 이 소식을 듣고 복수하려 하였다. 이들은 무사를 모집하여 청주로 출발하였다. 국왕인 명종은 사건을 보고 받고 장군 한경뢰韓慶賴 등을 보내서 싸움을 말리려 했지만, 사망자가 100여 명에 이르게 되었다. 나중에 권력자가 된 경대승慶大升이 당시 청주의 사심관이었는데, 책임 때문에 파직되었다.

이처럼 사심관은 향리와 함께 지방의 행정 질서를 책임지는 자리였다. 사심관은 자율적 질서로 운영되는 지역 사회에서 핵심적 요직이었다. 이 때문에 1370년 공민왕의 비호 아래 등용되었던 신돈辛旽은 자신을 5도도사심관五道都事審官에 임명해 주도록 요청하였다. 그렇지만 공민왕은 이를 거절하고 사심관의 부활을 허락하지 않았다. 그만큼 사심관의 위상은 고려시대에 폐지되기 전까지 어느 정도 유지되었고,

그것은 고려시대 동안 자율적인 지방행정질서가 일정하게 유지되었음을 반영한다.

사심관과 같이 항상 등장하는 것이 '기인'이다. '기인'이란 말은 '그 사람', '정해진 사람'이라고 풀이할 수 있다. 원래 이들은 향리의 자제로 수도인 개경에서 지역 세력가의 볼모였다. 고려왕실이 후삼국을 통일하면서 지역 내의 반란에 대비하기 위해 세력가들의 볼모가 필요하였다. 그렇다고 이들이 단순히 볼모 역할만을 한 것은 아니고, 출신지의 일에 대한 자문과 연결까지 맡았다.

기인은 중앙 행정력이 자리를 잡으면서, 1077년(문종 31) 구체적인 선발 기준이 제정되었다. 왜냐하면 규정이 없이 운영되면서, 개인적 인맥이나 감정에 따라 제멋대로 사역 기간을 정하는 일이 생겼기 때문이다. 중앙 정부는 기인에 대한 규정을 다음과 같이 정하였다.

> 기인제는 1,000정丁 이상의 고을이면 족정足丁이라고 하여, 나이 40세 이하 30세 이상의 사람을 뽑아 올려 보내게 하며, 1,000정 이하의 고을이면 반족정半足丁이라고 하여 병창정兵倉正 이하 부병창정副兵倉正 이상을 물론하고, 부강富强하고 정직한 사람을 뽑아 올려 보내게 한다. 족정은 15년을 기한으로 하고, 반족정은 10년을 기한으로 하여 사역을 시키는데, 반족정은 7년, 족정은 10년이 되면 동정직同正職(일종의 명예 관직)을 허락해 주고 사역하는 기한이 끝나면 관직을 보태 주었다.[11]

이 규정은 1,000정 이상을 낼 수 있는 고을과 그보다 규모가 작은 고을 사이에 차별을 두고 기인을 선발하도록 한 것이다. 이에 따르면 전자는 '족정'이라고 하고, 후자는 이에 미치지 못하여 '반족정'이라고 불렀다. 여기서 '정'은 보통 16세에서 60세 이하의 군인으로 동원할 수 있는 장정을 말한다. 따라서 큰 고을에서는 일반인을, 그리고 작은 고을에서는 부강한 사람을 보내서 양자의 균형을 맞추려 하였다. 그 이유는 작은 지역에서도 동일하게 선발하게 되면, 큰 지역에 비해 인원이 적기 때문에 고을 자체가 피폐해질 가능성이 커지기 때문인데, 이는 한 명이 올라가면 지역에 남은 다른 사람들이 올라간 사람의 토지와 가족을 돌보아 주었기 때문이다. 작은 지역에서 많이 올라가면 마을 자체가 유지되기 어려울 수 있기 때문에, 부유한 사람을 올려 보내 비용부담을 줄인 것이다.

나아가 일정 기간을 근무하면 처음 벼슬을 시작할 때 주는 동정직(관품만을 부여하는 것)을 주었다. 이들이 수도인 개경에 올라와 원래 육체적 노동을 위주로 하는 사역을 했던 것은 아니었다는 뜻이다.

시간이 지나면서 기인에게는 촌락에서 일하는 촌분직村分職이 주어지기도 하였다(1253년). 촌분직은 중앙의 동정직을 주는 것보다 향촌사회에서 일하도록 한 것으로, 기인의 지위가 일정하게 내려갔음을 말해준다.

그렇지만 고려 후기에는 이들의 사회적 지위가 더욱 하락하면서 각종 노역에 시달려야 했다. 심지어 토지 경작 등의 노역에 동원되기도 하였으며, 궁궐의 수리나 관청의 하급 일을 맡아하였다. 따라서 기인에 대한 대우는 노비보다 나빠졌고, 그 고통을 이기지 못하여 도망하는 일이 속출하게 되었다.

| 지방행정 관료의 파견 |

지역에 남아 있던 세력가들은 점차 향직鄕職을 받았다. 그 중 유력한 가문은 호장戶長이 되어 지역민을 통괄하고 행정을 책임졌다. 그와 함께 각종 행정 업무를 맡은 사람들이 이른바 '향리'였다. 원래 '리吏'란 행정을 맡은 사람이지만, '문文'을 맡은 관료와 함께 일하였다. 후자가 우대받고, 사회의 상류층으로 발돋움한 것은 과거 시험이 널리 퍼진 이후였다. 시詩와 같은 어려운 문장 짓기가 귀족의 표상이 되고, 단순 행정을 맡은 사람들과 자신들을 차별화하면서 생긴 일이다.

호장지원녀 낙랑김씨 묘지명

고려 정부는 983년(성종 2) 행정구역을 개편하면서 처음으로 12명의 지방행정관을 보냈다. 이후 문제는 어떤 사람들을 행정관으로 보내고 어떤 업무를 맡길 것인가에 달려 있었다. 지방행정관은 복잡하게 얽혀 있는 지역 내부의 이해관계를 조절하고, 행정명령을 관철시킬 사람들로 파견되어야 했다. 따라서 엘리트 관료가 필요하였고, 점차 과거 시험 합격자가 파견 대상이 되었다. 물론 모든 지방에 과거 합격자를 보낼 수는 없었다. 또한 과거 합격자라고 해서 반드시 행정 능력이 뛰어난 것도 아니었다.

'리吏' 출신의 지방행정관이 많았다는 점은 다음의 이야기로도 알 수 있다. 고려 후기 추적秋適이 전라도 남원에 수령이 되었을 때, 그와 친했던 인조대사仁照大師라는 승려가 찾아왔다.[12] 이 승려는 추적을 만나기 전에 당시 역驛의 행정을 맡은 향리에게 수령의 이름을 물었다. 향리가 추적이라고 대답을 하자, 인조대사는 또다시 '아전[吏]' 출신인지

'선비[儒]' 출신인지를 물었다. 향리는 추적이 붓과 벼루를 가지고 다니면서 가끔 글을 읽는 것을 보니 후자 출신 같다고 답변하였다. 이 이야기는 행정을 맡은 아전[吏] 출신의 지방관도 상당히 많다는 점을 말해주고 있다. 그렇지만 시간이 흐르면서 결국 과거 시험출신인 유학자들이 사회적으로 우대받게 되었다.

지방 행정관은 '수령'으로 불렸고, 관할 구역 내의 행정을 모두 책임졌다. 그의 아래에는 판관判官, 사록司祿, 서기書記, 법조法曹, 의사醫師, 문사文師와 같은 보조 관료들이 있었다. 그 중에서 법조는 다른 보조 관료가 겸직하는 경우가 없으며, 일반 행정 구역인 현縣과 군사적인 진鎭을 제외한 모든 군현에 있었다. 법조는 사법 업무를 전문적으로 맡아서 수령 등의 법률자문을 하였기 때문에, 다른 관직이 이를 겸해서 하기가 어려웠다. 특히 법조의 존재는 과거 지방에 자율적으로 맡기어 둔 사법에 관한 권한을 수령이 발휘하도록 만든다는 점에서 중요하였다. 그 이전에는 지역 세력가가 자의적으로 처리하거나 지방 향리가 관습에 의존하여 법적 결정을 하는 경우가 많았다. 물론 살인과 같은 중요 범죄는 국가에 보고해야 했지만, 많은 처벌이 향촌 사회 내에서 관습적으로 처리되었다. 법조는 여기서 벗어나 본격적으로 사법권이 지역사회에 미치기 시작했음을 말해준다.

또한 의사와 문사는 각각 병의 치료와 교육을 맡은 전문성이 있는 관료였다. 국가의 기능 가운데 복지 측면은 중요하다. 이들은 국가가 지역사회의 복지를 염두에 두고 파견한 것으로 볼 수 있다. 이들은 987년(성종 6) 12목에 경학박사와 의학박사 각각 1명을 파견한 것에서 그 연원을 찾을 수 있다. 국왕의 교화가 지역까지 미친다는 것을 상징적으로 보여주는 관직이었다.

그 밖의 판관, 사록참군사, 장서기는 수령을 보좌하면서 세금을 걷거나 노동력을 징발하는 대민업무와 군현의 일반 행정업무를 맡았다. 이들의 업무 범위는 매우 광범위하였다. 예컨대 판관의 경우에는 도적을 설득하여 다스리는 일, 중앙에 보고서와 유사한 표문表文을 올리는 일, 지역에 있는 성城이나 군사용의 기계器械 등을 수리하는 일, 백성들이 자기 지역을 떠나 유랑하거나 실업 방지를 위해 관할 구역을 순찰하는 일, 재판권을 행사하는 일 등으로 다양하게 나타난다.

특히 판관은 수령이 없을 때에는 그 직을 대행하기도 하였다. 이규보는 처음 관직을 받은 전주사록겸장서기全州司錄兼掌書記로 나가서 했던 일들에 대해 다음과 같이 말한다.

고을살이 즐겁다 마오 / 고을살이 도리어 걱정뿐일세
공정은 시끄럽기 저자 같고 / 산더미처럼 쌓인 송사의 문서
가난한 마을에 세금 차마 부과하겠나 / 감옥에 가득한 죄수들 안타깝구려
입엔 웃음 띨 날 없는데 / 더구나 태평하게 놀러 다닐까
고을살이 즐겁다 마시요 / 고을살이 걱정만 점차 새로워
성낸 얼굴로 고을 아전 꾸중하고 / 무릎 꿇고 왕의 사신에게 인사드리네
속군屬郡을 봄마다 순찰하고 / 영사靈祠에 기우제도 자주 지냈네
잠시도 한가할 때 없으니 / 어떻게 몸 빼낼 생각하리요
고을살이 즐겁다 마시요 / 고을살이 걱정만 밀려 오네
따스한 비단 옷 입지 못하고 / 한 푼의 돈도 있을 날 없네
성내는 마누라 주름살 펴기 어렵고 / 어린 자식 배고파 울음 끊일 사이 없네
삼년 뒤에도 그만두지 못한다면 / 머리털 모두 백발일거야[13]

이규보는 절절한 심정으로 이 시를 지었다. 그의 행정업무로는 산더미 같은 소송 문서, 세금 부과, 재판 관련 일뿐만 아니라, 다양한 일

이규보의 묘(강화도)

이 있었다. 관할구역인 속군을 순찰하는 일, 국왕의 사신을 영접하는 일[14]과 함께, 지역신을 모신 영사靈祠에 기우제와 같은 제사 지내는 일도 자신의 몫이었다.

많은 업무로 인해 이규보는 쉴 틈도 없었는데, 경제적 대우는 형편이 없어서 집안 살림이 어려울 정도였다. 이규보는 봉급이 박하여 수시로 옷을 전당 잡혔다고 토로하였다.[15] 더구나 상관이었던 통판通判(판관을 감독하는 지방관)과 사이가 좋지 않았다. 그는 3년이 지방관의 임기인데, 이것이 끝나면 머리가 다 하얗게 변할 것이라고 탄식하였다.

그는 지방관의 임무 중에서 '강호強豪' 즉 힘이 강한 지역 세력의 힘을 막아보려 했지만 스스로 힘이 부족하다고 말하였다.[16] 비록 중앙에서 파견되었지만 그들은 지역 세력의 도움 없이는 그곳을 통치할 수 없었다. 그만큼 지역 세력가들 힘이 중앙정부에서 파견된 지방관보다 우위에 있었다.

김포 지방 향리들이 근무했던 통진이청

| 지역행정의 실제 |

읍사와 공문서 행정 지역 행정을 처리하는 곳은 거점에 위치한 읍사邑司였다. 읍사에서 수령은 보좌진과 향리들을 데리고 행정을 보았다. 지방관이 해야 할 업무는 상당히 많았다. 소송과 재판 업무는 중요한 것이었고, 세금 수취, 노동력을 동원한 공공사업, 관할 구역의 순찰, 지역 세사, 서류 처리 등이 있었다.

소송뿐만 아니라 살인이나 강도, 도둑 등의 사건도 지방관을 괴롭히는 대표적 요소였다. 지금처럼 사건을 전문적으로 맡는 관료가 따로 없었다. 수령 아래의 법조法曹가 소송과 더불어 이 일을 맡았겠지만, 수령은 전체 수사를 지휘해야 하였다. 소송의 경우에는 참고할 수 있는 법전이 없었기 때문에, 상식과 기존 판례에 의존해야 했다. 만약 수령 본인이 이를 알지 못하면 향리들에 의해 그 결과가 왜곡될 수 있

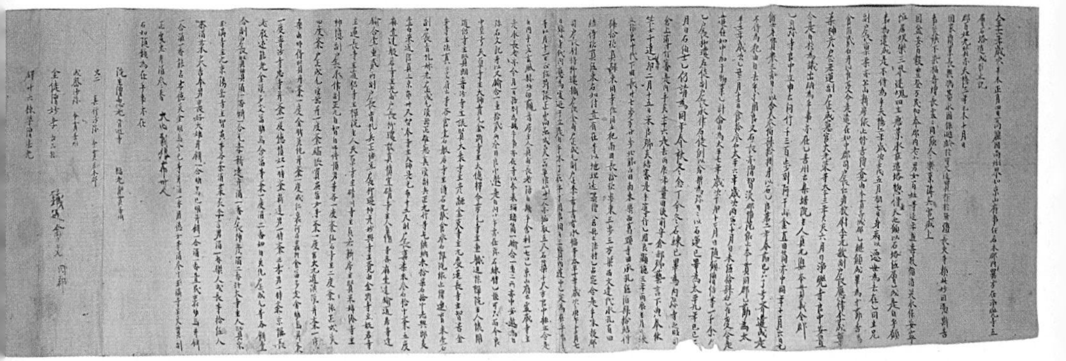

고려시대 향리들의 힘을 보여주는 정도사5층석탑조성형지기

었다.

이 때문에 명 판결이 기록에 남는 경우가 있었다. 손변孫抃은 경상도의 안찰사按察使로 나가, 남매간의 유산 분할 소송을 맡아 판결을 종결지었다. 당시 누이가 재산을 독차지하고, 동생에게는 단지 검은 옷과 신발, 종이만을 남겨주었던 것이다. 이 소송은 벌써 여러 해를 끌어 오고 있었다. 이런 민사 소송의 경우에는 양측이 승복해야 결론이 났던 것이다. 손변은 누이가 나이 어린 동생을 보살피고, 동생이 컸을 때 옷을 입고 종이에 소송 내용을 적어 다시 판결하는 뜻이라면서, 재산을 반으로 나누라고 선고하였다. 그렇지만 대부분의 지역 사람들은 명 재판관을 만나기 어려웠다.

하지만 지방관이 파견되기 이전에는 호장과 그 아래에 있는 직속 기구들은 각 읍사에 모여 중요한 일을 의결하고 처리하였다. 예를 들어 고려 초기였던 현종대 경상도 경산부에 딸려 있던 약목군若木郡의 경우가 대표적이다. 이들은 모여서 정도사에 탑을 세우기로 하였는데, 호장은 1명, 부호장 4명, 호정 1명, 부호정 1명, 관사官史 1명으로 구성되어 있었다. 이런 사람들이 모여서 탑을 건립할 비용과 동원할 인력 등을 결정하고, 논의하여서 일을 추진하였다.

읍사의 건물은 큰 주·부州府의 경우에 100여 칸의 건물을 지녔으며,

그보다 작은 중소 군·현郡縣의 경우에는 10여 칸, 그리고 작은 현은 4~5칸 정도의 건물을 지녔다. 따라서 작은 현의 경우에는 겨우 회의를 하거나, 문서를 보관하는 정도 이외에는 활용하기 어려웠을 것이다. 특히 지방관들이 순시할 때에 규모가 작은 현의 경우에는 숙박을 제공하기도 힘들었다.

읍사를 포함한 행정관서들은 업무 수행을 위해 도장을 보유하였다. 이 도장 즉 인신印信은 국가에서 지급하는 것으로 해당 관부의 공식성을 보여준다. 중앙정부가 파견한 지방관은 이 인신을 가지고 업무를 처리하였다. 그렇지만 고려의 지방 읍사는 지방관의 것과 다른 별도의 인신을 가지고 있었다. 즉 호장은 자신만의 것을 가지고 있었다. 따라서 호장은 자신의 업무를 처리할 때 사용하는 도장(인신)을 관리하였다. 그런데 호장의 경우 정원이 4~8명 정도였기 때문에, 가장 상위에 있던 상호장上戶長이나 수호장首戶長이 이를 관리하였다.

그에 따라 호장 중에는 업무를 수행하기 어려울 경우에 인신을 중앙정부에 반납하기도 하였다. 예컨대 백성들이 많이 도망가 세금과 부역을 감당하기 어려울 때 인신 반납이 생겼다.

읍사는 독자적인 인신을 가지고 있었기에, 읍사의 이름으로 문서가 발송 내지 발급되었다.

> 각 도道의 크고 작은 각 읍邑은 모두 주사州司(지방의 읍사)의 도장을 가지고 있으며, 호장이 이를 관리합니다. 촌락에 문서를 보내는 것뿐만 아니라, 여러 가지로 폐단이 일어나고 있습니다. 호구를 조사하여 인정하는 것이나 노비문서에 도장 찍어 발급하는 등의 일은 옳고 그름을 따지지 않고 개인적 이익에 따라 문서를 남발하고 있습니다. 바라건대 주사州司의 도장을 모두 거두십시오.[17]

고려시대 지방세력가의 청동 도장

이 자료는 조선 태종 때의 것이지만, 고려의 현실을 반영하고 있다. 지역 읍사의 도장을 호장이 관리한다는 점, 그리고 이로 인한 각종 폐단의 모습이 잘 나타나 있다. 그 폐단은 향리가 할 수 있는 호구 점검, 노비관련문서의 조작 등으로 자신의 이익을 챙긴다는 사실이다. 또한 수령에 대한 보고에서도 이와 같은 도장이 사용되었다.

지역과 연결되는 문서행정 규정은 987년(성종 6)에 처음 만들어졌다. 문서행정은 중앙 관청에서 직접 지역과 연결되어 이루어졌다. 지방에서 중앙으로 공문서를 보내는 것은 '공첩상통식'(공문서를 서로 유통하는 형식)에 따라 보내야 했다. 예를 들어 서경의 책임자인 유수留守는 올리는 문서에 자신의 성씨만을 붙여 서명을 해야 하고, 부유수 이하는 전체 이름을 모두 쓰게 하였다. 또한 군사적인 진鎭을 지키는 장교나 현령 등은 방어진사防禦鎭使 이상의 상관에게는 자신의 관직 이름과 성명을 같이 써넣게 하였다.

일단 중앙의 공문서는 지역으로 직접 수발되도록 하였다. 중앙정부와 일반 주현의 수령이 직접적인 명령체계를 가졌기 때문이다. 그렇지만 지역의 관리들이 모두 중앙에 공문을 직접 발송하도록 되어 있는 체계는 아니었다. 예를 들어 공문의 서명 양식에서 보면 성명을 붙이는 경우는 가장 하위에 속한 것이다. 특히 당시 관료 체계에서 6품을 경계로 하는 참상參上과 참외參外의 차이가 있었다. 신분에 따라 서명 방식을 달리하였던 것이다.

당연히 문서 행정에 비리가 발생하였다. 무신집권기 당시 중앙의 형부상서刑部尙書가 된 정세유鄭世猷는 다른 장군들의 탄핵을 받았다. 탄핵의 이유는 이러하였다.

> 정세유가 상서성尙書省에 있을 때 영주리永州吏(영주의 향리) 최안崔安을 호장에 서명하여 임명하는 일에서 공문서가 이미 완성되었는데, 수주리水州吏(수주의 향리) 최소崔少의 뇌물을 받고 '영永'자를 '수水'자로 만들고, '안安'자를 고쳐 '소少'자로 만들어서 공문서를 최소에게 주었습니다.[18]

정세유는 뇌물을 받고 공문서의 글자를 고쳐, 원래 임명대상자가 아닌 다른 사람을 호장으로 임명하도록 했던 것이다. 호장은 그 지역 행정에서 지방관을 제외하고 최고 책임자이기에, 중앙정부는 이들이 향리로 일한 기간 등을 고려하여 임명하였다. 그런데 이 임명을 바꾸는 비리가 공문서를 이용하여 발생한 사례이다.

원래 중앙 관청인 상서성이 행정실무를 담당하였고, 지방과 기타 관청에 공문서를 보내는 역할을 맡았다. 공문서 발송은 원래 마음대로 하지 못하였다. 그래서 다른 중앙행정부서가 지방에 공문서를 보내는 경우에도 반드시 상서성에 보고한 후에 이를 보내도록 하였다. 그렇지 않을 경우에는 처벌을 받았다. 공문서가 남발되거나 사적으로 이용되지 못하도록 한 것이다.

상서성은 이 공문서를 작성하여 개경 근교에 있는 청교역靑郊驛의 관역사館驛使(역과 여관을 관리하는 직)를 통해 지방에 전달하였다. 반대로 지방에서 중앙으로 가는 공문서 역시 이를 거쳐 가야 했다. 이처럼 공문

고려 문신 강민첨의 영정

서는 공식 교통인 역제驛制를 이용하도록 했던 것이다. 역을 이용하는 것은 주요 교통로를 확보하는 것이므로, 매주 중요하였다.

역을 이용하여 공문서를 전달하는 방식에는 현령전송懸鈴傳送이 있었다. 이 방식은 가죽 전대에 공문서를 넣고 전달하는데, 가장 빠르고 긴급한 문서는 3개의 방울을 달고, 그 다음 급은 2개, 그리고 급하지 않은 것은 1개를 달았다.

그에 따라 2월부터 7월까지, 3개 방울 문서는 하루에 6개 역, 두 번째 급은 5개 역, 최하위 문서는 4개 역을 가도록 규정하였다. 그리고 동절기인 8월부터 1월까지는 최상급 문서는 하루 5개 역, 그 다음이 4개 역, 마지막은 3개 역으로 정하였다. 이는 모두 말을 달려서 운송해야 하는 거리였는데, 하절기의 경우가 보다 많게 정해졌던 것이다. 사실 개인 편지의 경우에는 인편을 통해 운반되었지만, 공문서의 경우는 그럴 수가 없었다. 다만 급하지 않은 편지의 경우에는 걸어서 전달하는 방법도 이용되었다.

1388년(우왕 14) 당시 대사헌 조준趙浚은 조정의 문서를 모두 방울을 달아서 전달하고, 군사정보와 같은 긴급한 사항이 아니면 역마를 타지 못하게 하였다. 당시 중앙의 고위직들이 개인적인 문서를 국가의 역마를 이용하여 전달하는 과정에서 많은 폐단이 발생하였기 때문이다. 예컨대 빈번한 역마 사용으로, 역마가 죽거나 하는 경우에 역驛을 책임지는 향리가 경제적으로 이를 부담하는 일이 많았다. 이 때문에 역리驛吏가 그 부담을 이기지 못하고 도망가는 사례가 늘면서, 역의 운영이 커다란 지장을 받았다.

읍사는 고려시대 동안 지방행정의 중심지였지만, 지방관 파견이 증가하고 행정관서가 생기면서 그 힘은 점차 쇠퇴하여 갔다. 고려 후기로 갈수록 지방관의 권력이 증가하면서, 행정을 맡은 향리들에 대한 견제가 심화되어 갔던 것이다. 예를 들어 조선건국의 공로가 큰 정도전鄭道傳의 아버지 정운경鄭云敬이 지금의 안동인 복주福州 판관判官으로 부임하였을 때의 일화이다.

> 고을아전州吏 권원權援은 지난날 정운경과 함께 향학鄕學(지방학교)에서 같이 글공부를 한 사람이었다. 이 때 권원은 술과 안주를 차려 가지고 와서 면회를 신청하였다. 정운경은 그를 불러 함께 술을 마시면서, "지금 그대와 함께 술을 마시는 것은 옛 정을 잊지 못해 그런 것이네. 그러나 만약 내일이라도 그대가 법을 위반하면 아마 이 판관이 그대를 용서하지 않을 것이네."라고 말하였다.[19]

1360년 공민왕이 안동 수령 정광도에게 내린 교서

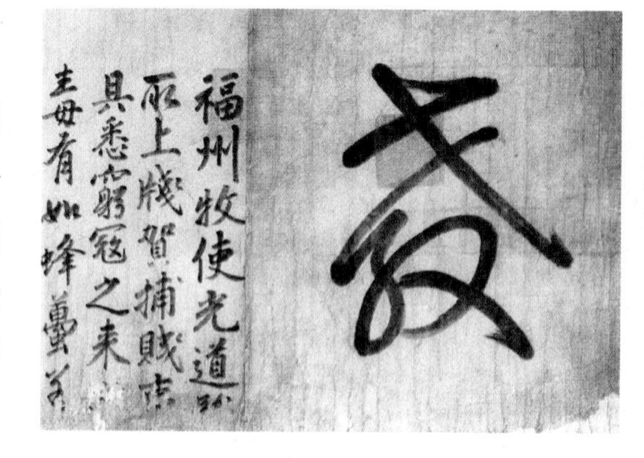
福州牧使光道

정운경의 사례는 당시 관료의 공정성을 위한 모범으로서 기록되었을 것이다. 고을아전인 권원과 정운경의 관계는 동문수학한 관계였으며, 정운경은 과거 시험에 합격하여 중앙관료가 되었다.

같은 지역출신이지만 중앙으로 진출하여 사족士族이 되거나, 향촌 사회에 남아 향리를 계속하는 경우로 나뉘어졌다. 고려 말기 양자의 차이는 적지 않았다. 그리고 이 사족들이 이후 조선왕조 건립의 주체가 되는 것이다.

세금과 사법, 그리고 군사 동원 세금의 경우에는 쌀 등의 곡식을 받는 조세, 그리고 지역특산물로 받는 공부, 필요한 노동력을 동원하는 요역으로 이루어졌다. 세금 수취는 국가재정 확보와 통치에 핵심적인 사안이다. 따라서 지역민들에게서 이를 거두는 행정업무는 중요하였다.

조세의 경우에는 토지를 가진 농민이 국가나 지정된 개인에게 직접 현물로 세금을 바치기에 오늘날과 차이가 컸다. 당시 관리들은 추수기에 개별적으로 직접 세금을 거둘 수 있는 토지를 경작하는 농민들에게 세금을 받았다. 수조권(조세를 거둘 수 있는 권리)은 고려왕조의 토지제도였던 전시과田柴科의 핵심이었다. 국가는 토지를 나누고, 이곳에서 나오는 산물을 계산한 다음에 필요한 관청이나 관료 등에게 이를 나누어 주었다. 토지의 소유권을 준 것이 아니라, 그곳에서 나오는 곡식을 거두는 권리를 준 것이다. 즉 수조권을 받은 경우는 관료와 군인 등과 같은 개인뿐만 아니라, 그 밖에 궁궐, 사원, 관청, 학교 등과 같이 다양하였다. 이때 받는 세금의 분량은 원칙적으로 수확한 곡식의 1/10이었다. 하지만 중간에 소모되는 분량이나 토지의 성격에 따라 그 양이 차이가 있었다.

중요한 점은 수조권을 받을 때에 그것을 받아오는 것까지 본인의 몫이었다는 사실이다. 관청이든 개인이든, 수조권을 받은 경우에는 보통 토지의 주인이라는 뜻의 전주田主라고 불렀다. 그리고 전주는 가을에 자신이 수조권 받은 땅에 가서 곡식이 어느 정도 익었는가를 확인하고 이를 수확하여 받아왔던 것이다.

따라서 수조권자는 땅을 소유하고 경작하는 사람보다 우위에 있었다. 땅을 가진 사람도 일반 농민인 경우에는 세금 받으러 오는 사람들에게 잘 보여야 할 처지였다. 곡식을 거두어가는 사람은 관료였기 때문에, 이들의 힘이 적지 않았다.

이런 권한 때문에 수조권이 국가가 의해 행사될 경우에는 국가의 공적인 기능과 사적인 지배권이 섞일 수 있었다. 특히 각 기관 별로 재정이 독립되어 운영되었기 때문에, 이 문제는 고려의 지방행정체계의 특성으로 이어졌다. 즉 왕실이나 관청은 자신의 수조지를 관리하기 위해 필요할 때마다 사람들을 보내어 업무를 수행하여야 하였다. 당연히 수조지에 파견된 사람들은 각 관청이나 왕실의 관원이나 서리胥吏, 노복奴僕 등이다. 관료의 경우에는 사신使臣으로 파견되었기에, 국가의 공적 업무였지만, 때로 고리대 운영이나 부채 징수 같은 업무를 같이 수행하기도 하였다. 이 때문에 개인적 업무가 공적 업무와 겹칠 수 있었다.

최이의 아들인 승려 만종萬宗과 만전萬全이 쌀 50여만 석을 축적하고 이것으로 백성들을 상대로 고리대를 하면서 그 부하 승려들을 각 곳에 보내 혹독하게 부채를 독촉하여 거두었기에 백성들은 가진 것을 다 털어주고 세금마저 제때 바치지 못하였다. 그래서 경상도 안찰사였던 왕해王諧는 "백성들이 아직 세금을 납부하기 전에 개인 빚을 먼저 독촉하는 자는 처벌하라."고 하였다. 이때부터 두 승려의 무리들이 감히 악질행동을 하지 못하고, 세금도 제때 바치게 되었다.[20]

최이는 무신집권기에 최충헌의 뒤를 이어 최고 권력자가 된 인물이다. 최이의 아들은 당시 관례에 따라 서자 출신이라서 승려가 되었다. 그 아들들은 고리대를 통해 재산을 축적하였고, 이들의 권력이 무서운 일반민들은 세금보다 이들에 진 빚을 먼저 납부하였다. 이 때문에 지방관인 왕해는 이를 금지시켰다. 하지만 권력의 힘을 이기기는 쉽지 않았다.

이 때문에 지방민들에게 세금 납부는 언제나 쉽지 않았다. 왜냐하면 개인적으로 낼 경우에는 받는 측에서 곡식을 계량하는 기구를 규정보다 크게 만들어 받기도 하였기 때문이다. 그 뿐 아니라 몽골와의 전쟁 이후부터 토지제도가 문란해지면서, 같은 곳에 여러 명의 전주가 생겼다. 고려 말의 경우에는 심지어 한 토지에 7~8명의 전주가 있기 때문에, 자신의 수확물에서 80% 정도를 세금으로 납부해야 했다. 이로 인하여 토지를 버리고 도망가거나, 아니면 권력가에게 땅을 바치고, 그 아래에서 노비가 되어 생계를 유지하는 경우도 생겼다.

조세와 함께 바쳐야 할 것이 공부貢賦이다. 공부는 토산물이나 수공업 제품을 바치는 것으로, 지역행정구역인 소가 주로 이를 맡아하였다. 하지만 그 이외의 지역도 옷감인 포, 철, 사면絲綿, 기름과 꿀, 쇠가죽이나 쇠뿔, 해태와 같은 해산물까지 다양한 품목을 내야 했다.

이 공물은 개별적이 아닌 한 지역에 집단적으로 부과되었다. 따라서 토지와 인구 숫자에 따라 정해진 공물액을 각 지역으로 할당하였다. 지방관은 이를 책임지고 왕실이나 정부의 각 기관에 납부하였다.

요역은 일반민들의 노동력을 무상으로 수취하는 것을 말한다. 앞서 공납물건을 제조하거나 채취, 또는 수송하는 것에 충당되는 것만이 아니라, 각종 도로 건설이나 관청 건물 축조와 보수, 성城의 수축이나 도로, 제방 보수 등과 같은 여러 공사에 노동력의 동원이 필요하였다.

그에 따라 지역민들은 자신의 지역 공사에 동원되지 않을 수 없었다.

이와 같은 세금 납부체계는 지방관과 향리들의 중요한 업무였다. 따라서 이를 통해 부정이 생길 가능성이 컸다. 이 때문에 지방관의 횡령 등에 대해 강력한 법을 적용시켰지만, 적발되는 경우에만 가능하였다. 지방관과 향리가 결탁하였을 경우에는 이를 적발하기도 쉽지 않았으며, 더 큰 문제는 중앙의 귀족과 지방관이 연계되어 저지르는 범죄였다. 이것이 고려 후기의 각 지역에 발달하는 중앙귀족이 소유한 농장에서 벌어지는 불법을 제지하기 힘든 이유였다. 또한 고려왕조가 쇠락과 멸망으로 가는 커다란 원인이 되었던 것이다. 물론 여기에는 향리층까지 결합되면서, 전국적인 부정의 고리가 이루어져 갔다.

그런데 고려의 법체계는 통일된 법전으로 정해지지 않았다. 고려의 제도는 중국 당唐의 것을 모방하는 경우가 많았고, 사법체계도 당률唐律을 기본으로 하였다. 그리고 형법의 경우에는 각 관서에서 이루어진 처리 관행이 논의되어 그에 따라 법률로 규정되기도 하였다.

따라서 지역 내부의 사법처리는 중앙이 아닌 향촌사회 내부에서 관행에 따라 이루어지는 경우가 많았다. 그렇지만 중앙과 관계하여 반역이나 불효와 같은 중대범죄의 경우에는 보고를 하여야 했다.

수령의 업무 중에서도 감옥을 비우는 일은 중요한 업적 평가 기준이 되었다. 그런데 감옥을 비우는 일은 수령 등에 이루어지는 재판이 제대로 이루어지는가에 따라 달렸다. '원옥冤獄' 즉 억울하게 감옥에 갇힌 것을 풀어주는 일은 지방관의 경우에 중요한 업무였다. 원옥의 경우에는 이들의 억울함으로 자연재해가 일어난다는 생각을 하였기 때문이다. 자연재해가 발생하면 농업 생산량이 하락하기에, 사회적 안전을 위협하는 일이 되었다.

앞서 보았던 정운경은 지역사회에서 사법처리의 사례를 보여준다. 그가 복주판관福州判官(지금의 안동시장) 시절에 그 고을의 어떤 승려가 옹천역翁川驛 길가에서 도적에게 맞아서 거의 죽게 되었다. 역을 맡은 아전이 그에게 경위를 물어보니 어떤 자가 자신이 가진 포목을 빼앗아 가기 위해 때렸다고 하였다. 당시 길가 밭에는 거름 주는 사람과 밭갈이하는 사람이 있었다. 그런데 승려의 뒤편에 있던 어떤 자가 자신은 밭갈이하는 사람인데, 불러도 대답하지 않는다며 갑자기 때리고 포목을 빼앗았다고 승려가 증언하였다.

이 증언을 했던 승려가 사망하자 향리들은 밭갈이하는 사람을 붙잡아 심문한 후에 자백을 받았다. 하지만 정운경은 외출하였다가 돌아와서 경위를 듣고 난 후에 밭갈이하는 사람이 범인이 아니라고 주장하였다. 그는 밭 갈던 사람이 고문을 못 이겨 자백한 것이라고 하고, 거름 주는 사람을 불러왔다. 그리고 실제 범인이 거름 주던 사람이었다. 이 사건은 살인이 되어 복주의 수령이 보고 받았고, 정운경도 이 일에 관여하였던 것이다.

실제 범인을 체포하러 간 사람은 그 지역의 향리였으며, 살인사건과 같은 큰 경우가 아니면 대개 이런 향리 선에서 사법이 집행되었다. 그 이유는 당시가 농업사회이기에 사건 유형이 단순하고, 과학적 수사기법이 동원되기 어려웠던 탓도 있었다. 물론 그보다는 지방관이 없이 읍사를 중심으로 움직이는 행정이 더 큰 요인이었다.

그러나 자율적으로 형벌이 시행되는 경우는 기록상으로 거의 나오지 않는다. 왜냐하면 중앙행정부에서 이를 문제 삼지 않았기 때문이다. 다만 1038년(정종 4) 국경인 동계 지역에서 벌어진 일로 당시의 자율적 형벌의 상황을 짐작할 수 있다. 당시 여진족 2명과 그 지역 장군 사이에 재물을 가지고 싸우다가, 장군이 맞아 죽는 사건이 발생하였다. 여기서 문제의 핵심은 여진족 2명이 이미 고려에 귀화한 상태라는 점이다. 즉 여진족이 현재 고려백성인가 아닌가의 문제였다. 그 결과 일부 논자는 고려법에 따라 지방관을 죽인 것으로 처리하자고 주장하였다. 다른 의견을 낸 사람들은 이웃마을의 늙은 수장이 자신들의 법에 따라 범인 두 사람의 집에서 재물을 내어 보상하였기에, 다시 이를 논의할 수 없다고 주장하였다. 결국 고려 국왕은 후자의 의견에 따랐다.

이 사례는 비록 여진족과 같은 편입된 이민족에 대한 것이지만, 당시 고려사회에서는 지역의 자율적 사법 관례를 우선시했음을 보여준다. 이처럼 고려왕조는 지방관이 없는 곳에서는 큰 범죄가 아닐 경우에 자율적으로 처리되었다.

한편 군사적인 것을 보면 수도인 개경에는 경군京軍이 있었지만, 지역에는 주현군州縣軍이 존재하였다. 그 중에서 주현군의 경우에는 보통 947년(정종 2)에 조직된 광군光軍으로부터 유래가 시작된다. 광군의 숫자는 30만 명인데, 당시 전국에서 동원 가능한 모든 인원을 의미한다. 광군은 거란의 침입에 대비하기 위한 것인데, 이 가운데에는 과거 호족들 아래에서 활동하던 사병私兵들이 있었다. 결국 광군은 동원 가능한 자원과 함께 이들을 국가가 정한

예천 개심사 5층석탑

조직 체계 속에 묶어냈다는 의미가 있었다. 광군은 일종의 지역 세력가들이 참여하는 총체적 연합군이다.

이후 이러한 조직체계가 국가행정망 속으로 포섭되어 간다. 군사조직은 전투에 대한 동원만이 아니라, 각종 공사 등의 부역에 동원될 수 있는 체계로 작동하였다. 앞서 1010년(현종 1)에 시작된 경상북도 예천의 개심사開心寺 석탑을 쌓는 일에 광군이 동원되었다. 중앙에 있는 광군사光軍司는 이런 광군을 관할하는 기관이었다.

그렇지만 광군은 중앙정부의 집권화 노력이 계속되면서 변화하게 된다. 995년(성종 14) 12군절도사軍節度使 제도가 만들어지면서 변화하였다. 절도사는 12목의 민정행정관인 목사를 파견하듯이, 중요한 12개 지역에 파견한 군사 담당 지휘관이다. 이때 주현군(각 지방의 주현에 두었던 부대)이 성립되면서, 광군 중에 일부는 노역을 담당하는 일품군一品軍이 되었다.

주현군은 각 5도와 경기 지역에서 몇 개의 군사도軍事道로 세분하고, 여기에 각각 보승·정용·일품군으로 나누어 배치되었다. 그 밖에 일품군과 다른 2, 3품군이 있는데, 이들은 중앙정부에서 파악하지 않고, 지역사회에서 운용하는 부대였다. 이 중에서 보승군과 정용군은 중앙인 개경으로 올라와서 중앙군이나 또는 국경지대 군부대에서 일정 기간 근무하였다. 말하자면 지방 출신의 군인들이 번갈아가면서 군대에서 일정기간 동안 일을 하고, 다시 고향으로 돌아가는 구조였다. 지역의 향리들은 보승과 정용군이 아닌 일품군의 장교를 겸직하였다. 즉 향리 휘하에도 군사력이 존재하였다.

지역의 방위는 지역 자체에 맡겨졌다. 이들은 지역에 쌓은 성을 중심으로 방어를 하고 있으면, 중앙과 주변 지역부대가 이들을 구원하러 오는 방식이었다. 13세기 몽골이 고려를 침입하였을 때의

처인성 성벽에서 남쪽 들판을 바라다본 모습이다.

사례이다.

김윤후金允侯는 고종 때 사람으로 일찍이 승려가 되어 백현원白峴院에 있었다. 몽고병이 쳐들어오자 김윤후는 처인성處仁城(경기도 용인시)으로 피난가게 되었다. 그런데 몽고군 총사령관 살리타이가 그곳을 공격하려 왔을 때에 김윤후가 그를 화살로 사살하였다. 국왕이 그 공로를 높이 사서 상장군上將軍의 벼슬을 수여하려 하니, 김윤후가 그 공을 다른 사람에게 사양하면서 "전투할 때 나는 활과 화살도 갖지 않았는데 어찌 감히 귀중한 상을 받겠는가?"라고 하여 굳이 사양하였다.[21]

김윤후는 승려 신분으로 전투를 피해 처인성으로 피난을 갔다. 처인성은 흙으로 된 매우 작은 성인데, 당시 처인부곡處仁部曲 사람들이 이곳에 들어왔다. 부곡지역이라서 들어온 인원도 적었을 것이다. 당시 몽골군 사령관 살리타이가 이곳을 공격한 이유는 분명치 않다. 더구나 그가 화살로 사살된 경위도 마찬가지다. 김윤후는 자신이 활을 쏜 것이 아니라고 했지만, 목격자들에 의해 그가 천거되었을 것이다. 그는 당시 전투를 지휘하던 입장이었다. 그가 승려 신분으로 활을 쏘고 전투에 참가가 가능한 것은 무술능력과 지도력이 있었기 때문이다. 그의 무술 능력은 도적들로부터 사찰을 보호해야 할 필요로 인해 보유하게 되었다.

당시 부곡민들은 스스로 처인성을 방어하였다. 즉 정부군이 개입한 것이 아니라, 처인부곡의 향리가 부곡민들을 동원하여 전투를 벌였던 것이다. 지역에서는 이렇게 자율적으로 지역방위가 이루어졌다.

또한 충주성 전투의 경우도 지역이 주체가 되는 군사력의 수준을 드러내준다. 충청도의 충주忠州는 경상도로 향하는 길목이라서 몽골군은 이곳을 반드시 지나야 했다. 1231년(고종 18) 몽골군의 침입이 있자, 충주에서는 별초別抄(별도로 조직한 부대)를 만들었다.

> 앞서 충주부사(수령) 우종주于宗柱가 매번 문서와 장부를 처리할 때 판관判官 유홍익庾洪翼과 사이가 좋지 않았는데 몽골군이 곧 도착할 것이라는 소문을 듣고 성을 지키는 의논에서도 의견이 같지 않았다. 우종주는 양반별초兩班別抄(향리와 지배층으로 구성)를 거느리고, 유홍익은 노군奴軍(노비로 구성)과 잡류별초雜類別抄(기타 백성)를 거느리고 서로 시기하더니 몽고군이 닥치자, 우종주와 유홍익, 양반들은 모두 성을 버리고 달아나고 오직 노군奴軍과 잡류별초만이 협력하여 이들을 물리쳤다.[22]

충주의 지방관인 우종주와 그 아래 속관 중 하나인 유홍익은 감정적으로 대립하는 사이였다. 이들은 지역방위를 책임져야 했는데, 당시 주현군이던 보승, 정용군 등은 중앙으로 징집되어 갔을 것이다. 그래서 이들은 남은 인원을 신분에 따라 별초로 구성하였다. 상위 신분인 양반별초는 지역 세력가와 친족, 그곳의 현직과 퇴직 관료, 향리 등으로 구성되었다. 그 외 노군은 노비출신이므로 노역을 담당한 일품군 정도였다. 잡류별초는 보급을 맡을 2, 3품군 수준이었을 것이다.

노군과 잡류별초는 지방관과 양반들이 모두 도망간 충주성을 필사적으로 방어하였다. 지역방위체제는 이렇게 자체적이고 자율적으로 이루어졌다. 하지만 이 자율적 체제는 약점이 있었다. 필요시에는 반란이나 지역갈등에 쉽게 지역민을 이용할 수 있었다. 충주성 전투가 끝나고 돌아온 충주부사 우종주 등은 관청이 보유한 은그릇이 없어졌다고 노군 등을 압박하자, 이들이 반란을 일으켰던 것이다.

또한 지역갈등의 경우에도 중앙정부의 제어가 약화되는 경우에 쉽게 발생하였다. 예를 들어 무신집권기 당시에 경주지역과 그 주변의 영주지역 간의 갈등에 무력이 동원되었다. 경주인들은 운문 지역의 도적과 함께, 자신들과 관계 깊은 두 절의 승려까지 이 전투에 참여시켰다.

> 경주별초군慶州別抄軍이 영주永州 지역 사람들과 평소부터 사이가 좋지 않았다. 이들은 운문雲門의 반란군들과 부인사, 동화사의 승려들을 이끌고 영주를 공격하였다. 영주사람 이극인李克仁과 견수堅守 등이 정예군을 이끌고 갑자기 성을 나와 전투를 시작하니, 경주별초군이 패배하여 도망갔다.[23]

경주와 대구 인근의 인간적인 연결망으로 이런 동원이 가능하였다. 영주의 이극인이나 견수는 지방관이 아니고, 지역방어를 주도하는 향리들이다. 이들은 일품군 내지 그 휘하에 동원 가능한 인적 자원을 이끌고 전투에 참여하였다. 이처럼 지역 방위의 주체는 향리와 그 지역민들이었다. 이러한 지역방위의 체제는 14세기 왜구의 침입 등으로 점차 무력화되어 갔지만, 일부 지역에서는 오랫동안 유지되었다.

결국 고려의 지방행정은 신라 하반기에 만들어진 자율적 질서 위에서 작동하였다. 지역에 파견된 지방관 역시 이런 자율적 질서를 전면적으로 무시할 수 없었다. 하지만 자율적 질서와 중앙 권력이 점차 결합하게 되면서, 모순이 드러나기 시작하였다. 이를 견제할 수 있는 작동장치가 없었기에 고려 후기로 갈수록 국가기능은 약화되었다. 따라서 지역행정은 기능을 상실하기 시작하였고, 고려 말기의 홍건적이나 왜구의 침입에 자율적 방어체계는 작동하기 어려워졌다. 이 때문에 조선왕조는 새로운 행정 구조를 만들어내야 했던 것이다

9장

조선 후기 지방행정의 실제

행정으로 본 《춘향전》

노혜경
호서대학교 창의교양학부 교수

| 들어가는 말 |

예술적으로 가장 완성도 높은 사랑이야기를 꼽으라면 유럽에서는 로미오와 줄리엣을 들 수 있고, 우리나라에서는 성춘향과 이몽룡을 들 수 있겠다. 보편적이면서도 인간의 감성을 자극하는 소재인 만큼 이 두 사람을 대상으로 한 창작물은 소설을 비롯해서 판소리, 뮤지컬, 오페라로 만들어져서 지금까지도 공연되고 있다.

조선 후기 상업이 발달하고 서민들의 문화가 서서히 확대되면서 춘향의 이야기는 판소리로 공연되기 시작했고 이것이 소설의 형태로 정착한 것이다. 신분 차이를 극복하고 사랑의 결실을 맺으며 해피엔딩으로 끝나는 《춘향전》은 당시 조선 사람들이 마음에 품고 있는 훈훈한 장면과 바람을 그대로 표현하고 있다. 그런데 소설로는 완벽하게 사람들의 사로잡은 춘향전을 조선의 행정체계라는 안경으로 재검토해보면 그야말로 말이 안 되는 장면을 많이 접하게 된다. 결국 픽션이라는 이야기이다. 요즘 역사드라마나 영화에서도 주요 인물이나 사건

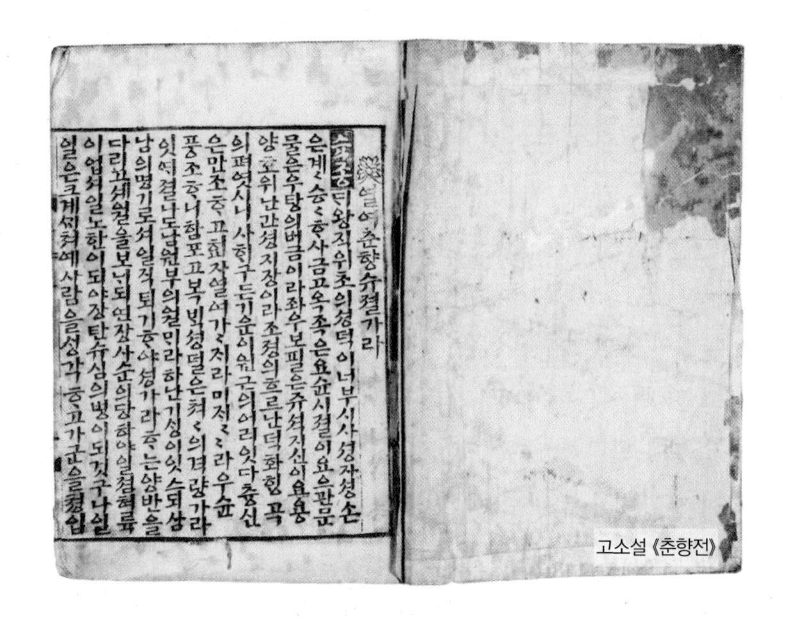

열녀춘향슈졀가라
숙종ᄃᆡ왕직위초의셩덕이너부시사셩자셩손
은계〻승〻ᄒᆞ사금고옥족은요순시졀이요으관문
물은우탕의버금이라좌우보필은쥬셕지신이요용
양호위난간셩지장이라조졍의흐르난덕화향곡
의펴엿시니사ᄒᆡ구든기운이원근의어리엿다츙신
은만조ᄒᆞ고효자열녀가〻지라미지〻〻라우슌
풍조ᄒᆞ니함포고복ᄇᆡᆨ셩덜은쳐〻의격양가라
잇ᄯᆡ졀나도남원부의월ᄆᆡ라ᄒᆞ난기ᄉᆡᆼ이잇스되삼
남의명기로셔일직퇴기ᄒᆞ야셩가라ᄒᆞ는양반을
다리고세월을보ᄂᆡ되연장사순의당ᄒᆞ야일졈혈륙
이업셔일노한이되야장탄슈심의병이되것구나일
일은크계ᄭᆡ쳐예사람을ᄉᆡᆼ각ᄒᆞ고가군을쳥입

고소설 《춘향전》

만을 내세우고 나머지는 상상으로 메운다. 소설과 드라마의 목적은 카타르시스와 감동이다. 당시 사람들도 그것을 알아서 별로 시비를 걸지 않았던 것 같다. 정작 헷갈리는 사람은 후대인들이다.

《춘향전》도 실제로 운영된 조선시대 행정제도에 대해 많은 오해를 불러일으키고 있다. 춘향이를 못살게 구는 악인으로 등장하는 변학도의 행동, 암행어사 출도를 외치며 춘향이를 구하는 이몽룡, 퇴기의 딸 신분으로 결국 이몽룡의 부인으로, 임금으로부터 정렬부인貞烈夫人 작위까지 받는 춘향이가 실제 조선 후기 사회에서는 어떻게 적용될 수 있는지를 살펴보도록 하겠다.

조선시대 때의 지방행정 시스템과 지방의 관찰사나 수령 등의 지방관을 또 다른 루트로 감찰할 수 있는 시스템의 하나인 암행어사제도,[1] 지방관의 부임과정과 지방관의 업무, 그 중에서도 춘향전에서 중심 소재가 되고 있는 관기의 문제[2] 등을 주제로 《춘향전》에 반영된 실제와 허구의 상황 등을 살펴봄으로써 조선 후기 일반 민들의 소망, 꿈꾸고 있는 사회의 모습 등을 검토해 보고자 한다.

| 이몽룡과 암행어사 파견 |

《춘향전》 속의 이몽룡은 남원부사로 임명된 이한규의 아들이다. 그네를 타고 있는 춘향의 모습이 아름답게 그려지고 있는데, 이 광경을 본 이몽룡이 춘향과의 만남을 시도하면서 본격적인 사랑이야기가 시작되고 있다. 이몽룡은 아버지를 따라 부임지인 남원으로 내려가 있다가 춘향을 만나게 된다. 그런데 조선시대 때는 아버지의 부임지에 가족이 전부 이사를 하는 것이 가능했을까?

조선에서 지방수령으로 부임 시에 가족을 데리고 가느냐의 문제와 함께 수령의 임기를 얼마로 하느냐에 대한 논의[3]는 꽤 오랫동안 진행되었다. 세종 때 관찰사가 가족을 거느리고 부임해서 30개월 동안을 근무하는 것으로 입법화 하였다. 그러나 가족의 동반에 따른 부임지역의 비용 증가, 관찰사의 순행 임무 부실 등의 문제점을 야기했다. 따라서 이후 문종 때에는 북쪽 변경이나 남쪽 해안가의 국경지역을 중심으로만 가족을 동반하는 것을 허용했다가 조선 후기에는 점차 모든 군현의 수령들이 홀로 부임하는 것을 원칙으로 바뀌어갔다. 특히 재해가 심하거나 부임지의 상황이 좋지 못한 때일수록 가족 동반이 금지되었다. 결국 숙종 때에는 수령 가운데 함부로 가족을 동반한 경우를 철저히 조사하게 되자 오히려 벼슬을 버리고 돌아오는 사람이 늘어나게 되었다. 이에 따라 수령의 업무 중 큰 비중을 차지했던 진휼 문제 해결에 차질이 생기게 되었고, 수령의 퇴임과 새로운 수령의 부임 절차의 영송迎送에서도 많은 폐단을 가져오기도 했다.[4]

그런데 수령의 가족을 동반할 경우 생기는 문제점 중 늘 거론되는 부분이 바로 그 가족들의 생활비까지 지방 재정에서 충당해야할 부담이 생기고, 수령의 가족은 곧 수령과 동급의 우대대상이 되기 때문

몽룡과 춘향의 만남의 무대 광한루

에 부임한 지역 주민들의 입장에서는 여러모로 모셔야할 대상이 증가할 뿐이라는 것이었다.[5] 부임할 때부터 가족들을 부임지로 데려오기 위해 가재도구 운반을 위한 운송비용에서부터 가족들이 타고 올 말의 숫자, 호송하는 인원, 맞이하는 향리들의 숫자뿐 아니라 이 가족이 부임지에서 직접 생활하고 있기 때문에 이들의 생활비가 모두 부임지 주민들에게는 큰 부담이었다. 따라서 국가에서도 가족 동반 부임자들에게 대한 녹봉, 부임지에 배포하는 물품의 숫자까지 조정하고 있었다.

가장 큰 문제는 이 가족들의 생활이 노출되어 있기 때문에 언제든지 청탁자들의 뇌물 대상 타깃이 될 수 있었다는 점이다. 온갖 핑계를 대어 행사를 만들어 수령의 가족들을 초대하고, 선물주고 식사 대접하면서 친분을 쌓은 뒤 청탁을 넣는 방식이다. 조선시대에는 과거에 급제해서 관리가 되기가 정말 힘든 사회였다. 힘든 과거 경쟁을 뚫고 관리가 될 수 있는 똑똑한 인재는 실제로 명문가 자식보다는 차상위층, 지방의 약간 한미한 가문에서 나왔다. 그래서 조선시대의 결혼은 이미 출세한 집의 딸과 앞으로 출세할 젊은이 간의 결혼이 가장 이상적인 형태로 여겨졌다. 또 조선은 여자들도 재산권을 인정받았고, 부부도 독립채산제였기 때문에 17세기 초반까지도 사위가 처갓집에서 아이들이 훌쩍 커버릴 때까지도 일생의 빚을 지고 사는 경우가 많았다. 따라서 남편이 부인의 청탁을 거절하기는 쉽지 않았고, 그 영향력이 대단했다. 이런 분위기 속에서 지방수령의 부인들이 청탁자의 표적이 되는 것은 너무나 자명한 이야기였다.[6]

조선의 입법가들은 이런 사정을 잘 알았기 때문에 지방 수령들이 처할 수 있는 불법청탁, 뇌물 사건 등의 비리를 원천적으로 차단하고, 수령이 수령으로서의 역할에 집중할 수 있도록 하기 위한 의도가 반영된 법이 바로 가족을 동반하지 않고 지방 수령으로 부임하는 형태였던 것이다.

어쨌든 춘향전 속에서는 이몽룡이 춘향과 만나 사랑을 하지만 아버지의 승진으로 다시 서울로 돌아오게 된다. 그렇게 헤어지게 된 이몽룡은 다시 춘향을 만나기 위해 열심히 공부해서 과거에 장원급제하여 암행어사로 남원에 복귀하게 된다. 불과 일 년 남짓한 사이에 장원급제할 정도로 이몽룡은 천재였년 모양이나. 하지만 이 또한 실제 상황에서는 거의 불가능한 일이다.

조선의 과거제도를 보면 경전시험을 통해 뽑는 생원시와 제술시험으로 뽑는 진사시에 합격한 다음 성균관에 입학해서 공부한 뒤, 문과에 급제해야만 관직을 받을 수 있었다.

그런데 과거시험은 3년에 한 번씩 정기적으로 보는 식년시와 특별한 경우에 임시로 시행되는 특별 시험이 있었다. 식년시는 보통 만 여

명의 응시자 중 33명이 합격되는 치열한 경쟁률을 보이는 시험이었다. 그런데 특별 시험 중에는 예비시험 없이 오전에 시험을 보고 오후에 그날로 바로 합격자를 발표하는 시험도 있었다.

조선 초에는 식년시를 중심으로 운영하면서 아주 간간히 국왕의 즉위와 같은 국가 경사를 축하하거나 성균관 유생들의 학업을 장려하기 위한 특별시험을 시행했다. 그러나 특별시험의 빈도가 점차 늘어나서 이미 15세기 후반에는 식년시와 특별시험을 통한 선발 인원이 거의 비슷하게 되었고, 16세기 전반부터는 특별시험의 선발 인원이 더 많아졌다.[7]

특별시험은 당초 국왕이 친림하여 평가한다는 의미에서 친시親試로 통칭되기도 했으나 형식은 정해져 있지 않았다.[8] 점차 여러 형식의 시험으로 분화되어 증광시增廣試, 별시別試, 알성시謁聖試, 정시庭試 등으로 제도화 되었다. 증광시는 1401년(태종 1)에 처음으로 실시되었는데 본래 임금의 즉위를 축하하는 의미로 즉위년, 또는 그 다음 해에 시행하던 것이었으나, 선조 때부터는 나라에 경사가 있을 때마다 실시되었다. 방식은 식년시와 똑같이 초시, 복시, 전시 등의 3단계 시험을 치렀고 최종 33명을 뽑았다. 별시는 1456년(세조 2)에 처음으로 시작되었다. 문과와 무과만 시행되었고, 생원진사시나 잡과는 없었다. 세자의 탄생, 입학, 관례, 책봉, 친경親耕, 명나라 태자의 탄생, 책봉 등을 기념하기 위해 시행되었는데, 점차 인재를 등용하기 위해서 때때로 특정 지방에서 치러지는 방식으로 확대되었다.[9] 알성시는 1414년(태종 14)에 처음으로 실시되었는데, 국왕이 문묘에 참배한 뒤 성균관 유생에게 제술시험을 통해 성적 우수자에게 기회를 주는 방식이었다. 문과와 무과만 있었고, 한 번의 시험으로 당락이 결정되었고 국왕이 직접 거행하는 친림시親臨試 중 하나였다.[10] 그러나 17세기 이후가 되면 특별히 응시 자격을 제한하지 않고 있다. 알성시는 그날 바로 발표했기 때문에 시관들의 숫자도 많았다.[11] 시험과목은 매우 간단하게 책策·표表·전箋·잠箴·송頌·제制·조詔 중의 1편으로 시행했다. 이 특별시험들은 식년시와는 달리 강경 시험 혹은 경학 시험을 제외했다는 공통점이 있었다.[12]

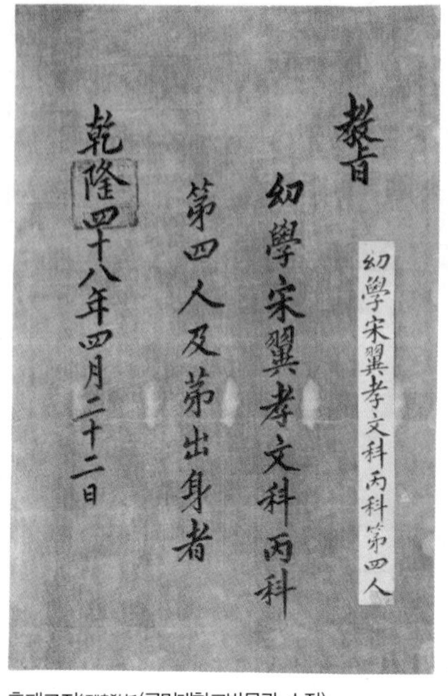
教旨
幼學宋翼孝文科丙科
第四人及第出身者
乾隆四十八年四月二十二日
幼學宋翼孝文科丙科第四人

홍패교지紅牌教旨(국민대학교박물관 소장)
1783년 유학 송익효宋翼孝가 증광시 문과에 급제하고 받은 합격증서

17세기에 들어서서는 경학의 중요성이 강조되면서 식년시의 강경 비중이 더 높아졌고, 강경 점수만으로 급제하는 인원이 늘면서 급기야 식년시를 '명경과明經科'로 부를 정도로 식년시에서의 제술시험은 유명무실화되었다. 결국 문과시험이 명경과의 식년시와 제술과의 특별시험[慶科]으로 이원화되었다. 18세기 이후에는 증광시, 정시, 알성시, 춘당대시 등의 부정기적 시험, 즉 제술 성적으로 뽑혀온 급제자들만 늘어나고 경전 성적으로 뽑혀온 급제자들의 문한文翰 자질 논란이 확대되면서 문한직에서 점차 배제되었다. 따라서 식년시는 지방 유생들 위주로 뽑혔고, 응시자 대다수는 경과 위수의 문과, 즉 제술과로 뽑혔던 것이다.[13]

영조와 정조는 이들 제술 위주로 공부하는 학생들에게 경전을 가르치고, 또 익히게 하기 위해 많은 방안을 제시했다. 영조는 1759년(영조 35)에 알성시와 춘당대시를 제외한 모든 제술과와 성균관 제술 시험에 3경 중 1경을 암송해서 시험 보는 일경강一經講을 도입했다.[14] 정조도 이를 이어가기 위해 중도에 폐지된 일경강 부활을 모색했다.

숙종대 이래 과거시험은 점차 간단한 친림시를 자주 시행했고, 시험

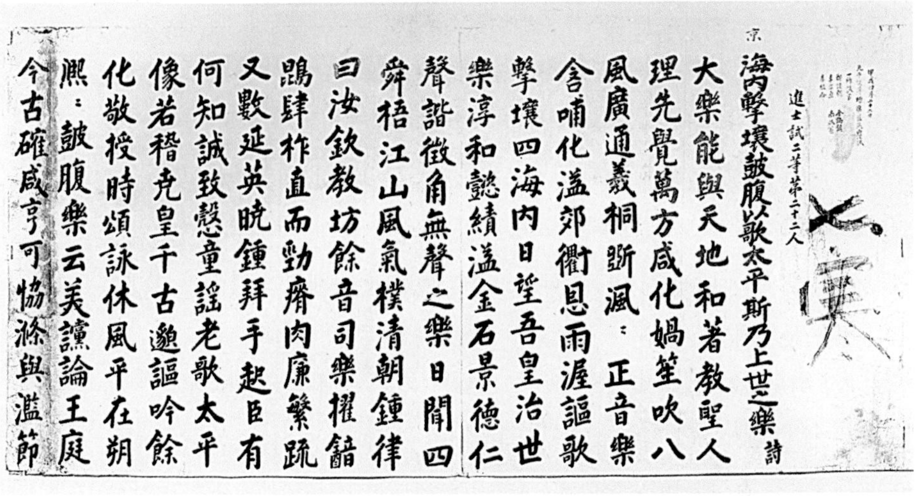

京

進士試二等第二十二人

海內擊壤鼓腹以歌太平斯乃上世之樂 詩
大樂能與天地和著教聖人
理先覺萬方咸化嬀笙吹八
風廣通羲桐蹝渢渢正音樂
含哺化溢郊衢息雨渥謳歌
擊壤四海內日望吾皇治世
樂淳和懿績溢金石景德仁
聲諧徵角無聲之樂日聞四
舜梧江山風氣樸清朝鍾律
曰汝欽教坊餘音司樂擢籥
蹋肆柞直而勁瘠肉廉繁跣
又數延英晚鍾拜手起臣有
何知誠致懿童謠老歌太平
像若稽堯皇千古邈謳吟餘
化敬授時頌詠休風平在朔
熙熙鼓腹樂云美讜論王庭
今古確咸亨可協詠與濫節

시권試券 유학 박태희朴台熙가 1874년(고종 11) 4월에 실시된 증광시에서 제출한 답안지

과목의 난이도도 낮아졌다. 특히 영조는 정시, 친림시에서 부賦의 형식을 위주로 시험을 출제하면서 시험 준비에 대한 부담은 더욱 줄어들었다. 여기에다 여러 시험을 함께 응시할 수 있는 기회까지 부여했다는 특징이 있다. 응시자의 입장에서 보면 친림시는 보다 쉽게 응시할 수 있는 시험이 된 것이다.

이런 추세 속에서 친림시는 물론 초시가 있는 정시도 응시자가 많이 몰리는 시험이 되었다. 특히 알성시의 경우 성균관에 많은 유생들을 모두 수용할 수 없다는 이유로 응시의 제한 조건을 완화했다. 그러자 알성시 응시자는 숙종 때 10,000명이 넘어설 정도로 전국에서 응시자가 폭주했고, 급기야 시험장으로 서로 먼저 들어가려다가 쓰러져서 밟혀 죽고 다치는 사고가 발행하기도 했다. 그래서 성균관 내의 시험장을 넓히기도 했고, 시험장을 두 군데에 설치해서 시행하기도 했지만, 그래도 모두 수용하지 못해서 훨씬 넓은 춘당대로 옮기게 되었다.[15] 18세기 이후 친림시를 통하여 문과 응시가 보다 대중화될 수 있

었다.[16]

이런 일련의 변화를 통해 이몽룡이 남원에서 서울로 올라와서 1년 만에 바로 장원급제했다는 설정은 실제 조선 상황에서도 일어날 수 있는 현상이 되었다. 출제 난이도가 낮아져서 시험부담도 줄어들고 여러 차례 응시할 수도 있게 되었으며, 많은 인원을 뽑게 되어 합격의 기회가 그 만큼 확대된 것이다. 그래도 엄청난 운과 천재성이 따라야 했던 것은 분명하다.

하지만 이몽룡이 바로 암행어사로 발탁되는 것은 절대 불가능한 설정이다. 갓 급제한 인물이 암행어사로 발탁되는 사례는 찾아볼 수 없다.

과거에 급제한 경우 대개 종9품~종6품의 관직을 받을 수 있었는데, 장원일 경우 종6품직에 임명되어 보통 동기들보다 4~5년 정도 빨리 승진이 가능했다. 암행어사는 '당하시종관堂下侍從官' 중에서 임명되었다. 즉 정3품 이하의 당하관(정3품 이하)으로서 왕을 가까이서 모시는 신하들 중에 파견되었다는 뜻인데, 이 시종관은 대개 5사司인 승정원, 사헌부, 사간원, 홍문관, 예문관 소속의 관리를 가리킨다.

그러므로 이몽룡이 암행어사가 되려면 최소한 몇 년은 근무하고 그것도 고속승진을 거듭해야 가능하다. 국왕의 측근 신진관료로 국왕의 신임을 한 몸에 받는 처시여야 가능하다. 다시 말하면 조선 후기 소설 속의 설정임과 동시에 당시 일반 민들의 소망이 반영된 설정이기 때문에 기적이 일어난 것이다. 그래서 혹시 이몽룡이 암행어사가 된 것이 가능했다고 쳐도, 그가 춘향이를 구하러 달려가려면 또 한 번의 기적이 필요할 수밖에 없었다.

이렇게 기적에 기적을 거듭해야할 만큼 힘든 과정을 춘향전 속에는 왜 설정했을까? 그 이유는 암행어사라는 조선시대 독특한 시스템이 당시 조선 후기 민들에게 가장 가려운 데를 긁어주는 카타르시스를 제공했기 때문이다.

암행어사의 대명사인 박문수朴文秀 초상

그러면 본격적으로 조선시대 암행어사 제도의 면모를 살펴보기로 하자. 먼저 암행어사로 파견된 인사들을 살펴보면 국왕의 측근 신진관료인데, 왜 굳이 측근 신진관료를 암행어사로 파견했던 것일까?

관료사회에서 지방 수령의 비리와 민심, 여론을 수집하는데 적극적일 수 있는 사람은 아직 관료로서 때가 묻지 않은 청렴한 사람이어야 했다.[17] 조선의 관료들은 대개 인맥, 학맥, 지역의 연으로 모두 얽혀있던 만큼 이를 단절할 수 있는 충성심 강하고 정의감이 충만하며 국왕의 신임을 받고 있는 신진 측근 신하가 적격이었다.[18] 특히 관료로서 경력이 오래된 관찰사나 수령의 보고에 대하여 정규의 행정적 루트가 아닌 다른 방식의 감찰이 필요했던 것이다.

또 암행은 조선 팔도 곳곳을 돌아다니면서 홀로 먼 거리를 여행해야했기 때문에 그에 합당한 체력이 필수적이었다. 그래서 젊은 신진관료가 필요했다.

흔히 어사라고 하면 암행어사만 떠 올리지만 실제로는 일반어사와 암행어사가 있었다.[19] 특수한 임무를 띠고 지방에 파견되어 감찰을 진행하는 것은 같지만, 일반어사의 경우 이조에서 임명하고 그의 업무 상황이 공개적인 것에 비해, 암행어사는 비밀리에 보내어 수령의 잘잘못, 백성의 고통을 탐문해서 보고하고 개혁방안을 제시하는 시스템이었다. 암행어사 시스템은 조선에서만 있었던 제도였던 것이다.

조선에서는 언제, 왜 암행이란 형태가 시작된 것일까? '암행'이라는 형태의 시초는 조선 초기부터 보이고 있다. 1416년(태종 16) '암행찰방暗行察訪'의 사례가 그것이다. 당시 태종이 충성도 순성에서 강무講武를 하는데 혹시 그 지역 관찰사와 수령들이 이를 빌미로 추가적인 비용을 거두는지를 찰방에게 몰래 밝혀내게 했다. 세종 때에는 "때때로 조관朝官을 보내어 주·군을 순찰해 다니게 하면서 수령의 탐오貪汚하고 혹형酷刑하는 일과, 민간의 기한飢寒과 곤고困苦, 원통하고 억울한 일을 당한 사람을 풍문으로 계달啓達하게 하여, 만약에 그 실상을 얻게 된다면 법으로써 엄격히 징계하겠다."는 구체적인 교지를 내림으로써 암행찰방을 적극 활용했다. 하지만 이들이 변복을 하고 뒤만 캐고 다니며 임금의 명을 욕되게 한다는 비난이 확대되자 결국 암행찰방제도는 1433년(세종 15)에 폐지된다.[20]

그러나 수령에 대한 견제 필요성은 꾸준히 제기되고 있었고, 이에 대한 구체적 방안들이 논의되었다. 적어도 1485년(성종 16) 이전에 암행어사가 파견된 것은 분명하다.[21] 1507년 중종은 어사 권홍權弘·이맥李陌·최연손崔連孫·조순趙舜·황필黃璍·정침鄭沈을 각각 경기·황해·충청도로 보내면서, "시골 마을을 출입하면서 백성들의 고통을 묻고 다니되, 각 고을에서 음식 대접을 받지 말고 각자 말린 식량(乾餱)을 가지고 가서 번잡한 폐단을 덜도록 힘쓰라."고 명하였다.[22] 이때 파견된 어사도 암행어사로 보인다. 중종이 굳이 각자 도시락을 지참해서 다니고 지방 수령들에게 음식대접을 받지 말라고 명령을 내린 것은 암행으로 다니면서 정보를 수집하고 조사하라는 것이다. 이후 구체적인 인물이 드러난 것은 1550년(명종 5) 박공량朴公亮 등 8명을 8도에 파견한 사례에서이다. '사복시 정司僕寺正 박공량朴公亮 등 여덟 사람을 팔도에 나누어 보내어 수령들의 불법不法을 살피도록 명하였다.'고 기록되어 있는데, '곧 암행어사다.'라는 주석을 달아놓았다.[23] 실록에서는 이 시점을 본격적인 암행어사 파견이라고 공식화한 것으로 보인다. 이후로는 점차 암행어사의 파견이 당연하고 자주 암행어사를 파견하는 것이 유익하다는 공론이 자리 잡고 있다.[24]

다음으로 조선에서 '암행'이란 형태로 운영하려 했던 이유는 국왕이 의도한 대로 수행하기 위한 방편이었다.[25] 이를 위해서는 누가, 언제, 어디로 암행을 떠나는가에 대한 철저한 비밀이 보장되어야 했다. 그래서 "시기에 구애받지 않고, 정원도 정해지지 않으며, 국왕의 특명이 떨어지자마자 집에도 들르거나 알리지도 않고 즉시 출발해야 한다." 고 규정하고 있었다.[26] 암행의 목적이 지방의 염찰뿐만 아니라 수령들이 경계심을 갖도록 하는 목적이 더 컸다. 따라서 때를 정하지 않고 수시로 보내고, 누군가가 암행으로 염찰하고 있다는 분위기를 조성함으로써 수령이 항상 긴장감을 가지고 업무를 수행하도록 경계심을 갖도록 한 것이다.

또 성공적으로 암행어사직을 수행하려면 비밀을 유지해야 하는데 이로 인한 애로사항이 너무 많았다. 실제로 전라도 암행어사 홍양한洪亮漢은 태인현에서 중독을 의심할 만한 죽음을 당했고 영남 암행어사 권준權晙은 가짜어사로 몰려 결박당할 뻔하기도 했다.[27]

암행어사에 대한 세밀한 규정이 마련된 것은 정조 때이다. 삼정승이 암행어사의 후보자를 복수로 추천하고 그 중에서 임금이 선택하는 방식으로 정착되었다. 국왕은 암행어사에게 봉서封書, 사목事目, 유척鍮尺, 마패를 주고 지방으로 내보냈다.

암행어사라는 것이 측근신하에게 국왕이 직접 특수임무를 부여하는 방식을 취하고 있었기 때문에 사적인 문서인 봉서의 형식으로 임무를 부과했다. 비밀유지를 위해서 겉봉에는 이름을 쓰지 않았고, 다만 '도남[동]대문외개탁到南[東]大門外開坼'이라고 써서 '남대문 혹은 동대문 밖에서 봉투를 열어 보라.'는 당부를 했다. 봉서 안에는 감찰할 지역과 암행어사의 임무와 직권을 써 놓았다. 파견된 암행어사의 중요한 임무는 주로 봉서에 적혀 있었고, 사목에는 구체적인 준수 규칙과 염찰 목적 등 공무의 처리 규칙을 기록해서 봉서를 보완하는 역할을 하게 했다.

특히 사목은 숙종대에 처음 제정된 이후 개편을 거듭했는데, 1783년에는 비변사에서 총 271조에 이르는 〈제도어사재거사목諸道御史齎去事目〉을 마련해서 정조에게 올렸다.[28] 각 도별로 지역적 특색을 고려해서 형식면에서 통일되고 내용면에서도 읍의 폐단과 백성들의 고충을 총망라한 형태로 완성되었다. 정조는 이에 그치지 않고 이후에도 암행어사가 파견될 때마다 재거사목과 함께 따로 어사가 꼭 유념해야할 사항을 추가해서 보냈다. 그 지역에 꼭 맞는 핵심적인 사안을 명심토록 한 조치였다. 〈제도어사재거사목〉은 이런 과정을 거쳐 1793년(정조 17)~1800년(정조 24) 사이에 293조의 《팔도어사재거사목八道御史齎去事目》[29]으로 발전했다.[30]

또 암행어사에게는 지방에서 사용되는 도량형이나 형벌 시행에 사용되는 도구의 규격을 확인하게 위해 유척을 지급했고, 마패는 지방의 역에서 말을 징발할 수 있는 징표였지만 암행어사의 신분증으로 사용되었다.

조선 후기 암행어사 마패

암행어사의 주된 임무는 국왕이 부과한 업무를 서계書啓와 별단別單의 보고서로 제출하는 것이었다. 서계는 지방수령과 관찰사의 업무 수행의 자세와 비리사안, 어사로서 직접 시행한 조처를 정리해서 제출하는 보고서였고, 별단은 어사로서 보고 듣고 느끼고 분석한 지방의 문제, 백성들의 고통을 해결하는 방안을 제시하는 보고서였다. 이것들이 공식적으로 접수되어 비변사 등의 기관에서 집계, 분석하여 정책에 반영할 수 있도록 했다.

암행어사의 파견숫자는 비밀유지나 감찰비용 등을 고려해서 '적은 수의 암행어사를 파견하면서도 모든 고을 수령들이 경각심을 갖도록 하는 방법'에 초점을 두었다. 이를 위해서 추생抽栍의 방식을 적용했다. '추생'이란 암행어사의 감찰대상이 될 고을을 제비뽑기 방식으로 선정하는 것이었다.

암행어사의 염찰 범위는 추생으로 뽑은 지역으로 한정되었다. 원칙적으로 암행어사는 추생지역 외에는 감찰할 권한이 없었다. 따라서 어사가 경유하는 지역은 감찰 대상에서 제외했다. 그러나 18세기 중엽 이후로 점차 추생지역에서 경유 지역으로까지 확대되고 있는 사실을 확인할 수 있다. 즉 어사의 권한이 확대, 강화되고 있는 현상이다.

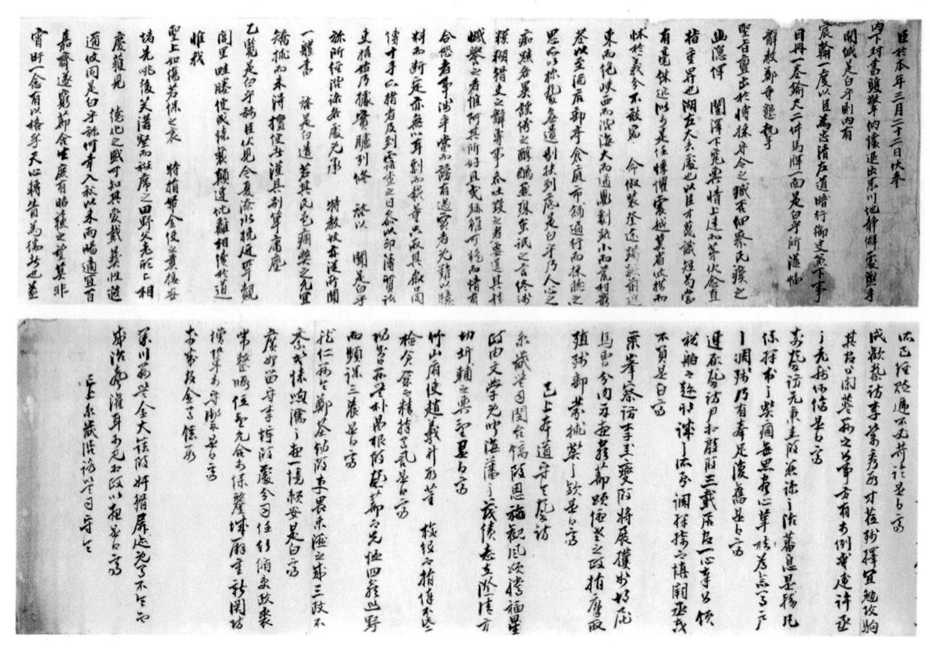

암행어사 서계書啓 1874년(고종 11) 암행어사가 지방을 시찰하고 임금에게 올린 글

특히 정조 때에는 봉서의 내용에 추생지역 외에 경유하는 지역의 수령에 대한 치적 및 감사의 능부能否까지 염찰해서 보고하라고 당부하고 있다.[31] 이에 따라 추생지역이 포함된 도 단위의 감사를 비롯한 여러 지방관들이 조사대상에 포함되는 결과를 가져왔다. 지방사회에 대한 중앙정부의 지배력이 강화되고 있었던 것이다.[32]

《춘향전》의 경우 암행지역을 뽑는 방식인 추생에서 이몽룡은 꼭 찍어서 남원으로 갔다. 확률 상 거의 힘든 상황일뿐더러 원칙적으로는 '호남암행어사'라고 해서 추생지역인 남원 외에 호남 전체를 둘러 탐문하며 감찰하는 것은 불가능한 상황이었다. 그러나 정조대 이후의 변화된 상황이 반영된 소설 구성이라면 기적을 거듭하며 암행어사가 된 이몽룡의 활약에 호남지역 전체의 탐문, 감찰 설정은 꼭 불가능한 상황으로만 보이지는 않는다.

| '봉고파직'은 암행어사 권한의 남용이다 |

춘향전에서 가장 백미로 손꼽히는 장면이 '암행어사 출도' 장면이다. 가장 호쾌하고 통쾌한 장면이라 모든 사람들이 손뼉을 친다. 하지만 실제 조선의 행정 제도 속에서는 보기 드문 상황이다.

수청을 거부하여 관장을 능멸했다는 죄목으로 갇혀 있던 춘향을 구하기 위해 암행어사 출도 장면을 연출했지만 실제 암행어사의 출도는 그렇게 떠들썩한 것만은 아니었다. 출도出道는 암행어사가 자신의 신분을 밝히고 공개적으로 직무집행을 개시하는 것이다. 마패나 사목 등을 제시하고 직무수행에 대한 협조 요청을 하는 것이었기 때문에 대부분의 어사 출도는 차분한 분위기 속에서 이루어졌다.

암행어사 추생지역을 탐문하여 얻은 정보 중에는 풍문에 기초한 증거도 많았기 때문에 이를 직접 확인하고 처리하는 과정이 필요했다. 이것이 바로 출도 과정이다. 즉 암행어사가 현장에 입회하여 좀 더 확실한 증거를 포착하기 위해 필요한 절차였던 것이다. 관아에서 보관하고 있는 문서나 장부를 통해서 수령관의 부정과 비리가 객관적으로 입증이 되면 암행어사는 그 지역 수령의 관인官印을 거두어들인다. 수령관의 직무를 정지하는 것이다. 또 창고를 봉인함으로써 재정출납을 정지하여 비리상황의 증거를 잡아낸다.

그런데 춘향전에서 가장 클라이맥스에 해당하는 장면에서는 역졸들이 채찍을 손에 들고 소리를 지르면서 남원의 육방들을 몽둥이로 후려치고 난장판을 만들어 놓고 있다. 육방 아전들을 불러 들여 관문을 조사하고 환곡, 세금을 점검하며 변사또에 대해서는 '봉고파직封庫罷職'을 선언하며 임금께 보고하도록 하고 있다.

하지만 실제로 조선시대 암행어사에게는 수령을 즉석에서 파직할 권한이 없었다. 정조 때의 사례를 들어보자.

> 전라도안핵어사全羅道按覈御史 이희갑李羲甲이 나주목사羅州牧使 조시순趙時淳을 봉고파출封庫罷黜시키려고 계문을 올렸는데, 하교하기를, "암행어사의 입장에서 봉고하고 싶으면 봉고하기만 하면 되고 사실을 조사하고 싶으면 사실을 조사하기만 하면 될 뿐인데, 조사관이 자신의 이름까지 써서 형식을 갖춰 장계를 올리면서 파출 및 죄상罪狀에 대해서 품처稟處하도록 청하고 있다니, 이런 격례格例가 있다는 말은 예전에 들어보지 못하였다. 그런데 승정원에서 한 마디 말도 없이 받아들이다니 이게 더욱 놀라운 일이다. 승정원 승지 모두를 체차遞差시키도록 하라. 그리고 사람을 죽게까지 하다니 이 말을 듣고는 그지없이 놀랍기만 하다. 이런 수령에 대해서는 무슨 율律을 적용하는 것이 합당하겠는가. 장계를 돌려주라고 명했다마는 먼저 이 장계를 가지고 무슨 율을 적용해야 할 것인지 대신들에게 물어 아뢰도록 하라." 하였다.[33]

1795년(정조 19)에 전라도 안핵어사 이희갑이 나주목사 조시순을 봉고파직하고 그 죄상에 대해 처리해 줄 것을 청하는 장계를 승정원에 올렸는데, 승정원에서는 그것을 그대로 받아들였던 일이 있었다. 정조는 이 일이 암행어사의 월권인 동시에 승정원이 의논도 보고도 하지 않고 그대로 받아들였기 때문에 승정원 승지를 모두 교체토록 한 것이다. 정조는 암행어사의 임무를 정확히 꼬집어서 말하고 있다. 봉고 과정은 창고를 봉쇄하고 증거를 수집하는 과정인 만큼 암행어사의 임무 중 하나이며, 조사한 사실은 그대로 보고서로 제출하는 것 또한 암행어사의 임무라 했다. 파직은 월권이라는 것이다.

이처럼 암행어사의 임무는 지방에서 파악한 사안을 보고서로 제출

〈춘향전도〉-암행어사 출도

하는 데까지이고 그 보고서를 근거로 정부에서 각각의 프로세스에 따라 파직하는 수순을 밟게 되어 있었다. 서울로 복귀하면서 암행어사는 보고서를 작성해서 제출해야 했다. 이 보고서에는 서계와 별단이 있었다. 서계는 암행어사의 감찰활동 결과를 요약한 요목이고 대개는 수령관련 자료였다. 반면 별단은 좀 더 상세한 설명이 필요한 사안이나 별도의 보고가 필요한 쟁점에 대한 보고서이다. 특히 어사직 수행 때 염탐했던 지역의 민폐를 총괄적으로 정리해서 시무책 형식으로 보고한 것이 별단이었다. 이 자료들을 바탕으로 실제 업무에 반영하고 실록에도 수록함으로써 암행어사의 업무를 완결시키고 있었다.

또 암행어사가 현직의 수령에 대한 파직의 권한을 가질 수 없었던 또 다른 원인은 암행어사로 파견된 인물들이 대개 젊은 인재가 많았고 관료생활 기간이 많지 않은 초짜가 많았기 때문이기도 했다. 현실적으로 자신보다 품계가 높은 관료를 압도할 처지에 있지도 못했고, 관료경험의 부족으로 이미 행정 시스템에 노련한 감사나 지방의 수령들에 대해서 효과적으로 대처하기도 힘든 상황이었다.

수령이 마루 밑에 숨고, 향리들이 쥐구멍을 찾는 어사 출도의 떠들썩한 장면은 당시 민중들의 관에 대한 불만, 소망이 반영된 것인지도 모른다. 감정적으로는 충분히 이해할 수 있을지 모르지만, 국가의 통치와 행정은 감정으로 하는 것이 아니다. 젊은 어사에게 파직권을 주면 더 엄청난 혼란과 부정, 후유증이 발생했을 것이다. 젊은 혈기에 원리원칙을 지킨다고 파직권을 남용할 경우 국왕의 특명으로 파견된 암행어사제도뿐만 아니라 조선 전체의 행정시스템이 흔들릴 수도 있는 부작용을 가져올 수도 있었다. 조선의 행정제도는 감성적 정서에 흔들리지 않고 냉철했다. 오히려 이런 점이 현대의 우리들이 깊이 되새기고 본받아 할 점이 아닐까?

| 변학도의 진실 |

《춘향전》의 악의 축이라면 당연 변학도이다. 변학도는 남원의 신임사또로 서울 남촌 호박골의 양반이었다. 춘향에 대한 이야기를 풍문으로 듣고 신임관을 맞이하러 서울까지 찾아온 남원의 향리들에게 빨리 준비해서 남원으로 내려가자고 닦달한다. 그리고 도착하자마자 기생점고부터 시작하고 있다.

조선시대 신임수령의 부임과정은 여러 단계를 거쳐 진행된다. 제수除授·신영新迎·사은숙배謝恩肅拜·서경署經·역사歷辭·하직下直·상관上官이 그것이다. 즉 수령을 제수한 뒤에 임지의 향리들이 신임수령을 맞이하러 나온 신영의 과정, 국왕을 뵙는 사은숙배, 초인수령初任守令의 사대조四代祖를 확인하는 서경과정, 이조 등 관련 상관들을 만나는 역사, 임지로 떠나면서 국왕에게 드리는 하직인사, 임지에 도착하는 상관의 과정이 이어진다.[34]

《춘향전》에는 수령의 부임과정 중에서 특히 신영의 과정과 상관의 과정이 나타나 있다. 신영은 부임지의 향리들이 새로운 수령을 맞아오는 과정이기 때문에 수령 부임과정 대부분이 동시에 진행되고 있다. 변학도의 경우 서울에 있던 양반이었기 때문에 신영리新迎吏들이 서울에 올라온 다음부터 본격적으로 변사또의 남원 부임을 원활하게 하기 위한 여러 준비과정을 돕고 있다.

원래 신영리는 신임사또를 맞이하려 선발된 그 지역의 향리였다. 신영리들이 신임수령을 맞이하러 서울까지 간다는 것에는 상당한 의미가 있다. 향리 중 신영리로 차출되면 그 신임수령의 재임기에 특별히 중요한 직책을 맡기가 쉬웠고, 또 옮길 수 있는 자리가 관례적으로 정해져 있었기 때문이다.[35] 이들은 관속官屬들의 명단, 관아에 보관중인 물품 보고서인 《중기重記》 등을 서울로 가지고 와서 신임사또가 부임지에서 적응하기 쉽게, 관아의 상황을 파악하기 쉽게 도왔다.

춘향전의 변사또는 신영리들이 도착하기도 전에 이미 남원의 춘향에 대한 소문을 듣고 있었고, 이 향리들이 가져온 남원관아 소속 향리와 노비들의 명단을 통해서도 춘향의 소재를 파악하려고 했을 것이다.

신임사또가 부임지 근처에 도착하는 과정에서도 신임관을 위한 여러 절차가 준비되어 있었다. 부임지 관아를 기점으로 오리정五里程 지점부터 부임지에서 신임관을 맞이하는 행렬과 인원들이 늘어서 있게 된다. 춘향전에서도 이 영접 모습에 대한 묘사가 나오는데 현존하는 《안릉신영도》[36]에서도 그 광경이 구체적으로 보인다.

오리정 지점에서 수십 개의 깃발을 높이 들고 수십 명의 아전 및 관속들이 나와서 신임수령을 맞이하고 악대들이 시끌벅적 하면서 신임관을 호위하며 행렬에 가담하여 관아로 들어온다.[37]

《춘향전》 속에서의 장면은 다음과 같다.

> 오리정(남원에서 동북쪽으로 오리에 있는 역 이름)으로 들어갈 제 천총(각 영문

《안릉신영도》

장관의 정삼품 벼슬)이 영솔領率하고 육방 하인 청도도로(청도기로 길을 인도함. 청도는 거동할 때에 길의 청결을 감독하던 일. 청도기는 청도 때 행진 앞에 세우던 군기의 한 가지) 들어올 제 청도淸道 한 쌍 홍문기(홍살문 즉, 충신·효자·열녀 등을 표창하기 위하여 그 집에 세운 붉은 문에 다는 기) 한 쌍 주작(주작기. 군기의 한 가지로 주작을 그려 진중의 남쪽에 세웠음) 남동각 남서각 홍초남문(붉은 비단에 남색 무늬를 그렸음) 한 쌍 청룡(청룡기, 진영 왼쪽에 있어서 좌군·좌영·좌위를 지휘하는 대오방기의 하나. 청룡은 동쪽 기운을 맡은 태세신을 상징하는 짐승. 동쪽의 뜻으로 무덤 속의 벽이나 관의 왼쪽에다 그렸음) 동남각 서남각 남초(남색 비단) 한 쌍 현무(현무기. 대오방기의 하나. 검은 바탕에 구름과 거북의 모양을 그린 깃발. 후군·후영·후위의 지휘본부의 기였음. 현무는 네 귀신의 하나. 북쪽에 있는 별의 이름. 거북으로써 표하여 나타냄) 북동각 북서각 흑초홍문(검은 색 비단에 붉은 무늬를 그림) 한 쌍 등사(등사기. 대오방기의 하나. 진영의 중앙에 세워 중군·중영·중위를 지휘했다. 황색 바탕에 나는 뱀과 운기를 그렸다) 순시

(군중을 순시할 때 사용하던 기) 한 쌍 영기(군중에서 영자를 새겨 붙인, 군령을 전하던 기) 한 쌍 집사 한 쌍 기패관(훈련도감에 소속되어 군기에 관한 일을 맡아 보던 무관) 한 쌍 군노軍奴 열두 쌍 좌우가 요란하다. 행군 취타(군중에서 나발·소라·대각 따위를 불고, 징·북 따위를 치던 군악) 풍악 소리 성동城東에 진동하고 삼현육각(거문고·가야금·향비파의 세 현악기와 북·장고·해금·대평소(한쌍)·피리의 여섯 관악기) 권마성은 원근에 낭자하다.

(《춘향전》 중 오리정을 지날 때의 행차 모습)

신임관은 부임지에 도착하면 우선 객사客舍에 들러 전패殿牌에 예를 올리고, 옷을 갈아입은 후 향교 대성전에 들어서 봉심한다. 다시 옷을 갈아입고 관아에 들어가면 관속들을 모두 불러 모아 놓고 점검하면서 본격적으로 업무가 시작되었다.[38]

이 과정이 바로 점고點考이다. 관아에 근무하는 아전에서부터 소속 노비 및 기생까지 모두 첫 대면 인사를 하는 것이다. 기생점고 자체가 불법은 아니다. 신임 수령이 부임지에 도착하면 창고를 조사하고 환곡, 조세 등을 살핀 후에 육방을 비롯한 관청소속 아전의 점고를 받고, 그 과정에서 기생점고도 시행된다. 변학도의 잘못이라고 한다면 이 절차를 무시한 채 춘향을 보기 위해 기생점고부터 시작했고 공적 임무에 충실하지 못했다는 점이다.

원래 수령의 임무는 수령칠사守令七事라고 해서 수령이 지방을 통치할 때 힘써야 할 일곱 가지 사항을 말한다.[39] 신임수령의 부임과정 중 하직인사 과정에서 의례적으로 암송했던 '수령칠사'는 공식적으로 수령이 염두에 두어야 할 요목으로서 국가가 권장하는 사항이었다.[40] 수령이 전적으로 책임져야할 사안인 동시에 그 치적은 고과의 대상이 되기도 했다.

뿐만 아니라 수령은 마을의 풍속을 교정하는 책임도 지고 있었다. 따라서 불효하는 사람들을 벌준다던가 형제간에 우애가 없다는 이유로 불러들여서 훈계를 하기도 했다. 그런데 변학도는 욕심이 너무 많아서 돈을 뜯어내기 위해 마을 사람들이 불효했다고 잡아 가두고, 이웃과 사이좋게 지내지 않는다, 형제간에 우애가 없다는 죄목으로 잡아다가 매를 치고 벌을 내리고 있다. 이렇게 모은 쌀, 돈, 옷감 등이 쌓이는 만큼 백성들은 모두 죽을 지경이라고 할 정도로 악질사또로 그려지고 있다.

이렇게 말도 안 되는 죄목을 씌워서 고을 사람들을 괴롭히는 것 같지만 실제 조선사회에서 이런 처벌은 엄연한 합법이다. 조선에서 적용하고 있던 《대명률》에서도 합법으로 되어 있다. 조선과 중국의 국가관이 반영된 법의 집행방식이다. 국가가 사람들의 도덕적인 죄를 심판할 권리가 있고, 인륜과 도덕을 유지하는 것이 국가의 사명이라는 유교국가의 통치관이다.

그런데 이것을 변학도의 학정으로 그리고 있는 것은 이런 문제까지 수령이 간여하는 것에 대한 백성들의 불만의 표현이거나 변학도가 남용하는 것에 대한 비판일 수 있다. 조선 후기가 되면 이런 전통적인 국가의 역할에 대한 인식이 변화하고 있고 이를 소설의 형태로 표출하고 있음을 알 수 있다.

《춘향전》의 메인 소재가 되는 춘향의 수청거부에 대한 처벌에 대해서 따져보면 일단 춘향의 신분이 문제가 된다. 춘향은 퇴기 월매와 성참판의 딸이다. 판본에 따라서는 관기로 되어 있기도 하다. 월매가 남원의 관기였음은 확실한데, 성참판이 남원부사로 내려왔을 때 알게 된 사이로 보인다.

조선의 법제에서 관기는 관청에 딸려 가무歌舞나 악기를 연주하던

조선후기 기방妓房 기생의 모습(〈기방쟁웅妓房爭雄〉)

기생을 뜻한다. 고려시대 때는 관기를 첩으로 맞이하고 귀족들의 집에서 이들을 먹여 살리는 기록이 있어서 공물公物인 동시에 사물私物로서 존재하던 형태였다. 조선시대《경국대전》의 규정에는 '관원이 기녀를 간奸할 수 없다.'는 규정만 있는데, 실제로는 관기가 국가의 자산이라는 관념이 불문율처럼 되어 있어 지방의 수령이나 관료들의 수청기守廳妓 역할을 했다. 따라서 함부로 수령 개인이 마음대로 자신의 첩으로 만들 수 없었고, 공식적으로 관기에서 빼내려면 다른 여인을 관기로 대신 넣어주고 관의 허락을 받아야만 했다.

관기는 넓은 의미의 관비로서 관노, 관비, 기녀가 지방관아의 관안官案에 함께 등재되어 있었다. 기녀의 충원방식은 기본적으로 관비 중에서 미모와 재능을 기준으로 선발하게 되어 있었다. 이들은 일정한 역을 담당했는데, 이런 기역妓役은 16세에서 50세까지 담당하였다.[41]

《춘향전》에서는 춘향이 기생이 아니라는 쪽으로 전개되고 변학도가 오히려 불법적으로 춘향을 기생으로 불러들인 것처럼 표현되어 있지만 세세히 살펴보면 어긋나는 부분이 상당히 많다. 공식적으로 월

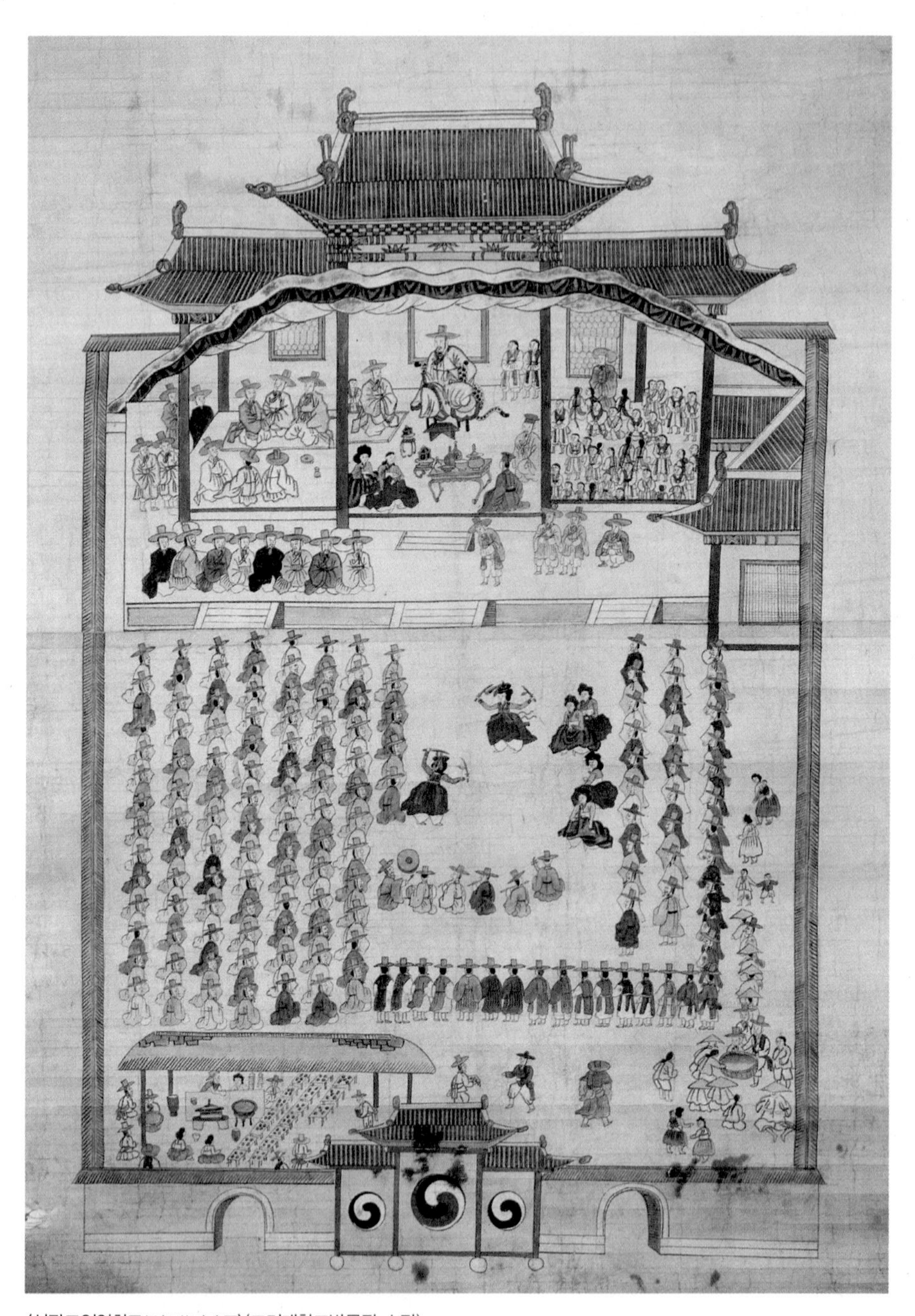

〈신관도임연회도新官到任宴會圖〉(고려대학교박물관 소장)

매가 성참판의 첩으로서 완전히 남원부의 기생 장부에서 빠져있는 상황이라면 춘향이 확실히 기생이 아니겠지만, 그렇지 않은 상황이라면 관기의 딸은 수모법隨母法에 따라 어머니의 신역身役을 계승하기 때문에, 춘향은 분명 관기이다. 따라서 변학도의 호출은 합법적인 것이 된다. 이몽룡과 혼인을 약속하고 정절을 지키겠다는 나선 것은 춘향의 바람일 뿐이다. 오히려 관기인 춘향이가 수청을 거절한 것이 불법이다. 또 이몽룡이 아무리 암행어사라도 춘향이를 데려가는 것 또한 불법이다. 개인감정을 이유로 정부재산을 사적으로 빼돌린 것이다.

실제로 영조 때 제주어사가 기생을 빼돌리는 사건이 발생했다.[42] 당시 제주도에 암행어사로 갔던 홍상성洪相聖이 길에서 눈이 맞은 기생을 데리고 함께 배를 타고 육지로 건너온 것이다. 그 당시 대사간이었던 임희증任希曾이 '어사'라는 신분에 걸맞지 않은 행동을 한 홍상성을 탄핵해서 결국 관직이 삭탈되었고, 이후 홍상성은 나주羅州에 충군充軍되었다.[43] 조선 후기 실생활에서는 관료에 대한 엄격한 법률이 적용되어 관직 삭탈뿐 아니라 군역에 편입시키는 형벌을 받게 되었는데, 같은 어사 신분이었던 이몽룡은 춘향전 속이었기 때문에 춘향을 서울로 데려와서 행복하게 사는 결말로 마무리를 짓고 있는 것이다.

암행어사 출도가 벌어지던 장면은 변학도의 생일잔치 광경이었다. 이 잔치는 불법이 아니다. 이몽룡이 저렇게 쌓아 놓은 산해진미가 백성의 고혈이라고 일침을 가하는 시를 통쾌하게 짓고 있지만 이런 잔치 자체가 불법은 아니다. 변학도가 벌이는 생일잔치의 비용이 남원부에서 마련한 것임은 분명하지만 변학도가 사적으로 착복한 돈으로 생일상을 차린 것은 아닐 것이다. 향리들이 남원부의 재정으로 마련한 것이다. 그 과정에서 필요이상으로 남원부 주민들로부터 세금을 거둬서 충당했을 수도 있지만, 지방 재정 운영의 구조를 보면 이런 방

〈부벽루연회도浮碧樓宴會圖〉

식의 개별적인 세금 탈취 부분보다는 조선이라는 전체 경제유통 구조에서 볼 때 관에서 벌어지는 잔치나 제사, 각종 행사는 그 행사에 참여한 전 주민들을 대상으로 먹을 것을 베푸는 과정이었다. 따라서 조선시대 관에서 벌어지는 잔치는 너무나 당연한 것이었다. 다시 말하면 이런 행사를 통해 관원들과 향리, 백성들에게 음식을 골고루 분배하는 기회로 삼고 있었다.

조선은 요즘처럼 어디에서나 물건을 사고 팔 수 있는 유통구조가 없는 사회였다. 조선이 농본 국가였던 만큼 수공업이나 상업을 국가에서 장악하여 관을 위주로 한 수공업, 상업이 유지되고 있었다. 뿐만 아니라 전국의 산물을 공물이나 진상품의 형태로 현물로서 중앙으로 거두어들이는 구조였기 때문에 이들 물자들이 다시 전국, 지방으로 골고루 분배되어야 했다. 그래서 지방의 행정망을 통해 각 관아를 비롯한 수령, 관속들, 수령의 친지나 고을 사람들의 순으로 연결되어서 물자가 전달되고 있었다. 이렇게 전국의 산물을 국가가 독점하는 형태여서 관에서 벌어지는 잔치, 제사 등을 통해 백성들에게 나눠줘야 했다.

| 맺음말 |

이렇게 조선시대에 벌어진 당연한 일이 《춘향전》에서는 굳이 사또 변학도의 학정, 악질 변학도로 그려내고, 춘향이 기생의 신분에서 정실부인, 더 나아가 임금으로부터 정렬부인으로 작위를 받는 것으로 해피엔딩으로 마치는 소설이 널리 유행했던 것은 조선 후기 변화한 사회를 십분 반영한 결과이다.

《춘향전》이 처음 만들어졌던 18세기와 춘향전 판본이 한창 왕성하게 늘어났던 19세기는 사뭇 다른 시대였다. 19세기에 크고 작은 민란이 계속되었고, 홍경래의 난, 삼남지방의 민란 등 백성들의 불만은 엄청나게 고조되고 있었다. 그 불만의 대상이 단연 수령이었다. 이런 상황과 의식에서 《춘향전》을 만들어내고 있었던 것이다.[44] 따라서 이몽룡을 암행어사로 그려서 조선 후기 사람들의 희망으로 표현했다.[45] 염탐해서 백성들의 고통을 찾아내고 가려운 데를 긁어주는 해결사로서의 암행어사였다.

지방 수령과 관찰사가 모두 암행어사라는 국왕직속의 특별 파견관으로부터 감찰과 규제의 대상이 되고 있고 조선 후기 소설과 같은 작품 속에서 무자비한 지방관으로만 그려지는 데에는 일정 부분 소설 속의 흥밋거리가 작용하는 부분이 분명 있다. 또 이들을 호탕하게 혼내주고 있는 암행어사 역시 소설 속에서는 정의의 사도로서만 그려지고 있고, 신분제를 타파하는 존재로서의 이몽룡과 춘향을 만들어내고 있다.

조선 후기 암행어사 제도 내에서도 문제점은 분명 발생하고 있었다. 암행어사가 감찰하고 염탐하는 내용이 전적으로 암행어사 1명이 모든 과정을 직접 보고 처리하는 있는 상황이 아니라는 점이다. 암행어사는 비장裨將이라는 부하를 데리고 다니면서 정보를 수집하고 염문하고 다녔는데, 이것이 어사의 엄격한 검증을 거친 다음 서계나 별단으로 작성되지 않고 그냥 부하들이 수집한 자료가 그대로 올라가는 경우도 생겼다. 특히 특정 지역에 파견된 암행어사가 파견될 당시 추생지역 내의 수령관과 개인적으로 사이가 좋지 않다거나 선입견이 반영되거나, 하다못해 비장과 해당지역 수령관이 악감정 관계일 때 이것이 한쪽 편의 의견만 편파적으로 반영되어 문서가 작성되고 있었던 사례도 다수 발견되고 있다. 하지만 이런 경우가 있다하더라도 이후에 또 다른 행정시스템 상의 경로를 통해서 문제점이 상부에 보고되고 있고, 크로스 체크되고 있는 시스템을 갖추고 있어서, 그야말로 소설 속에서 그리고 있는 선과 악의 극한 대립만으로 조선 후기 상황이 실제로 전개되지는 않았다.

춘향전은 분명 조선 후기의 변화한 사회모습, 특히 행정의 실제모습을 약간 비틀어서 조선사회의 현상을 반영해 놓았다. 또한 당시 백성들의 희망의 표현이 그대로 녹아들어가 있다. 신분제에서, 특히 관기라는 천인의 신분이 정경부인으로 끝을 맺는 해피엔딩으로 마무리 짓고 있고, 자신들을 못살게 구는 사또를 통쾌하게 물리쳐 주며, 몽둥

이질에 파직까지 단숨에 처리하는 정의의 사도로 이몽룡을 표현하고 있다. 그리고 끝까지 신분 차별을 넘어선 사랑을 지켜나가는 지고지순한 모습에 대한 희망을 반영하고 있다. 조선 후기 사람들은 이런 소설 속 인물을 통해서 대리 만족을 느꼈고, 자신들의 희망이 표현되고 있는 것을 즐거워했다.

하지만 실제 조선사회의 법과 행정제도는 그리 호락호락하지 않았다. 지방의 수령은 자신이 다스리는 고을에서 '토주土主'라 불릴 만큼 인사, 행정, 재판권 등을 행사하는 최고의 위치에 있는 사람이었다. 국왕으로부터 권력을 위임받았지만, 한편으로는 수령의 상급기관인 감사나 암행어사의 감독을 받았다. 국왕으로부터 감사를 거쳐 각 지방 수령으로 이어지는 행정체계와 국왕으로부터 암행어사로 이어지는 감사체계가 중첩되어 있어, 이로부터 수령은 상호견제를 받는 위치였다.[46]

다시 말하면 정식 지방행정 체계 속에서 지방의 수령은 자신의 임무를 엄격히 수행해야 했고, 이를 규제하고 감찰하는 관찰사가 존재했으며, 이와는 다른 계통의 국왕 직속 비밀 업무를 수행한 암행어사를 통해 또 한 번 지방관과 관찰사 모두를 규찰하는 루트를 두었던 것이다.

10장

조선의 수령들이 읽은 목민서

15세기에서 18세기에 이르기까지의 유통본

정호훈
서울대학교 규장각한국학연구원 교수

| 조선의 군현제 운영과 목민서 |

군현제에 기초하여 구축된 조선의 국가 체제가 정상적으로 작동하기 위해 필요했던 사안 중 하나는 수령守令이 온전하게 자기 역할을 다하는 일이었다. 국왕의 명령으로 파견된 수령은 지방 사회를 안정적으로 유지하는 힘의 중심일뿐만 아니라 중앙과 지방을 튼튼히 연결하는 매개고리였기 때문이다. 건국기의 군주들, 이를테면 태조가 "백성의 기쁨과 근심은 수령守令에게 매여 있다."[1]고 하고, 세조가 "수령은 나의 고굉股肱(나의 분신)이며 나의 근심을 나누어 가지는 존재"[2]라고 하면서 이들의 존재를 확인했던 것은 수령이 가진 성격을 온전히 드러내는 표현이라 하겠다. 그런 만큼 이들 수령의 임무는 막중했고 그 권한 또한 막대했다.

그리하여 조선에서는 제대로 된 수령을 뽑아 그들이 주어진 역할을 다할 수 있게 하는 장치를 여러 형태로 마련, 시행하였다. 그 가운데서도 핵심이 되는 것은 수령의 업무를 '수령칠사守令七事'로서 규정, 이

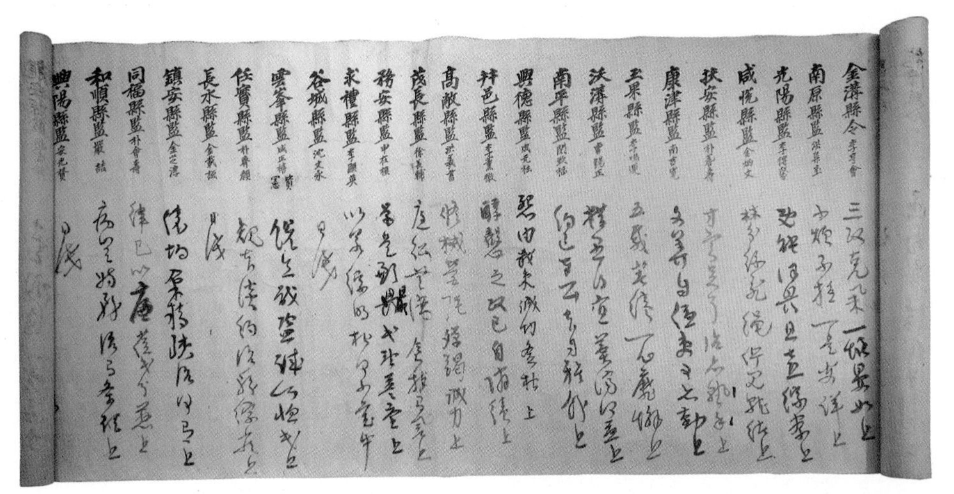

임신추동등 포폄기록(1872년의 전라도 기록)

로써 이들을 통제하고 관리하고자 한 법적 제도적 조치였다. '수령칠사'는 농사, 호구, 학교, 군정, 부역, 재판, 토호 범죄 등 모두 일곱 영역과 관련이 있는데, 정부에서는 매년 '수령칠사'의 수행 여부를 평가하고 이를 고과考課 자료로 활용하였다. 《경국대전》에서는 이를 다음과 같이 규정하고 있다.

> 매년 말 이조吏曹에서는 각 관청 관료들의 실제 근무일수와 각종 사고에 관한 것을 종합하고, 관찰사는 수령칠사守令七事에 관한 실적을 갖추어 임금에게 보고한다. "수령칠사守令七事는 농사와 양잠업을 홍성하게 하고, 호구를 증가시키고, 학교를 홍왕하게 하며, 군정을 잘 다스리고, 부역을 고르게 하며, 소송을 간소화시키고 간사하고 교활함이 없도록 하는 것이다."[3]

수령의 업무 수행에 필요한 원칙과 지침을 담은 자료, 곧 목민서牧民書를 편찬하고 간행하여 이를 실제 업무에서 활용하도록 한 것은 수령제를 운용하는 또 다른 방안이었다. 목민서는 그 종류가 하나 둘이 아니었는데, 이 자료는 정부 차원에서 마련하여 보급하기도 하고, 관료들이 개인적으로 편찬하기도 하는 등 보급 주체가 일률적이지 않았다. 또한 모든 수령들이 이 책을 반드시 참고해야 하는 것은 아니었다. 이 점에서 본다면 목민서 편찬과 간행은 위의 수령칠사 운용과는 사정이 달랐다고 할 수 있다. 그렇다할지라도 목민서는 지방 행정 운용에 지대한 영향을 미쳤다. 수령들은 이 책으로 수령이 갖추어야 할 공직자의 상像을 익혔고, 업무 수행에 유의해야 할 점이 무엇인가를 가늠했다. 목민서는 수령 업무를 원활하게 이끄는 안내서였다.[4] 조선의 지방제도를 이해함에 있어 목민서에 대한 검토는 필수불가결하다.

이 글에서는 목민서의 간행과 유통을 중심으로 조선의 군현제 운영과 수령의 역할을 살펴보고자 한다. 조선에서 목민서는 15세기부터 등장하였으며 18·19세기에 이르면서 그 활용 양상이 최고도에 달했다. 시간의 흐름에 따라, 이용하는 목민서의 종류 그리고 그 비중이 조금씩 변화했던 것을 확인할 수 있다. 이를 시기별로 살피면, 15세기 중국 목민서의 활용기, 16~17세기 조선 현실을 반영한 목민서의 유통기, 18~19세기 조선 현실에 맞춘 다양한 종류의 목민서 편찬기 등으로 나누어 볼 수 있다. 15세기부터 17세기까지 목민서는 정치적으로나 사회적으로 수요가 그다지 많지 않았지만, 18세기 이후에는 그 수요가 증대했고 그리하여 이전 시기와는 비교할 수 없을 정도로 많은 자료가 만들어져 유통되었다.

| 15세기, 목민서의 유통이 시작되다 |

15세기에 활용된 중국의 목민서로는 원대 관료 장양호張養浩가 지은 《목민충고牧民忠告》, 명대 지방관 주봉길朱奉吉이 편찬한 《목민심감牧民心鑑》 등을 거론할 수 있다. 《목민충고》는 이미 1368년(공민왕 17) 진양 목사 민선閔璿이 간행하여 고려 사회에 소개한 바 있었는데, 조선이 건국한 뒤에도 주목되어 1398년(태조 7) 이신李愼이 밀양부에서 간행하여 유포하였다.[5]

《목민심감》이 한반도에 언제 유입되었는지는 명확하지 않으나, 1411년(태종 11)에 경기도 지평砥平(현 양평)의 감무監務 김희金熙가 목판으로 간행하여 보급하였던 사실을 확인할 수 있다. '백성과 가까이 하는[近民]' 사람이라면 마땅히 이 책을 읽고 그 내용을 자기 것으로 만들어야 한다는 것이 김희의 판단이었다.

15세기 조선에서 활용된 다른 자료로는 《사사십해四事十害》를 들 수 있다. 이 자료는 송나라 유학자 진덕수眞德秀가 지방관으로 재직하면서 동료 및 휘하 수령들에게 일렀던[6] 글들을 저본으로 하여 만들어진 것으로 1459년(세조 4) 정척鄭陟의 요청으로 간행했다.[7] 책 제목 '사사십해'에서 '사사'는 수령이 갖추어야 할 네 가지 도덕성을,[8] '십해'는 수령의 정치에서 제거해야할 열 가지 폐단을 말한다.[9] 본래 진덕수의 저술인 《정경政經》에 실려 있었던 글 가운데 일부를 추려서 이 같이 한편의 책자로 엮은 것으로 보인다.

《부현관잠府縣官箴》 또한 이 시기 목민서로서 읽혔다. 원나라 때 간행되었던 이 책은 진덕수가 지방관으로 재직하며 작성했던 유시문諭示文에 여러 내용을 덧붙여 담았다. 앞의 책 《사사십해》를 조금 더 확장하여 만든 자료라 할 수 있다. 1459년(세조 5) 정척이 교정하여 읽기 쉽게

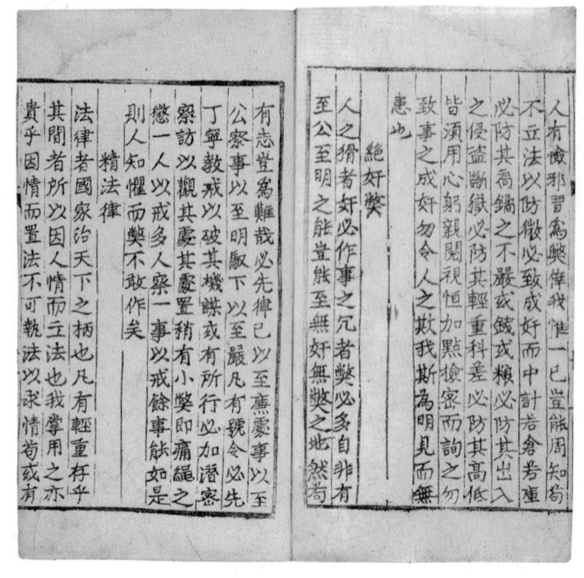

人有險邪習爲弊僞我惟一己豈能周知苟
不立法以防微必致成奸而中計若倉考庫
必防其高鎬之不嚴或錢或糧必防其出入
之侵盜斷獄必防其輕重科差必防其高低
皆須用心躬親閱視恒加點檢密而詢之勿
致事之成奸勿令人之欺我斯爲明見而無
患也

絕奸弊

人之猾者奸必作事之冗者弊必多自非有
至公至明之能豈能至無奸無弊之地然苟

有志豈爲難哉必先律己以至庶憂事以至
公察事以至明馭下以至嚴凡有號令必先
丁寧教戒以破其機謀或有所行必加潛密
察訪以觀其憂其憂置稍有小弊即痛繩之
懲一人以戒多人察一事以戒餘事能如是
則人知懼而弊不敢作矣

精法律

法律者國家治天下之柄也凡有輕重存乎
其間者所以因人情而立法也我掌用之亦
貴乎因情而置法不可執法以求情苟或有

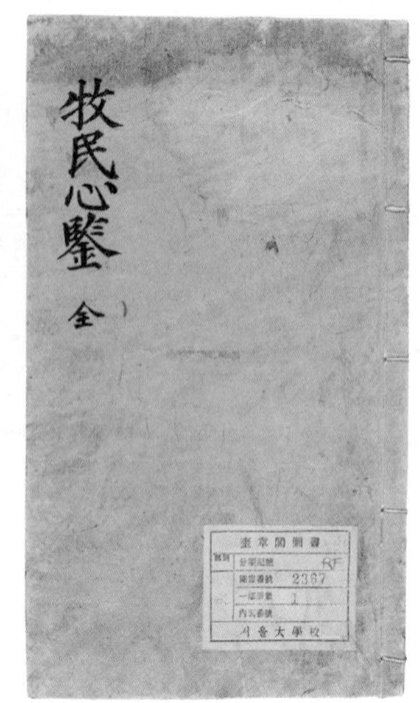

《목민심감》(규장각한국학연구원)

만든 뒤, 인쇄하여 중외에 반포하도록 정부에 요청하였다.[10] 정부에서 이 책의 인쇄를 허락했다는 기록이 없고 또 간행한 실물도 확인되지 않아 간행 여부를 확정할 수는 없지만, 《목민심감》과는 또 다른 형태의 책자를 조선의 관료들이 알고 활용하려고 했었던 점은 분명하다.

이들 여러 목민서 가운데 이 시기 가장 널리 읽힌 것은 《목민심감》이었다. 성종대의 기록에 따른다면, 수령으로 나가는 사람들이 승정원에서 《경국대전》과 함께 이 책을 강론하는 것이 관례였다.[11] 1476년(성종 7)에는 《목민심감》을 강론하지 못한다는 이유로 개천군사价川郡事 최함崔涵의 서용을 불허하기도 하였다.[12] 수령을 여러 번 역임한 경력을 가진 최함이 《목민심감》을 제대로 강론하지 못한다 하여, 성종은 그가 먼 임지를 피하기 위하여 고의로 그러는 것이 아닌가 의심하기도 하였다.

《목민심감》이 조선 사회에서 인정받아 통용될 수 있었던 것은 이 책이 목민서로 활용하기에 적절한 요소를 풍부히 갖추고 있었기 때문일 것이다. 《목민심감》은 근시勤始(업무의 시작을 신중히 함), 초정初政(첫 정사), 정가正家(집안을 바르게 함), 청송聽訟(소송 진행), 비황備荒(흉년에 대비), 선종善終(마무리를 잘함) 등 13편목을 설정하고, 각 편목마다 적게는 3개 항목에서 많게는 17개 항목까지 모두 104개 항목으로 관련 내용을 덧붙였다. 여기에는 수령이 지녀야 할 공직자로서의 마음가짐부터 행정, 사법, 교육 등 수령이 관장해야 할 업무 전반을 담고 있었다. 구체적인 내용에서는 중국의 현실을 대상으로 하였기에 조선에서 그대로 적용할 수 없는 점도 많이 있었지만,[13] 수령의 지방 행정에 필요한 사항을 광범하게 포괄하면서도 간략하고 평이한 문장으로 설명하고 있어, 여러 면에서 도움을 받을 수 있게 되어 있었다.

〈표 1〉《목민심감》의 구성과 내용

편목	내용	비고
근시(勤始)	수령 업무의 개시와 관련된 내용	4 항목
초정(初政)	업무 초기에 유의해야 할 사항	6 항목
정가(正家)	부인과 자식을 엄격히 관리하는 등 집안 단속에 관한 내용	7 항목
이사(莅事)	군현 업무를 원활하게 수행하기 위해 수령이 준비하고 또 실행해야 할 사항들	17 항목
선화(宣化)	백성들로 하여금 공적 질서를 지키고 도덕적으로 살아갈 수 있게 하는 사항. 교화와 교육을 다룸.	12 항목
청송(聽訟)	민사 및 형사 소송, 감옥 운영 등 사법 업무 전반에 관한 사항	17 항목
징료(徵料)	부세 수취에 관한 사항	6 항목
영선(營繕)	토목 공사에 관련된 내용	3 항목
사상(事上)	수령보다 지위가 높은 상관에 대한 예우와 마음가짐	6 항목
어하(馭下)	서리(吏胥) 및 촌리의 백성, 군졸을 대하는 법에 관한 사항	8 항목
교인(交人)	다양한 부류의 사람들과 교류하며 관계를 두터이 하는 방법	9 항목
비황(備荒)	가뭄과 홍수로 인한 흉년에 대처하는 방법	5 항목
선종(善終)	수령 업무의 마무리	3 항목

이 책에서 크게 강조한 사항은 수령이 지녀야 할 태도, 마음가짐이었다. 《목민심감》은 이를 청렴[廉], 신중함[愼], 공정함[公], 근면함[勤] 네

가지로 거론하였다. 그 의미는 다음과 같이 소박한 일상 언어로 설명된다.

> 청렴하면 마음이 맑고 욕심이 적어 남이 침범하지 못하며, 신중하면 사려가 깨끗하고 밝아 일에 법도를 잃지 않으며, 공정하면 사사로움이 없어 다스림이 바르게 되며, 근면하면 정사가 이루어져 백성들이 편안해지니, 이 네 가지에 근본을 두면 모든 업무가 잘 실행될 것이다.

이와 같이 조선 초기에는 중국에서 만들어졌던 목민서들이 유입되어 읽히고 또 간행되어 유포되었다. 이들 책은 애초 조선의 사정을 고려하여 만들어진 것이 아니었기에 조선 현실에서는 적용할 수 없는 내용도 많이 들어 있었다. 그러나 이들 책은 지방관으로서 살아감에 갖추어야 할 도덕성이 무엇이고 대민 행정에서 유의해야 할 원칙이 무엇인지를 포괄적으로 제시하고 있었기 때문에 수령의 직책을 수행하는데 많은 도움을 받을 수 있었다.

| 목민서, 조선의 현실을 담아내며 새롭게 만들어지다 |

16세기, 그리고 16세기를 넘어서면서 목민서의 상황은 많이 달라진다. 이때에 이르러 앞서 나왔던 여러 책들과는 달리, 조선의 구체적인 현실을 반영한 목민서가 만들어져 유통되기 시작했다. 15세기의 자료들이 중국의 사정을 반영한 '중국본中國本'으로서의 범위를 벗어나지 못했다면 이때에 편찬된 책들은 중국의 여러 경험을 조선 사회와 적절히 배합하여 자기 것으로 소화했다는 의미를 지니고 있었다. 이러

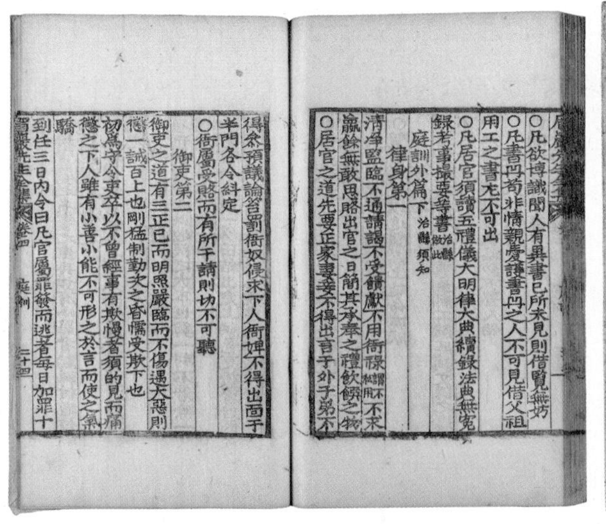

○凡欲博識聞人有異書已所未見則借覽無妨
○凡書冊苟非情親愛護書冊之人不可見借父祖
用工之書尤不可出
○凡居官須讀五禮儀大明律大典續錄法典無冤
錄考事撮要等書 治縣做此
庭訓外篇下 治縣須知
律身第一
清淨監臨不通請謁不受饋獻不用衙祿 謂不私用 不求
贏餘無敢思賂出官之日簡其承奉之禮飲餼之物
○居官之道先要正家妻妾不得出言于外子弟不

得預議論答罰衙奴侵求下人衙婢不得出面于
半門各令糾定
○衙屬受賂而有所干請則切不可聽
御吏第二
御吏之道有三正己而明照嚴臨而不傷遇大惡則
懲一誠百上也剛猛制勤尤之昏懦受欺下也
初為守令吏卒以不曾經事有欺慢者須的見而痛
懲之下人雖有小善小能不可形之於言而使之氣
驕
到任三日內令曰凡官屬罪發而逃者每日加罪十

眉巖先生集 卷四 庭訓 二十四

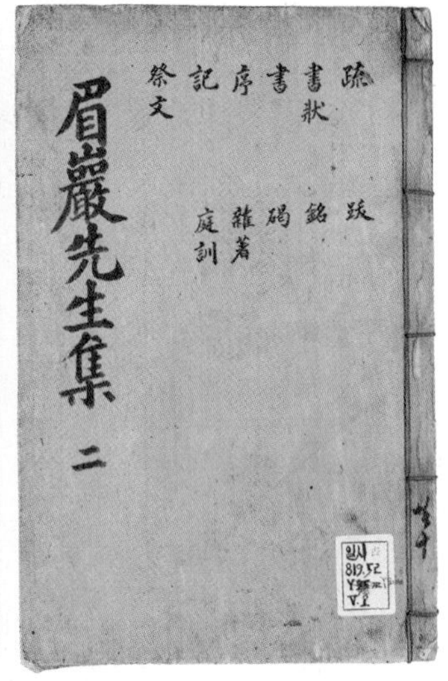

眉巖先生集 二

疏 書狀 銘 跋
書 碣 序 雜著 記 庭訓 祭文

유희춘의 《치현수지》(규장각한국학연구원)

한 양상은 16세기에 들어 주자학의 사유와 정치론을 조선 사회에 적합하게 정리하며 자기 것으로 활용하는 모습과도 유사하다.

이 시기의 중요한 목민서로는 16세기 유희춘柳希春이 지은 《치현수지治縣須知》, 16세기 후반 정철鄭澈이 작성하여 활용한 《유읍재문諭邑宰文》, 17세기 이성기李聖基가 편집한 《청송지남聽訟指南》을 거론할 수 있다. 모두 지방관을 경험한 인물들이 지었다. 물론 이 무렵 이 책들과 더불어 수령의 사법 · 행정 지침서인 《청송제강聽訟提綱》, 《사송유초詞訟類抄》 등이 편집되어 유통되고 있었지만[14] 이 사법서들은 수령의 행정 · 군정 · 사법 업무를 두루 포괄하는 목민서는 아니었다. 이 책들은 일반적인 목민서와는 별도로 다루어야 할 것이다.

《치현수지》는 유희춘이 무장茂長에서의 수령 경험을 정리하여 만들었다. 이 책은 모두 8조항으로 구성되어 있다.(〈표 2〉 참조) 《목민충고》나 《목민심감》에 비하면 체재가 비교적 단순하고 분량이 적은 편이다. 수령이 갖추어야 할 도덕규범을 '율신律身'이란 조항으로 정리하고 책의 첫머리에 두어 수령직을 수행함에 무엇보다 필요한 것이 수령의 도덕성임을 천명하였다. 나아가 임지에 부임한 이후 해야 할 일, 이서 배吏胥輩를 다스리는 일, 관내管內 토호土豪를 다스리는 일, 소송訴訟을 처리하는 일, 손님을 대우하는 일 등등 수령 업무의 주요 사항을 간략하면서도 꼼꼼히 정리하여 바람직한 수령의 상像을 갖추는데 필요한 내용을 제시하고자 하였다. 이 과정에서 《치현수지》는 수령이 지방 공론公論의 소재를 확인하고 공론 주도자들의 도움을 받아 업무를 수행해야 한다는 사실을 크게 강조하였다.

〈표 2〉 《치현수지》의 편장 구성과 주요 내용

순서	편장(篇章)	내용	수령칠사(守令七事)와의 관계	비고
1	율신(律身)	수령의 수기(律己)와 제가, 그리고 관아 구성원들에 대한 내용	없음	수령의 수기(修己)와 제가(齊家)
2	어리(御吏)	향리(鄕吏)를 다스리는 법	없음	
3	목민청송(牧民聽訟)	부역을 고르게 하고 소송을 빨리 처리함	부역균(賦役均), 사송간(詞訟簡)	수령의 구체 업무
4	구언용인(求言用人)	지방민의 여론을 청취하고 재주 있는 사람을 등용함	없음	수령의 구체 업무
5	치간권선(治姦勸善)	간사한 사람은 다스리고 선을 권함	간활식(奸猾息)	수령의 구체 업무
6	알성흥학(謁聖興學)	향교에 나아가 성현을 뵙고 학교 교육을 일으킴	흥학교(興學校)	수령의 구체 업무
7	대사접빈(待士接賓)	선비를 대우하고 손님을 접대하는 방법	없음	수령과 외부 관원과의 관계
8	독친염구(篤親念舊)	친지(親知)와 친구(親舊)를 접대하는 방법	없음	수령과 친지와의 관계

《치현수지》는 구성이나 분량으로 보아 15세기의 《목민충고》, 《목민심감》에 대비된다. 짜임새가 허술하고 내용 또한 소략하다 하겠다. 그러나 이 책은 기존 목민서의 틀을 훌쩍 뛰어넘는 독보적인 내용을 지니고 있었다. 앞서 본 바, 일단 조선의 지방 현실을 반영하여 수령의 행정·군정·사법 업무를 두루 포괄하려고 한 점이 그러하다.

이에 더하여 주희朱熹의 정치론을 적극 반영하려고 한 점도 주목할 수 있다. 토호土豪를 다스리고 일반 백성을 보호하는 방침에 대해, 유희춘은 이를 "군현을 다스리는 일은 백성을 아픈 사람 대하듯 해야 한다.[治郡 視民如傷]"는 주희의 가르침과 연관하여 설정, 지방관은 강자의 약자에 대한 침탈을 엄중하게 징계하며 백성을 보호해야 한다고 하였다. 이를테면, 주희는 지방관으로 재직하면서 간악한 토호[姦豪]가 힘없는 백성을 침폭侵暴하고 법 질서를 흔들어 정치를 해칠 경우, 그 가운데 더욱 심한 자를 골라 두루 다스려 조금도 관대하게 다루지 않았었는데, 유희춘은 이러한 사실을 본받아야 한다고 했다. 그러면서도 유희춘은 이들에 대해 일의 실상이 드러난 뒤에 처벌해야지, 미리 '강한 자를 억누름[抑强]'의 마음을 가지고 그들을 심하게 미워해서는 안 된다고 경계하였다.[15] 유희춘이 보기에 이러한 방식은 주희가 임장臨漳 지역을 다스리면서 모범적으로 보인바 있는데, 이때는 마치 바람이 풀 위를 지나면 풀이 절로 드러눕듯, 간사한 강자[姦强]들이 스스로 위축되었다고 했다.[16] 유희춘은 주자학을 깊이 익히고 이 사상이 조선에 널리 퍼질 수 있도록 많은 노력을 펼쳤던 인물이었던 만큼, 이 책을 집필하면서도 주자학의 정치론을 충분히 투영하고자 했다고 할 것이다.[17]

16세기 중엽, 조선의 현실을 담고 또 주자학의 정치적 사고를 반영하며 새로운 목민서로 만들어진 《치현수지》는 이후로 조선에서 나타나게 될 목민서들의 문제의식, 정치적 사유의 원형을 확보했던 자료라 할 것이다. 《치현수지》가 갖는 역사성도 이 점에서 확인할 수 있을 것이다.

정철의 《유읍재문》[18]은 송대의 주자학자 진덕수가 장사長沙·천주泉州의 지방관으로 있던 시절 관내에 효유했던 글 가운데 두 편을 활용하여 재구성한 것으로, 진덕수가 제시한 여러 주제를 먼저 소개하고

담양 송강정

중간 중간에 조선 군현에 나타나는 여러 행정 폐단을 거론하는 특징을 지닌다.

이 책은 도론導論, 정기지도正己之道(자신을 바르게 하는 길), 애인지의愛人之意(타인을 사랑하는 의미) 등 세 내용으로 구성되어 있다. 구성에서 볼 수 있는 대로, 핵심적인 내용은 수령 자신이 공직자로서 지녀야 할 마음, 그리고 수령 정치의 대상인 민인에 대한 애정과 보호하는 마음이다. 《대학》에서 거론하는 수기修己와 치인治人의 구도에 따라 《유읍재문》이 작성되었음을 알 수 있다. 《대학》의 수기치인론이 일국一國의 군왕이나 한 군현의 수령에게나, 그 규모에서는 일치하지 않지만, 지향은 동일한 층위에서 이해되고 있었음을 여기서 확인할 수 있다.

《유읍재문》에서는 수령의 수기를 네 가지 요소와 연관하여 설명했다. 곧 율기이렴律己以廉(탐오貪汚의 마음을 없앨 것), 무민이인撫民以仁(민들에게 참각慘刻 분질忿疾의 일을 하지 않음), 존심이공(存心以公, 사의私意를 갖지 않음), 이사이근(涖事以勤, 오직 민사民事에만 힘씀)이 그것이다. 목민심감에서

'청렴[廉]', '신중함[愼]', '공정함[公]', '근면함[勤]'을 강조했던 것과 비교하면, '신중함[愼]'을 대신하여 '인[仁]'이 강조되었음을 알 수 있다.

치인과 관련된 항목에서는 공정한 옥사처리, 사사로운 용형의 금지, 중복 과세의 금지, 공정한 물품 구매 등 사법·경제 상의 주요한 문제를 거론하는 한편, 조선의 폐단을 적절한 위치에서 언급했다. 전자가 원론적이라면 조선에 관한 언급은 매우 구체적이고 현실적이다. 몇 가지 거론하면 다음과 같다.

법대로 출세出稅하게 하되 1두당 식미食米 3, 4되를 주어 노비路費로 삼게 함

공물貢物을 거두는 사신의 사리私利 추구를 뚜렷이 살피고 엄하게 금지할 것

수령의 과외科外 징렴徵斂을 금하고 환곡 운영을 제대로 할 것

이서吏胥의 폐단을 수령이 뚜렷이 살피고 엄하게 금지할 것

수령이 자기를 바르게 하고 백성을 바로 잡는 일이 필요함

《유읍재문》은 그 성격상, 지방 교화의 책임을 맡은 감사가 예하 수령들에게 내려 보낸 행정 지침서이면서 동시에 송대 주자학의 지방정치론을 근간으로 하여 조선의 지방관들이 유의해야 할 내용을 담아낸 목민 자료였다. 진덕수의 글을 바탕으로 하면서도 조선의 구체적인 시폐時弊를 담음으로써, 주자학의 사유가 현실을 움직이는 이념으로 작동하도록 하게 하는 요소가 이 자료에는 들어 있었다.

이 자료는 여러 측면에서 중요한 의미를 갖는다. 우선, 조선 초기 이미 조선사회에서 주목받았으나 그다지 활성화되지 못하던 진덕수의 생각을 다시 불러내어 거기에 새로운 생명력을 부여한 성과임을 확인할 수 있다.

진덕수는 주자의 3전傳 제자로 주자학이 정치적으로 활용되어 나

감에 지대한 역할을 한 인물이었다. 특히 그가 저술한 《대학연의大學衍義》, 《정경政經》은 군주 및 지방관이 익혀야 할 정치사상 · 정치운영론을 포괄적으로 담고 있어 활용하기 나름으로 많은 도움을 받을 수 있는 책이었다. 조선에서도 이 두 책은 이미 15세기부터 도입되어 많은 사람들이 읽고 영향을 받았는데, 16세기 후반에는 이이李珥가 이 책들을 기초로 조선에 적용할 수 있는 정치서 · 정치 문건을 만들었다. 《성학집요聖學輯要》, 《진서산유재문眞西山諭宰文》 등이 그것이다. 전자는 《대학연의》의 체재를 따라 군주성학君主聖學을 다룬 책이고, 후자는 《정경》에 기초하여 지방 수령들이 참고할 수 있게 만든 자료로, 이이와 친했던 이해수李海壽가 황해감사 시절에 이용했다.[19] 정철의 《유읍재문》은 《진서산유재문眞西山諭宰文》과 같은 방식으로, 정철이 이이와 소통하는 가운데 탄생한 것으로 보인다.[20]

이 목민 자료는 또한 유희춘의 《치현수지》에 비해 수령의 자기 규율, 수령의 도덕성을 주자학의 논리에 입각하여 보다 강조하는 특징을 지니고 있었다.[21] 조선의 현실을 담아내는 측면에서 본다면 《치현수지》에 조금 뒤떨어졌지만, 수령의 도덕성을 주자학과 연관하여 강조하는 것은 이 책의 큰 강점이었다. 말하자면, 《유읍재문》은 앞선 시기 조선에서 출현했던 여러 목민 자료에 비하면 내용상 여러 차원에서 변화 성장한 면이 있었다. 그런 점에서 이 책자는 조선에서 일어났던 한 세기의 시간 변화를 나름대로 적절히 반영하고 있었다고도 할 수 있을 것이다.[22]

《청송지남》은 수령이 재판 업무에 참고했던 자료집인 《사송유취詞訟類聚》[23], 그리고 선조~인조대의 명 재상 이원익李元翼[24]이 그의 조카 이덕기李德沂에게 보내는 편지[25]에서 제시한 수령의 수행 지침을 엮어 만들어진 책이다. 이성기가 삼척부사三陟府使로 있던 1656년(효종 7)에 편

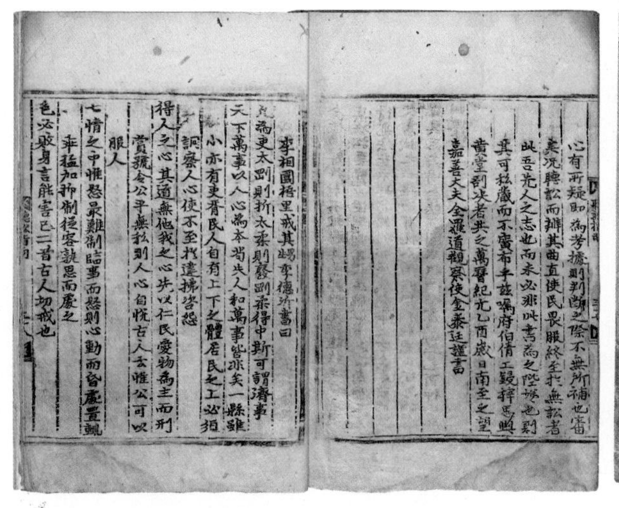

心有所疑叩爲考據則判斷之際不無所補也審
矣況聽訟而辨其曲直使民畏服終至於無訟者
此吾先人之志也而未必非此書爲之階梯也則
其可私藏而不廣布乎茲囑府伯倩工鋟梓以與
黃堂剖決者共之萬曆紀元乙酉歲日南至之望
嘉善大夫全羅道觀察使金泰廷謹書

李相國梧里戒其甥李德泂書曰
凡爲吏太剛則折太柔則廢剛柔得中斯可謂濟事
天下萬事以人心爲本尚失人和萬事皆非矣一縣雖
小亦有吏胥民人自有上下之體居民之上必須
諷察人心使不至於違拂咨怨
得人之心其道無他我之心先以仁民愛物爲主而刑
賞號令公平無私則人心自悅古人云惟公可以
服人
七情之中惟怒最難制臨事而怒則心動而皆處置顚
乖益加抑制從容熟思而處之
色必厲身言能害己二者古人切戒也

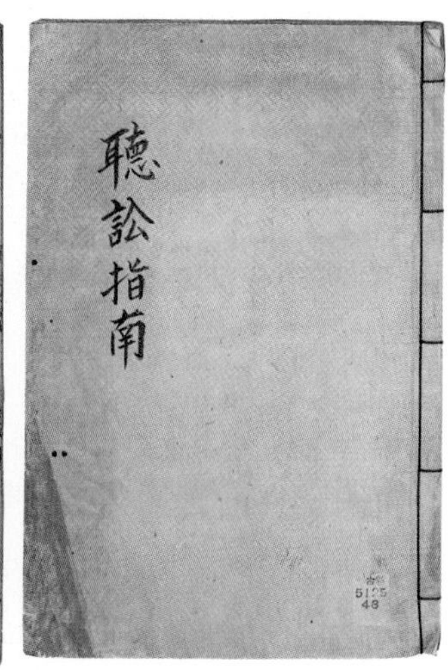

《청송지남》(규장각한국학연구원)

집되어 목판으로 간행되었다.[26] 이 목민서는 이미 16세기 후반에 간행되어 활용되고 있던 자료인 《사송유취》와 수령 업무 일반에 관한 이원익의 사적인 편지글을 한권 책 속에 동시에 엮은 점에서 구성상 큰 개성을 지닌다. 행정, 사법, 군정 등 지방 행정과 관련한 권한을 두루 장악하고 있던 수령이 참고할 수 있는 내용을 두루 제공한다고 할 수 있다.

이 책에서 주목되는 내용은 이원익의 편지글이다. 조카 이덕기에게 보냈던 글 31조목을 추려서 정리한 이 자료는 수령이 갖추어야 할 마음가짐을 비롯하여, 소송 처리 및 부세 수취 등 수령 행정 전반에 관한 내용을 잡다하게 다루고 있다. 비록 체계적인 저술의 형식을 취하지 않았지만 이 편지는 지방관이 반드시 지녀야 할 마음가짐 및 행정 지식을 집약하고 있었고, 또 조선의 현실 속에서 수령이 해야 할 역할을 정리하여 실제 활용할 수 있는 요소도 많이 있었다. 아래는 그 주요한 몇 내용이다.[27]

수령이 너무 강하면 부러지고, 너무 부드러우면 무너지니, 강함과 부드러움이 적절함을 얻을 때 일을 잘 처리할 수 있다.

사람의 칠정七情 가운데 가장 제어하기 힘든 것이 노여움이다. 일에 임해 분노를 하면 마음이 동요하고 어두워지게 되어 일처리가 온당함을 잃게 되니, 맹렬히 억제하여 조용히 깊이 생각하며 일을 처리해야 한다.

여색女色은 반드시 몸을 망치고, 말은 나를 해칠 수 있다. 그래서 옛 사람들은 이 두 가지를 매우 경계하였다.

이원익의 초상

백성을 대할 때는 사랑을 위주로 하고, 관속官屬을 대할 때는 엄함을 위주로 한다. 비록 사랑을 위주로 하더라도 그에게 명령을 하지 않을 수 없으며, 엄함을 위주로 하더라도 그에게 의지하지 않을 수 없다. 품관品官(좌수와 별감)을 대할 때는 너무 가깝게 지내거나 멀리 하지 않아야 한다.

창고 곡식으로 받아야 할 것은 반드시 곡식이 있을 때를 쫓아 받도록 한다. 만약 지연되면 관곡官穀이 줄어들 뿐만 아니라 백성들이 침해를 받아 불편할 것이다.

이원익의 편지글은 이 시기 수령제 운영과 관련하여 많은 변화가 일어나고 수령 지침서에 대한 사회적 수요가 확장되는 상황 속에서 나온 것이었다고 할 수 있는데, 사사로이 오고 간 편지였기에 많은 사람들이 돌려보고 활용하기에는 한계가 많았다. 이원익의 문집이 간행된다면 이 편지글이 널리 알려질 수 있었지만, 《청송지남》이 간행된 시점에는 이원익 문집은 아직 간행되지 않고 있었다. 《청송지남》은 이사적인 성격의 자료를 조선 사회에 공개적으로 알리는 중요한 매체 역할을 했다. 18세기에도 이원익의 편지글은 조선에 널리 퍼졌는데, 18세기 후반에 편찬되었던 《선각》류 목민서는 이 자료를 매우 중요하게 다루었다.[28]

| 18세기, 목민서의 시기 |

목민서의 계통과 성격 조선에서 18세기는 목민서의 시기라 부를 수 있을 만큼 많은 목민서가 등장하였다. 《치군요결治郡要訣》, 《목민고牧民攷》, 《거관대요居官大要》, 《선각先覺》, 《목민대방牧民大方》, 《임관정요臨官政要》 등은 그 가운데 중요한 책이다.[29] 이들 목민서는 편자 혹은 저자의 이름을 알 수 있는 경우도 있지만, 대부분 누가 작성했는지 알 수 없다. 《목민대방》, 《임관정요》 등은 각기 홍양호洪良浩, 안정복安鼎福이 지었지만, 나머지 목민서는 편·저자를 알 수 없다. 또한 이들 자료는 등장하는 시기가 다르고, 담고 있는 내용, 책의 구성 방식이 개별적이다. 어떤 경우는 자료가 서로 겹치기도 하고, 책별로 비슷비슷한 이름의 이본異本이 존재하기도 한다. 이것은 선행하는 자료를 필사하며 보았던 독자가 자기 필요에 따라 내용을 빼거나 덧붙이며 새로운 형태로 활용했던 데서 오는 현상이었다.

18세기에 나온 목민서는 책의 구성이나 성격으로 볼 때 크게 네 계통으로 살필 수 있다.[30] 각 계통의 책들은 독자성을 가지면서도, 앞 시기에 나온 자료가 뒷 시기에 작성된 자료에 영향을 주기도 했다. 18세기의 여러 목민서는 그렇게 하여 세기 말로 갈수록 보다 충실해진 내용과 체계를 갖추었다.

첫 번째로 거론할 수 있는 자료는 안정복의《임관정요》이다.[31] 이 책은 1757년 안정복이 46세 되던 해 완성했는데, 정어政語·정적政蹟·시조時措 3편으로 구성되어 있다. 정어·정적은 중국의 경서經書와 사서史書에 나온 지방 행정의 원칙 혹은 사례를 집중적으로 살폈으며, 시조편에서는 수령이 지방을 다스리며 수행해야 할 여러 사항을 정리해 두었다. 전자가 정치이론의 영역에 속한다면 후자는 적용의 실제에 해당한다. 목민서로서의 실용성은 사실상 이 편에 있다고 할 수 있다.

시조편은 안정복 생존 당시의 여러 경험과 견문見聞을 적절히 참고했지만 한편으로는 그의 지방관 시절의 경험 또한 바탕이 되었다. 말하자면《임관정요》는 여러 문헌과 역사적 사실을 통하여 수령의 이념적 요소를 정리하고, 여기에 지방관의 경험에서 나온 현실적 안목을 적절히 배합하여 만든 목민서라 할 수 있다.

조선의 수령 행정과 관련해서 주목해야 할 것은 시조편이라 하겠다. 시조편의 특징은 여러 가지가 있지만, 지방 운영과 관련하여 볼 때 지방 정치세력의 집합체인 향소鄕所의 역할을 중시한 점을 주목할 수 있다. 안정복은 역사 속에서 구현된 수령의 여러 유형을 정리하고, 지방의 유력 토착 세력과 원만한 관계를 유지하는 수령상을 모색하려고 했던 것으로 보인다.

이 책의 개성은 유교 경전과 역사 경험에 기초하여 수령이란 존재

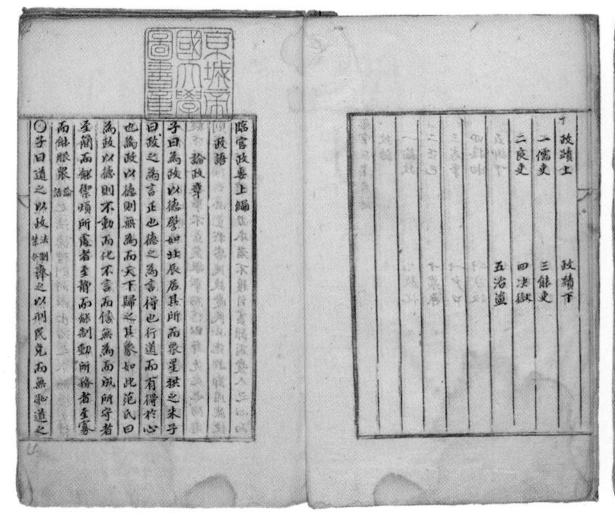

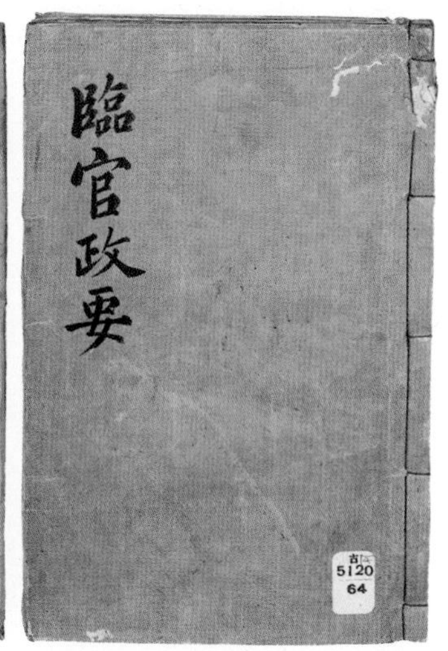

안정복의 《임관정요》(규장각한국학연구원)

의 정치성을 이론적 · 원리적으로 다룬 부분과 조선의 실제 현실을 한 책 속에 포괄한 점이다. 이는 《임관정요》가 수령을 단순히 관료적 행정적 실무를 처리하는 존재로 이해하는데서 머무는 것이 아니라, 경학적 역사적 근거와 맥락 위에서 그 정치성을 밝히고 있다고 할 수 있다. 이를 통해 《임관정요》가 목민서 혹은 수령의 행정 실무를 안내하고 보조하는 기능서技能書 그 이상이 되는 것도 자연스러웠다.

두 번째는 《목민고》 계통의 목민서이다.[32] 여기서 '목민고' 계통이라고 한 것은 《목민고》를 비롯하여 이름은 다르지만 내용이 비슷한 여러 이본異本을 일괄해서 살피기 위해서이다.[33] 이 계통의 책은 한결같이 '거관대요居官大要', '정요政要' 등 이 시기 유통되던 다양한 자료를 엮어 만든 특징을 보이며, 또한 영조대 활동했던 이광좌李光佐, 조현명趙顯命, 한지韓祉 등 소론계少論系 탕평파 관료들의 의견을 많이 싣고 있다.[34] 18세기 중엽부터 책의 첫 모습이 만들어지고 이후 지속적으로 보완된 것으로 보인다.

《목민고》는 지방관에 임명되어 국왕에게 인사를 드리고 임지에 부

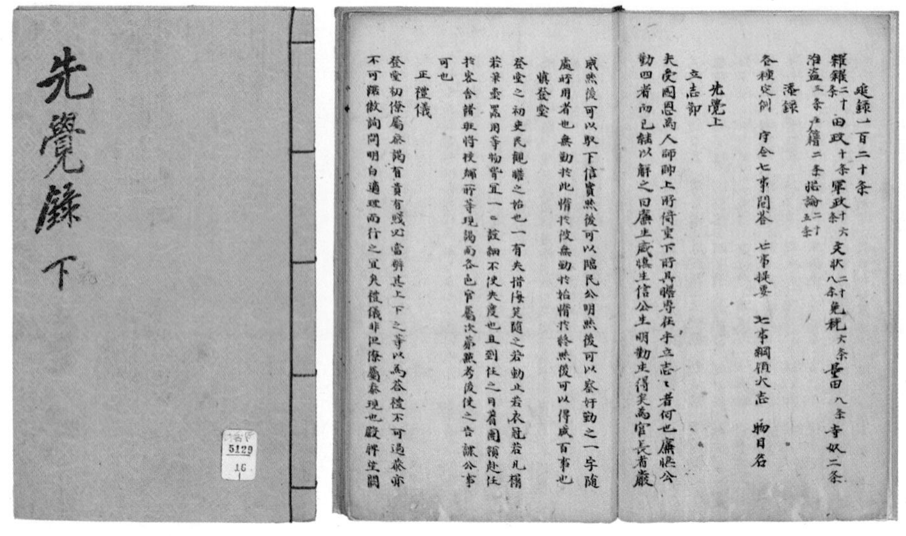

《선각》(규장각한국학연구원)

임할 때부터 지방관 임무를 마무리 할 때까지 해야 할 일을 시간의 흐름에 맞추어 일목요연하게 제시했다. 조선의 정치 제도와 관행 속에서 수령이 움직이는 동선動線을 포착하고 이 움직임을 시간의 흐름 위에서 배치했다고 할 수 있겠다. 이 점은 다른 목민서와 구별되는 이 책만의 주된 개성이다.

세 번째 자료는 《선각》류 목민서이다. 이 계통의 목민서는 18세기 말에 만들어져 유통되기 시작했는데, 〈선각〉, 〈선각록〉 등 다양한 이름의 이본이 나타났다. 그만큼 이 책이 널리 유통되며 활용되었다는 증거이다. 여러 이본들은 책별로 조금씩 차이가 나타나지만, 한결같이 《목민심감》의 여러 조항을 참고하고, 이원익의 편지글, 전정田政·군정軍政 및 실제 행정에서 활용하던 지침 등, 세 유형의 자료를 엮어서 편찬한 특징을 보인다.[35] 이 책이 앞의 《목민고》류와는 모습을 달리하는 점이다. 《선각》의 이본을 정리한 자료인 〈표 3〉에 이러한 모습이 잘 드러난다. 어느 이본이든 《목민심감》에서 간추린 조항은 '선각'이라는 내용으로 정리하여 별도 항목으로 싣고 있었다.

〈표 3〉《선각》의 이본

책명	소장사항	구성
선각(先覺)	국립도서관(한古朝31-529)	先覺序 先覺:60항목 追錄:糶糴·田政·軍政·文狀·免稅·量田·寺奴·治盜·戶籍·總論 添錄:各種定例·守令七事問答·七事提要·七事綱領大志·物目名
선각록(先覺錄)	규장각(古5129-16)	先覺序 先覺:60항목 追錄:糶糴·田政·軍政·文狀·免稅·量田·寺奴·治盜·戶籍·總論 添錄:各種定例·守令七事問答·七事提要·七事綱領大志·物名·營鎭類·節下類·衙門類·某官類
수치정요(修治精要)	규장각(古5820-2)	先覺序 先覺:60항목 追錄一百二十條:糶糴·田政·軍政·文狀·免稅·量田·寺奴·治盜·戶籍·總論 添錄:各種定例·守令七事問答·七事提要·七事綱領大志·物目名
거관요람(居官要覽)	규장각(奎12299)	栗谷先生戒甥書 57항목 糶糴·田政·軍政·文狀·免稅·量田·寺奴·治盜·戶籍·總論
정요(政要)	규장각(古82.2-J462)	七事 (先覺):除拜日 이하 70항목 糶糴(20조)·田政(10조)·軍政(16조)·文狀(28조)·免稅(6조)·量田(8조)·寺奴(2조)·治盜(3조)·戶籍(2조)·摠論(11조) 御史覆啓草(갑술년 抄) 居鎭六事
칠사문답(七事問答)	규장각(奎7565)	七事問答 先覺:度己分 외 48조 梧里李相國戒其甥李德沂書41條目 追錄:糶糴(20조)·田政(10조)·軍政(16조)·文狀(28조)
이치정람(吏治精覽)	규장각(奎5954)	七事綱領大志. 三戒 七事問答 先覺:度己分 외 48조 文狀(28조)·免稅 覈案(尹始永)跋辭

네 번째 목민서는 《목민대강牧民大綱》이다.[36] 이 자료는 18세기 말, 평안도 감사였던 홍양호洪良浩가 저술한 것으로 이전吏典, 호전戶典, 예전禮典, 병전兵典, 형전刑典, 공전工典의 6전에 명대 학자 왕수인王守仁이 고안했던 '십오상련지제什伍相連之制'를 부록으로 붙인 구성을 취하고 있다. 양명학陽明學의 창시자인 왕수인은 조선에서는 그다지 환영받지 못한 인물이었는데, 이 책에서는 그의 생각을 매우 중시하며 지방 운영의 한

방편으로 채택하였음을 볼 수 있다. 홍양호가 양명학을 적극 수용했던 정제두鄭齊斗 계통의 소론少論과 친연성이 깊었던 사정을 반영하는 모습이라 하겠다.

《목민대강》은 지방 행정의 중요 내용을 체계적으로 일목요연하게 정리한 것이 주된 특징인데, 무엇보다 《경국대전》의 육전六典 체제體制를 목민서에 도입한 점을 주목할 수 있다. 이것은 앞서 나왔던 조선의 어떤 목민서에서도 찾을 수 없는 이 책만의 고유한 구성 방식이다. 국가의 운영이 《경국대전》의 법전으로 규정된다면, 지방 군현의 운영 또한 그 법전의 축소 형태로서 짜임새 있게 이루어져야 한다는 생각이 이 같은 형식에 깃들어 있었던 것은 아닌가 생각하게 된다. 국전國典, 국법國法의 정비와 그 적용을 중시했던 소론계의 정치의식[37]이 이 책에 반영되어 있었던 것으로 보인다. 실려 있는 내용은 그렇게 풍부하지 않지만, 18세기 목민서 가운데 구성상 가장 체계적이다. 여기에 《경국대전》의 체제를 목민서에 도입한 점도 큰 특징이다. 이것은 다른 목민서 계통에서는 찾을 수 없는 이 책만의 고유한 구성 방식이다.

이와 같이 18세기에는 다양한 형태의 목민서가 출현했다. 각각의 목민서는 그 유통된 시간이 상이했고, 책의 구성 방식, 책의 성격 등에서 많은 차이가 있었다. 그 가운데 널리 활용된 책은 《목민고》류와 《선각》류 목민서였다. 시간적으로는 《목민고》류가 먼저 형성되고 《선각》류가 뒤늦게 나타났는데, 전자가 조선의 현실을 집중적으로 담고 있다면 후자는 중국 목민서와 조선의 지방 현실을 다양하게 참조한 특성을 갖는다. 어느 경우든, 18세기 이전의 여러 목민서에 비하면 내용이 풍부하고 체계적이었으며 조선의 현실과 밀착되어 있었다고 할 수 있다.

18세기 사회에서 앞선 시기에 비해 비교할 수 없을 정도로 많은 목민서가 만들어진 원인은 17세기 중·후반 이래의 사회 변동, 그리고 그 사회 변동과 연관된 국정 운영의 변화 속에서 찾을 수 있다. 이 시기에는 집권 체제가 강화되면서 수령이 행사하는 정치적 역할이 이전에 비해 매우 커졌다.[38] 이 과정에서 수령의 정치적 위상과 역할을 재검토하며 그에 걸맞는 수령 정치론을 체계적으로 갖추려는 노력이 자연스럽게 동반되었다. 이러한 노력은 17세기 중·후반 이래, 국가의 전면적 재조再造를 위한 정치·사상계의 움직임이 다양한 정치론의 모색과 구축으로 나타난 현상과 궤도를 같이한다.[39] 목민서는 지방의 군현제 운영의 실질적 주체인 수령을 위한 학문이 발달하는 과정에서 나온 자연스런 성과물이었다.

목민서는 한편으로는 이 시기 수령들이 자신의 정치적 입지를 단단하게 유지하고자 하는 열망의 산물이기도 했다. 임진왜란과 병자호란의 두 차례 전쟁을 거치며 정부에서는 수령의 지위를 제고하고 그 역할을 독려하는 한편 동시에 이들에게 엄청난 정치적인 압박을 가하였다. 업무를 제대로 수행하지 못한다고 평가받아 파직되는 경우 또한 비일비재하게 일어났다. 영조대에 들어와서는 그 강도가 특히 증대되었다. 재직 중인 수령들은 자신들에게 주어진 책무를 대과大過 없이 치를 수 있는 방도를 적극 개척해야 하였다. 수령의 행정 경험을 모은 책을 개별적으로 편찬하고 또 서로 돌려보거나 찾아서 읽었던 것은 그러한 자구책의 일환이었다.

18세기는 조선의 목민서 역사에서 정점을 이룬 시기였다. 이때 만들어진 여러 책들은 앞선 시기의 목민서 경험을 활용하고, 새로운 여건과 환경을 반영하며 전에 볼 수 없던 목민의 이념과 방법, 방향을 풍부하게 확보했다. 이 시기 목민서는 유통된 시간, 각 책의 구성 방식에서 서로 많이 달랐다. 시간적으로 살피면 《임관정요》와 《목민고》류, 《선각》류와 《목민대강》이 선후 차이는 있지만 비슷한 시기에 등장했다.

목민서 편찬과 연관 있는 사람들의 정치적 성향을 살핀다면, 《목민고》류와 《목민대방》은 소론계少論系 인물과 연결되고, 《임관정요》와 《선각》은 남인계南人系와 친연성이 있다. 이 시기의 목민서들은 그 정치적 계통이 다른 만큼, 책에서 지향하는 내용도 조금씩 달랐다. 앞서 만들어진 《임관정요》와 《목민고》의 내용이 뒷 시기에 만들어진 책으로 일부 참조되고 흡수되기도 했지만, 수령의 지방 정치의 원칙, 수령상 등에서는 상호간 많은 차이가 있었다.

18세기 목민서의 특성 : 수령상守令像과 관련하여 18세기에 만들어져 활용되었던 여러 목민서는 수령의 지방 통치, 지방 행정에 필요한 실무 지침을 구체적으로 담고 있다. 대체로 수령칠사守令七事에 연관된 일을 기본 틀로 하고 전정田政, 군정軍政, 환곡還穀 등의 부세賦稅 업무를 집중적으로 다루고 있다. 18세기 조선의 지방 정치에서 수령과 민 사이에 가장 크게 운위되었던 문제가 무엇인지, 조선의 지방 사회가 어떻게 작동했던가 하는 점을 이들 책을 통해 어느 정도 파악할 수 있다.

이와 더불어 18세기의 목민서는 이 시기 지방 사회의 권력 운영 양상을 잘 보여준다. 목민서는 수령의 행정 지침서로 만들어졌기 때문에 기본적으로 수령이 가지는 정치성을 강하게 나타내고 있었다. 그렇다면 목민서에서 확인할 수 있는 수령의 정치성을 통해 어떤 점을 주목할 수 있을까? 여기에서는 ① 수령과 지방사회 토착 권력과의 관계, ② 수령권의 행사 방향과 방법 두 가지를 확인하고자 한다.[40]

첫째, 수령과 지방사회 토착 권력과의 관계이다. 이것은 구체적으로는 수령과 향소鄕所와의 관계를 살피는 일이다. 국왕을 대신하여 일정 기간 동안 특정 지역을 다스리는 존재였던 수령은 제후諸侯와 같은 위상을 가지고 있었다. 그런 점에서 수령은 겉으로 보기에 일개 지방관에 불과했지만 특정 지역 최고의 정치적 권위를 지닌 존재였다. 국왕 대리인으로서의 존재는 그 정치적 권위를 뒷받침하는 강력한 권력이기도 했다. 수령직은 이러한 조건 위에서 행사되었다. 그러나 이 조건만으로 수령이 지방을 이끌어 나가는 것은 아니었다.

수령의 지방 정치는 지방사회에 거주하는 민과의 만남 위에서 이루어졌다. 이때 지방사회에 존재하는 민의 양태는 여러 측면에서 거론할 수 있겠지만, 가장 중요한 세력은 이 사회에서 작동하는 권력 체계의 담당자층이었다. 수령이 대면하는 지방사회의 권력은 향소鄕所를 중심으로 형성되어 있었는데, 이 향소 조직은 오랜 역사 속에서 발전해온 자율성과 독자적인 운동 논리를 갖추고 있었기 때문에 수령으로서도 어쩌지 못하는 강력한 힘을 지니고 있었다. 수령과 향소는 국가의 공적 위계상 서로 비교할 수 없는 처지에 있었지만, 수령이 향소의 도움을 받지 않으면 안 될 정도로 지방정치에서 차지하는 향소의 역할이 컸다. 수령과 향소는 실제 협력 관계에 있었다고 할 수 있을 것이다. 그러나 18세기 사회에서 수령과 향소가 맺는 관계는 이전에 비해 많이 변화하여, 향소는 수령의 행정 실무자의 지위로까지 격하되고 있었다.

둘째, 수령권의 행사 방향과 방법이다. 수령은 군현에서 최강의 권력자였다. 수령은 정치, 경제, 행정, 사법, 교육, 군사 전반을 관장하여 책임져야 할 일이 적지 않았고 그런 만큼 수령은 큰 부담을 안고 있었지만 또 그가 다스리는 지역에서는 누구에게 뒤지지 않는 힘을 지니고 있었다. 수령 임기 동안, 그 가진 힘을 어떻게 행사하는가에 따라 군현의 제반 사정이 영향을 받기 마련이었다.

18세기 목민서에서의 수령의 정치성은 이들 책에서 거론하는 수령상守令像을 통하여 살필 수 있다. 목민서에서 담고 있는 군현의 수령상은 일률적이지 않은데, 크게 두 양태를 보이는 것으로 보인다. 첫째, 수령권을 강화하며 수령의 정치적 지위와 역할을 강조하는 경우이다. 이러한 모습을 취하는 목민서에서는 향소의 위상을 인정하면서도 보다 강압적인 방식으로 향소를 수령권 아래에 두고자 했다. 이 같은 수령상은 《목민고》 계통(이하 《목민고》라 함)에서 두드러지게 나타난다. 무엇보다, 향소의 임원[鄕任] 선임을 향청鄕廳에 일임하지 말고 향청으로부터 천거[鄕薦]를 받되 수령이 강력하게 개입하여 그 천거의 적임 여부를 세세하게 판단하여 일을 진행하도록 제안하는 점에서 이를 확인할 수 있다. 향임은 좌수座首, 별감別監을 이야기한다.

> 향임鄕任을 차출할 때에는 향청鄕廳에 일임해서는 안 된다. 현임 향소와 기타 소임을 맡은 사람들로 하여금 재주가 있어 쓸 만한 사람을 그 수에 구애받지 말고 각기 천거하게 한다. 추천자 명단[薦記]이 들어온 후, 그 가운데 적절하지 않은 자를 천거한 자에게는 죄를 주고, 추천자 명단을 향청에 주어 그들로 하여금 다시 추천하도록 한다. 그렇게 하면 향임을 천거 받아 선정하는 것이 참으로 정밀해질 것이다.[41]

위 인용문에서 보이는 향임 차출 방식은 공론에 기초하여 향소의 임원을 자율적으로 뽑거나 향소를 수령의 중요한 자문역으로 인정하는 것과는 대비되는 태도이다.

《목민고》에서는 이 같은 맥락에서 향소에게 행정 감독자로서의 지위를 부여하고 이와 연관하여 책임을 엄격하게 묻고자 했다. 이방吏房 이하 6방의 업무에 대해, "좌수는 이방과 병방의 업무를 관장하고, 상별감上別監은 호방과 예방의 업무를 관장하며, 차별감次別監은 공방과 형

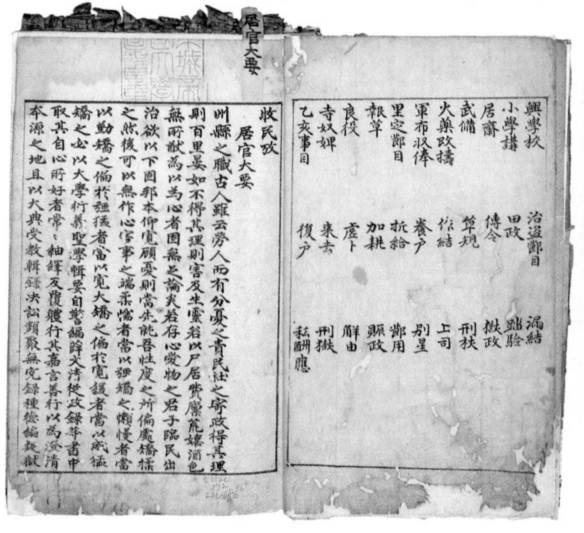

興學校 治盜節目 漏結
小學講 田政 踏驗
居齋 傳令 獄政
武備 草規 刑杖
火藥改搗 作結 上司
軍布収俸 養戶 別星
里定節目 折給 節用
報草 加耕 賑政
良役 虛卜 解由
寺奴婢 來去 刑獄
乙亥事目 復戶 私酬應

牧民攷

居官大要

州縣之職古人雖云勞人而有分憂之責民社之寄政得其理則百里晏如不得其理則害及生靈若以尸居貴縻荒嬉酒色無所猷為以為心者固無足論矣若存心愛物之君子臨民出治欲以下固邦本仰寬顧憂則當先就吾性度之所偏處矯揉之然後可以無作心害事之端柔懦者當以强矯之懶慢者當以勤矯之偏於强猛者當以寬大矯之偏於寬緩者當以威猛矯之必以大學衍義聖學輯要自警編薛文清從政錄等書中取其自心所好者常常紬繹反覆體行其嘉言善行以為澄清本源之地且以大典受教輯錄決訟類聚無冤錄種德編疑獄

牧民攷

《목민고》(규장각한국학연구원)

방의 업무를 관장"[42]하도록 한 조치가 그것이다. 공고公庫의 돈과 곡식을 관리하고 감독하는 일도 향소에게 맡겼다.

> 수령은 중대한 공고의 돈과 곡식을 단지 감색監色들에게만 맡겨둬서는 안 된다. 반드시 삼향소三鄕所와 삼공형三公兄으로 하여금 담당 감색과 함께 모두 모여서 창고 문을 열고 닫는 일 등등을 처리하게 한다. 만약 문제가 생기면 삼향소와 삼공형이 모두 같이 죄를 받고 같이 추징[徵捧]당할 것이라는 뜻을 신칙申飭하여 약속하고 먼저 다짐을 받아둔다.[43]

> 성천成川, 포락浦落, 복사覆沙, 잉진仍陳, 구진舊陳, 양진量陳으로 기록된 곳을 수령이 직접 답험踏驗하되 사표四標는 지금 현재 눈에 잘 띄는 물건으로 기록한다는 뜻을 따로 면임과 좌수를 정하여 알린다. 이어 그들 다 함께 농간 부리는 일을 적발하도록 하고 사이 사이 관장이 직접 검험한다. 만약 차이가 나거나 거짓이 있으면 향소와 면임을 사목事目[44]에 의거하여 밭머리에서 엄한 형을 가하여 각별히 다른 사람들에게 경각심을 준다.[45]

향소가 문제를 일으키면 처벌을 가한다는 의식도 《목민고》에서는 자연스럽게 제시된다. 《목민고》에서 향소는 또한 향리, 토호들과 더불어 민을 침해하고 숱한 폐단을 만드는 한 근원으로 지목되었다.

> 본 고을은 대로변[路傍]에 처해 있고 흉년을 계속 만나 민간의 고통과 근심은 묻지 않아도 알 수 있다. (중략) 관가 정치의 득실로부터 향청鄕廳과 질청[作廳]의 폐단, 여항閭巷의 곤란하고 화급한 형상에 이르기까지 조금도 꺼리지 말고 일일이 진언하도록 하라.[46]

> 질병과 고통을 제거하는 제일 첫 번째 할 일은 이졸吏卒과 임장任掌〈위로 향소鄕所로부터 아래로 호수戶首·통수統首까지 모두 포함 된다.〉으로 하여금 터럭만큼의 폐단도 민생에 미치지 않게 하는 것이다.[47]

《목민고》에서는 지방의 주요한 권력층인 향소에 대해 행정 감독자의 지위를 부여하면서도 실제로는 행정 실무를 맡은 이서배吏庶輩와 같이 대우하였고, 또한 이들을 지방민에게 폐단을 일으키는 주요한 요소 중의 하나로 파악하고 있었다. 종래 향소가 지니고 있던 위상과는 많이 달라진 모습을 여기서 볼 수 있다. 이러한 태도는 수령권의 강화를 상징하는 모습이라 하겠다.

《목민고》의 향소에 대한 이러한 태도는 영조대 정부가 한때 취했던 '억강부약抑强扶弱'의 정책 지향과도 연관이 있는 것으로 보인다. 지방의 군현에서 힘 있는 세력을 억누르고 힘이 약한 계층을 부양한다는 차원에서 제시된 이 방침은 실제 양반층을 억제하는 것이 주목적이었기 때문에 시행 과정에서 지방 사회의 전통적인 신분 기강을 헤친다는 비판을 강하게 받고 있었다. 그럼에도 불구하고 이 정책은 영조대 초반의 국정 운영에서 지속적으로 강조되었다.[48] 목민서에서도 '억강부약'의 논리가 강조되는데,[49] 향소에 대해 우월한 수령권을 강조하는 《목민고》의 시각은 이를 반영한 것으로 볼 수 있다.

《임관정요》나 《선각》의 수령상은 《목민고》의 수령상과는 대비된다. 이들 책에서는 수령의 역할을 강조하면서도 《목민고》에서 보는 정도의 강한 수령을 기대하지 않았다. 향소와의 관계를 일방적, 강압적으로도 설정하지 않았다. 《임관정요》에서는 향소를 비롯, 지방관을 보좌할 수 있는 사람들의 역할을 최대한 끌어내는 것이 중요하다고 보고 있었다.

> 고을 일을 돌봄에 유식한 향소를 얻는다면 큰 도움이 되니 반드시 한 고을의 공론公論을 취해서 선택해야 할 것이다. 향소를 전부 다 잘 고르지는 못하더라도 좌수만은 조심성 있고 공평한 사람으로 얻어야 할 것이다. 이를 위해 (임지에 가기 전에) 미리 소문을 듣고 그의 성명을 기록해서 간다. 부임한 뒤에는 시간을 갖고 자세히 살펴 지금 일을 맡고 있는 향임이 적합하지 않으면 모양 좋게 교체하되 일이 생기면 그들에게 자문을 구한다.[50]

> 옛말에 "민民과 친한 자로 수령만한 이가 없다."고 하였다. 그러나 나는 민과 더 친한 자로 향소만한 자가 없다고 생각한다. (중략) 향소의 소임은 중요하기 때문에 향소에 적합한 사람을 얻어 민사民事를 맡기고, 장관將官에 적합한 사람을 얻어 군정을 맡기고, 관청감관官廳監官에 적합한 사람을 얻어 출납을 맡기고, 연분감관年分監官에 적합한 사람을 얻어 전정田政을 맡겨야 할 것이다. 이렇게 하면 수령은 앉아서 휘파람을 불고 있어도 된다.[51]

지방관 업무에 도움을 받을 수 있는 향소를 공론을 통해 선택한다는 내용이다. 안정복은 수령에게서 향소는 반드시 필요한 동반자임을 강하게 주장했다. 이 의견은 이원익의 편지글에서 언급된 내용과 매우 유사하다.[52] 안정복이 이원익의 생각에 많은 영향을 받았던 모습이라 하겠다.

안정복은 수령과 향소를 군주와 대간臺諫·재상宰相의 관계로 유비類比하여 생각했다.[53] 수령과 향소 양자는 상하 위계 속에 존재하지만, 그렇다고 하여 수령이 모든 일을 다 처리할 수 있거나 일방적으로 일을 주도하는 것은 아니라는 것이 그의 생각이었다.[54]

《선각》 역시 수령이 향소를 압도하는 방식에 동의하지 않고 있었다. 이 책에서는 지방의 공론에 따라 향소를 맡기면 관官과 민民이 모두 편해진다고 보았다. 《선각》의 이러한 태도는 '중용中庸'을 중시하고 한쪽으로 치우치는 것을 피하는 편자의 성향하고도 관계가 있을 것이다.

> 좌수의 경우, 고을의 장로[鄕老]에게 탐문하여 한 고을에서 추천하는 자를 임명하면 백성들도 믿는 바가 있고 관도 또한 유익할 것이다. (중략) 어떤 사람은 말하길, 삼향소三鄕所로 하여금 각각 재주가 있는 쓸 만한 사람 2~3인을 추천하게 한 뒤, 그 추천된 사람들을 모두 불러서 그 사람됨을 살펴 결원이 생기는 대로 임용하는 것이 좋다고 하였다.[55]

공론에 따라 향소를 구하고 그들과 원만하게 관계를 유지하기를 기대했던 《선각》의 수령상은 수령이 지닌 권위와 힘을 중시하고 그것으로 향소를 억제하며 행정을 이끈다기보다는 향소가 가진 힘을 온건하게 이끌어 내려는 것이라 할 수 있겠는데, 이러한 태도는 수령 정치 전반의 방향과도 연결되어 있었던 것으로 보인다. 《선각》은 국법國法의 활용을 적극 강조하면서도 수령의 온건한 도덕적 정치를 강조했다. 이를테면,

> 대체로 수령이 된 사람은 '마음心'이란 글자 하나로써 모든 일을 처리해야 하니, 성심으로 구하면 얻지 못하는 것이 없다. 허물을 무심히 지나쳐 보면 잃지 않는 바가 없을 것이니, 일이 작다고 해서 마음으로 쉽게 여기거나, 일이 크다고 해서 마음에 겁을 먹어서는 안 된다. 일이 느슨하다고 해서 마음이 태만해져서는 안 되고 일이 급하다고 해서 마음이 바빠져서는 안 된다.[56]

라거나

> 아전과 민인에 대해, 그들의 인심人心이 무상하다고 배척하여 말하는 자가 세상에는 많이 있으나 이는 큰 잘못이다. 인심이 순하고 악한 것은 그 책임이 수령에게 있으니, '인심' 두 글자가 어찌 태수의 입에서 나올 수 있는가? 의리로써 일을 처리하고, 의리로써 일에 대해 말하며, 그들의 인심이 불량한 것을 보면 매우 엄하게 다스리고 간곡하게 타일러 가르치면, 인심은 저절로 순해지고 맑아질 것이다.[57]

라는 언급에서 이를 살필 수 있다. 《목민고》와 같은 목민서에서 볼 수 있는 수령의 강력하고도 위력적인 정치운영보다는 민심과의 조화 위에서 이루어지는 수령 정치를 더 중시하는 모습이라 하겠다.

18세기 정치 현실을 반영하며 등장하여 유통된 18세기 목민서는 수령상, 수령의 정치운영론과 연관하여 두 흐름을 보이는 것으로 판단

된다. 우선, 《목민고》 계통의 목민서에서는 강한 수령에 기초한 지방 통치를 중시했다. 이는 영조대 지방 정치의 주요 방침으로 제시되었던 '강자는 억지하고 약자는 부양한다抑强扶弱.'는 지향과 연관이 있었다. 이 책이 탕평정치기의 주요 인물들과 인연이 있음을 생각해보면, 탕평정치기 수령제 운영의 지향은 어떠했던가를 또한 생각해 볼 수 있을 것이다.

《임관정요》, 《선각》과 같은 목민서에서는 이와는 반대로 수령과 지방 세력과의 온건한 공조, 협력을 중시했다. 이들 책에서 볼 수 있는 바, 향소를 지방 공론에 따라 선임하고 그들의 도움을 적극 받아야 한다는 방침은 중앙으로의 권력 강화를 통하여 지방의 여러 세력을 통합해 가기보다는 지방 사회의 자율성에 기초하여 지방을 운영할 것을 적극 긍정하는 태도라 할 것이다. 두 책의 생각이 이원익李元翼을 매개로 서로 연결되는 점을 상기한다면, 남인들이 지속적으로 유지하던 정치론이 이와 같은 형태로 구체화되었다고 보아 무방할 것이다.

18세기 목민서에 보이는 이러한 상호 대비되는 수령상은 실제 수령제 운영 과정에서 야기되었던 여러 갈등과 맞물리며 나타나고 또 변화해 갔을 것이다. 19세기에 등장하는 여러 목민서에서도 이러한 문제의식은 어떤 형태로든 연결되어 갔을 것이다.

| 목민서의 지평, '목민학牧民學' 혹은 '수령학守令學'의 인식 체계 |

조선의 역사에서 목민서가 편찬 · 간행되고 또 활용된 것은 군현제의 효율적 운영과 연관이 깊었다. 전국을 300여 군현으로 분할하고 각 군현에 수령을 파견하여 이들로 하여금 이곳의 행정, 군정, 사법, 교육

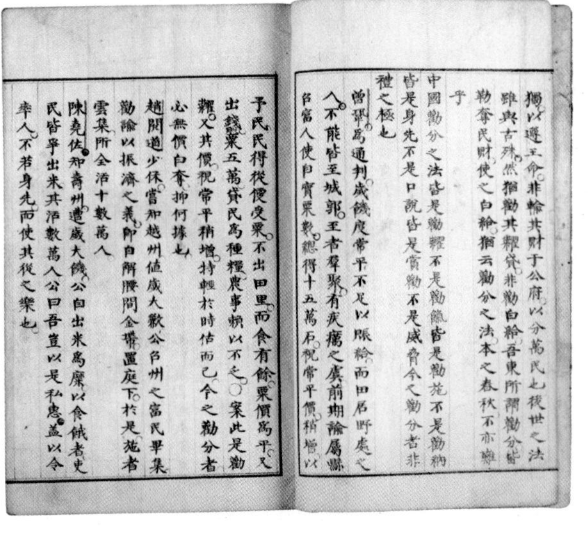

獨以遵王命非輸其財于公府以分萬民也後世之法
雖與古殊然猶勸其糶貸非勸自輸吾東所謂勸分皆
勸奪民財使之自輸猶云勸分之法本之春秋不亦難
乎
中國勸分之法皆是勸糶不是勸饋皆是勸施不是勸納
皆是身先不是口說皆是賞勸不是威脅今之勸分者非
禮之極也
曾鞏爲通判歲饑度常平不足以賑給而田居野處之
人不能皆至城郭至者羣聚有疾癘之虞前期諭屬縣
召富人使自實粟數總得十五萬石視常平價稍增以
予民民得從便受粟不出田里而食有餘粟價爲平又
出錢粟五萬貸民爲種糧農事賴以不乏 ○案此是勸
糶又其價視常平稍增特輕於時估而已今之勸分者
必無價自奪抑何據也
趙閱道少保嘗知越州値歲大歉公召州之富民畢集
勸諭以振濟之義卽自解腰間金帶置庭下於是施者
雲集所全活十數萬人
陳堯佐知壽州遇歲大饑公自出米爲糜以食餓者吏
民皆爭出米共活數萬人公曰吾豈以是私惠蓋以令
率人不若身先而使其從之樂也

정약용의 《목민심서》

전반의 일을 처리하도록 한 집권체제에서 수령의 역할은 그 무엇에 비교할 수 없을 정도로 중요했다.

수령의 업무가 성공하기 위해서는 무엇이 필요했을까? 수령 스스로 수령으로서의 강한 책무 의식을 지니는 것, 행정·사법·군사·교육 등 지방 군현 운영 전반에 필요한 전문적인 정무政務 역량을 지니는 것, 지방 여러 세력들과 정치적인 관계를 원활하게 유지하며 지방 운영을 무리 없이 이끄는 것 등등을 거론할 수 있을 것이다. 목민서는 이러한 여러 요소를 도울 수 있는 방도를 포괄하며 만들어진 책이었다.

조선에서 목민서가 등장하고 유통되는 양상은 시기별로 달랐지만 18세기에 이르러서 최고로 발전했다. 물론, 19세기 전반 정약용이 정리한 《목민심서》는 책의 분량이나 성격에서 이전의 목민서들과는 비교할 수 없는 차이를 보이지만, 이미 조선에서 유통되던 목민서의 경험이 있었기에 만들어질 수 있었다. 《목민심서》는 조선의 여러 경험을 집대성한 성과였다.

조선 목민서의 역사에서 15세기는 중국본 목민서를 직접 들여와 활용한 시기였다. 《목민충고》나 《목민심감》과 같은 단행본, 진덕수 《정경政經》의 견해를 선택적으로 정리한 자료집을 인간印刊하여 활용한 사례 등을 볼 수 있다. 조선의 군현제 경영 경험이 아직 깊지 않았던 상황에서 이러한 자료집은 수령들이 지방을 다스려 나감에 많은 도움이 되었을 것이다. 그러나 아직 조선 현실을 목민牧民의 이념과 방식 위에서 소화하고 이를 근거로 지방 정치를 이끌어 나가는 데는 한계가 있었다.

16세기 이후, 목민서의 편찬·보급 양상은 앞 시기에 비해 조금 달라졌다. 조선의 현실을 목민서 속에 담는 한편으로 주자학의 이념과 연계하여 수령 정치의 방향, 방법을 모색하고자 하는 움직임이, 그렇게 많은 편은 아니지만 몇 가지 사례로 나타났다. 16세기 중반에 편찬된 유희춘의 《치현수지治縣須知》, 16세기 후반에 나온 정철의 《유읍재문諭邑宰文》, 17세기 중엽에 간행된 이성기의 《청송지남聽訟指南》이 그 주요한 책들이다.

18세기에는 목민서의 시기라 부를 수 있을 정도로 많은 목민서가 편찬되어 활용되었다. 이때 나온 자료로는 《치군요결治郡要訣》, 《목민고牧民攷》, 《거관대요居官大要》, 《선각先覺》, 《목민대방牧民大方》, 《임관정요臨官政要》 등을 들 수 있다. 이들 책 가운데 《목민고》, 《선각》, 《목민대방》, 《임관정요》는 이 시기 목민서의 특성을 잘 보여주는 네 유형의 자료이다.

안정복이 편찬한 《임관정요》는 중국과 조선의 역사 경험 속에서 수령에 관한 여러 정론의 정리, 수령의 위상과 역할의 이념적 제시, 그리고 조선의 수령이 직접 활용할 수 있는 행정 지침 두 내용으로 이루어져 있다. 어찌 보면 이 책을 통하여 조선의 유자儒者에 의한 수령학-목민학의 검토가 본격적으로 이루어진 것은 아니었던가 생각해보게 된다. 홍양호의 《목민대방》은 《경국대전》의 육전六典 체제에 맞추어 수령의 업무를 정리한 특징을 갖는다. 담고 있는 실제 내용은 실무적으로 적용하기에 무리가 있어 실용성은 떨어지지만, 수령의 정무政務를 조선의 국전國典과 맞추어 체계화한 것은 이전의 여러 목민서에 비해 한 차원 진전된 모습이라고 하겠다.

《목민고牧民攷》는 다양한 이름의 이본이 존재하는 목민서이다. 18세기 중반, 소론少論 정치가들이 생산한 여러 정론서, 문건을 담고 있어 이들의 정치적 사유가 많이 투영된 목민 자료로 볼 수 있다. 수령이 배사拜辭하고 임지에 도착한 이후 업무를 개시할 때부터 수령 임무를 마칠 때까지 수행하게 되는 여러 일들을 시간 순으로, 그리고 업무 영역 순으로 세세하게 제시하는 형태를 취한다. 중국에서의 지방관 경험이나 그 경험을 바탕으로 정리된 목민 이론은 거의 찾아볼 수 없고 조선 수령의 실제에 집중하고 있음을 알 수 있다. 이러한 특성은 이 시기에 유통되던 다른 목민서에서는 찾아볼 수 없는 이 책만의 개성이라 하겠다.

《선각》 또한 여러 종류의 이본이 존재한다. 18세기 후반 이후 가장 인기 있었던 목민서가 아니었던가 하는 생각을 하게 된다. 이 책은 《목민심감》에서 가져와 간추린 내용, 이원익의 편지글, 그리고 전정田政·군정軍政·환곡還穀 및 수령칠사守令七事와 연관된 업무 지침 등 크게 보아 세 형태의 자료를 합쳐서 구성한 특징을 갖는다. 대중적인 목민서의 하나였던 《목민고》에 크게 비교되는 양상이다.

15세기 이래 조선에서 다양하게 편찬 간행되어 유통된 목민서는 조선의 지방행정, 지방정치를 분석하고 이해하고자 할 때 빼놓을 수 없는 중요한 자료이다. 이들 목민서는 초기에서 후기로 가며, 그 포괄하는 내용이나 정치이념을 보다 풍부하게 갖추며 변화하는 양상을 보여준다. 이러한 목민서의 전개는 단순히 수령이 참고할 업무 지침서가 시간에 따라 진화한 것에 그치는 것이 아니라 수령과 관련된 인식체계가 나름의 틀을 갖추면서 성장하는 과정이기도 했다. 이 측면에서, '목민학牧民學' 혹은 '수령학守令學'의 인식 체계를 이 책들의 변화를 통해서 생각해볼 수 있을 것이다. 주자학이 발달하며 군주를 대상으로 한 군주성학君主聖學이 틀을 갖추어 가는 것과 같은 맥락에서, 수령에게도 수령으로서의 자기 직분을 다함에 필요한 학문적 체계가 세워지고 이것이 다양한 형태로 분화·발전하는 모습을 목민서에서 찾아 볼 수 있는 것이다.

참고문헌

1장 경복궁에 표현된 조선 초기의 국정운영체계

〈원사료〉

《고려사》, 《태조실록》, 《태종실록》, 《세종실록》, 《문종실록》

《東文選》, 《書傳》

權近, 《陽村集》

李穀, 《稼亭集》

李肯翊, 《燃藜室記述》

鄭道傳, 《三峰集》

〈저서 및 논문〉

도현철, 《조선전기 정치사상사》, 태학사, 2013.

문화재청, 《궁궐의 현판과 주련 1 – 경복궁》, 수류산방, 2007.

문화재청, 《조선의 궁궐과 종묘》, 눌와, 2010.

임석재, 《예禮로 지은 경복궁》, 인물과 사상사, 2015.

崔承熙, 《朝鮮初期 政治史硏究》, 지식산업사, 2002.

한영우, 《朝鮮前期 社會經濟硏究》, 乙酉文化社, 1983.

韓永愚, 《改正版 鄭道傳思想의 硏究》, 서울대학교출판부, 1989.

홍순민, 《우리 궁궐 이야기》, 청년사, 1999.

곽순조, 《궁궐운영을 통하여 본 조선전기 경복궁의 배치특성에 관한 연구 : 정전 · 편전 · 침전 및 동궁 일곽을 중심으로》, 성균관대 석사학위논문, 2000.

김동욱, 〈조선초기 창건 경복궁의 공간구성〉, 《건축역사연구》 7-2, 1998.

김인호, 〈鄭道傳의 역사인식과 군주론의 기반 – 〈經濟文鑑〉의 분석을 중심으로 –〉, 《韓國史硏究》 131, 2005.

이강근, 《경복궁에 관한 건축사적 연구》, 한국정신문화연구원 석사학위논문, 1984.

李貞薰, 〈원간섭기 국정운영과 都評議使司〉, 《韓國史學報》 59, 2015.

장지연, 〈太祖代 景福宮 殿閣名에 담긴 의미와 사상적 지향〉, 《韓國文化》 39, 2007.

鄭杜熙, 〈集賢殿 學士 硏究〉, 《全北史學》 4, 1980.
정호훈, 〈조선전기 法典 정비와 《經國大典》의 성립〉, 《조선 건국과 경국대전체제의 형성》, 혜안, 2004.
崔承熙, 〈集賢殿硏究(上)－置廢始末과 機能分析－〉, 《歷史學報》 32, 1966.
崔承熙, 〈集賢殿硏究(下)－置廢始末과 機能分析－〉, 《歷史學報》 33, 1967.
홍석주 · 박언곤, 〈조선조 궁궐 위계에 따른 배치계획규범에 관한 연구〉, 《대한건축학회 논문집 계획계》 15-11, 1999.
홍순민, 〈서울궁궐답사1, 서울의 궁궐을 얼마나 아십니까〉, 《역사비평》 35, 1996.
홍순민, 〈왕십리 경복궁－왕조 창업과 5대 궁궐〉, 《역사비평》 36, 1996.
洪順敏, 《朝鮮王朝 宮闕 經營과 "兩闕體制"의 변천》, 서울대 박사학위논문, 1996.

3장 백성을 하늘처럼 섬긴 다산 정약용의 삶과 사상

〈저서 및 논문〉

강석화, 〈다산의 중앙정부조직안과 관료제의 공적 운영〉, 《다산과 현대》 6호, 2013.
강정인, 《서구중심주의를 넘어서》, 아카넷, 2004.
금장태, 〈다산 정약용의 악론과 악률 복원의 과제〉, 《한국유학의 악론》, 예문서원, 2008.
金敬泰, 〈茶山의 賑恤糧穀 需給論〉, 姜萬吉 · 鄭昌烈 외, 《茶山의 政治經濟 思想》, 창작과비평사, 1990.
김석근 외 지음, 《민본주의를 넘어서》, 청계, 2000.
김선경, 〈조선후기 목민학의 계보와 《목민심서》〉, 《朝鮮時代史學報》 52, 2010.
김용흠, 〈《목민심서》 연구 : 통치기술의 관점에서 읽기〉, 《歷史教育》 123, 2012.
김용흠, 《조선후기 정치사 연구 1－인조대 정치론의 분화와 변통론》, 혜안, 2006.
김용흠, 〈조선후기 정치와 실학〉, 《다산과 현대》 2호, 강진다산실학연구원, 2009.
김용흠, 〈18세기 '牧民書'와 지방통치－《牧民攷》를 중심으로〉, 《韓國思想史學》 35, 2010.
김용흠, 〈'조선후기 실학'과 사회인문학〉, 《東方學志》 154, 연세대학교 국학연구원, 2011.
김용흠, 〈洪良浩 實學思想의 系統과 《牧民大方》〉, 《朝鮮時代史學報》 56, 2011.
김용흠, 〈다산의 국가 구상과 정조 탕평책〉, 《다산과 현대》 4 · 5 합본호, 2012.
김용흠, 〈홍이섭 사학의 성격과 조선후기 실학〉, 《韓國實學硏究》 25, 2013.
김용흠, 〈다산 실학의 성격과 국가 구상－21세기 유학의 변용 가능성 탐색〉, 《한국학논집》 56, 계명대 한국학연구원, 2014.
김용흠, 〈전쟁의 기억과 정치－병자호란과 회니시비〉, 《韓國思想史學》 47, 2014.
김용흠, 〈17세기 공론과 당쟁, 그리고 탕평론〉, 《조선시대사학보》 71, 2014.
김용흠, 〈서울과 지방의 학술 소통 : 다산학과 다산학단〉, 《다산과 현대》 8, 2015.
김용흠, 〈조선의 정치에서 무엇을 볼 것인가－탕평론 · 탕평책 · 탕평정치〉, 《한국민족문화》 58, 부산대학교 한국민족문화연구소, 2016.
김용흠, 〈조선후기 노론 당론서와 당론의 특징-《형감(衡鑑)》을 중심으로〉, 《韓國思想史學》 53, 2016.
김용흠 외 역주, 《사도세자의 죽음과 그 후의 기억-《현고기(玄皐記)》 번역(飜譯)과 주해(註解)》, 서울대학교출판문화원, 2015.
김용흠, 《충역의 시비를 정하다-《정변록(定辨錄)》 역주》, 서울대학교출판문화원, 2016.
김인걸, 〈민중의 사회적 결속〉, 《한국사》 36, 국사편찬위원회, 1997.
金駿錫, 〈儒教思想論〉, 《韓國 中世 儒教政治思想史論 I》, 지식산업사, 2005.
金駿錫, 〈朝鮮時期 朱子學과 兩班政治〉, 《韓國 中世 儒教政治思想史論 I》, 지식산업사, 2005.
金駿錫, 〈實學의 胎動〉, 《韓國 中世 儒教政治思想史論 II》, 지식산업사, 2005.
김태영, 〈다산 經世論에서의 王權論〉, 《茶山學》 창간호, 다산학술문화재단, 2000.
김태영, 〈茶山의 국가 産業行政체계 개혁론〉, 《韓國實學研究》 5, 2003.
김태영, 〈경세유표에 드러난 다산 경세론의 역사적 성격〉, 《퇴계학보》 129, 2011.
김태영, 〈다산의 정전제론〉, 실시학사 편, 《다산 정약용 연구》, 사람의 무늬, 2012.
김태영, 〈조선 정법서의 전통과 경세유표〉, 《다산과 현대》 6호, 강진다산실학연구원, 2013.
김태영, 〈다산의 통치법제와 통치이념론〉, 《茶山學》 22, 2013.
뚜웨이밍 지음, 《문명들의 대화》, 김태성 옮김, 휴머니스트, 2006.
리보중 지음, 《중국 경제사 연구의 새로운 모색》, 이화승 옮김, 책세상, 2006.
백민정, 〈정조의 사대부 인식과 정치철학적 입장 연구〉, 《韓國實學研究》 20, 2010.
徐連達·吳浩坤·趙克堯 지음, 《중국통사》, 중국사연구회 옮김, 청년사, 1989.
안병주, 《儒教의 民本思想》, 성균관대 대동문화연구원, 1987.
오영교, 〈《經世遺表》와 새로운 국가구상〉, 오영교 편, 《세도정권기 조선사회와 대전회통》, 혜안, 2007.
이봉규, 〈經學的 脈絡에서 본 茶山의 政治論〉, 실시학사 편, 《다산 정약용 연구》, 사람의 무늬, 2012.
李相益, 《儒教傳統과 自由民主主義》, 심산, 2005.
이승환, 《유교 담론의 지형학》, 푸른숲, 2004.
이태진, 〈유교적 경제발전 모델에 대한 역사적 변론〉, 《의술과 인구 그리고 농업기술-조선 유교국가의 경제발전 모델》, 태학사, 2002.
이헌창, 〈조선시대를 바라보는 제3의 시각〉, 《韓國史研究》 148, 2010.
이헌창, 〈茶山 정약용의 國家制度論에 관한 一考察〉, 《韓國實學研究》 24, 2012.
임현진, 〈사회과학에서의 근대성 논의〉, 역사문제연구소 편, 《한국의 '근대'와 '근대성' 비판》, 역사비평사, 1996.
임형택, 〈茶山의 '民' 主體 政治思想의 이론적·현실적 근거〉, 姜萬吉·鄭昌烈 외, 《茶山의 政治經濟 思想》, 창작과비평사, 1990.

김용흠, 〈목민심서(牧民心書)의 이해-다산 정치학과 관련하여〉, 《韓國實學研究》 13, 2007.
鄭允炯, 〈茶山의 還上改革論〉, 姜萬吉 · 鄭昌烈 외, 《茶山의 政治經濟 思想》, 창작과비평사, 1990.
정태헌, 〈한국의 식민지적 근대화 모순과 그 실체〉, 역사문제연구소 편, 《한국의 '근대'와 '근대성' 비판》, 역사비평사, 1996.
趙珖, 〈개요〉, 《한국사》 36, 국사편찬위원회, 1997.
조반니 아리기 지음, 《베이징의 애덤 스미스-21세기의 계보》, 강진아 옮김, 도서출판 길, 2009.
존 M 홉슨 지음, 《서구 문명은 동양에서 시작되었다》, 정경옥 옮김, 에코리브르, 2005.
차병직, 〈압구정 아줌마의 방향 전환-1996~참여연대 아카데미〉, 《참여사회》 205호, 2013.
崔完基, 〈개요〉, 《한국사》 33, 국사편찬위원회, 1997.
韓榮國, 〈개요〉, 《한국사》 34, 국사편찬위원회, 1995.
함영대, 《성호학파의 맹자학》, 태학사, 2011.
함재봉, 《유교 자본주의 민주주의》, 전통과현대, 2000.
戶川芳朗 · 蜂屋邦夫 · 溝口雄三 지음, 《유교사》, 조성을 · 이동철 옮김, 이론과 실천, 1990.

4장 조선시대 관직의 꽃, '청요직' 이야기

〈저서 및 논문〉

최승희, 〈홍문록고〉, 《대구사학》 15 · 16, 1978.
남지대, 〈조선 성종대의 대간 언론〉, 《한국사론》 12, 1985.
한영우, 〈조선후기 중인에 대하여-철종조 중인통청운동 자료를 중심으로〉, 《한국학보》 45, 1986.
최이돈, 〈문반 정치구조〉, 《조선정치사》(하), 청년사, 1990.
오수창, 〈권력집단과 정국 운영〉, 《조선정치사》(하), 청년사, 1990.
박용운, 〈고려시대의 청요직에 대한 고찰〉, 《고려시대 관직 · 관계 연구》, 고려대출판부, 1997.
구덕회, 〈성종대 동반 경관직 인사관리의 성격〉, 《역사와 현실》 27, 1998.
오항녕, 〈여말선초 사관 자천제의 성립과 운영〉, 《역사와 현실》 30, 1998.
한충희, 〈조선시대 '청직', '요직', '청요직'의 용례에 대하여〉, 《대구사학》 73, 2003.
송웅섭, 〈성종대 대간 피혐의 증가와 그 의미〉, 《조선시대사학보》 62, 2012.
이지훈, 〈조선 초기 循資法의 정비와 운영〉, 《역사학보》 229, 2016.
김성윤, 《조선후기 탕평정치 연구》, 지식산업사, 1997.

이성무, 《조선시대당쟁사》 2, 동방미디어, 2000.
이중환(이익성 옮김), 《택리지》, 을유문화사, 2002.

5장 신문고를 통해서 본 조선 초기의 행정

〈원사료〉

《高麗史》, 《高麗史節要》, 《太祖實錄》, 《定宗實錄》, 《太宗實錄》, 《世宗實錄》, 《端宗實錄》, 《世祖實錄》, 《睿宗實錄》, 《成宗實錄》, 《燕山君日記》, 《中宗實錄》, 《明宗實錄》, 《英祖實錄》, 《正祖實錄》, 《日省錄》, 《周禮注疏》, 《經世遺表》, 《經國大典》, 《大典續錄》, 《大典後續錄》, 《受教輯錄》, 《新補受教輯錄》, 《續大典》 , 《大典通編》, 《百憲摠要》, 《典律通補》, 《秋官志》, 《大明律》, 《儒胥必知》

〈연구논저〉

김경숙, 《조선후기 산송과 사회갈등 연구》, 서울대학교 국사학과 박사논문, 2002.
김경숙, 〈16, 17세기 奴良妻幷産法과 노비소송〉, 《역사와 현실》 67, 한국역사연구회, 2008.
김남돌, 〈朝鮮初期 申聞鼓의 設置와 運營〉, 안동대학교 교육대학원 석사논문, 2005.
김백철, 《조선후기 영조의 탕평정치 : 속대전》의 편찬과 백성의 재인식》, 태학사, 2010.
김백철, 《두 얼굴의 영조 : 18세기 탕평군주상의 재검토》, 태학사, 2014.
김백철, 《법치국가 조선의 탄생 : 조선전기 국법체계 형성사》, 이학사, 2016.
김백철, 《탕평시대 법치주의 유산 : 조선후기 국법체계 재구축사》, 경인문화사, 2016.
김영주, 〈신문고 제도에 대한 몇 가지 쟁점 : 기원과 운영, 기능 · 제도의 변천을 중심으로〉, 《한국언론정보학보》 39, 한국언론정보학회, 2007.
김지영, 《조선후기 國王行次에 대한 연구 : 儀軌班次圖와 擧動 기록을 중심으로》, 서울대학교 국사학과 박사논문, 2005.
김효선, 〈朝鮮初期 奴婢決訟에 대한 考察 : 太宗代를 中心으로〉, 숭실대학교 사학과 석사논문, 1995.
박진훈, 《여말선초 노비정책 연구》, 연세대학교 사학과 박사논문, 2005.
오세홍, 〈조선초기 신문고 운영과 영향〉, 한국교원대학교 교육대학원 석사논문, 2002.
이태진, 《한국사회사연구》, 지식산업사, 1986.
이수건, 〈조선 태종조에 있어서의 對노비시책〉, 《대구사학》 1, 대구사학회, 1969.
조윤선, 〈《속대전》형전〈청리〉조와 민의 법의식〉, 《한국사연구》 88, 한국사연구회, 1995.
조윤선, 《조선후기 소송연구》, 국학자료원, 2002.
최병운, 〈朝鮮 太祖朝의 奴婢의 辨正에 관하여 : 太祖 6년 所定의 〈奴婢合行事宜〉를 中心으로〉, 《전북사학》 2, 전북사학회, 1978.
최이돈, 〈조선초기 수령 고소 관행의 형성과정〉, 《한국사연구》 82, 한국사연구회, 1993.
최종택, 〈조선초 평안 함길도의 지방세력〉, 《동방학지》 99, 연세대학교 국학연구원,

1998.
한상권, 《조선후기 사회와 소원제도 : 상언 · 격쟁 연구》, 일조각, 1996.
한우근, 〈申聞鼓의 설립과 그 실제적 효능에 대하여〉, 《이병도박사화갑기념논총》, 일조각, 1956(《한우근전집》 7, 한국학술정보, 2001 재수록).

6장 조선시대 승정원 승지의 직무 수행 체계

〈원사료〉

《태조실록》, 《정종실록》, 《태종실록》, 《세종실록》, 《성종실록》, 《명종실록》, 《승정원일기》
《經國大典》, 《銀臺條例》, 《銀臺編攷》 《詩經》, 《雲養集》(金允植), 《응천일록》

〈저서 및 논문〉

도현철, 《고려말 사대부의 정치사상연구》, 일조각, 1999.
민현구, 《조선초기의 군사제도와 정치》, 한국연구원, 1983.
박병호, 〈《경국대전》의 편찬과 계승〉, 《신편한국사22-조선왕조의 성립과 대외관계》, 국사편찬위원회, 1995.
이근호, 〈《승정원일기》 보고기록의 특징과 정보화방안〉, 《한국사론(37) : 《승정원일기》의 사료적 가치와 정보화 방안 연구》, 국사편찬위원회, 2003.
이근호, 〈조선조 국왕 비서실 승정원, 왕명 출납을 관장하던 관청〉, 《월간문화재》 2011년 1월호
이근호, 〈조선조 국왕 비서실 승정원과 승정원일기〉(2013.12.19 서울문화사학회 발표요지문).
이기명, 《조선시대 상피제의 운영실태 연구》, 동국대 박사논문, 2004.
최승희, 《조선초기 정치사연구》, 일조각, 2002.
郝铁川, 《经国治民之典-《周礼》与中国文化》, 河南大学出版社, 1995.
한영우, 《정도전 사상의 연구》, 서울대출판부, 1973/1983.
한충희, 〈조선초기 승정원연구 ; 실제기능과 통치기구와의 관계를 중심으로〉, 《한국사연구》 59, 한국사연구회, 1987.

〈기타〉

국사편찬위원회 조선왕조실록(http://sillok.history.go.kr)
국사편찬위원회 승정원일기(http://sjw.history.go.kr)

7장 사화는 왜 일어났는가

〈원사료〉

《성종실록》, 《연산군일기》, 《중종실록》

〈저서 및 논문〉

김범, 《사화와 반정의 시대》, 역사의아침, 2015(역사비평사, 2007).
김범, 《연산군-그 인간과 시대의 내면》, 글항아리, 2010.
정두희, 《조선시대의 대간연구》, 일조각, 1994.
정두희, 《조광조》, 아카넷, 2000.
권연웅, 〈연산조의 경연과 사화〉, 《구곡 황종동교수 정년기념 사학논총》, 1994.
권연웅, 〈제5장 연산군~중종 : 경연과 사화〉, 《경연과 임금 길들이기》, 지식산업사, 2015.
김범, 〈4대사화〉, 〈무오사화〉, 〈갑자사화〉, 〈기묘사화〉, 네이버 캐스트, 2012.
송수환, 〈갑자사화의 새 해석〉, 《사학연구》 57, 1999.
에드워드 와그너, 이훈상 · 손숙경 옮김, 〈정치사적 입장에서 본 조선시대 사화의 성격〉, 《조선왕조 사회의 성취와 귀속》, 일조각, 2007.

8장 고려의 지역세력가와 지방행정의 실제

〈원사료〉

《고려사》, 《고려사절요》, 《삼국유사》
이제현, 〈역옹패설〉
이규보, 《동국이상국집》

〈저서 및 논문〉

하현강, 《한국중세사연구》, 일조각, 1988.
채웅석, 《고려시대의 국가와 지방사회-본관제의 시행과 지방지배질서》, 서울대출판부, 2000.
박종진, 《고려시기 재정운영과 조세제도》, 서울대출판부, 2000.
강은경, 《고려시대 호장층 연구》, 혜안, 2002.
박종기, 《지배와 자율의 공간, 고려의 지방사회》, 푸른역사, 2002.
박용운, 《수정 증보판 고려시대사》, 일지사, 2008.
박종기, 《새로 쓴 5백년 고려사》, 푸른역사, 2008.
노명호, 《고려국가와 집단의식》, 서울대출판문화원, 2009.
윤경진, 《고려사 지리지의 분석과 보정》, 여유당, 2012.

이정신,《고려시대의 특수행정구역 所 연구》, 혜안, 2013.
최종석,《한국 중세의 읍치와 성》, 신구문화사, 2014.

9장 조선 후기 지방행정의 실제

〈원사료〉

《세종실록》,《문종실록》,《성종실록》,《중종실록》,《명종실록》,《숙종실록》,《영조실록》,《정조실록》
《승정원일기》,《일성록》,《홍재전서》,《경국대전》,《증보문헌비고》,《속대전》,《결송유취(決訟類聚)》,《팔도어사재거사목(八道御史齎去事目)》(규장각 도서 No. 1127)
《어제계색음(御製戒色吟)》(장서각, K4-1091),《어제만회(御製萬懷)》(장서각, K4-1880),《어제견향민(御製見鄉民)》(장서각, K4-1053)

〈저서 및 논문〉

전봉덕,〈암행어사제도연구〉,《한국법제사연구》, 서울대 출판부, 1968.
한상권,《조선후기 사회와 소원제도-상언, 격쟁 연구》, 일조각, 1996.
고석규 등,《암행어사란 무엇인가》, 박이정, 1999.
이대화,〈조선후기 수령부임행렬에 대한 일고-안릉신영도를 중심으로〉,《역사민속학》 18, 2004.
정연식,〈춘향전-가공의 현실에 투영된 꿈〉,《역사비평》 2004, 여름호.
노혜경,《18세기 수령 행정의 실제 : 황윤석의《이재난고》를 중심으로》, 한국학중앙연구원 박사학위논문, 2005.
이규리,〈읍지로 본 조선시대 관기운용의 실상〉,《한국사연구》 130, 2005.
국사편찬위원회,《혼인과 연애의 풍속도》, 두산동아, 2005.
노혜경,《조선후기 수령 행정의 실제》, 혜안, 2006.
심재우,〈역사 속의 박문수와 암행어사로의 형상화〉,《역사와 실학》 41, 2010.
박현순,《조선후기의 과거》, 소명출판, 2014.
임용한, 김인호, 노혜경,《뇌물의 역사》, 이야기가있는집, 2015.

10장 조선의 수령들이 읽은 목민서

〈원사료〉

《經國大典》《牧民攷》《治郡要訣》《臨官政要》《先覺》《聽訟提綱》《詞訟類抄》
《聽訟指南》《松江別集》《藥圃遺稾》《梧里集補遺》

〈저서 및 논문〉

김용흠 역주, 《목민고》·《목민대방》, 혜안, 2013.
백승철 역주, 《신편 목민고》, 혜안, 2014.
원재린 역주, 《임관정요》, 혜안, 2013.
정호훈 역주, 《선각》, 혜안, 2013.

김성준, 《牧民心鑑硏究》, 고려대학교출판부, 1990.
김준석, 《朝鮮後期 政治思想史 硏究》, 지식산업사, 2002.
백승철, 《朝鮮後期 商業史 硏究》, 혜안, 2000.
오영교, 《朝鮮後期 鄕村支配政策硏究》, 혜안, 2001.
小川和也, 《牧民の思想》, 東京 : 平凡社, 2008.
김경숙, 〈안정복의 民願政策과 官民疏通〉, 《古文書硏究》 43, 2013.
김선경, 〈조선후기 牧民學의 계보와 《牧民心書》〉, 《朝鮮時代史學報》 52, 2010.
金英珠, 〈耳溪 洪良浩의 牧民思想-그의 《牧民大方》을 中心으로〉, 《淑大史論》 11·12합집, 1982.
김용흠, 〈洪良浩 실학사상의 계통과 《牧民大方》〉, 《朝鮮時代史學報》 56, 2011.
김용흠, 〈18세기 '牧民書'와 지방통치 : 《牧民攷》를 중심으로〉, 《韓國思想史學》 35, 2010.
원재린, 〈順菴 安鼎福(1712~1791)의 鄕政方略-《臨官政要》〈時措〉 분석을 중심으로-〉, 《大東文化硏究》 64, 2008.
원재린, 〈順菴 安鼎福의 '牧民'觀 : 《臨官政要》〈政語〉분석을 중심으로〉, 《韓國思想史學》 26, 2006.
원재린, 〈順菴 安鼎福의 牧民思想과 주요 목민책〉, 《韓國實學硏究》 25, 2013.
정긍식·임상혁 편저, 《16세기 사송법서 집성》, 한국법제연구원, 1999.
정호훈, 〈眉巖 柳希春의 학문 활동과 《治縣須知》〉, 《韓國思想史學》 29, 2007.
정호훈, 〈영조대 《續大典》의 편찬 논리와 그 성격〉, 《한국문화》 28, 2010.
정호훈, 〈15~6세기 牧民書의 전개와 牧民學〉, 《韓國思想史學》 36, 2010.
정호훈, 〈18세기 牧民書의 발달 양상과 《牧民心書》〉, 《茶山學》 28, 2016.

미주

1장 경복궁에 표현된 조선 초기의 국정운영체계

1 鄭道傳,《三峰集》권3,〈撰進御諱表德說箋〉. "名之所在 實必從之 今人謂字曰表德 德其實也."
2 鄭道傳,《三峰集》권4,〈康寧殿〉. "視爾友君子 輯柔爾顔 不遐有愆."
3 鄭道傳,《三峰集》권4,〈康寧殿〉. "相在爾室 尙不愧于屋漏."
4 鄭道傳,《三峰集》권4,〈康寧殿〉.
5 鄭道傳,《三峰集》권3,〈上鄭達可書〉. "必也學術之正 德位之達 爲人所信服者 然後可以正之矣."
6 鄭道傳,《三峰集》권13,〈朝鮮經國典〉上, 正寶位.
7 《태종실록》권10, 태종 5년 10월 21일 癸未. "在上位 非學不能爲政 不能爲政 則國之亡無日矣."
8 鄭道傳,《三峰集》권4,〈思政殿〉. "萬事之繁 有是非利害之雜 爲人君者 苟不深思而細察之 則何以別事之當否而區處之."
9 鄭道傳,《三峰集》권4,〈思政殿〉. "苟不深思而細察之 則何以別……人之賢否而進退之 自古人君 孰不欲尊榮而惡危殆哉 親近匪人 爲謀不臧 以至禍敗者 良由不思耳."
10 李穀,《稼亭集》권9,〈送安修撰序〉. "國以民爲本 民以吏爲天."
11 《세종실록》권2, 세종 7년 6월 27일 乙丑. "上窮討六籍 博觀書史 思極深長."
12 鄭道傳,《三峰集》권12,〈經濟文鑑〉別集 下, 議論, 不自任其知.
13 《문종실록》권12, 문종 2년 2월 8일 壬申. "論事正大 務存大體 不喜煩更 世宗中年以後 多立新制 喜以爲 祖宗舊制 不可輕變 獨駁議 雖不能盡從 多所止遏 有古大臣風議."
14 《세종실록》권7, 세종 2년 3월 16일 甲申. 집현전 학사들은 대개 23~25세 사이에 文科에 합격하였으며, 등과 후 그들의 첫 관료생활을 집현전에서부터 시작하고 있었다(鄭杜熙,〈集賢殿學士 硏究〉,《全北史學》4, 1980, 105~108쪽).
15 崔承熙,〈集賢殿硏究(上)－置廢始末과 機能分析－〉,《歷史學報》32, 1966, 50쪽.
16 崔承熙,〈集賢殿硏究(上)－置廢始末과 機能分析－〉,《歷史學報》32, 1966, 51~52쪽.
17 鄭道傳,《三峰集》권4,〈勤政殿·勤政門〉. "天下之事 勤則治 不勤則廢 必然之理也 小事尙然 況政事之大者乎……然則人君其可一日而不勤乎 然徒知人君之勤。而不知所以爲勤 則其勤也流於煩碎苛察 不足觀矣."
18 《三峰集》권13,〈朝鮮經國典〉上, 治典 官制. "人君 代天工治天民 不可以獨力爲之也 於是 設官分職 布于中外 博求賢能之士以共之 官制之所由作也."
19 鄭道傳,《三峰集》권12,〈經濟文鑑〉別集 下, 議論, 通天下之志 勿復自任其明. "下旣同德順附 當推誠委任 盡衆人之才 通天下之志 勿復自任其明 恤其得失 如此而往則吉而無不利也."
20 《태종실록》권35, 태종 18년 6월 3일 壬午. "獻議允合 且有出於意料之外."

21 《태조실록》 1권, 태조 1년 7월 20일 己亥. "信者 人君之大寶 國保於民 民保於信."

22 權近, 《陽村集》 권23, 〈題四字銘 示兒子吉川君跬〉. "勤則不怠 孜孜罔愆 職無廢弛 是謂忠賢."

23 鄭道傳, 《三峰集》 권4, 〈勤政殿·勤政門〉. "先儒曰 朝以聽政 晝以訪問 夕以修令 夜以安身 此人君之勤也 又曰 勤於求賢 逸於任賢."

24 세종 8년 세종의 명에 따라 집현전 수찬이 光化라는 이름을 지었다는 기록이 있지만(《세종실록》 권34, 세종 8년 10월 26일 丙戌), 정도전이 경복궁의 명칭을 지으면서 같이 지었다는 기록도 있다(李肯翊, 《燃藜室記述》 제1권 〈太祖朝故事本末〉 開國定都). 하지만 정도전이 경복궁의 명칭을 지었을 때 광화문의 이름을 지었다고 한다면 《三峰集》이나 경복궁의 이름을 올릴 당시의 실록 기록에 이에 대한 기록이 없다는 점이 의문이다. 한편 세종 8년 이전에 광화문이라는 명칭이 이미 사용되고 있었다(《태조실록》 권14, 태조 7년 8월 26일 己巳). 이로 보아 궁성 정문의 이름으로 어느 순간부터 光化라는 이름이 사용되고 있었고, 세종 8년 이것이 정식 명칭으로 확정된 것으로 보인다.

25 문화재청, 《궁궐의 현판과 주련 1－경복궁》, 수류산방, 2004, 24쪽.

26 鄭道傳, 《三峰集》 권3, 〈撰進御諱表德說箋〉. "天日之升 其明廣照 而陰翳消釋 萬象昭然 卽人君初政之淸明 而群邪屛息 萬法俱新也 天日旣升 其明漸進 卽人君始自踐阼 傳于千萬世也."

27 《태조실록》 권8, 태조 4년 10월 7일 丁酉. "今稱午門曰正門 命令政敎 必由是門而出."

28 경회루는 태종 12년에 완공되었지만, 건물을 새로 신축한 것은 아니었다. 이미 태조 때 경복궁 내에 연회의 장소로써 西樓를 설치하였다. 그런데 이 누각이 기울어지고 위태해졌으므로 태종이 이를 확장 개축한 것이다(《東文選》 권81, 〈慶會樓記〉). 즉 궁궐 안에 연회를 베푸는 공적 장소를 마련한 것은 이미 태조때 경복궁을 지을 때부터 구상되었던 것이고, 이에 대해 慶會樓라는 명칭을 붙여 그 의도를 분명히 한 것은 태종때였다고 하겠다.

29 《東文選》 권81 〈慶會樓記〉. "惟我太祖 旣以勤政爲有國之本而治之矣 殿下又以慶會爲勤政之本而懋之."

30 《東文選》 권81, 〈慶會樓記〉. "慶會者 君臣之相遇以德也."

31 《태종실록》 권35, 태종 18년 6월 3일 壬午. "飮酒雖無益 然對上國使臣 主人不能一飮 則何以勸賓而得其歡心乎 忠寧雖不能飮 適中而止……孝寧大君不能一飮 是亦不可."

32 鄭道傳, 《三峰集》 권12, 〈經濟文鑑〉 別集 下, 議論, 王者顯明其比道 天下自然來比. "若乃暴其小仁 違道干譽 欲以求下之此 其道亦狹矣……聖人以大公無私治天下."

33 《태종실록》 권35, 태종 18년 6월 3일 壬午. "國有長君 社稷之福."

34 鄭道傳, 《三峰集》 권4, 〈景福宮〉.

2장 조선의 중앙집권제와 6조행정체제

1 조선시대 중앙 행정제도, 관료제에 대한 기초적인 연구서는 다음과 같다. 김운태, 《조선왕조행정사》, 박영사, 1970 ; 이성무, 《조선초기 양반연구》, 일조각, 1980 ; 한충희, 《조선초기 육조와 통치체계》, 계명대학교 출판부, 1997.

2 《신당서》 권46, 지36, 백관, 《대당육전》의 육전별 조직도 참조. 傅樂成 저, 신승하 역, 《중국통사》, 우종사, 1981, 531쪽.

3 한충희, 앞의 책, 27~28쪽. 명나라 홍무제는 1376년에 행중서성을 폐지하고 민정을 담당하는 승선포정사사, 군사를 담당하는 도지휘사사, 사법을 관장하는 제형안찰사라는 황제 직할의 기관을 별도로 설치했다. 1380년에는 승상을 폐지하고, 행정기관인 6부를 황제 직속으

로 했다.(데라다 다카노부 지음, 서인범 송정수 옮김, 《중국의 역사(대명제국)》, 혜안, 2006, 50쪽)

4 《고려사》 76권, 백관지 서문.

5 한충희, 앞의 책, 25쪽.

6 6부의 순서의 차이는 매우 흥미로운 것이지만, 순서의 변동이 주는 의미에 대해 사서에서 특별한 언급이나 해명이 보이지 않기 때문에 그 의미에 대한 해석은 현재로서는 추론할 수밖에 없다. 이것이 이 글의 주제는 아니지만 간접적인 관련성은 있기 때문에 간략히 언급해 본다. 예부가 6부에서 5순위로 밀리고 형부가 예부보다 앞에 나오고, 병부가 2순위로 올라선 것은 고려사회가 이념적이고 교화적인 것보다는 현실적이고 실용적인 기능을 중시했던 태도를 보여준다고 할 수 있다. 고려도 유가사상을 통치이념과 지배층의 교양으로 수용했지만 조선과 같이 지방사회와 일반 민중까지 대상으로 하는 교화정책은 시행하지 않았다. 고려는 조선에 비해 훨씬 많은 외침을 당했다. 그만큼 국제정세가 호락호락하지 않았다. 이것이 병부를 2순위로 한 이유의 하나로 지적할 수 있다.

여기까지는 일반적으로 유추할 수 있는 내용이지만 국가체제와 행정체제라는 관점에서 보면 이런 해석도 가능하다. 이부와 병부의 공통된 특징은 문무 관료의 인사권이다. 고려시대에 실제 인사권은 재상기구에서 장악했지만, 이부와 병부가 결정권은 없어도 인사행정에 대한 관리, 행정기능은 보유했다고 볼 수 있다. 즉 중앙정치 기구, 관료기구의 운영, 인사행정이 6부 기능의 1순위이자 정치권의 관심사였다는 것이다. 왜냐하면 고려시대는 지방행정기구가 조선처럼 발달하지 않았다. 많은 기능이 지방의 자치적인 질서에 위임되어 있었다. 군대와 조세의 운영도 실무는 지방에 위임되어 있었다. 결국 국가행정의 관심사가 조선과는 다른 이유, 즉 지역성을 띤 수도라는 의미에서의 중앙행정기구에 집중될 수밖에 없었다. 이것은 예부가 뒤로 밀린 이유도 설명해 준다. 조선시대 예조의 주요 기능이 과거와 학교 정책, 교화 정책이었다. 그런데 고려시대에도 과거가 시행되었지만 조선처럼 전국적인 규모는 아니었다. 과거는 중앙의 학당과 중앙의 인사들을 중심으로 운영되었다. 향교는 아예 전국적으로 분포하지도 않았다. 이 역시 고려의 지방통치정책과 관련이 깊다. 향교뿐 아니라 모든 행정에서 고려시대에는 국가가 지방민의 삶과 질서에까지 강하게 개입하지 않았고, 전국적인 교화 정책을 시행하지도 않았다.

7 이정훈, 《고려전기 정치제도 연구》, 혜안, 2007, 115쪽.

8 성종에서 현종대에 이르는 6부와 속사의 치폐과정은 이정훈, 위의 책, 2장 및 3장 참조.

9 변태섭, 〈고려시대 중앙정치기구의 행정체제〉, 《고려정치제도사연구》, 일조각, 1971, 13쪽.

10 이정훈, 앞의 책, 225쪽.

11 한충희, 앞의 책, 31쪽.

12 김인호, 〈고려말 육전체제의 도입〉, 《경제육전과 육전체제의 성립》, 혜안, 2007.

13 임용한, 〈경제육전의 편찬과정과 판본별 특징〉, 《경제육전과 육전체제의 성립》, 혜안, 2007, 163~164쪽 및 173~174쪽.

14 《고려사》 77권, 백관지 제사도감각색.

15 《고려사》 77권, 백관지 제사도감각색.

16 이정훈, 〈고려시대 도감의 구조와 기능〉, 《한국사의 구조와 전개》, 혜안, 2000, 251쪽.

17 《고려사》 권118, 열전 조준.

18 고공사는 충렬왕 24년에 이조에 병합되었다.(임용한, 〈고려시대의 고공사와 고공법〉, 《실학사상연구》 25, 2003 및 임용한, 《조선전기 관리등용제도연구》, 혜안, 2008, 325쪽)

19 《고려사》 권118, 열전 조준.
20 최승희, 〈조선 태조의 왕권과 정치운영〉, 《진단학보》 64, 1987, 159~160쪽.
21 《태조실록》 1권, 1년 7월 28일 정미.
22 김운태, 앞의 책, 58쪽 ; 한충희, 〈중앙정치구조〉, 《한국사》 23, 국사편찬위원회, 1994, 61~63쪽.
23 이 두 제도를 상극으로 이해한 것은 6부 중심체제의 정비를 왕권과 신권의 대립이라는 관점에서 보았던 탓도 있다. 이 이론에서는 도평의사사 체제와 6부 중심체제를 신권과 왕권의 대표하는 조치로 도식화했다. 도평의사사의 존치와 역할은 국정운영에서 왕과 재상의 업무분담과 권력구조에 영향을 미친다. 그러나 이것은 헤게모니의 문제이지 체제의 문제가 아니다. 특히 정부 행정체제의 구조에서 보면 두 제도가 반드시 상극일 필요는 없다.
24 왕자의 난으로 정도전은 살해되었다. 조준은 태종에게 귀의해서 영의정까지 역임했다. 그러나 조준은 형식상의 영의정일 뿐이었고, 개혁정책은 태종에게로 완전히 넘어 갔다.
25 이외에도 군사, 재정, 예문 분야의 개혁이 있었으나 이 내용은 생략한다.
26 《태종실록》 9권, 5년 3월 1일 병신.
27 6조의 속사는 《경국대전》 이전에 정리되어 있다.
28 《태종실록》 25권, 13년 1월 17일 정유.
29 한충희, 위의 책, 86쪽.
30 《경국대전》 3권 예전, 용문자식(用文字式).

3장 백성을 하늘처럼 섬긴 다산 정약용의 삶과 사상

1 김용흠, 〈다산 실학의 성격과 국가 구상-21세기 유학의 변용 가능성 탐색〉, 《한국학논집》 56, 계명대 한국학연구원, 2014①.
2 《여유당전서》 제1집 제16권, 〈自撰墓誌銘〉.
3 김용흠, 〈조선후기 정치와 실학〉, 《다산과 현대》 2, 강진다산실학연구원, 2009.
4 김용흠, 〈다산의 국가 구상과 정조 탕평책〉, 《다산과 현대》 4·5합본호, 강진다산실학연구원, 2012.
5 김용흠, 《조선후기 정치사 연구 1-인조대 정치론의 분화와 변통론》, 혜안, 2006.
6 김용흠, 앞의 논문, 2009.
7 김용흠, 〈전쟁의 기억과 정치-병자호란과 회니시비〉, 《한국사상사학》 47, 한국사상사학회, 2014② ; 〈조선후기 노론 당론서와 당론의 특징-《형감(衡鑑)을 중심으로〉, 《한국사상사학》 53, 2016.
8 김용흠, 〈17세기 공론과 당쟁, 그리고 탕평론〉, 《조선시대사학보》 71, 조선시대사학회, 2014③.
9 김용흠, 〈조선의 정치에서 무엇을 볼 것인가-탕평론·탕평책·탕평정치를 중심으로〉, 《한국민족문화》 58, 부산대학교 한국민족문화연구소, 2016.
10 김용흠, 앞의 논문, 2009.
11 김용흠 외 역주, 《사도세자의 죽음과 그 후의 기억-《현고기(玄皐記)》 번역(飜譯)과 주해(註解)》, 서울대학교출판문화원, 2015.
12 김용흠 외 역주, 《충역의 시비를 정하다-《정변록(定辨錄)》 역주》, 서울대학교출판문화원,

2016.

13 금등(金縢)의 일 : '금등'이란 원래 《서경(書經)》의 편명이다. 그 내용은 주공(周公)이 주나라 무왕(武王) 대신 죽기를 하늘에 기도한 축문(祝文)으로서, 금속 노끈으로 꿰맨 상자에 비장(祕藏)해 두었다. 무왕이 죽고 나이 어린 조카 성왕(成王)을 대신하여 주공이 섭정하자 관숙(管叔) 등이 모함하였고, 이에 주공은 동도로 피하였다. 뒤에 성왕이 금등을 열어보고 주공의 진심을 깨달아 다시 불러들였다고 한다. 영조는 사도세자의 죽음을 후회하는 시를 지어 채제공(蔡濟恭)으로 하여금 정성왕후의 신위 아래 숨겨두게 하였다. 그 이유는 자신이 죽은 뒤 사도세자에 관한 정치적 논란이 일어날 것을 예상하고, 정조를 보호하기 위한 것이었다. 금등문서의 내용에 대해서는 정조와 채제공으로 대표되는 청남만이 알고 있었던 것으로 보이는데, 다산이 이를 공개하라고 청한 것은 정조와 청남에 대한 노론 벽파의 정치 공세를 잠재우고, 제도 개혁을 본격적으로 추진하기 위해서였다.

14 김용흠, 앞의 논문, 2012.

15 김용흠, 앞의 논문, 2014①.

16 김용흠, 〈서울과 지방의 학술 소통 : 다산학과 다산학단〉, 《다산과 현대》 8, 강진다산실학연구원, 2015.

17 다산연구회 역주, 〈自序〉, 《역주 목민심서 I》, 창작과비평사, 1988, 9~12쪽.

18 김선경, 〈조선후기 목민학의 계보와 《목민심서》〉, 《조선시대사학보》 52, 2010, 162쪽.

19 최완기, 〈개요〉, 《한국사》 33, 국사편찬위원회, 1997, 1~3쪽.

20 한영국, 〈개요〉, 《한국사》 34, 국사편찬위원회, 1995, 1쪽.

21 최완기, 〈개요〉, 《한국사》 35, 국사편찬위원회, 1998, 8~10쪽.

22 김용흠, 앞의 논문, 2009.

23 김용흠, 〈18세기 '牧民書'와 지방통치〉, 《한국사상사학》 35, 2010 ; 〈洪良浩 實學思想의 系統과 《牧民大方》〉, 《조선시대사학보》 56, 2011.

24 김선경, 앞의 논문, 2010, 182쪽.

25 김선경, 앞의 논문, 2010, 181쪽.

26 김선경, 〈《목민심서》 연구 : 통치기술의 관점에서 읽기〉, 《역사교육》 123, 2012, 115~116쪽.

27 임형택, 〈《목민심서(牧民心書)》의 이해-다산 정치학과 관련하여〉, 《한국실학연구》 13, 한국실학학회, 2007, 33쪽.

28 임형택, 앞의 논문, 2007, 28~30쪽.

29 김선경, 앞의 논문, 2010, 183~184쪽.

30 임형택, 앞의 논문, 2007, 30~31쪽.

31 임형택, 앞의 논문, 2007, 33쪽.

32 김선경, 앞의 논문, 2012, 130쪽.

33 김선경, 앞의 논문, 2012, 133~134쪽.

34 김용흠, 〈'조선후기 실학'과 사회인문학〉, 《동방학지》 154, 연세대 국학연구원, 2011 ; 앞의 논문, 2012 ; 〈홍이섭 사학의 성격과 조선후기 실학〉, 《한국실학연구》 25, 한국실학학회, 2013 ; 앞의 논문, 2014①.

4장 조선시대 관직의 꽃, '청요직' 이야기

1 한영우, 〈조선후기 중인에 대하여-철종조 중인통청운동 자료를 중심으로〉, 《한국학보》 45, 1986.

2 한충희, 〈조선시대 '청직', '요직', '청요직'의 용례에 대하여〉, 《대구사학》 73, 2003.

3 박용운, 〈고려시대의 청요직에 대한 고찰〉, 《고려시대 관직 · 관계 연구》, 고려대학교출판부, 1997.

4 이지훈, 〈조선 초기 循資法의 정비와 운영〉, 《역사학보》 229, 2016.

5 구덕회, 〈성종대 동반 경관직 인사관리의 성격〉, 《역사와 현실》 27, 1998.

6 오항녕, 〈여말선초 사관 자천제의 성립과 운영〉, 《역사와 현실》 30, 1998.

7 최승희, 〈홍문록고〉, 《대구사학》 15 · 16, 1978.

8 《인조실록》 권8, 3년 3월 14일(임술).

9 《인조실록》 권34, 15년 5월 15일(임오).

10 이중환, 《택리지》, 이익성 옮김, 을유문화사, 150~151쪽.

11 남지대, 〈조선 성종대의 대간 언론〉, 《한국사론》 12, 1985.

12 송웅섭, 〈성종대 대간 피혐의 증가와 그 의미〉, 《조선시대사학보》 62, 2012.

13 최승희, 앞의 논문.

14 오항녕, 앞의 논문.

15 유수원, 《(국역)우서》 4권, 〈論三司責任事宜〉.

16 위의 주 참조.

17 유수원, 《(국역)우서》 5권, 〈論彈劾〉.

18 유수원은 대간의 탄핵이 근거가 없이 이루어지는 경우가 많기 때문에 탄핵을 당은 당사자가 그것을 수치로 여기지 않음은 물론 오히려 무고를 당했다고 여기고, 군주 역시 대간의 탄핵에 별다른 신뢰를 갖지 않는다며 대간의 탄핵이 거의 무용지물이라고 이해하고 있다. "요즈음의 탄핵하는 글을 보면, 모두 시의(時議)를 따라한 소인(小人)을 그럴듯이 그려내서 억지로 사람들에게 죄목을 붙여 누구는 죽이고 누구는 귀양보내기를 청하나, 전혀 이것은 어떤 범장(犯贓)을 저질렀는지를 알 수 없고 근거가 없는 것들이다. 이런 까닭에 논박을 받은 자들도 그것을 수치로 여기지 않고 스스로 아무 죄 없이 무고를 당했다고 여기며, 논박을 한 자도 임금에게 믿음을 받지 못한다. 그래서 관리의 비위를 찾아 탄핵하는 일에는 아무런 보탬도 없이 세도(世道)에 해만 끼칠 뿐이니, 이는 국가에 종합적인 정치가 없기 때문이다. 그러므로 모든 일이 다 허망하여 이런 지경에 이르게 된 것이다."(위의 주 참조)

19 유수원, 《(국역)우서》 5권, 〈論署經〉.

20 유수원, 《(국역)우서》 3권, 〈論官制推陞〉

21 "오늘날 선비들 가운데 비록 볼만하고 취할 만한 것이 있는 사람일지라도 이름을 신적(臣籍)에 올리고 조정에 서게 된 다음 그 행실을 살펴보면 갑자기 딴사람이 되어서 이욕(利慾)의 소굴로 타락하는 자가 이루 헤아릴 수가 없으니 그 이유는 무엇인가. 세상의 주권자(主權者)나 주론자(主論者)들이 명기(名器)를 손아귀에 쥐고서 후진(後進)이 들어오기를 기다리고 있으므로, 진실로 우러러 그의 낯빛을 살피고 허리를 굽혀서 그의 영(令)을 듣지 않으면 영고(榮枯)와 출척(黜陟)에서 당장 그 보응(報應)을 받게 되니, 어찌 그 분위기에 휩쓸리어 따르지 않을 수가 있겠는가. 본성(本性)을 상실하고 구차하게 관직을 얻는 습속은 실로 출신(出身)한 처음 분관(分館)하는 날로부터 비롯되어 통청(通淸)에 대한 여부를 판가름할 즈음에는 더

러운 풍속이 날로 불어나고 달로 깊어지니, 단아하고 정직한 선비를 어느 곳에서 얻어 오겠는가."(위의 주 참조)

22 정약용, 《여유당전서》 1집 11권, 〈직관론〉 1.

23 정약용, 《여유당전서》 1집 11권, 〈직관론〉 2.

24 이성무, 《조선시대당쟁사》 2, 동방미디어, 2000.

25 이하 청요직 관련 사실들은 다음의 연구를 참고하였음. 김성윤, 《조선후기 탕평정치 연구》, 지식산업사, 1997.

26 《정조실록》 권2, 즉위년 8월 5일(갑진).

27 《정조실록》 권7, 3년 3월 9일(임진).

28 《정조실록》 권14, 6년 9월 24일(무오).

29 《대전통편》 권1, 吏典 京官職. "吏曹銓郎 堂上選擬 堂下通清則 使郎廳依前通塞 堂上郎廳 相議可否 無行公郎官時 長官與他堂上 相議通清."

30 《정조실록》 권25 12년 1월 22일(을유).

31 《정조실록》 권28, 13년 12월 8일(을미).

32 《정조실록》 24권, 정조 11년 12월 20일(계축).

33 최이돈, 〈문반 정치구조〉, 《조선정치사》(하), 청년사, 1990.

34 오수창, 〈권력집단과 정국 운영〉, 《조선정치사》(하), 청년사, 1990.

5장 신문고를 통해서 본 조선 초기의 행정

1 《經世遺表》 卷2, 秋官刑曹5, 路鼓院.

2 한우근, 〈申聞鼓의 설립과 그 실제적 효능에 대하여〉, 《이병도박사화갑기념논총》, 일조각, 1956(《한우근전집》 7, 한국학술정보, 2001 재수록, 1~51쪽).

3 《正祖實錄》 卷16, 正祖 7年 7月 辛丑(12日).

4 여기서는 ㉠격고 사례(28건), ㉡노비소송 주요입법 현황(54건), ㉢노비소송 총수(1,359건) 등을 종합적으로 고찰하였다. 김백철, 앞의 책, 2016, 335쪽 註233, 506~509쪽 〈부표11〉 '조선전기 격고의 사례' 참조.

5 한우근, 앞의 책, 2001, 51쪽 ; 최승희, 〈개국초 왕권의 강화와 국정운영체제〉, 《한국사》 22, 국사편찬위원회, 1995, 39쪽 ; 오세홍, 〈조선초기 신문고 운영과 영향〉, 한국교원대학교 교육대학원 석사논문, 2002, 19~21쪽.

6 이수건, 〈조선 태종조에 있어서의 對노비시책〉, 《대구사학》 1, 대구사학회, 1969, 27~62쪽 ; 최병운, 〈朝鮮 太祖朝의 奴婢의 辨正에 관하여 : 太祖 6년 所定의 〈奴婢合行事宜〉를 中心으로〉, 《전북사학》 2, 전북사학회, 1978, 109~152쪽 ; 박진훈, 《여말선초 노비정책 연구》, 연세대학교 사학과 박사논문, 2005, 296~323쪽 ; 김효선, 〈朝鮮初期 奴婢決訟에 대한 考察 : 太宗代를 中心으로〉, 숭실대학교 사학과 석사논문, 1995, 4~34쪽. 노비소송과 신문고의 연관성을 제기한 선행연구는 다음 참조. 한우근, 앞의 책, 2001, 26~42쪽, 45~46쪽 ; 최이돈, 〈조선초기 수령고소 관행의 형성과정〉, 《한국사연구》 82, 한국사연구회, 1993, 67~72쪽.

7 태종대(17년간) 노비소송은 약 16,299건, 그 중 신문고로 명시된 노비소송 사안은 1,359건에 달한다. 조선 후기 영조대(52년간) 詢問·上言은 346건, 정조대(24년간) 上言擊錚은 4,427건이다. 조선 후기 상언·격쟁·순문의 총 숫자보다 태종대 노비소송의 건수가 훨씬 많다. 이것

은 그동안 신문고를 상징적 제도에 지나지 않는다고 평가해온 것과는 사뭇 다르다. 김백철, 《두 얼굴의 영조: 18세기 탕평군주상의 재검토》, 태학사, 2014, 186쪽 註10; 김백철, 앞의 책, 2016, 335쪽 註235.

8 한우근, 앞의 책, 2001, 50쪽.

9 《高麗史》 卷38, 世家38, 恭愍王1, 恭愍王 元年 2月 丙子·8月 庚戌·戊午.

10 《高麗史》 卷137, 列傳50, 叛逆11, 辛禑5, 辛昌.

11 《太祖實錄》 卷2, 太祖 元年 12月 癸酉(27日).

12 《太宗實錄》 卷27, 太宗 14年 6月 戊辰(27日).

13 《太宗實錄》 卷26, 太宗 13年 10月 丁卯(21日).

14 《太祖實錄》 卷3, 太祖 2年 正月 辛酉(15日).

15 양천불명자 처리는 다음 연구가 상세하다. 박진훈, 앞의 논문, 2005, 296~304쪽.

16 事宜의 의의는 다음 참조. 최병운, 앞의 논문, 1978, 109~152쪽.

17 《太宗實錄》 卷10, 太宗 5年 9月 戊戌(6日).

18 《太宗實錄》 卷11, 太宗 6年 3月 庚戌(20日).

19 《太宗實錄》 卷11, 太宗 6年 4月 甲子(4日).

20 《太宗實錄》 卷12, 太宗 6年 閏7月 己未(2日)·8月 丙申(10日).

21 김백철, 앞의 책, 2016, 503~505쪽 〈부표10〉 '조선 초기 노비소송 주요입법 현황' 참조.

22 《太宗實錄》 卷2, 太宗 元年 8月 丁巳(1日).

23 노비소송은 무려 16,299건(노비변정도감 및 신문고)에 달하고 재산권분쟁(사족)과 신분변정(천인)의 주요 내용이다. 격고는 士族 61회, 庶人 32회, 賤人 4회 등으로 나타나서, 庶人의 활용양상을 확인해 볼 수 있다. 김백철, 앞의 책, 2016, 348쪽 註314, 506~509쪽 〈부표11〉 '조선전기 격고의 사례' 참조.

24 김백철, 앞의 책, 2016, 483쪽 〈부표5〉 '고려말 사법개혁과 후대 명률의 유사성' 참조.

25 《高麗史》 卷46, 世家46, 恭讓王2, 恭讓王 4年 2月 甲寅; 《高麗史》 卷117, 列傳30, 鄭夢周, 恭讓王 4年.

26 김백철, 앞의 책, 2016, 484쪽 〈부표6〉 '사법개혁의 연원과 신왕조의 계승성' 참조.

27 《經世遺表》 卷2, 秋官刑曹5, 路鼓院.

28 《唐律疏義》, 鬪訟, 邀車駕撾鼓訴事; 《唐律疏義》, 鬪訟, 越訴; 《大明律》, 刑律, 訴訟, 越訴.

29 《唐律疏義》, 鬪訟, 越訴; 《大明律》, 刑律, 訴訟, 越訴.

30 《唐律疏義》, 鬪訟, 邀車駕撾鼓訴事·越訴.

31 《大明律》, 兵律, 宮衛, 衝突儀仗.

32 《太祖實錄》 卷3, 太祖 2年 正月 辛酉(15日); 《太宗實錄》 卷10, 太宗 5年 8月 丁丑(14日).

33 《唐律疏義》, 鬪訟, 知謀反逆叛不告; 《唐律疏義》, 鬪訟, 誣告謀反大逆.

34 《大明律》, 刑律, 訴訟, 告狀不受理; 《大明律》, 刑律, 訴訟, 誣告.

35 《成宗實錄》 卷6, 成宗 元年 6月 辛未(24日); 《經國大典》 〈刑典〉 訴冤.

36 《世宗實錄》 卷67, 世宗 17年 3月 甲戌(2日).

37 《世宗實錄》 卷84, 世宗 21年 3月 戊辰(20日).

38 《太宗實錄》 卷7, 太宗 4年 正月 甲寅(12日); 《太宗實錄》 卷8, 太宗 4年 8月 庚辰(11日); 《太宗實錄》 卷35, 太宗 18年 正月 癸亥(12日)·丁卯(16日).

39 《世宗實錄》 卷117, 世宗 29年 9月 戊申(19日).

40 오세홍, 앞의 논문, 2002, 23~24쪽.

41 《受教輯錄》〈刑典〉告訴 ;《新補受教輯錄》〈刑典〉訴冤 ;《續大典》〈刑典〉訴冤.

42 《成宗實錄》卷280, 成宗 24年 7月 戊戌(6日).

43 《受教輯錄》〈刑典〉告訴, 嘉靖丁巳(명종 12)·康熙戊午(숙종 4) 承傳.

44 《太宗實錄》卷10, 太宗 5年 9月 辛亥(19日).

45 《世宗實錄》卷60, 世宗 15年 6月 己酉(28日).

46 《世宗實錄》卷30, 世宗 7年 11月 甲子(29日).

47 《太宗實錄》卷34, 太宗 17年 11月 甲寅(3日).

48 《文宗實錄》卷13, 文宗 2年 4月 乙亥(11日).

49 《新補受教輯錄》〈刑典〉訴冤, 康熙甲申(숙종 30)·康熙戊子(숙종 34)·雍正丁未(영조 3) 承傳. 新四件事의 구분은 다음을 참조. 한상권, 앞의 책, 1997, 19~31쪽.

50 《續大典》卷5, 刑典, 訴冤.

51 최이돈, 앞의 논문, 1993, 69쪽.

52 《太祖實錄》卷3, 太祖 2年 正月 辛酉(15日).

53 《太宗實錄》卷10, 太宗 5年 8月 丁丑(14日).

54 《太宗實錄》卷12, 太宗 6年 12月 乙巳(20日).

55 《太宗實錄》卷29, 太宗 15年 4月 戊辰(1日).

56 《世祖實錄》卷6, 世祖 3年 2月 壬寅(8日).

57 《續大典》〈刑典〉訴冤, 註.

58 《成宗實錄》卷112, 成宗 10年 12月 己未(8日) ;《宣祖實錄》卷126, 宣祖 33年 6月 己丑(18日).

59 《受教輯錄》〈刑典〉告訴, 연대미상·康熙丙午(현종7)·康熙壬申(숙종18) 承傳 ;《新補受教輯錄》〈刑典〉訴冤, 康熙壬子(숙종20)·己卯(숙종25)·甲申(숙종30)·庚寅(숙종36)·辛卯(숙종37 ; 2회) 承傳.

60 김백철, 앞의 책, 2014, 189쪽 ; 김백철, 앞의 책, 2016, 506~509쪽 〈부표11〉 '조선전기 격고의 사례' 참조.

61 《經國大典》〈刑典〉訴冤 ;《大典通編》〈刑典〉所願 ; 김백철, 앞의 책, 2016, 506~509쪽 〈부표11〉 '조선전기 격고의 사례' 참조.

62 《正祖實錄》卷24, 正祖 11年 8月 18日(癸丑) ;《正祖實錄》卷43, 正祖 19年 10月 己丑(12日) ; 김백철, 앞의 책, 2016, 358쪽 註384.

63 《文宗實錄》卷9, 文宗 元年 8月 戊寅(13日) ;《日省錄》, 庚子(정조 4) 2月 4日(癸丑) ;《典律通補》卷4, 別編, 上疏式·箚子式·上書式·上言式 ;《秋官志》卷6, 考律部, 定制, 申聞鼓 ;《儒胥必知》〈奎古 99〉 ;《新式儒胥必知》〈一簑古 351.1-H991s〉 ; 김백철, 앞의 책, 358쪽, 註385.

64 《日省錄》, 庚子(정조4) 2月 4日(癸丑) ;《秋官志》卷6, 考律部, 定制, 申聞鼓.

65 오세홍, 앞의 논문, 2002, 20~54쪽 ; 김남돌, 〈朝鮮初期 申聞鼓의 設置와 運營〉, 안동대학교 교육대학원 석사논문, 2005, 25~26쪽.

66 《世宗實錄》卷15, 世宗 4年 2月 庚寅(3日).

67 《明宗實錄》卷16, 明宗 9年 6月 壬申(3日).

68 《成宗實錄》卷292, 成宗 25年 7月 己亥(13日).

69 부민고소 금지논쟁과 연관성은 다음 참조. 최이돈, 앞의 논문, 1993 72~79쪽 ; 오세홍, 앞의 논문, 2002, 22쪽, 33~37쪽 ; 김남돌, 앞의 논문, 2005, 16~17쪽.

70 《太宗實錄》卷19, 太宗 10年 4月 甲辰(8日).

71 《世宗實錄》卷4, 世宗 元年 6月 甲午(21日).

72 《世宗實錄》 卷52, 世宗 13年 6月 壬子(20日).
73 《世宗實錄》 卷20, 世宗 5年 6月 壬申(23日).
74 《世宗實錄》 卷27, 世宗 7年 3月 甲午(24日).
75 《世宗實錄》 卷35, 世宗 9年 正月 丙申(7日).
76 《世宗實錄》 卷51, 世宗 13年 正月 甲申(19日)·3月 丙子(12日).
77 《世宗實錄》 卷51, 世宗 13年 正月 甲申(19日).
78 《世宗實錄》 卷52, 世宗 13年 6月 丙午(14日).
79 《世宗實錄》 卷62, 世宗 15年 10月 己巳(20日).
80 《世宗實錄》 卷62, 世宗 15年 10月 癸酉(24日).
81 《經國大典》 〈刑典〉 訴冤.
82 《明宗實錄》 卷21, 明宗 11年 9月 丙寅(11日) ; 《大典續錄》 〈刑典〉 訴冤.
83 《中宗實錄》 卷8, 中宗 4年 3月 癸丑(21日).
84 《明宗實錄》 卷11, 明宗 6年 正月 丁未(19日)·7月 戊戌(12日)·己亥(13日).
85 《明宗實錄》 卷16, 明宗 9年 6月 壬申(3日).
86 《世宗實錄》 卷80, 世宗 20年 3月 戊戌(14日).
87 《世宗實錄》 卷22, 世宗 5年 10月 庚戌(3日).
88 《世宗實錄》 卷27, 世宗 7年 3月 甲午(24日).
89 《成宗實錄》 卷165, 成宗 15年 4月 己卯(23日).
90 이태진, 〈사림파의 유향소 복립운동〉, 《한국사회사연구》, 지식산업사, 1986, 157쪽, 159쪽, 183쪽.
91 《文宗實錄》 卷3, 文宗 卽位年 9月 壬寅(1日).
92 《成宗實錄》 卷122, 成宗 11年 10月 壬申(26日).
93 《中宗實錄》 卷21, 中宗 9年 10月 己酉(20日).
94 《大典後續錄》 〈刑典〉 雜令.
95 《成宗實錄》 卷33, 成宗 4年 8月 庚申(1日).
96 《經國大典》 〈刑典〉 元惡鄕吏.
97 《大典續錄》 〈刑典〉 元惡 ; 《續大典》 〈刑典〉 元惡.
98 《中宗實錄》 卷62, 中宗 23年 8月 乙巳(6日) ; 《中宗實錄》 卷65, 中宗 24年 5月 己未(25日).
99 《太宗實錄》 卷27, 太宗 14年 6月 甲辰(3日).
100 《太宗實錄》 卷28, 太宗 14年 閏9月 壬戌(22日).
101 《太宗實錄》 卷28, 太宗 14年 8月 丙寅(26日).
102 《太宗實錄》 卷7, 太宗 4年 5月 辛丑(1日)·乙卯(15日).
103 《太宗實錄》 卷17, 太宗 9年 閏4月 庚申(18日).
104 《太宗實錄》 卷29, 太宗 15年 6月 甲申(19日).
105 《太宗實錄》 卷7, 太宗 4年 3月 壬寅(1日).
106 《太宗實錄》 卷8, 太宗 4年 9月 丁巳(19日).
107 《太宗實錄》 卷26, 太宗 13年 12月 甲子(19日).
108 《太宗實錄》 卷30, 太宗 15年 11月 戊戌(5日).
109 《世宗實錄》 卷15, 世宗 4年 正月 己卯(21日).
110 《高麗史》 卷38, 世家38, 恭愍王1, 恭愍王 元年 2月 丙子·8月 庚戌·戊午.
111 《太宗實錄》 卷30, 太宗 15年 12月 辛未(8日).

112 《經國大典》〈刑典〉, 決獄日限.
113 《成宗實錄》卷39, 成宗 5年 2月 己未(4日).
114 《成宗實錄》卷130, 成宗 12年 6月 乙巳(2日).
115 《經國大典》〈刑典〉私賤.
116 《受教輯錄》〈刑典〉聽理, 嘉靖癸丑(명종 8) 承傳.
117 《新補受教輯錄》〈刑典〉聽理, 康熙甲申(숙종 30) 承傳 ; 《續大典》〈刑典〉聽理.
118 《續大典》〈刑典〉卷4, 刑典, 聽理.
119 《成宗實錄》卷240, 成宗 21年 5月 丁卯(16日) · 戊辰(17日).
120 《經國大典》〈刑典〉決獄日限, 註 ; 《大典續錄》〈刑典〉決獄日限 ; 《大典後續錄》〈刑典〉〈刑典〉決訟日限, 正德 2年 4月 15日 掌隷院受教.
121 《太宗實錄》卷27, 太宗 14年 4月 己未(16日).
122 《受教輯錄》〈刑典〉聽理, 嘉靖癸丑(명종 8) 承傳 ; 《新補受教輯錄》〈刑典〉聽理, 康熙丁卯(숙종 13) · 康熙癸未(숙종 29) · 康熙壬辰(숙종 38) 承傳.
123 《續大典》〈刑典〉聽理.

6장 조선시대 승정원 승지의 직무 수행 체계

1 《經國大典》권1, 京官職, 承政院. "掌出納王命."
2 예를 들어, 《명종실록》 권29, 명종 18년 6월 28일 갑술, "銀臺 職掌絲綸 責專出納." 은대라는 명칭은 중국 송나라 때 설치되어 황제에게 올라오는 문서를 관장하던 은대사(銀臺司)에서 유래한 것으로 판단된다. 한편 이하 조선왕조실록 자료는 국사편찬위원회 조선왕조실록(http://sillok.history.go.kr)을 참고하였다.
3 후원이나 후설이라는 명칭은 《詩經》大雅, "出納王命 王之喉舌"에서 유래한 것이다.
4 예를 들어, 1414년(태종 14) 12월 사간원의 상소에서는 대신과 대간을 표현하기를, "而況大臣殿下之股肱 臺諫殿下之耳目 勢必相隨"(《태종실록》 권28, 태종 14년 12월 21일 경인)라 한 바 있다.
5 이상은 이근호, 〈조선조 국왕 비서실 승정원, 왕명 출납을 관장하던 관청〉, 《월간문화재》 2011년 1월호 ; 이근호, 〈조선조 국왕 비서실 승정원과 승정원일기〉(2013.12.19 서울문화사학회 발표 요지문)을 참고하여 정리하였다.
6 이와 관련된 주요 성과를 정리하면 다음과 같다. 전해종, 〈승정원고-〈은대조례〉와 〈육전조례〉를 통하여 본 그 임무와 직제-〉, 《진단학보》 25 · 26 · 27, 진단학회, 1964 ; 한충희, 〈조선초기 승정원연구 ; 실제기능과 통치기구와의 관계를 중심으로〉, 《한국사연구》 59, 한국사연구회, 1987 ; 김창현, 〈조선초기 승정원에 관한 연구 ; 승지의 전주기능과 임용실태를 中心으로〉, 《한국학논집》 10, 한양대학교 한국학연구소, 1986 ; 이동희, 〈조선 태종대 승정원의 정치적 역할〉, 《역사학보》 132, 역사학회, 1991 ; 이동희, 〈조선 세종대 승정원의 활동과 그 정치적 의미〉, 《역사학보》 138, 역사학회, 1993 ; 이동희, 《조선초기 승정원의 정치적 역할 연구》, 전북대 박사논문, 1994.
7 이근호, 〈《승정원일기》 보고기록의 특징과 정보화 방안〉, 《한국사론》 37, 국사편찬위원회, 2003.
8 이근호, 〈조선중기 승정원의 '봉환' 관행에 대한 검토〉, 《사학연구》 75, 한국사학회, 2004.
9 강성득, 〈17~18세기 승정원 주서직의 인사실태〉, 《한국학논총》 31, 국민대학교 한국학연구

소, 2009 ; 심재권, 〈조선 정조시대 국왕비서조직인 승정원의 인사운영, 업무 및 근무 실태 분석〉, 《한국비서학회지》 18-2, 한국비서학회, 2009.

10 명경일, 〈조선후기 판부의 작성절차와 서식 연구〉, 《규장각》 43, 서울대 규장각한국학연구원, 2013.

11 《태조실록》 권1, 태조 1년 7월 28일 정미.

12 당시 하륜의 막후에는 왕세자인 이방원(후일의 태종)이 있어, 관제 개혁을 주도한 것으로 말해진다.(최승희, 《조선초기 정치사연구》, 일조각, 2002, 88쪽)

13 《정종실록》 권4, 정종 2년 4월 6일 신축.

14 《태종실록》 권2, 태종 1년 7월 13일 경자.

15 민현구, 《조선초기의 군사제도와 정치》, 한국연구원, 1983, 271~272쪽.

16 《태종실록》 권9, 태종 5년 1월 15일 임자.

17 한충희, 앞의 논문, 1987, 34쪽.

18 《세종실록》 권61, 세종 15년 9월 11일 경인. "吏曹啓 洪武禮制應天府申五軍都督府 大明律申六部則申字 臣下自中相尊之辭 非啓達君上之辭也 國初因高麗之制 凡啓達之事 皆用申字 至今不改 誠爲未便 乞改善申曰善啓 申呈曰上言 謹申曰謹啓 申聞曰啓聞 知申事依國初官制都承旨 諸代言稱承旨 何如 從之."

19 郝铁川, 《经国治民之典-《周礼》与中国文化》, 河南大学出版社, 1995 참조.

20 《조선경국전》에 대해서는 한영우, 《정도전 사상의 연구》, 서울대출판부, 1973/1983 ; 도현철, 《고려말 사대부의 정치사상연구》, 일조각, 1999를 참고함.

21 《경국대전》 참조 및 박병호, 〈《경국대전》의 편찬과 계승〉, 《신편한국사 22-조선왕조의 성립과 대외관계》, 국사편찬위원회, 1995 참조.

22 《승정원일기》 2804책, 고종 11년 8월 20일 경인, "裕元曰 承旨分房 實倣六曹之制."(이하 승정원일기는 국사편찬위원회 승정원일기 http://sjw.history.go.kr을 참고하였다).

23 金允植, 《雲養集》 권2, 시 북산집, 〈五月三日 余與尹審軒 升求 伴直銀臺 次韻和春桂坊諸益〉.

24 《은대편고(銀臺便攷)》 통고(通考) 원중사적(院中事跡). "承政院掌出納王命 都承旨吏房 左承旨戶房 右承旨禮房 以上東壁 左副承旨兵房 右副承旨刑房 同副承旨工房 以上西壁."

25 《은대편고》는 정확한 편찬 시점은 알 수 없으나 대략 19세기 전반에 이루어진 것으로 추정되는 책인데, 내용은 승정원의 조직과 역할 등을 규정한 일종의 승정원 업무 지침서이다. 이 책은 이후 1870년(고종 7) 《은대조례》가 간행될 때 참고된 것으로 추정된다.

26 조선 후기 正祖는 이 점을 지적하며, "政院之分置六房 雖未知昉於何時"라 지적한 바 있다.(《승정원일기》 1382책, 정조 즉위년 5월 25일 을미)

27 《태종실록》 권9, 5년 1월 15일 임자. "增置同副代言一人 前此以代言五人 知吏兵戶禮工曹事 以他官從三品以上 知刑曹事 坐都官決奴婢訴訟 謂之知部 至是始以代言 知刑曹事 使刑曹右參議專掌都官訴訟."

28 《성종실록》 권262, 성종 23년 2월 4일 을사. "上問承旨曰 聞近間啓下公事多 司謁分房 然乎 都承旨鄭敬祖對曰 司謁分房 承旨亦分房 上曰 各房公事 承旨固當自分 非司謁所任也 司謁但挾持文書 從承傳色來傳而已 豈可擅自分房乎 左承旨許琛曰 凡公事 司謁分各房 六房書吏各以其房公事示于承旨 而承旨判付 上曰 非予所命而司謁擅分房 不可 後勿如是."

29 조선시대 왕명의 출납은 기본적으로 승정원의 역할이자 업무이었으나, 조선 전기에는 승정원 소속의 승지 이외에도 내시부의 承傳色이나 액정서 소속의 司謁 등이 국왕과 승정원 사이에서 보고를 접수하거나 왕명을 전달하는 계통에 포함된 적이 있었다. 그러나 16세기 이후에는 공식적으로 이들을 계통에서 제외시키려는 노력들이 이루어졌다. 이에 대해서는 이근호, 〈《승정원일기》 보고기록의 특징과 정보화방안〉, 《한국사론(37) : 《승정원일기》의 사료적

가치와 정보화 방안 연구》, 국사편찬위원회, 2003 참조.

30 《은대조례》 이고, 승지. "房望 吏戶禮兵刑工 待塡下分房."

31 《은대조례》 이고, 승지. "申後公事 該房及代房 吏與禮 戶與工 兵與刑 互代 外 下位 竝句管."

32 《응천일록》 1, 을묘 7월 15일. "政院啓曰 推鞫時色承旨病未出仕 何以爲之 傳曰 代房承旨察任."

33 《승정원일기》 9책, 인조 3년 9월 21일 병인. "李植啓曰 罪人韓天斗 當於義禁府推鞫 刑房承旨徐景雨式暇在家 臣以代房進去之意 敢啓 傳曰 知道."

34 《승정원일기》 2680책, 고종 1년 8월 14일 임오. "世器曰 臣則吏房而無公事 而禮房承旨徐堂輔 以奉審進去矣 臣以代房 有公事一度轉達矣 仍讀奏 廣州府留守金炳冀狀啓訖 跪上 踏啓字後 仍判付 以親啓下禮曹."

35 《승정원일기》 641책, 영조 3년 7월 5일 기미. "又啓曰 卽者內醫院掌務官來言 明日乃王大妃殿問安日次 而都提調未差 提調臣沈壽賢 副提調臣金東弼俱在外 今日內上來與否 未可知 莫重問安 以代房替行元無前規 何以爲之 敢稟 傳曰 兩提調中 在近畿之人 使之卽速今日內入來事 分付."

36 《승정원일기》 5책, 인조 3년 4월 30일 정미. "金尙憲啓曰 當日爲政事 命下矣 兵房承旨李聖求出使代房承旨趙翼病 右副承旨李棨晝講入侍 兵批 何承旨進去乎 傳曰 左承旨進去."

37 《승정원일기》 13책, 인조 4년 4월 18일 경인.

38 예를 들어 1625년 7월 승지 이민구가 자신이 대방하고 있는 경상도에서 올리는 약재와 관련된 사항을 국왕에게 보고하면서, "신이 마침 대방을 맡고 있어서 감히 곡절을 위에 아뢰니다.(臣適備代房 敢以曲折上達)"라고 하면서 보고하였다(《승정원일기》 7책, 인조 3년 7월 12일 무오)

39 《은대조례》 이고 승지. "與六曹堂上相避 則入稟換房."

40 조선의 상피제에 대해서는 이기명, 《조선시대 상피제의 운영실태 연구》, 동국대 박사논문, 2004 참고.

41 《승정원일기》 1214책, 영조 39년 1월 28일 병술. "沈鏽啓曰 承旨順房事 命下矣 左副承旨尹東昇爲兵房 而與兵曹參議鄭夏彦 有友壻應避之嫌 何以爲之 敢稟 傳曰 左右副換房."

42 《승정원일기》 7책, 인조 3년 6월 21일 정유. "金尙憲啓曰 吏批政廳 兵房承旨兼進事 命下 而臣尙憲與吏曹參判張維 有相避 旣云換房 兼進未安 何以爲之 惶恐敢稟 傳曰 參判時未肅拜 兼進不妨."

43 《승정원일기》 1517책, 정조 6년, 9월 11일 을사. "傳于李時秀曰 吏房爲禮房 禮房爲戶房 刑房爲兵房 戶房爲工房 兵房爲刑房 工房爲吏房."

44 《승정원일기》 795책, 영조 11년 2월 21일 임술.

45 《승정원일기》 1348책, 영조 50년 2월 2일 을유.

46 《은대편고》 통고 원규. "新來令公 倣度十日 例直三日 勿論公私 一出闕門 則改倣重來五日 勿間直."

47 《승정원일기》 1083책, 영조 28년 6월 18일 정미.

48 이상 주도와 직숙 관련 내용은 필자가 이전에 작성한 〈조선시대 직숙의 실상〉, 《행정포커스》 2011 1+2, 한국행정연구원, 2011.3의 내용 중 일부를 보완하여 정리한 것이다.

49 《은대편고》 통고 원규. "東壁坐堂 則西壁必正坐 不見書冊 不寫私簡 不閒談 不搖扇 不用盃 不得頻數私出入."

50 《은대편고》 통고 원규. "都令公前 下位令公 毋得吸草搖扇."

51 《은대편고》 통고 원규. "同副承旨 上疏呈辭 右位盡許後 爲之."

52 《은대편고》 통고 식가식.

53 해당 사례는 박홍갑 · 이근호 · 최재복, 《승정원일기, 소통의 정치를 논하다》, 산처럼, 2009에서 인용한 것이다.

8장 고려의 지역세력가와 지방행정의 실제

1 이하의 내용은 《고려사》 권3, 목종12, 현종 원년의 기사를 이용하였다.
2 특히 지역세력가 중에서 경제적 부를 기반으로 성장했다는 것에 대해서는 채웅석, 《고려시대의 국가와 지방사회-본관제의 시행과 지방지배질서》, 서울대출판부, 2000을 참조. 이 책에서는 신라 말기 지역사회에서 계층분화가 심화되면서, 경제적 부와 세력을 키워가는 세력을 지적하였다. 여기서는 이런 부류를 '호부(豪富)'라는 용어로 규정하였다.
3 통일신라시대 김주원(金周元)은 원성왕과의 왕위계승전에서 밀려난 후에 강원도 강릉지역으로 내려가 그곳에서 명주군왕(溟州郡王)으로 독자적 세력을 구축하였다. 이후 그의 아들 김헌창(金憲昌)은 신라정부에 대항하여 반란을 일으켰다가 진압되었다.
4 《삼국유사》 권3, 塔像第四, 洛山二大聖觀音正趣調信.
5 자위공동체에 관해서는 노명호, 《고려국가와 집단의식》, 서울대출판문화원, 2009 참조.
6 하현강, 《한국중세사연구》, 일조각, 1988.
7 '향'과 '부곡'은 대체로 후삼국과의 전쟁을 거치면서 정복지나 집단귀순한 곳 등에 만들어졌으며, '소'의 경우는 철, 동, 도자기, 소금 등과 같은 필요물품을 생산하는 곳에 지정되었다.
8 고려시대의 백정은 특정한 역(役)을 가지지 않았던 일반 백성을 의미하여, 조선시대 도살을 맡았던 백정과는 차이가 크다.
9 강은경, 《고려시대 호장층 연구》, 혜안, 2002.
10 《고려사》 권75, 선거3, 사심관.
11 《고려사》 권75, 선거3, 전주 기인.
12 이제현, 《익재집》, 역옹패설 전집2.
13 이규보, 《동국이상국전집》 권9, 고을살이 즐겁다 마오, "莫道爲州樂 爲州乃反憂 公庭喧似市 訟牒委如丘 忍課殘村稅 愁看滿獄囚 也無開口笑 况奈事遨遊 莫道爲州樂 爲州憂轉新 怒顔訶郡吏 曲膝拜王人 屬郡春行慣 靈祠乞雨頻 片時閑未得 何計暫抽身 莫道爲州樂 爲州憂轉稠 身無尺帛暖 囊欠一錢留 妻恚嚬難解 兒飢哭不休 三年如未去 白髮欲渾頭."
14 대표적인 경우 중에 하나가 안찰사를 맞이하는 일이다. 이에 관해서 이규보는 당시 염찰사 윤위(尹威)를 맞이하는 장면을 서술하고 있다. "염찰사의 깃발 앞산에 지나온다 하여, / 거리에 늘어선 군사들 북을 울리고, / 부엌 맡은 주방장은 가마솥을 씻으면서, / 행차 이르길 서서 기다렸는데, / 어느 새 저녁 때가 되었네(《동국이상국전집》 권9, 고선생 항중이 염찰 윤사업 위에게 드리는 시운에 차하다).
15 이규보, 《동국이상국전집》 권9, 회포를 읊다.
16 이규보, 《동국이상국전집》 권9, 고선생 항중이 염찰 윤사업 위에게 드린 시운에 차하다
17 《태종실록》 권11, 태종 6년 6월 정묘.
18 《고려사》 권100, 열전13, 정세유
19 《고려사》 권121, 열전34, 정운경.
20 《고려사》 권121, 열전34, 왕해.
21 《고려사》 권103, 열전16, 김윤후.
22 《고려사절요》 권16, 고종 19년 정월
23 《고려사》 권21, 세가21, 신종 5년 10월.

9장 조선 후기 지방행정의 실제

1 암행어사의 제도사적 측면에서 전봉덕, 〈암행어사제도연구〉, 《한국법제사연구》, 서울대 출판부, 1968 ; 고석규 등, 《암행어사란 무엇인가》, 박이정, 1999 등의 연구가 있고, 실제 암행어사의 일기 예를 들면 박래겸의 《서수일기(西繡日記)》, 김정희의 암행보고서 등을 분석한 연구물이 다수 있으며, 암행어사 박문수를 다룬 심재우, 〈역사 속의 박문수와 암행어사로의 형상화〉, 《역사와 실학》 41, 2010 등이 있다.

2 이 글과 관련한 관기에 대한 연구는 춘향전을 자료로 여러 문제를 접근한 정연식, 〈춘향전-가공의 현실에 투영된 꿈〉, 《역사비평》 2004, 여름호가 있고, 국역담당자로서의 관기 역할을 연구한 이규리, 〈읍지로 본 조선시대 관기운용의 실상〉, 《한국사연구》 130, 2005 ; 이성임, 〈일기를 통해 본 조선시대 妓女의 立役과 運用〉, 《대동한문학》 30, 2009가 있고, 국사편찬위원회에서 기녀문제에 대한 개설적인 정리로 《혼인과 연애의 풍속도》, 두산동아, 2005 등을 참고할 만하다.

3 《문종실록》 문종 즉위년(1450) 12월 29일 기해.

4 《숙종실록》 숙종 24년(1698) 1월 3일 기묘.

5 "감사가 가족을 거느리고 부임하면 아들, 사위가 왕래하게 되는데, 거쳐 가는 주현에 폐단을 끼치는 자가 없을 수 없다."(《세종실록》 세종 30년(1448) 4월 25일 경진, 사간원 좌정언 김의몽(金義蒙)의 말)

6 임용한, 김인호, 노혜경, 《뇌물의 역사》, 이야기가 있는 집, 2015, 66~71쪽.

7 박현순, 《조선후기의 과거》, 소명출판, 2014, 367쪽.

8 《경국대전》에는 식년시 제도만 규정하고 있다.

9 별시는 식년시 이외에 비정규적으로 시행된 모든 임시 과거시험을 통칭하는 말로 사용되기도 한다.

10 알성시 문과는 친림시였기 때문에 상피제(相避制)가 적용되지 않았다.(《일성록》 정조 4년(1780) 8월 9일 을묘) 따라서 시관의 아들 혹은 친척도 응시가 가능해서 조선 후기에 많은 부정이 개입되었다.

11 즉일방방(卽日放榜)은 1477년(성종 8)부터 시행했다고 하며(《증보문헌비고》 選擧考), 알성시 시관의 숫자는 《속대전》에 독권관(讀卷官) 10인, 대독관(對讀官) 20인으로 되어 있다.

12 별시는 사서 중 1서와 삼경 중 1서를 강송(講誦)하는 합격자만 전시에 응하게 하는 회강(會講)제도 있었기 때문에 강경과 제술을 함께 평가하는 시험으로 볼 수 있다.

13 명경과와 제술과의 이원화에 대한 자세한 내용은 박현순, 앞의 책 134~138쪽 참조.

14 박현순, 위의 책, 149쪽.

15 《숙종실록》, 숙종 12년(1686) 4월 3일 정해 ; 《승정원일기》 숙종 43년(1717) 5월 16일 기사.

16 박현순, 앞의 책, 373쪽.

17 '삼사(三司)와 시종(侍從) 가운데 공정(公正)하고 강명(剛明)한 자가 암행어사로 적격이라고 했다.'(《영조실록》, 영조 41년(1765) 4월 3일 정해)

18 특히 정조 때에는 초계문신 출신이 어사로 집중 파견되고 있다.(한상권, 《조선후기 사회와 소원제도-상언, 격쟁 연구》, 일조각, 1996, 303~307쪽)

19 '조선시대의 어사는 당하시종관을 특명(特命)하여 파견하는데 암행어사라 부른다. 암행어사는 관리의 득실과 생민질고(生民疾苦)를 염찰하며 무릇 출척규리(黜陟糾理)를 총괄하지 않는 것이 없다. 일이 있으면 순무(巡撫), 안집(安集), 균전(均田), 시재(試才), 감진(監賑), 안핵(按

覈), 감시(監市), 독운(督運) 등의 어사를 별견(別遣)하는데 만약 당상관을 명하면 사(使)라고 부른다.'(《증보문헌비고》 권227, 직관고 13, 御史)

20 《세종실록》, 세종 17년(1435) 10월 5일 계묘.

21 "윤해가 전에 청송부사가 되었을 때 암행어사를 보내 적간(摘奸) 했으나,"(《성종실록》, 성종 16년(1485) 7월 6일 갑인; "암행의 법은 성종조에 조익정(趙益貞)이 처음으로 아뢰어 행했다."(《중종실록》, 중종 4년(1509) 11월 9일 정묘.

22 《중종실록》, 중종 2년(1507) 1월 5일 기묘.

23 《명종실록》, 명종 5년(1790) 3월 18일 임오.

24 광해군 집권 후반기에 암행어사 파견이 일시 중지되고 있다. 그러나 인조 즉위 후 어사파견은 빈번해지는데, 인조 27년간 모두 70차례 파견될 정도였다.(고석규, 〈암행어사 제도의 운영과 지방통치〉, 《암행어사란 무엇인가》, 박이정, 1999, 49쪽)

25 심희기, 〈국왕의 귀와 눈, 암행어사〉, 《암행어사란 무엇인가》, 박이정, 1999, 17쪽.

26 《정조실록》, 정조 14년(1790) 3월 17일 정유.

27 《영조실록》, 영조 39년(1763) 4월 9일 병신; 《순조실록》, 순조 2년(1802) 4월 20일 경신.

28 《정조실록》, 정조 7년(1783) 10월 29일 정해.

29 《팔도어사재거사목(八道御史齎去事目)》(규장각 도서 No.1127).

30 재거사목의 구체적인 정비과정과 내용에 대해서는 한상권, 앞의 책, 320~331쪽 참조.

31 《홍재전서》 권40, 봉서 賜全羅道暗行御史沈晋賢封書 丁未.

32 한상권, 앞의 책, 315쪽.

33 《정조실록》, 정조 19년(1795) 5월 10일 경신.

34 노혜경, 《조선후기 수령 행정의 실제》, 혜안, 2006, 99쪽; 노혜경, 《18세기 수령 행정의 실제: 황윤석의 《이재난고》를 중심으로》, 한국학중앙연구원 박사학위논문, 2005, 51쪽.

35 노혜경, 위의 책, 105쪽; 노혜경, 위의 논문, 2005, 55쪽.

36 《안릉신영도》는 1785년 요산헌(樂山軒)(성명 미상)의 부친이 황해도 안릉의 신임 현감으로 부임하는 광경을 담은 행렬도이다. 이때 요산헌이 그 행렬의 광경이 매우 성대한 것을 보고 다음 해인 병오년(丙午年)(1786)에 화공 김홍도에게 부탁해서 이를 그리게 했다는 무신년(戊申年)의 제발이 있다.

37 《안릉신영도》에 나타나는 수령부임 행차 모습에 대한 자세한 분석은 이대화, 〈조선후기 수령부임행렬에 대한 일고-안릉신영도를 중심으로〉, 《역사민속학》 18, 2004 참조.

38 노혜경, 앞의 책, 118쪽; 노혜경, 앞의 논문, 2005, 63쪽.

39 농상성(農桑盛: 농상을 성하게 함)·호구증(戶口增: 호구를 늘림)·학교흥(學校興: 학교를 일으킴)·군정수(軍政修: 군정을 닦음)·부역균(賦役均: 역의 부과를 균등하게 함)·사송간(詞訟簡: 소송을 간명하게 함)·간활식(奸猾息: 교활하고 간사한 버릇을 그치게 함)의 일곱 가지를 말한다. 관찰사가 수령을 평가하는 기준이 되었다.

40 황윤석이 전의현감에 제수했을 때도 수령칠사를 암송하였고, 동시에 '훈계수령지사(訓戒守令之辭)'라는 전유(傳諭)를 들었다. 모두 《결송유취(決訟類聚)》에 있는 내용으로 수령의 기본적인 소임에 필요한 부분이었다.(노혜경, 앞의 책, 114쪽; 노혜경, 앞의 논문, 2005, 61쪽)

41 《경국대전》 형전, 공천조.

42 《영조실록》, 영조 50년(1774) 12월 7일 병술.

43 이 사건으로 영조는 상당한 충격을 받았던 것 같다. 영조가 직접 쓴 《어제계색음(御製戒色吟)》(장서각, K4-1091)이란 시를 보면 '식욕(食慾)과 색욕(色慾) 중 색욕이 더 심하다'고 하면

서 어사가 기생을 배에 태워서 육지로 데려온 행위가 모두 욕심에서 비롯된 것이라 하였다. 기생에게 같이 동행하도록 명을 내린 것도, 색을 탐하는 것도 모두 욕심이 심해서라고 했다. 영조 자신이 나이 들어서 이런 해괴한 사건을 들으니 강개한 마음이 더 커졌고, 사람들에게 경계하기 위해 이런 시를 짓는다고 했다. 이 홍상성 사건을 대상으로 한 어제는 이 외에도 《어제만회(御製萬懷)》(장서각, K4-1880), 《어제견향민(御製見鄕民)》(장서각, K4-1053) 등이 있다.

44 정연식, 앞의 논문, 302쪽.

45 실제로 별견어사 역할만 하고 암행어사를 한 번도 하지 않았던 박문수에게 '암행어사 박문수'라는 이름이 따라 붙은 것도 《춘향전》에서 이몽룡의 역할과 비슷한 경로를 거쳐서 형성된 것으로 보인다. 즉 박문수는 강직한 품성을 지녔고, 늘 백성의 편에서 일했으며, 영조의 전폭적인 신뢰를 얻은 관리였다. 영남감사와 같은 수령의 역할에서부터 감진어사와 같은 생명과 직결된 일들을 처리하면서 백성들로부터 얻은 믿음 덕분에 방방곡곡을 찾아다니며 지방 관리를 감시하고 백성들의 동태를 살피며 백성들의 억울함과 어려움을 듣고 풀어주는 자로서의 암행어사 이미지가 겹쳐졌다고 하겠다.

46 노혜경, 앞의 책, 277쪽 ; 노혜경, 앞의 논문, 2005, 168쪽.

10장 조선의 수령들이 읽은 목민서

1 《태조실록》 권1, 총서.

2 《세조실록》 권47, 14년 9월 16일 임신.

3 《經國大典》, 吏典, 考課, "每歲季 本曹具諸司官員實仕及雜故 觀察使具守令七事實跡啓聞 七事 農桑盛 戶口增 學校興 軍政修 賦役均 詞訟簡 奸猾息."

4 목민서는 조선시기 수령에 관한 인식체계를 반영한 서적으로, 근래 학계 일각에서는 이를 '목민학'이라는 개념으로 정리하고 있다.(김선경, 〈조선후기 牧民學의 계보와 《牧民心書》〉, 《朝鮮時代史學報》 52, 2010 참조) 필자는 주자학이 발달하며 군주를 대상으로 한 君主聖學이 틀을 갖추어 가는 것과 같은 맥락에서, 수령에게도 수령으로서의 자기 역할을 다함에 필요한 학문적 체계가 세워지고 이것이 목민서에 반영된다는 측면에서 이러한 '목민학'을 '守令學'으로 부르는 것도 무방하다는 생각을 하고 있다. 한편, 조선의 목민서에 대한 연구는 김성준, 《牧民心鑑研究》(고려대학교출판부, 1990)부터 본격적으로 이루어졌는데, 최근에는 다음과 같이 조선 후기에 유통된 몇 목민서들이 번역되어 많은 사람들이 보다 쉽게 이들 자료들을 활용할 수 있게 되었다. 원재린 역주, 《임관정요》, 혜안, 2013 ; 김용흠 역주, 《목민고》·《목민대방》, 혜안, 2013 ; 정호훈 역주, 《선각》, 혜안, 2013 ; 백승철 역주, 《신편 목민고》, 혜안, 2014.

5 이 책은 1578년(선조 11) 밀양 부사 金克一이 1398년 간본을 저본으로 하여 다시 간행하기도 했는데, 그 사이 이 책이 얼마나 주목받았는지는 분명하지 않다. 꽤 오래 전에 散佚되었던 것을 되살려 간행한다는 김극일의 발문으로 보아 사회적 영향력은 그다지 크지 않았던 것으로 여겨진다. 조선 전기에 간행된 《牧民忠告》 간본은 현재 한국에서는 그 존재를 확인할 수 없고, 일본에 남아 있다고 한다. 《목민충고》에 대한 일본에서의 연구는 小川和也, 《牧民の思想》, 東京 : 平凡社, 2008을 참조할 수 있다.

6 眞德秀가 潭州와 泉州의 지사로 재직하면서 동료들에게 告諭했던 〈潭洲諭同官咨目〉과 〈諭州縣官

僚〉에 비슷한 내용이 실려 있다.

7 《國朝寶鑑》 권11, 世祖朝二, 세조 4년 1월.

8 네 가지 도덕성은 '律己以廉', '撫民以仁', '存心以公', '涖事以勤'으로 제시되었다.

9 수령 정치에서 제거해야 할 열 가지 해악은 '斷獄不公', '聽訟不審', '淹延囚繫', '慘酷用刑', '重疊催稅', '科罰取財', '汎濫追呼', '招引告訐', '縱吏下鄕', '低價買物'로 거론되었다.

10 《세조실록》 권16, 5년 4월 20일 신미.

11 《성종실록》 권27, 4년 2월 22일 계미.

12 《성종실록》 권73, 7년 11월 28일 무진.

13 구체적인 내용에 대해서는 정호훈, 〈15~6세기 牧民書의 전개와 牧民學〉, 《한국사상사학》 36, 2010, 274~275쪽.

14 《聽訟提綱》과 《詞訟類抄》에 대해서는 정긍식 · 임상혁 편저, 《16세기 사송법서 집성》, 한국법제연구원, 1999에 실린 〈해제와 연구〉 참고.

15 《眉巖集》 권4, 治縣須知, "朱文公治郡 視民如傷 姦豪之侵暴細民 撓法害政者 擇其尤者 偏治而不少貸 此可法也 然必事狀發露 然後可治 不可先有抑强之心而疾之已甚也."

16 《眉巖集》 권4, 治縣須知, "文公之至臨漳 風行草偃 姦强自縮 無復摧制之跡矣." 이외에도 유희춘은 주희의 南康 지사 시절의 경험을 소개하기도 했다. 《眉巖集》 권4, 治縣須知, "朱文公初到南康 以土瘠民稀 役煩稅重 求所以寬恤之方 俾士人父老 僧道軍民 有能知利病之源者 悉具以陳 今當依此行之."

17 정호훈, 〈眉巖 柳希春의 학문 활동과 《治縣須知》〉, 《韓國思想史學》 29, 2007 참고.

18 《松江別集》 권1, 雜著, 諭邑宰文. 이 글은 1580년(선조 13), 정철이 강원도 감사 시절에 작성했다. 이때 그의 나이는 45세였다.(《松江別集》 권2, 年譜, 庚辰 45세조) 한편 《유읍재문》은 목판으로 간인되어 유통되었다. 현재 전남대 도서관에 소장되어 있는 실물에서 이를 확인할 수 있다.

19 이 사실은 이해수의 문집(《藥圃遺稾》 권6, 〈眞西山諭宰文跋〉; 《藥圃遺稿》, 藥圃先生年譜) 그리고 실록(《宣祖修正實錄》 권20, 19년 10월 1일 壬戌)에서 확인할 수 있다. 그런데 《진서산유재문(眞西山諭宰文)》의 실물은 현재 확인되지 않는다. 이에 관한 구체적인 내용은 정호훈, 앞의 글, 2010 참조.

20 1591년 7월에 성혼이 작성, 경기도 감사 이수준(李壽俊)에게 준 편지에 따르면, "西山 眞德秀가 민간을 깨우치고 邑宰를 깨우친 글을 栗谷이 松江과 함께 요점을 뽑아 간행하면서 지금 시속의 민간의 고통을 아울러 부록하여 합해서 한 帙을 만들었다."(《牛溪集》 권5, 與李台徵書 辛卯七月)고 한다. 이로 본다면, 《유읍재문》과 비슷한 형태의 글을 이이와 정철 두 사람이 의논하여 정리, 1권의 책자로 만들어 두었던 사실이 있었음을 알 수 있는데, 필자는 이 책이 《유읍재문》일 것으로 추정한다.

21 《유읍재문》의 '正己之道' '愛他人之意'에서 확인할 수 있다.

22 정호훈, 앞의 글, 2010, 298~299쪽 참조.

23 《詞訟類聚》는 安山郡守를 역임한 김백간(金伯幹, 1516~1582)이 소송의 심리와 판결에 필요한 법조문을 초록하여 편찬한 것을 아들인 전라도관찰사 김태정(金泰廷, 1541~?)이 1585년(선조 18) 전주부에서 간행했다

24 이원익(李元翼, 1547~1634). 본관은 전주(全州). 자는 공려(公勵), 호는 오리(梧里). 태종의 아들 익녕군 치(益寧君迅)의 4세손이며, 아버지는 함천성(咸川正) 억재(億載)이며, 어머니는 감찰 정치(鄭迅)의 딸이다. 1564년(명종 19) 사마시에 합격하고 1569년(선조 2) 별시 문과에 병과로 급제한 뒤 주요 관직을 두루 거쳤다. 광해군대 영의정으로 있으면서 전쟁 복구와 민생

안정책으로 김육(金堉)이 건의한 대동법(大同法)을 경기도에 한해 실시해 토지 1결(結)당 16두(斗)의 쌀을 공세(貢稅)로 바치도록 하였다. 저서로는 《오리집》·《속오리집》·《오리일기》 등이 있으며, 〈고공답주인가(雇貢答主人歌)〉란 가사를 지었다.

25 《聽訟指南》, 李相國梧里戒其甥李德其書. 이 자료는 《오리집보유(梧里集補遺)》에 〈서증이생덕기지임(書贈李甥德沂之任)〉이라는 제목으로 실려 있다. 이덕기(李德沂, ?~?)는 한산 이씨로 이색의 후손이며, 이회(李澮)의 아들이다. 장인은 강학년(姜鶴年)이다. 이원익은 그의 고모부가 된다. 《사마방목》, 《문과방목》에 이름이 등재되어 있지 않아 과거를 거쳤는지 여부는 불명확하다. 1604년(선조 37)에 목천현감(木川縣監)이 되었다.

26 《聽訟指南》 발문.

27 《聽訟指南》, 李相國梧里戒其甥李德其書.

28 《선각》류 목민서에 실린 이원익의 편지글은 《청송지남》에 실려 있는 것과 비교하면 조금 변형되어 있다. 그 구체적인 내용은 정호훈 역, 《선각》, 혜안, 2013 참조.

29 이 시기에 편찬, 유통된 목민서에 대해서는 김선경, 〈조선후기 목민학의 계보와 《목민심서》〉, 《朝鮮時代史學報》 52, 2010 참조.

30 정호훈, 〈18세기 牧民書의 발달 양상과 《牧民心書》〉, 《茶山學》 28, 2016.

31 《임관정요》에 대해서는 원재린, 〈順菴 安鼎福의 '牧民'觀 : 《臨官政要》 〈政語〉분석을 중심으로〉, 《韓國思想史學》 26, 2006 ; 원재린, 〈順菴 安鼎福(1712~1791)의 鄕政方略-《臨官政要》 〈時措〉 분석을 중심으로-〉, 《大東文化硏究》 64, 2008 ; 원재린, 〈順菴 安鼎福의 牧民思想과 주요 목민책〉, 《韓國實學硏究》 25, 2013 ; 김경숙, 〈안정복의 民願政策과 官民疏通〉, 《古文書硏究》 43, 2013.

32 《목민고》와 그 이본에 대해서는 김선경(〈조선후기 牧民學의 계보와 《牧民心書》〉, 《朝鮮時代史學報》 52, 2010), 《목민고》의 정치사상에 대해서는 김용흠의 글(〈18세기 '牧民書'와 지방통치 : 《牧民攷》를 중심으로〉, 《韓國思想史學》 35, 2010)이 참고된다. 근래 김용흠, 백승철에 의해 《목민고》, 《신편 목민고》가 번역되었다.(김용흠 역주, 《목민고》·《목민대방》, 혜안, 2013 ; 백승철 역주, 《신편 목민고》, 혜안, 2014) ; 김용흠, 〈18세기 '牧民書'와 지방통치 : 《牧民攷》를 중심으로〉, 《韓國思想史學》 35, 2010.

33 현재, 구성과 내용이 비슷한 목민서를 여러 곳에서 확인할 수 있다. 장서각 소장본(B12FB11, 《牧民攷》 1로 부름), 규장각 소장본(古5120-172, 《牧民攷》 2로 부름)은 이름이 《목민고》로 동일하고, 규장각의 《治郡要訣》(奎12351)은 이름은 다르지만 구성이 비슷하다.

34 18세기 《목민고》의 기본적인 모습은 김용흠이 역주한 《목민고》(혜안, 2013)과 백승철이 역주한 《신편 목민고》(혜안, 2014)에서 확인할 수 있다. 후자는 전자보다 뒤에 만들어지며, 그런 만큼 체재구성이 보다 정제되었으며, 또한 흡수하여 내용으로 재구성한 자료도 풍부해졌다.

35 《목민심감》과 《선각》류와의 관계에 대해서는 정호훈, 〈《선각》 해제〉, 《(역주) 선각, 혜안, 2013 참조.

36 이 책에 대해서는 金英珠, 〈耳溪 洪良浩의 牧民思想-그의 《牧民大方》을 中心으로〉, 《淑大史論》 11·12합집, 1982 ; 김용흠, 〈洪良浩 실학사상의 계통과 《牧民大方》〉, 《朝鮮時代史學報》 56, 2011 참조.

37 이 점은 '續大典' 편찬을 주장했던 朴世采의 사고, 그리고 박세채의 영향을 받은 인물들이 중심이 되어 《續大典》을 편찬하는 사정에서 그 일단을 확인할 수 있다. 여기에 대해서는 정호훈, 〈영조대 續大典의 편찬 논리와 그 성격〉, 《한국문화》, 2010 참조.

38 이를테면 영조 년간에 간행된 《新補受敎輯錄》에서 그 일단을 확인할 수 있다. 이 책의 吏典에

는 京官職 이하 12항목이 설정되어 있는데, 그 중 하나가 '守令' 항목이며 여기에는 모두 17세기 이후로 나온 44개 법과 명령이 실려 있다. 그런데 《경국대전》에는 '수령' 항목이 별도로 없다. 여기서 17세기 이후 조선 정부는 수령에 대한 대책을 상당히 강력하게 마련하고 있었음을 알 수 있다.

39 17세기 사회를 국가재조론과 연관하여 살핀 연구로는 김준석, 《朝鮮後期 政治思想史 硏究》, 지식산업사, 2002 ; 백승철, 《朝鮮後期 商業史 硏究》, 혜안, 2000 ; 오영교, 《朝鮮後期 鄕村支配政策硏究》, 혜안, 2001 참조.

40 이하의 내용은 정호훈, 〈18세기 牧民書의 발달 양상과 《牧民心書》〉, 《茶山學》 28, 2016의 2장 2절의 내용을 활용했다.

41 《목민고》(김용흠 역주), 향천거법(鄕薦差法). 《신편 목민고》(백승철 역주)에서는 이 내용을 '향소(鄕所)'라는 항목을 설정하여 정리했다. 이하, 본문과 각주에서 언급하는 《목민고》는 김용흠 역주본, 《신편 목민고》는 백승철 역주본을 가리킨다.

42 《목민고》, 치군요법(治郡要法).

43 《목민고》, 근수공곡(謹守公穀).

44 여기서 거론하는 事目은 언제 어떤 내용으로 제정된 것인지 분명하지 않다.

45 《목민고》, 전정(田政).

46 《목민고》, 전령(傳令). 인용문에 나오는 '본 고을'은 이 자료를 작성한 사람이 수령으로 재직하던 곳을 이야기한다. 《목민고》가 개인적인 경험 위에서 만들어져 유통되었음을 보여주는 한 모습이다.

47 《목민고》, 치민(治民).

48 영조 3년 10월 30일, 咸昌 幼學 郭鵬世가 올린 소에서 이 시기 抑强扶弱에 기초한 수령 정치의 일단을 볼 수 있다. "咸昌幼學郭鵬世疏曰(중략)竊覸近來 臣不知有君 子不知有父 夫妻衰薄 夫婦之情乖矣 至於無勢士夫 受辱於皁隷 富豪常漢 侵辱士夫 庶孽凌其嫡長 抑有方伯守令 以抑强扶弱 爲治民之第一務 無勢士夫 受辱於常漢 不惟抑之 又從以鞭扑之 富厚常漢之凌辱士夫者 不惟扶之 又從而激成之 今之士夫 卽漢之父老 唐之耆舊也 所以綱紀庶民 維持風俗 爲國家緩急之需者 于今三百餘年 豈可一朝 鞭扑士夫 激成常漢 使等級至於凌夷."(《承政院日記》 영조 3년 10월 30일)

49 《목민고》, 民訴, "근래 고을의 수령[守宰]들이 스스로 강자를 억누르고 약자를 편드는[抑强扶弱] 정치를 한다고 하면서도 진짜 세력이 강한 자를 누르지 못하고 도리어 외롭고 약한 양반으로 하여금 억세고 사나운 상민에게 능멸을 받게 만든다."

50 《임관정요》, 임인장(任人章).

51 《임관정요》, 임인(任人).

52 《梧里集補遺》, 書贈李甥德沂之任, "고을의 일은 유식한 향소를 얻는다면 반드시 크게 의지할 수 있다. 향소를 전부 다 잘 고르지는 못하더라도 좌수만은 공평하고 조심성 있는 사람으로 얻어야 할 것이다. 이를 위해 (임지에 가기 전에) 미리 소문을 듣고 그의 성명을 기록해서 간다. 부임한 뒤에는 시간을 갖고 자세히 살펴 지금 일을 맡고 있는 향임이 적합하지 않으면 모양 좋게 교체하고 일이 생기면 그들에게 자문을 구한다.(邑中之事 倘得有識鄕所 則必多有賴 鄕所雖不能盡擇 而座首可合公平操心之人 預爲聞見 錄其姓名以去 到官後徐徐詳察 時任者不合 則好樣易之 有事詢問)"

53 《임관정요》, 임인(任人).

54 안정복은 이러한 견해를 제시하며 수령은 향소의 도움을 적극 받아야 한다는 李元翼의 주장을 자주 언급했다. 17세기의 수령상을 적극 받아들이는 사고라 하겠다.

55 《선각》, 심임사(審任使).
56 《선각》, 총론(總論).
57 《선각》, 총론(總論).

김백철

직책 서울대학교 규장각한국학연구원 책임연구원

학력 문학 박사(서울대학교)

주요 관심분야 조선시대 정치사상사 및 법사학

주요 경력 전북대학교 HK교수, 한국역사연구회 분과장, 국제역사학 한국위원회 간사, 동아시아고대학회 편집위원, 한국고전번역원 번역위원, 태학사 기획위원 등

주요 논문 및 저서 〈조선후기 영조의 탕평정치: 속대전의 편찬과 백성의 재인식〉(2010), 〈영조: 민국을 꿈꾼 탕평군주〉(2011), 〈두 얼굴의 영조: 18세기 탕평군주상의 재검토〉(2014), 〈박문수: 18세기 탕평관료의 이상과 현실, 법치국가 조선의 탄생: 조선전기 국법체계 형성사〉(2016), 〈탕평시대 법치주의 유산: 조선후기 국법체계 재구축사〉(2016) 등

김 범

직책 국사편찬위원회 편사연구관

학력 문학 박사(고려대학교)

주요 관심분야 조선전기 정치사, 사회사

주요 저서 및 번역서 《사화와 반정의 시대》(2007, 2015), 《연산군－그 인간과 시대의 내면》(2010), 《민음 한국사－15세기》(2014. 공저), 번역서에 《유교적 경세론과 조선의 제도들－유형원과 조선후기 1·2》(2008), 《조선왕조의 기원》(2013), 《무신과 문신》(2014) 등

김용흠

직책 연세대학교 국학연구원 연구교수

학력 문학 박사(연세대학교)

주요 관심분야 조선후기 정치사, 사상사

주요 경력 연세대, 경희대, 강원대, 아주대 강사

주요 논문 및 저서 《朝鮮後期 政治史 研究 Ⅰ－仁祖代 政治論의 分化와 變通論》(혜안, 2006), 〈조선후기 노론 당론서와 당론의 특징－형감(衡鑑)을 중심으로〉(《한국사상사학》 53, 2016), 〈중앙과 지방의 학술 소통: 다산학과 다산학단〉(《다산과 현대》 8, 강진다산실학연구원, 2015)

김인호

직책 광운대학교 인제니움학부대학 교수

학력 문학 박사(연세대학교)

주요 관심분야 고려시대 지식인의 국가개혁론, 집단심성론, 조선전기 법제사

주요 경력 일본 히로시마대학교 객원연구원, 국민대 박사후 과정

주요 논문 및 저서 《고려후기 사대부의 경세론 연구》(1999), 《조선의 9급 관원들》(2011), 《경제육전과 육전체제의 성립》(2007, 공저)

노혜경

직책 호서대학교 창의교양학부 교수

학력 문학 박사(한국학중앙연구원)

주요 관심분야 조선후기 행정사·상업사·왕실사, 경영사

주요 경력 덕성여대 연구교수, 실학박물관 학예사, UCLA Postdoctoral Scholar, 한국학중앙연구원 장서각연구원, SERICEO '조선 르네상스 리더십' 강연 중

주요 논문 및 저서 《조선후기 수령 행정의 실제-황윤석의 《이재난고》를 중심으로》(2006), 《다산, 조선의 새 길을 열다》(2011, 공저), 〈영조 어제첩에 나타난 영조의 생애인식〉(2011), 〈영조어제해제 6〉(2012), 〈조선후기 사상의 대청무역 연결망과 정책의 변화〉(2013), 〈조선 후기 사상(私商)의 활동과 유통구조의 변화〉(2014), 〈조선후기 어염업의 경영방식 연구-국영, 관영, 민영론을 중심으로〉(2015), 《뇌물의 역사》(2015, 공저), 〈박문수의 기업적 생산체제와 기업가 정신에 대한 연구〉(2016)

박진훈

직책 명지대학교 인문대학 사학과 교수

학력 문학 박사(연세대학교)

주요 관심분야 고려 및 조선 초기 사회사, 경제사, 생활사

주요 경력 국민대학교 한국학연구소 박사급연구원, UCLA 방문교수, 한국중세사학회 편집위원장

주요 논문 및 저서 〈고려전기 국왕 殯殿의 설치와 의례〉(2015), 〈고려시대 관인층의 장례기간〉(2016), 〈고려시대 관인층의 빈소 설치장소와 그 변화상〉(2016)

송웅섭

직책 서울대학교 규장각한국학연구원 책임연구원

학력 문학 박사(서울대학교)

주요 관심분야 조선시대 정치사, 사상사

주요 경력 서울대 국사학과 강사, 서울시립대학교 국사학과 강사

주요 논문 및 저서 〈조선 성종대 公論政治의 형성〉(2011), 〈조선 전기 主論者의 등장에 대한 검토〉(2014), 〈조선 초기 公論의 개념에 대한 검토〉(2015)

이근호

직책 명지대학교 인문과학연구소 연구교수

학력 문학 박사(국민대학교)

주요 관심분야 조선시대 정치사

주요 경력 한국학중앙연구원 장서각 전임연구원, 한국문화재재단 자문위원, 조선시대사학회 기획이사

주요 논문 및 저서 《북한산성의 역사와 문화유적》(2014, 공저), 《혜경궁과 그의 시대》(2015, 공저), 《조선후기 탕평파와 국정운영》(2016), 《경기청백리》(2016, 공저) 등

임용한

직책 KJ인문경영연구원 대표

학력 문학 박사(경희대학교)

주요 관심분야 한국사, 법제사

주요 경력 충북대학교 연구교수, 경기도 문화재 전문위원

주요 논문 및 저서 《조선전기 수령제와 지방통치》, 《조선전기 관리등용제도 연구》, 《경제육전과 육전체제의 성립》(공저)

정호훈

직책 서울대학교 규장각한국학연구원 교수

학력 문학 박사(연세대학교)

주요 관심분야 조선의 정치와 사상, 책과 문화

주요 경력 연세대·시립대 강사, 연세대 국학연구원 연구교수

주요 논문 및 저서 《조선후기 정치사상연구》(2004), 《경민편-교화와 형벌의 이중주로 보는 조선》(2013), 《조선의 소학-주석과 번역》(2015), 《역주 선각》(2013)

출전

1장 경복궁에 표현된 조선 초기의 국정운영체계

《歷史와 實學》 60집(2016)에 발표한 논문 〈景福宮에 투영된 조선 초기의 理想的 國政運營體系〉를 일부 수정하여 보완한 글이다.

3장 백성을 하늘처럼 섬긴 다산 정약용의 삶과 사상

이 글은 참고문헌에 제시한 필자의 연구성과를 참고하여 작성되었으며, 필요한 경우 각주를 통해서 출처를 밝혀 두었다.

5장 신문고를 통해서 본 조선 초기의 행정

《법치주의 국가 조선의 탄생: 조선전기 국법체계 형성사》(이학사, 2016, 326~366쪽)를 토대로 수정한 것이다.

7장 사화는 왜 일어났는가

네이버 캐스트(http://navercast.naver.com)에 발표한 〈4대 사화〉, 〈무오사화〉, 〈갑자사화〉, 〈기묘사화〉를 수정·보완한 것이다.

8장 고려의 지역세력가와 지방행정의 실제

〈고려시대 지방행정의 특징〉(《한반도 지방행정의 역사》, 2015)의 일부를 수정, 보완한 것이다.

9장 조선 후기 지방행정의 실제

《행정포커스》 121호에 발표한 논문 〈조선 후기 지방행정의 실제–행정으로 본 춘향전〉을 확대, 보완한 글이다.

10장 조선의 수령들이 읽은 목민서

《한국사상사학》 38집에 발표한 〈15~6세기 牧民書의 전개와 牧民學〉과 《茶山學》 28집에 발표한 〈18세기 牧民書의 발달 양상과 《牧民心書》〉 두 편의 글을 수정, 정리하여 작성했다.

역사학자들이 본
역사 속 행정 이야기

한국행정연구원 편저

2017년 3월 28일 초판 1쇄 발행
2018년 1월 22일 초판 2쇄 발행

펴낸이 오일주
펴낸곳 도서출판 혜안

등록번호 제22-471호
등록일자 1993년 7월 30일

주소 [04052] 서울시 마포구 와우산로 35길3(서교동) 102호
전화 3141-3711~2 **팩스** 3141-3710
E-Mail hyeanpub@hanmail.net

ISBN 978-89-8494-573-9 03350

값 18,000원